高等学校教材

大学生心理健康教育

（第3版）

主　编　彭　丹　田　艳　冉龙彪

副主编　王加好　张宛筑　周洪媛　李雪萍

编　委　（以姓名笔画排序）

王　凡　王　凤　王加好　田　艳

冉龙彪　帅懿蕊　吕子建　李雪萍

余露茜　张冉冉　张宛筑　陈凡莹

罗　娜　周洪媛　孟肖路　彭　丹

北京大学医学出版社

DAXUESHENG XINLIJIANKANG JIAOYU

图书在版编目（CIP）数据

大学生心理健康教育 / 彭丹，田艳，冉龙彪主编 .—3 版 .—北京：北京大学医学出版社，2023.10（2024.8 重印）
ISBN 978-7-5659-2999-1

Ⅰ. ①大…　Ⅱ. ①彭…　②田…　③冉…　Ⅲ. ①大学生－心理健康－健康教育　Ⅳ. ① G444

中国国家版本馆 CIP 数据核字（2023）第 178096 号

大学生心理健康教育（第 3 版）

主　　编： 彭　丹　田　艳　冉龙彪
出版发行： 北京大学医学出版社
地　　址：（100191）北京市海淀区学院路 38 号　北京大学医学部院内
电　　话： 发行部 010-82802230；图书邮购 010-82802495
网　　址： http://www.pumpress.com.cn
E-mail： booksale@bjmu.edu.cn
印　　刷： 北京瑞达方舟印务有限公司
经　　销： 新华书店
责任编辑： 靳新强　**责任校对：** 靳新强　**责任印制：** 李　啸
开　　本： 850 mm × 1168 mm　1/16　**印张：** 18.5　**字数：** 520 千字
版　　次： 2023 年 10 月第 3 版　2024 年 8 月第 2 次印刷
书　　号： ISBN 978-7-5659-2999-1
定　　价： 48.00 元

前　言

开展大学生心理健康教育是新形势下全面贯彻党的教育方针、推进素质教育的重要举措，是促进大学生健康成长、培养高素质合格人才的重要途径，是加强和促进大学思想政治教育的重要任务。培养具有良好道德品质、心理素质、社会适应能力的人才是高等教育的重要责任和使命。

教材建设既是学校提高教学质量、体现办学特色、促进内涵发展的重要手段之一，也是教学改革成果的重要体现。因此，编写和修订适应教学实际和学生需要的教材十分必要，同时也顺应了课程教材改革的发展趋势。在多年使用自编《大学生心理健康教育》教材的基础上，我们经过多年教育、教学实践，结合心理健康教育、医学基础知识及思想政治教育工作的最新发展动态，进一步修订了本教材。新版教材着重以普及青年期心理健康知识、为大学生提供心理健康指导为出发点，力求体现操作性、实践性、体验性和可读性的特点，旨在帮助大学生解决现实生活和学习中遇到的心理问题，为其解除各种心理困惑提供帮助。在修订过程中，我们注意保持教材内容的系统性和前沿性，力求结合当前大学生成长与发展的需要，引导学生掌握心理健康知识，学会自我心理调适，激发自身潜能，提高心理素质，维护心理健康。同时，本教材还体现了一定的医学特色，将医学健康教育的"知—信—行"理念贯穿于教材的始终。这些内容基本上涵盖了大学生在校学习、生活期间面临的主要心理问题，从而保证内容更有针对性。新版教材适时拓展了"案例导读""知识链接""心理训练"等内容，力求做到理论联系实际，取得学以致用的效果。尤其是结合案例教学和实践操作的需要，附录中增加了与本书主要内容相关的实践操作课程案例，以供教学参考使用。本教材既有利于阅读、掌握理论知识，也有利于课堂实训的组织；既有利于教师教学，也有利于学生更好地了解自己，不断完善自我。

本教材是编委们集体工作的结晶，由主编修改和确定各章节的具体内容，经编委集体反复讨论并确定详细的写作提纲后，再由各编委按照统一要求撰写。各章编写完成后，主编再重新审核、修改、定稿。

本教材在修订过程中，参考和借鉴了国、内外专家学者的许多研究成果，在此一并表示感谢。尽管我们力图积极探索，不断完善，但由于水平所限，不妥之处在所难免，诚恳地期盼读者批评、指正！

彭　丹

目　录

第一篇　大学生心理健康总论

第一篇　大学生心理健康总论

第一章　导论

第一节　健康及心理健康概述

心理健康并不是没有烦恼，而是在烦恼面前保持平衡和坚强。

——美国心理学家卡尔·门格

健康是实现理想和美好生活的基础和保障，拥有健康才能拥有一切。随着社会的不断发展，竞争日益激烈，大学生的学习、就业和生活压力越来越大，极容易产生负面情绪，如焦虑、抑郁。教育体制的转型已经使大学生进入了一个新的环境，他们需要面对新的学习方式和教育方式，同时也需要适应新的社交环境，且大学生进入大学后会面临来自不同地区、不同文化背景、不同兴趣爱好的人，人际关系的变化也可能对大学生的心理健康造成影响。大学生是社会的未来，他们的心理健康状态会对他们的未来产生重要影响。开展心理健康教育，是促进大学生心身健康和全面发展的重要举措，可以为其将来的成长甚至终身的幸福奠定良好的基础。同时，尽早发现大学生的各种心理和行为问题，尽早矫正和治理，使大学生拥有完满的校园生活。

因此，保障大学生心理健康非常重要。通过心理健康教育、心理咨询等方式，可以帮助大学生提高心理健康水平，使他们更好地适应新环境，更好地完成学业和生活任务，同时也能够对其个人与家庭及社会产生积极的影响。

案例导读

2020 年 3 月 15 日，某地公安局通报了一起案件，一名 19 岁的大学生挥刀砍向了一个在小区里玩耍的 2 岁女童，小女孩经抢救无效不治身亡。究竟发生了什么，让一个正值青春年华的少年选择去终结一个尚未对世界有多少认识的小女孩的宝贵生命呢？

该学生的父亲杨某说，自己的孩子在广州某大学就读，后来因病休学在家，3 月 15 日该学生的情绪突然出现很大的波动，在与孩子沟通之后发现该学生在学校与老师、同学、室友相处并不融洽，学习生活充满了不愉快。而在父亲与校方沟通的时候，该学生拿起了家里的菜刀，冲出了家门……

对大学生而言，健康是一个不可回避的话题，大学生想要在学习中保持较高的成效，在业余生活中保持浓厚的兴趣，在实践中保持足够的精力和自信，在困难和挫折面前保持勇往直前的活力和信心，就必须重视自身健康。

一、“健康”观的演变

“你真的健康吗？”听到这个问题时，绝大多数同学可能都会说：“健康得很，我都不怎么生病。”或者“我挺健康的，体检报告一切正常。”长期以来，人们所理解的健康就是没有疾病，吃得香、睡得甜、身体壮、能劳动就是健康。认为只需要从身体健康的角度去理解健康就可以了。其实这是一种片面的健康观，它的片面性在于只看到了人的生物属性，忽视了人的社会属性，没有关注到人的精神的、心理的健康。

20 世纪以后，随着社会和经济的快速发展，传统的健康观已经不适用于现代社会，人们逐渐意识到，健康不仅是身体上的健康，还有心理上的健康。心理学、生理学和现代医学的研究和实践已经证明，人是生理、心理与社会层面的统一体。健康是生物、心理、社会三者的联合。随着健康概念的不断深化，学者们提出的“生物—心理—社会”健康模型是目前公认的对于健康的最好理解。

二、影响健康的危险因素

健康危险因素是指存在于机体内、外环境中的与疾病的发生、发展及预后有关的各种诱发因素。也就是说，健康危险因素的存在，会使疾病或死亡发生的可能性增大。

（一）健康危险因素的分类

1. 环境因素

（1）自然环境危险因素：包括生物性危险因素（如细菌、真菌、病毒、寄生虫）、物理性危险因素（如噪声、振动、电离辐射）、化学性危险因素（如毒物、农药、废气、污水）。

（2）社会环境危险因素　包括经济收入、文化教育、就业、居住条件、家庭关系、心理刺激、工作紧张程度及各类生活事件等。

2. 行为生活方式因素　是指由于自身行为生活方式而产生的健康危险因素，称为自创性危险因素。行为生活方式与常见的慢性病或社会病密切相关。不良的行为生活方式有吸烟、酗酒、熬夜、毒物滥用、不合理饮食、缺乏锻炼及不合理驾驶等。

3. 生物遗传因素　包括直接与遗传有关的疾病以及遗传与其他危险因素共同作用的疾病，如年龄、性别、种族、疾病遗传史、身高及体重。

4. 医疗卫生服务因素　是指医疗卫生服务系统中存在的各种不利于保护和增进健康的因素，包括医疗质量低、误诊漏诊、院内交叉感染、医疗制度不完善等。

（二）健康危险因素的特点

1. 潜伏期长　疾病或心理障碍的发生通常都是危险因素长期、反复作用的结果。主要表现为人长期、反复接触危险因素之后才能发病，而且潜伏期不易确定。潜伏期的长短受危险因素作用水平、个体差异、环境等多方面的影响。如果危险因素的潜伏期长，则会对确定危险因素与健康问题之间的因果关系造成很大困难，但是同样也能给人们消除或减弱危险因素、阻断或延缓损害健康问题的发生提供机会。

2. 特异性弱　一种危险因素往往与多种疾病有联系，也可能是多种危险因素引起一种慢性病。例如，性别、家庭经济状况、家庭和睦程度、感情状态、专业满意度、体育锻炼、社会活动和人际关系等均会对大学生抑郁症的发生产生影响。总体来说，健康危险因素表现为一因多果、多因一果、多因多果、因果关系链和因果关系网络多种模式，危险因素与问题之间直接的因果关系较弱。由于危险因素与健康问题之间特异性弱，加上存在个体差异，所以即使个体存在某种危险因素，也容易忽视或轻视其对健康的危害。长期发展，便会对健康造成巨大影响。

3. 联合作用　表现为多种危险因素常同时存在，可明显增加致病危险性。国内外研究显示，随着危险因素的增多，疾病发生的危险性也会增大，这表明多种危险因素并存时会产生联合作用，且协同作用更为明显。

4. 广泛存在　危险因素广泛存在于人们的日常生活之中，而大部分的健康危险因素还没有引起人们的足够重视。

根据病因学研究，下列疾病与危险因素的联系比较密切：①冠心病：一般与体力活动、吸烟、体重、家族遗传史、高血压等有关。②车祸：酒后驾车是一个重要的危险因素，还包括疲劳驾驶、不使用安全带、服用某些药物等因素。③肺癌：吸烟是肺癌的一个重要危险因素。④肝硬化：饮酒是肝硬化的一个重要危险因素。⑤糖尿病：与年龄、体重、家族史等有关。⑥高血压：高盐摄入是诱发高血压的危险因素。⑦肥胖：主要与饮食不规律、缺乏运动以及遗传有关。⑧脑血管病：主要危险因素有高血压、高血脂、糖尿病、吸烟。另外，年龄、紧张、缺乏运动等也是诱发脑血管病的危险因素。⑨自杀：抑郁、应激突发事件与家族史是自杀的重要危险因素。

了解健康危险因素及其特点的意义对人类的发展有着重大意义，它首先是使人们认识到危险因素对健康的影响。其次由于某些不利于健康的观念根深蒂固，不利于健康的行为已经变成人们的习俗、习惯以及生活方式，改变这些不利于健康的危险因素十分困难。也正是因为对这些特点和性质的了解，为人们通过控制健康危险因素来预防生理和心理问题的发生提供了新思路、对策和方法。而这就要求全社会成员共同努力来建设一个健康、和谐发展的环境。

知识链接

如何维护健康

维护健康的四大基石是：均衡饮食、适量运动、戒烟限酒以及保持心理健康。健康保持并非千篇一律，不同的个体可以使用不同的方法，最终达到身心健康的目的。

1. 重视健康　在人有限的一生中，健康无疑是宝贵的。健康是实现人生价值的前提和保证，是享受美好生活的必要条件。失去了健康也就意味着失去了一切，所以要重视健康。

2. 坚持体育锻炼　有规律地进行体育锻炼可以促进身体强壮、感觉良好、精力充沛，也有利于充满信心地完成各项任务。

3. 控制体重、防止肥胖　肥胖会对人体健康构成很大的威胁。肥胖不仅使人体态臃肿，给生活和工作带来不便，而且还很容易导致机体合并原发性高血压、冠状动脉粥样硬化性心脏病（冠心病）、糖尿病等多种疾病。

4. 顺应生物钟、养成良好的作息规律　如果生活作息与人体生物钟的节律同步，那么机体的新陈代谢及心理、生理都将处于和谐状态；如果两者不同步甚至节奏混乱，就可能导致生理、心理及社会功能的紊乱，甚至引发疾病。

5. 保证良好的睡眠　睡眠是维持人体精力的重要保证，只有保证充足的睡眠，才能维持机体正常的生理和心理功能，使机体保持良好的免疫状态，从而减少疾病的发生。

6. 戒烟、戒毒　吸烟严重危害人类健康，可导致多种疾病的发生。毒品则可直接导致个体生理和心理出现异常，并对人的社会功能产生巨大危害。

7. 节制饮酒　适量饮酒可以使机体血管扩张，促进血液循环，有利于促进新陈代谢，增强免疫力。但是长期过量的酗酒行为，可能导致酒精上瘾、酒精中毒等，从而对个体的生理、心理产生破坏性结果。

8. 合理膳食、营养均衡　膳食合理和营养均衡可以保证机体摄入必需的营养成分，促进正常的生长发育，从而增强机体免疫水平，预防疾病的发生。

9. 保持健康的心理状态　保持积极的、乐观的心态可以减少心理异常的产生，使个体能够更轻松地学习和生活，也能促进人际关系的和谐。

10. 避免和消除环境污染　避免和清除环境污染可以使健康危害因素减少。

11. 加强个体安全防范　必要的个人安全防范措施可以有效减少生活环境当中对个体造成伤害的因素，降低个体受伤害的概率。

三、健康的定义

1948 年，世界卫生组织（World Health Organization，WHO）将健康定义为："一种生理、心理和社会适应都完满的状态，而不仅是没有疾病和虚弱的状态。"根据这一定义，健康涵盖了人的生理、心理、社会适应能力三个层面，只有当个体在这三个层面同时处于完好状态（well-being）时，才可以说个体是健康的。具体来说，生理健康包括了身体各个器官的功能良好、生理代谢平衡、免疫系统强健等；心理健康包括了情绪稳定、自尊自信、压力调节等；社会适应能力强包括了积极的社交能力、良好的人际关系、良好的适应社会环境的能力等。

1990 年，WHO 在先前健康定义的基础上，增加了道德健康。因此，健康可以定义为：

1. 生理健康　是指人体结构和功能正常，具有生活的自理能力。

2. 心理健康　是指个体能够正确认识自己，及时调整自己的心态，使心理处于良好的状态以适应外界的变化。

3. 社会适应良好　健康的人具有根据社会生活中的变化及时反馈、随机应变地进行调整的能力。这是个体与环境在适应过程中所表现出来的健全个性特征，是一个人综合素质、能力高低的间接表现，也是一个人是否具有融入社会、接纳社会能力的表现。

4. 道德健康　是指能够按照社会规范的细则和要求来支配自己的行为，能为人们的幸福做出贡献，表现为思想高尚、有理想、有道德、守纪律。道德健康要求人们不能损害他人的利益来满足自己的需要，能按照社会认可的道德行为规范和准则约束自己并支配自己的思维和行为，具有辨别真伪、善恶、荣辱等是非观念的能力。

根据 WHO 对于健康的定义，心理健康与身体健康、社会适应、道德健康共同构成了人们的健康状态。为了加深对健康的认识，WHO 提出了以下 10 条健康标准：

（1）有充沛的精力，能从容不迫地承担日常工作和生活而不感到疲惫和紧张。

（2）态度积极，勇于承担责任，不论事情大小都不挑剔。

（3）精神饱满，情绪稳定，善于休息，睡眠良好。

（4）能应对外界环境的各种变化，应变能力强。

（5）自我控制能力强，善于排除干扰。

（6）体重得当，身材匀称，站立时头、肩、臂的位置协调。

（7）眼睛炯炯有神，善于观察，眼睑不发炎。

（8）牙齿清洁，无空洞，无痛感，无出血现象，牙龈颜色正常。

（9）头发有光泽，无头屑。

（10）肌肉和皮肤富有弹性，走路轻松，步速均匀。

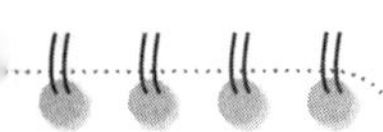

四、心理健康的定义

什么是心理健康（mental health）？所谓心理健康，是指人的内心世界和现实世界处于平衡状态，自我和他人之间存在良好的人际关系，不仅可以获得自我幸福感和安定感，还能促进自我实现并为他人的健康贡献力量。心理健康的定义是相对于心理障碍和疾病而言的，随着社会经济的不断发展，心理健康的定义也会不断地修正和完善。心理健康有狭义和广义之分。广义的心理健康是指一种高效而满意、持续的心理状态。狭义的心理健康是指人的基本心理活动的过程内容完整、协调一致。心理健康的定义可以从以下几个方面来诠释：

1. 没有心理疾病　心理疾病是心理活动异常的表现。没有心理疾病是心理健康的基本要求，处于心理疾病状态的个体无法正常地发挥个体心理活动的功能，日常生活和工作都会受到明显影响。出现心理疾病就是心理不健康的表现。

2. 对不良心理活动能够及时、有效地调节　生活在复杂的社会当中，没有人可以事事顺心、时时愉快，在各种生活事件中产生消极情绪是在所难免的。心理健康的个体并非一直都处于良好的心理状态，但是在面对生活事件或者负面情绪时，心理健康的个体能够及时发现，并且通过恰当的方式和手段调整心理活动，使之尽快恢复正常。在现代社会中，能够保持良好的心态是保持心理健康的必备要求。

3. 保持积极平稳的心理状态　在社会生活中发挥身心潜能是心理健康的理想状态，包括在各种社会条件下保持平稳、正常的心理状态。无论处于什么环境下，心理健康的个体都会尽可能地保持心平气和、愉快积极地面对现实，较少产生心理困惑。心理健康的理想状态还包括对社会的良好适应，例如胜任工作和学习，能通过自己的努力获得事业成就和社会认可，能与周围的人保持融洽的人际关系，勇于承担责任，勇于解决所面临的社会问题等。

综上所述，人的心理健康是指一种持续积极的心理状态。个体在这种状态下可以对环境有良好的适应能力，其生命具有活力，能充分发挥身心潜能。据此，可以将个体的心理健康水平大致分为以下三个等级：

1. 一般常态心理　表现为经常保持心情愉快，适应能力强，善于与他人相处，能较好地完成与社会发展水平相适应的活动，具有良好的情绪调节能力。

2. 轻度失调心理　不具有同龄人所应有的愉快，与他们相处略感困难，生活自理能力较差，经主动调节心理或通过专业人员帮助可恢复常态。

3. 严重病态心理　表现为严重的适应失调，不能维持正常的生活或工作，如不及时治疗，则可能发展为精神疾病。

心灵故事

叔本华说过：“在所有的幸福中，健康所带来的幸福胜过其他任何幸福，人的健康胜过其他幸福，我们甚至可以说，一个身体健康的乞丐所拥有的幸福要比一位疾病缠身的国王多得多。”

拥有健康虽然并不意味着拥有一切，但是失去了健康却等于失去了一切。健康不是他人的施舍，而是来自本身对于生命的不断追求，是生命的基础和底线，也是生命力的重要源泉。如果没有健康，我们就失去了生命的活力和青春的色彩，生命也会因此而暗淡了。

五、心理健康的标准

对于生理健康，我们可以通过各种生理指标（如血压、脉搏）来进行测量，而心理健康更倾向于一种持续的适应良好的状态，没有确切的标准和定义。世界心理卫生联合会（World Federation for Mental Health）将心理健康定义为：躯体、智力、情绪十分调和；适应环境，人际关系中能够彼此谦让；有幸福感；对待工作及职业能充分发挥自己的能力，过着有效率的生活。美国著名心理学家马斯洛（Abraham H. Maslow）与米特尔曼（B. Mittelman）共同提出心理健康的标准，包括：①有充分的自我安全感；②能够充分了解自己，并对自己的能力做出适当评价；③自己的生活理想与目标切合实际；④不脱离现实环境；⑤能够保持人格的完整与和谐；⑥善于从经验中学习；⑦能够保持良好的人际关系；⑧能够适度地表达和掌控自己的情绪；⑨在符合团体要求的前提下，能够有限度地发挥个性；⑩在不违背社会规范的前提下对个人的基本需要给予适当的满足。

现代心理学家将心理健康的标准描述为以下几点：

（1）有适度的安全感，有自尊心，对自我的成就有价值感。

（2）适度地自我批评，不过分夸耀自己，也不过分苛责自己。

（3）在日常生活中，具有适度的主动性，不为环境所左右。

（4）理智，现实，客观，与现实有良好的接触，能容忍生活中挫折的打击，无过度的幻想。

（5）适度地接受个人的需要，并具有满足此种需要的能力。

（6）有自知之明，了解自己的动机和目的，能对自己的能力做客观的估计。

（7）能保持人格的完整与和谐，个人的价值观能适应社会的标准，对自己的工作能集中注意力。

（8）有切合实际的生活目标。

（9）具有从经验中学习的能力，能为适应环境的需要改变自己。

（10）有良好的人际关系，有爱人的能力和被爱的能力，在不违背社会标准的前提下，能保持自己的个性，既不过分阿谀，也不过分寻求社会赞许，有个人独立的意见，有判断是非的标准。

六、正常心理和异常心理的划分标准

划分正常心理与异常心理的作用主要是在人群中检验心理异常的人，它是预防心理问题恶化的重要途径。心理异常的划分标准一般有以下四种：

1. 主观经验标准　即当事人按照自己的主观感受来判断自己的心理健康状况。研究者凭借自己的经验对当事人的心理健康进行判定，重在关注当事人的主观心理感受。由于个体先天的遗传及后天的环境不同，经验标准更强调个体差异，当面对同样的生活事件时，当事人由于自我认知和自我体验不同，自我评价也会产生差异。

2. 社会适应标准　以社会适应能力作为参照标准，观察当事人是否处于常态而判断其心理是否健康。例如，根据生理、心理与社会发展要求，大学生应当具有独立生活与处理生活事务的能力，但是有的大学生生活能力低下，不能打理自己的日常生活，这就需要引起重视。

3. 临床诊断标准　这是在长期临床实践的基础上，对各种心理障碍的典型表现症状做出归纳和概括之后，用来作为参考依据的一种判断标准。有些异常心理行为和现象在正常人身上是不存在的，若在临床诊断中在某人身上发现这些异常行为或现象，就可以被定义为“异常”。这一标准因其客观性和准确性而得到医学界的广泛认可。

4. 统计学标准　依据对大量正常心理特征的测量，取得一个常模，将当事人的心理与常模进行比较，这个标准更多地应用于心理学研究。

七、大学生心理健康的标准

根据大学生这一特殊群体的年龄特征、心理特点和社会角色特征，大学生的心理健康标准可以概括为以下八条。

1. 智力正常　智力是人的观察力、记忆力、思维力、想象力、注意力等的综合，是大学生进行学习与建立和谐人际关系的最基本的心理条件，是心理健康的主要标准。大学生智力正常的标准是：有较强烈的学习动机和求知欲望；智力结构中各要素（如观察力、记忆力）在其学习和实践活动中均能积极协调地参与，并能正常发挥作用。

2. 意志健全　意志是人们自觉确定目标，并根据目标去克服各种困难，实现预定目标的心理过程。一个人的意志是否健全主要表现在意志品质上，意志健全者在行动的自觉性、果断性、顽强性和自制力方面都有较高的水平。意志健全的大学生应当是在各种活动中有自觉的目标，而不是缺乏主见或盲目决定，一意孤行；执行决定中能够及时决断，并根据变化的外界环境灵活地调整决定；能以坚韧不拔的毅力克服一切困难和挫折，实现预定目标；同时能有效地控制、调节自己的心理活动，使之符合实现目标的要求。

3. 能够正确认识自我和悦纳自我　能够正确认识自己，包括自己的机体状态、个性特质、认知水平。对自己的性格、能力和优缺点做出恰当的客观评价。将“理想自我”与“现实自我”有机地统一起来，既不狂妄自大，又不妄自菲薄。对自己的缺点和不足不回避，不自暴自弃。对自己的优点和长处大胆地展现，充分发挥自身潜能。

4. 人际关系和谐　心理健康的大学生不仅要悦纳自己，还要悦纳他人。学会尊重、理解、信任和关爱他人。主动与人沟通、交流，积极地与他人建立和谐的人际关系。组建自己的社会支持系统不仅能够满足个人社会交往的需要，还能在与他人的互帮互助中体验到幸福感。

5. 情绪稳定协调　喜、怒、忧、思、悲、恐、惊是人的七种情绪，每个人都有不同的积极情绪体验和消极情绪体验。在日常生活中，一个心理健康的大学生应该以积极情绪为主，在遭遇不幸的事时会产生忧伤、悲哀、焦虑或愤怒等消极情绪。这时，应通过适度的宣泄和自我调节来转变心境，以保持良好的情绪状态。坚强的意志和抗挫折能力能使自己克服困难，积极勇敢地面对现实和迎接挑战。

6. 人格和谐完整　人格是个体在生理基础上与当代文化相互作用下形成的稳定的心理特征的总和。人格结构包括气质、能力、性格、理想、信念、动机、兴趣及世界观等。心理健康的大学生，其人格结构能够平衡发展，即人的整体精神面貌能够完整、协调、和谐地表现出来。思考问题的方式适中、合理，待人接物能够采取恰当、灵活的方式，对外界刺激不会有过于偏激的情绪和行为反应，也能与集体融为一体。

7. 心理活动特点符合年龄特征与角色特征　心理健康的大学生一般心理特点与其所属年龄阶段的人群的共同心理特征相一致，与其性别及在不同环境中所扮演的角色相符合。心理健康的大学生应朝气蓬勃、精力充沛、思维敏捷、勤学好问、容易接受新事物、喜欢探索和创新、举止言谈有修养。

8. 社会适应良好　社会适应是健康的必要条件，也能反映出个体的心理健康状况。心理健康的大学生不仅能主动地适应环境，而且可以通过实践和认识去改善环境，不管处于怎样的社会生活环境，都能主动地与社会进行接触，主动地融入社会，自觉地用社会规范来约束自己，使自己的行为符合社会要求。

大学生心理健康的标准是一种理想尺度，给大学生提供了提高心理健康水平的努力方向。在成长的过程当中，大学生会面临许多人生的难题，大多数人在人生的轨迹上都会出现心理问题，只要我们主动提高心理卫生意识，及时地进行自我调整和积极寻求外界帮助，绝大部分心理问题可以有效地解决。

知识链接

亚健康状态

亚健康状态指非病非健康状态，这是一类次等健康状态，是介于健康和疾病之间的状态。世界卫生组织将机体无器质性病变，但是有一些功能改变的状态称为“第三状态”，俗称“亚健康状态”。大学生亚健康状态主要有以下几种类型：

1. 身体成长亚健康　营养失衡和营养过剩同时存在，体质较弱。

2. 心理素质亚健康　来自家庭、学校的压力，引发青少年的逆反心理、反复心理、自卑心理、厌学心理等，抗挫折能力较差。

3. 情感亚健康　本应关心社会，对生活充满热情，但实际上对很多事情都冷漠，使自己的“心理领地”越来越小。

4. 思想亚健康　思想表面化，脆弱、不坚定，容易受到外界刺激的影响并改变自我。

5. 行为亚健康　表现为行为上的程式化，长期处于这种状态容易产生行为偏激。

心理测试

大学生健康生活方式的心理诊断

【指导语】这是一份大学生健康生活方式的诊断量表，一共有15个问题，请你根据自己的实际情况，逐一回答。为了保证测验的准确性，请你认真回答。

1. 如果需要早起床，你会

A. 定好闹钟　　B. 请别人叫　　C. 自己醒来

2. 早上睡醒之后，你会

A. 立即起床学习

B. 不慌不忙，起床后做操，然后学习

C. 在被窝里能多躺一会儿是一会儿

3. 你的早餐通常是

A. 稀饭和馒头　　B. 面包和牛奶　　C. 不吃

4. 每天到教室上课，你总是

A. 准时到教室

B. 或早或晚，但都是在10 min以内

C. 自己醒来

5. 吃午饭时，你一般

A. 急匆匆地　　B. 慢吞吞地　　C. 从容吃饭，午后休息一会儿

6. 尽管学习很忙、很累，也会和同学有说有笑

A. 每天如此　　B. 有时如此　　C. 很少如此

7. 面对校园中出现的矛盾，你会

A. 争论不休　　B. 反应冷漠　　C. 明确表态

8. 在课余时间内，你一般
   A. 参加社交活动　B. 参加体育活动或文娱活动
   C. 做家务
9. 对于来客，你
   A. 热情，认为有意义　B. 认为浪费时间　C. 非常讨厌
10. 晚上你对于睡觉时间的安排是
   A. 同一时间上床　B. 往往凭借一时高兴
   C. 等把所有的事情都做完了以后才上床睡觉
11. 如果你自己能控制假期，你会
   A. 集中一次过完　B. 一半安排在夏季，一半在冬季
   C. 留着，有事时用
12. 对于运动，你一般
   A. 喜欢看别人运动　B. 做自己喜欢的运动　C. 不喜欢运动
13. 最近两周，你
   A. 到外面玩过　B. 参加过体力劳动或体育运动
   C. 散步 400 m 以上
14. 你是怎样度过暑假的
   A. 消极休息　B. 做点体力劳动　C. 参加体育活动
15. 你认为表达自尊心的方式是
   A. 不惜代价达到目的　B. 深信经过努力会有结果
   C. 要别人对你做出正确评价

【评分标准】请参照表 1-1 的得分相加，计算出总分。

表 1-1　评分标准

题号	A	B	C	题号	A	B	C	题号	A	B	C
1	3	2	0	6	3	2	0	11	2	3	1
2	1	3	0	7	0	0	3	12	0	3	0
3	2	3	0	8	1	2	3	13	3	3	3
4	0	3	2	9	3	0	0	14	0	2	3
5	0	1	3	10	3	0	0	15	0	3	1

【结果解释】

如果总分为 37~45 分，说明你的生活方式良好，你是一个善于学习、生活和工作的人，有较高的工作效率和学习效率。

如果总分为 25~36 分，说明你的生活方式比较好，能在繁忙的工作中掌握恢复活力的艺术，有提高效率的潜力。

如果总分为 13~24 分，说明你的生活方式健康程度中等，你应该努力改善自己的生活方式。

如果总分在 12 分以下，说明你的生活状况不佳，应该下定决心彻底改变有害的生活习惯。

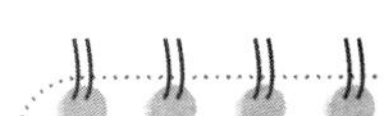

第二节　大学生心理健康现状

案例导读

小王的家庭比较优越，从小父母宠爱有加，学习成绩优秀，一直都很顺利。直到半年前考入外省某大学，他明显地不适应当地的环境。大学的学习环境与他设想的落差很大，生活中也处处不如意，他感到很失落，压力也很大。他觉得寝室人际关系复杂，与同学之间的来往也很少，不愿意参加班级活动。他经常闷闷不乐、没精打采。他在寝室经常对室友发脾气，与室友为小事起争执，后来发展为几乎天天吵架。而后他更加消沉，晚上失眠，白天头晕、头痛。老师见其状态不佳，遂让家长带小王回家休息。

小王同学进入大学后对各方面的不适应是引发其心理问题的主要原因。我们每个人到新的环境中都会面临一系列的变化，如果没能顺利完成转变，我们的心中必然会产生落差，心理冲突就会因此产生。

大学生心理健康问题日益突出。据调查显示，大学生中出现心理问题的比例呈上升趋势，已成为大学校园中不可忽视的问题。近年来，随着社会经济发展和高校扩招政策的实施，我国大学生的心理健康问题也日益突出。据《中国大学生心理健康报告》显示，大约60%的大学生存在心理健康问题，其中重度抑郁症状比例为3.3%，轻度抑郁症状比例为17.4%。大学生面临来自学业、就业、人际关系、财务等多方面的压力，这些压力是导致大学生心理健康问题的主要因素。近年来，由于疫情等原因，大学生面临更大的心理压力。同时大学生心理问题类型也是多样的，包括焦虑、抑郁、情绪失控、学习困难、自我认同问题、人际交往困难等。其中，焦虑和抑郁是最常见的心理问题。《2020年全国青少年心理健康调查报告》指出，新冠疫情期间大学生心理健康问题更加突出，其中焦虑、抑郁等问题有所增加。

一、大学生心理健康特征

大学生心理健康特征可以从多个方面来考虑，一般大学生心理健康特征如下：

1. 高压力　大学生在学业、社交、家庭、就业等方面面临着巨大的压力。考试、作业、论文、实习等任务加上社交、就业等方面的压力往往容易导致情绪波动和心理健康问题。

2. 自我意识强　大学生的自我意识是指他们对自己的认识和理解，以及对自己在人生和社会中的地位和作用的认知。大学生的自我意识在很大程度上决定了他们的行为、态度和决策。大学生正处于人生发展的重要阶段，他们开始自我探索和认知自我。因此，大学生往往更加注重自我意识和心理健康问题的认知和控制。

3. 学习和就业焦虑　大学生往往面临就业和职业规划等问题，但是当前就业形势严峻，许多大学生可能会感到找工作的压力和不安。在面对就业市场时可能会发现自己的就业技能不足以应对市场需求，一些大学生可能面临家庭经济压力或期望，这可能会让他们感到学习和就业的压力更大。

4. 社交困难　大学生常面临着人际关系的挑战，包括交友、恋爱、处理人际冲突等问题。大学生在进入大学后面临着新的社交环境，需要适应新的人际关系网络和社交规则，一些大学生可能会感到与人交往时紧张、害羞或不自在，这种社交焦虑可能会阻碍他们建立和维持社交关系。对于一些内向或社交能力较弱的大学生来说，面对这些问题可能更加困难。还有一些大

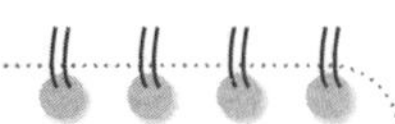

学生可能面临抑郁和孤独的问题，这可能会导致他们不愿意与人交往或者难以建立深层次的社交关系。

5. 身份认同问题　大学生在接受高等教育的过程中，对自我认同的形成和发展出现问题，导致个体难以确定自己的社会角色和身份地位，进而影响到他们的心理健康和生活质量。大学生通常面临着身份认同问题，包括性别认同、文化认同、职业认同等。这些问题可能导致大学生情感和心理上的不适。

6. 社交媒体和网络成瘾　随着社交媒体和网络技术的发展，越来越多的大学生陷入了社交媒体和网络成瘾的困境。社交媒体和网络成瘾是指个体对社交媒体和网络上某种内容（如游戏、网购等）表现出强烈的依赖和沉迷，无法自控地进行使用，严重影响了他们的日常生活和心理健康。大学生往往是社交媒体和网络的主要使用者。如果不加以控制，这些工具可能导致沉迷成瘾，影响大学生的心理健康。

7. 心理韧性较弱　心理韧性指的是一个人面对生活中各种挫折和困难时，保持积极心态，坚韧不拔地去应对并克服困难的能力。然而，随着社会竞争的加剧和生活压力的增加，很多大学生在面对挫折和困难时，往往会出现情绪波动较大、容易放弃或产生消极情绪等问题，表现出心理韧性较弱的特征。大学生通常缺乏生活和工作的经验，因此他们往往缺乏心理韧性和抗挫能力。当遇到挑战和困难时，他们可能更容易感到沮丧和失望。大学生心理韧性较弱的原因主要包括以下几点：

（1）父母过度保护和溺爱：现代家庭对孩子的保护越来越多，使得孩子们缺乏挑战和面对困难的机会，导致大学生缺乏自我挑战和锻炼的机会，降低了心理韧性。

（2）教育制度的压力：大学生需要面对升学、考试、就业等多方面的压力，教育制度的考试导向和压迫性要求，也会使得大学生在面对挫折和困难时，出现消极情绪和放弃的倾向。

（3）社交环境的影响：现代社会竞争激烈，人际交往也愈加复杂，一些大学生面对社交困难和孤独时，容易出现心理韧性较弱的表现。

总体而言，大学生的心理健康特征与其人生发展的阶段密切相关，同时受到多种因素的影响。因此，加强大学生心理健康教育和关注大学生的心理健康问题非常重要。

二、大学生常见心理问题

大学生心理问题是指在大学生活中，各种因素导致的心理不适应、心理困扰、心理障碍等问题。常见的大学生心理问题有：

1. 学习压力　大学生需要面对更加复杂和深奥的学科知识，需要花费更多的时间和精力进行学习和掌握。同时大学生需要完成更多和更难的作业、课程项目和考试，同时还需要考虑如何平衡不同学科之间的学业要求。大三大四的学生还面临着就业市场的竞争和就业形势的不稳定性，需要在学习的同时思考如何增强自己的就业竞争力。

面对这些学习压力，大学生可以采取以下策略来缓解：

（1）制订合理的学习计划，将时间和精力合理分配给各项学习任务。

寻求帮助和支持，如与导师、同学、辅导员等沟通，或者寻求心理咨询服务。

（2）培养健康的生活方式，包括良好的饮食、充足的睡眠和适度的运动。

（3）学会管理情绪，如学会放松、调节情绪，避免过度焦虑或压力过大。

（4）多参与社交活动，加强社交网络，提高社交能力和人际关系处理能力。

2. 情感困扰　大学生进入大学后，需要适应新的环境和人际关系，面对复杂的人际关系，一些大学生容易受到情感困扰，出现孤独、失落等问题。大学生的情感困扰可能包括以下方面：

（1）家庭问题：大学生在离开家庭走向独立的过程中，可能面临来自家庭的问题，如父母

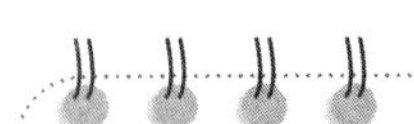

离异、家庭关系紧张、亲友离世等，这些问题会对大学生的情感产生影响。

（2）社交问题：大学生面临着来自不同背景、不同价值观念的同龄人，需要适应新的社交环境，并建立新的人际关系，这可能会带来孤独、不安和焦虑等情感问题。

（3）自我认同问题：大学生正在成长和探索自我，可能会遇到自我认同和身份认同的问题，如对性取向、性别认同、文化认同等方面的困扰，这可能会带来自我怀疑和自我否定等情感问题。

（4）婚恋问题：部分大学生可能会面临恋爱、婚姻和家庭等问题，如单身焦虑、恋爱困扰、情感不和、婚姻危机等，这些问题也会对情感产生影响。

面对这些情感困扰，大学生可以采取以下策略来缓解：

（1）与家人、朋友、辅导员等人沟通，分享自己的情感困扰，寻求支持和帮助。

（2）学会调节情绪，如学会放松、调节情绪，避免过度焦虑或抑郁。

（3）培养健康的生活方式，包括良好的饮食、充足的睡眠和适度的运动。

（4）参加社交活动，加强社交网络，提高社交能力和人际关系处理能力。

（5）寻求专业的心理咨询和治疗服务，如心理咨询师、心理医生等，帮助自己更好地理解和处理情感问题。

3. 精神疾病　一些大学生由于遗传、环境等因素容易患上精神疾病。大学生的精神疾病可能包括以下几种：

（1）抑郁症：大学生面对学业、人际关系、未来等多重压力，可能会出现情绪低落、兴趣丧失、自我否定、睡眠障碍等抑郁症状。

（2）焦虑症：大学生在面对考试、演讲、社交等各种挑战时可能会出现紧张、害怕、恐惧等焦虑症状。

（3）心理创伤后应激障碍（PTSD）：大学生可能会面临各种创伤性事件，如交通事故、自然灾害、性侵等，导致 PTSD 症状，如回忆性重复、避免性行为、情绪波动等。

（4）精神分裂症：精神分裂症是一种严重的精神障碍，其症状包括幻觉、妄想、思维紊乱等，可能在大学时期发作。

（5）躁狂症：躁狂症是一种情绪波动极端的精神障碍，其症状包括情绪高涨、冲动、精力旺盛等，可能在大学时期发作。

面对这些精神疾病，大学生应该及时就诊，寻求专业的心理医生和治疗师的帮助，进行个性化治疗。此外，大学生还可以采取以下措施来缓解精神疾病：

（1）坚持健康的生活方式，包括规律作息、健康饮食、适度锻炼等。

（2）建立支持网络，包括家人、朋友、同学、辅导员等。

（3）学会自我调节，如放松、冥想、正念等，缓解精神压力。

（4）避免不良习惯，如酗酒、吸烟、吸毒等，这些习惯可能加剧精神疾病的症状。

（5）积极配合治疗，按医生建议进行药物治疗和心理治疗，监测病情进展并及时调整治疗方案。

三、大学生心理健康影响因素

个体的心理健康是一个极为复杂的动态过程。影响心理健康的因素也是复杂多样的，既有个体自身的心理素质因素，也有外界的环境因素。大学生作为一个独特的社会群体，会面临许多独特的问题，其心理健康的影响因素有家庭因素、学校因素、社会因素、自身因素等。

（一）家庭因素

家庭是孩子成长的第一课堂，家庭条件、家庭氛围以及父母的语言、习惯、情绪、人际关系、教育态度、教育方法等对于塑造孩子个性、养成良好的生活习惯和行为方式都有重要的影响。虽然大部分大学生都已经离开家庭来到学校学习生活，但是从小受到的影响可延续至成年甚至一生。

1. 家庭经济条件的影响　父母职业稳定、家庭经济条件相对宽裕，有利于孩子的健康成长。在低收入家庭及父母职业不稳定的家庭当中，相对贫困的状态给孩子带来较大的心理压力，有些孩子还因此表现得自卑和消极，甚至会在人际关系方面变得非常敏感，在交朋友时害怕被人看不起，有困难时也不敢寻求他人的帮助，家庭经济条件贫困的孩子敏感、多疑、自卑等心理表现明显。

2. 家庭氛围影响　父母关系不和睦、父母与孩子关系紧张等会使孩子持续处于警觉状态或应激状态，形成不安全感和残缺感。家庭成员之间经常互相打骂、缺乏亲情温暖的家庭会使孩子反应迟钝、犹豫不决，甚至产生暴力倾向。

3. 教育方式和认可度的影响　父母的教育方式和对子女的认可程度都会影响孩子的心理健康，例如，有些家庭对孩子期望较高，对孩子的教育方式极为严苛，导致孩子压力相对较大。再比如，有些父母对孩子过于严厉、缺乏沟通、对孩子的认可度较低，使孩子在人际交往中表现得不自信、没主见，甚至会产生极强的逆反心理和自卑心理，表现出一定的敌对性。

（二）学校因素

学校是大学生生活、学习的主要场所。生活环境的变化、学习方式方法的变化等对大学生的心理健康都会产生直接而深刻的影响。

1. 生活环境的变化　生活环境的变化是促使个体心理发生变化的基础。到了大学，学生需要住校，生活环境发生了变化，开始过独立、集体式的生活。要求大学生既要做到生活自理，又要有集体观念，但是，由于有些同学会因为第一次离开父母和家庭，又缺乏生活自理能力，不习惯集体生活而感到压抑或焦虑。生活环境的变化加之缺乏心理准备，使许多大学生在适应环境的过程中产生心理问题和心理困扰，如果问题不能及时得到解决，将会影响他们以后的适应能力与心理健康。

2. 学习方式方法的变化　进入大学之后，学生除了从教师的授课中获取知识以外，自学和技能训练都非常重要，要求大学生不仅要有较强的自学能力，而且要有学习的自觉性和自制力，还要善于发现问题、提出问题和解决问题。同时，大学考试的变化，往往使那些死记硬背、墨守成规、缺乏灵活运用知识能力的大学生感到不适，甚至遇到学习上的挫折而出现焦虑、紧张等情绪反应，同时还会影响他们的自信心，使他们产生自我否定等心理问题，这些都会极大地影响到大学生的心理健康。

（三）社会因素

1. 能否适应社会环境的变化　随着我国社会的变迁、各项改革的深入、人才培养制度的改革等，大学生面临着各种社会环境变化带来的压力。例如，在经济社会转型时期，大学毕业生与人才市场实行双向选择，有时候理想与现实的差距较大，使得大学生的优越感受到强烈冲击，导致部分大学生感到前途渺茫，由此带来的失落感极易引发心理问题。

2. 就业压力　目前，本科生、研究生的数量越来越多，大学生毕业后从事的大多是一线工作，工资较低，这使他们的教育成本和工作预期会有较大差距。由此，越来越多的大学生感觉到理想与现实之间的鸿沟而倍感压力，加之大学生社会经验的缺乏，长期发展便会形成心理问题。

（四）自身因素

人的心理健康状况是人与社会环境、自然环境交互作用的结果。外在环境对大学生心理健康的影响只是提供了一种可能性，而这种可能性要转变为现实，最终还要通过大学生自身起作

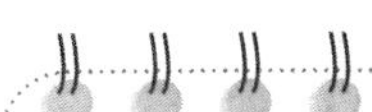

用。从大学生心理特点来看，他们处于情绪不稳定时期，情绪富有冲动性、缺乏冷静的思考，在对挫折的判断上，往往会以偏概全，内心敏感脆弱，很容易受到伤害。不少大学生的生理成熟与心理成熟不同步，当面对各种社会现象时，如果心理总处于失调状态，就可能出现心理问题。

1. 自我意识　大学生正处于心理发展开始走向成熟的重要阶段，这一阶段是一个人心理变化最为激烈的时期，同时又是心理发展与成长的困惑期。随着年龄和知识的增长，大学生的自我意识开始增强，但有部分学生往往因在现实中达不到理想中的自我而产生矛盾。一部分学生对自己的评价过高，面对挫折时接受不了挫折带来的打击；一部分学生对自己的评价过低，在现实当中又表现得极不自信。

2. 人际交往的压力　大学校园属于人群密集场所，大学生面临着各种人际关系。大学生由于来自不同的地域，文化背景、价值观念等不尽相同，其个性习惯的差异更显突出。大学生之间若发生人际关系方面的摩擦与冲突，无力自行妥善解决的话，容易导致交往受阻，有些大学生因缺乏交往技巧和能力，而出现不同程度的人际关系焦虑。

3. 自身缺陷因素　有少数大学生由于个体因素而产生一些心理问题。例如由于身体素质不好或患有某种疾病，在学习和训练过程中感到力不从心而产生一些心理问题。再如自身存在个性缺陷，如性格内向、心胸狭隘孤僻封闭、急躁冲动、固执多疑等，也会产生一些心理问题，这些自身缺陷容易使大学生产生自卑心理。久而久之，其心理承受能力会越来越差，从而导致心理健康水平的下降。

心理测试

大学生心理健康测试

【指导语】这是一份大学生心理健康测试，一共有40个问题，请你根据自己的实际情况，逐一回答。为了保证测试的准确性，请你认真回答。

题目	完全没有	偶尔是	经常是
1. 平时不知道为什么总觉得心慌意乱，坐立不安			
2. 上床后，怎么也睡不着，即使睡着也很容易惊醒			
3. 经常做噩梦，惊恐不安，造成醒来就感到倦怠无力、焦虑烦躁			
4. 经常早醒1～2 h，醒后很难再入睡			
5. 学习压力常使自己感到非常烦躁，讨厌学习			
6. 读书、看报甚至在课堂上也不能专心致志，往往自己也搞不清在想什么			
7. 遇到不称心的事情便长时间地沉默少言			
8. 感到很多事情不称心，无端发火			
9. 哪怕是一件小事情，也会放不下，整日思索			
10. 感到现实生活中没有什么事情能引起自己的兴趣，郁郁寡欢			
11. 老师讲概念，经常听不懂，有时懂得也快，忘得也快			
12. 遇到问题经常举棋不定，迟疑再三			
13. 经常与人争吵发火，过后又后悔不已			
14. 经常追悔自己做过的事情，有愧疚感			

续表

题目	完全没有	偶尔是	经常是
15. 一遇到考试，即使有准备也紧张焦虑			
16. 一遇挫折，便心灰意冷，丧失信心			
17. 非常害怕失败，行动前总是提心吊胆，畏首畏尾			
18. 感情脆弱，稍不顺心，就暗自流泪			
19. 自己瞧不起自己，觉得别人总是在嘲笑自己			
20. 喜欢跟年幼或者能力不如自己的人一起玩或比赛			
21. 感到没有人理解自己，烦闷时很难使自己高兴			
22. 发现别人在窃窃私语，便怀疑是在背后议论自己			
23. 对别人取得的成绩和荣誉常表示怀疑，甚至嫉妒			
24. 缺乏安全感，总觉得别人要加害自己			
25. 参加春游等集体活动时，总有孤独感			
26. 害怕见陌生人，人多时说话就脸红			
27. 黑夜行走或独自在家时有恐惧感			
28. 一旦离开父母，心里很不踏实			
29. 经常怀疑自己接触的东西不干净，反复洗手或换衣服，对清洁极端注意			
30. 担心是否锁门和可能着火，反复检查，经常躺在床上又起来确认，或刚一出门又返回检查			
31. 站在经常有人自杀的场所、悬崖边、大厦顶、阳台上，有摇摇晃晃要跳下去的念头			
32. 对他人的疾病非常敏感，经常打听，生怕自己也身患同病			
33. 对特定的事物、交通工具（电车、公交车等）、尖状物及白色墙壁等稍微奇怪的东西有恐怖倾向			
34. 经常怀疑自己发育不良			
35. 一旦与异性交往就脸红心跳或想入非非			
36. 对某个异性伙伴的每一个细微行为都非常注意			
37. 怀疑自己患了癌症等严重不治之症，反复看医书或去医院检查			
38. 经常无端头痛，并依赖止疼药或镇痛药			
39. 经常有离家出走或摆脱集体的想法			
40. 感到内心痛苦无法解脱，只想自伤或自杀			

【评分标准】“完全没有”得0分，“偶尔是”得1分，“经常是”得2分。将每题得分相加得总分。

【结果解释】

0~8分：心理非常健康，请你放心。

9~16分：大致还属于健康的范畴，但应有所注意，可以去找老师或同学聊聊。

17~30分：你在心理方面有了一些障碍，应采取适当的方法进行调适，或找心理辅导老师帮助你。

31~40分：黄牌警告，有可能患了某些心理疾病，应找专门的心理医生进行检查治疗。

41分以上：有较严重的心理障碍，应及时找专门的心理医生治疗。

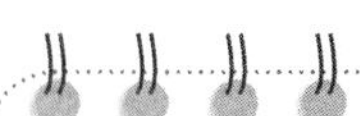

第三节　大学生心理健康教育的任务与意义

案例导读

2004 年 2 月，静谧的云南大学校园里，发生了一件骇人听闻的案件。

结束寒假刚返校不久的云南大学两名学生，发现学生公寓有异味，在打扫卫生过程中，发现本室一衣柜里有液体流出并带有臭味，随即向学校报告，学校保安撬开柜子，发现里边居然装了一具尸体，学校随即向警方报案，接到报案的云南省昆明市公安局立即赶赴现场，在云南大学学生公寓一个宿舍的柜子内发现了 4 具被钝器击打致死的男性尸体。这件事情一时之间在校园之中引起了轰动，学校本是安心求学的地方，又为何会成为恶人的“天堂”呢？此时的作案凶手早就已经逃往了他地，警方迅速展开了一场追击凶手的行动。

为尽快掌握凶手的线索，2004 年 2 月 25 日，云南省公安厅发出 A 级通缉令，悬赏 18 万元人民币捉拿云南大学凶杀案犯罪嫌疑人马加爵。至此，云南大学的这起宿舍杀人案件很快受到了社会的关注，也让很多人开始审视学校舍友之间的关系，更多人也在等待着嫌犯的落网，想要知道到底有什么样的深仇大恨，马加爵才能做出如此疯狂的行为。

谁也没有想过，在校园之中会发生这样恶劣的事件，尤其是向朝夕相处的舍友挥下了屠刀，这是任何人都难以理解的。可能很多人觉得，平日里舍友之间的小打小闹几乎是很普遍的，那又是何种的境地与矛盾才会引起嫌犯用最极端的方式去解决呢？

震惊全国的马加爵杀人案发生后，心理专家对马加爵的犯罪心理曾做了分析：出身寒微，总带着自卑感，很少与人沟通，总觉得别人看不起他。与人交往时产生矛盾往往不考虑自身因素，性格孤僻，暴力倾向……。其实，这场悲剧本可以避免，在矛盾发生的初期，如果能得到社会支持系统的帮助，自己能够积极地进行心理调适，或者主动寻求专业人士的帮助，把不良的情绪释放或宣泄出去，从而使自己的心理压力得以缓解，悲剧就不会发生。

一、大学生心理健康教育的任务与内容

大学生心理健康教育指根据学生生理和心理发展特点，运用心理学等多学科理论和技术，对大学生进行心理健康知识与技能的教育与训练辅导，培养大学生良好的心理素质，促进大学生身心的全面发展和整体素质的提高。加强大学生心理健康教育工作是新形势下全面贯彻党的教育方针、实施素质教育的重要举措，是高等学校德育工作的重要组成部分，是促进大学生全面发展的重要途径和手段。

（一）大学生心理健康教育的任务

教育部《关于加强高等学校大学生心理健康教育工作的意见》对大学生心理健康教育的任务做出了明确的规定：“高等学校大学生心理健康教育工作的主要任务是：根据大学生的心理特点，有针对性地讲授心理健康知识，开展辅导活动，帮助大学生树立心理健康意识，优化心理品质，增强心理调适能力和社会生活的适应能力，预防和缓解心理问题。帮助他们处理好环境适应、自我管理、学习成才、人际交往、自由恋爱、求职择业、人格发展和情绪调节等方面的困惑，提高健康水平，促进德智体美劳的全面发展。”

大学生心理健康教育的主要任务是为学生提供一个反思和体验的心理空间，使他们能够对自己进行审视，为学生提供一个交流的机会，使他们可以真诚地表达自己；给学生提供调适自己、影响他人的方法，使他们能够以健康的心态面对自己和他人，用真心和关爱去获得友谊、

爱情与和谐的人际关系。

大学生心理健康教育还面向少数有心理问题和障碍的学生，开展补救性和预防性的措施，提供心理矫正和心理辅导，使他们尽快摆脱障碍，调节自我，恢复和提高心理健康水平，尽快地恢复正常生活和回归校园。

（二）大学生心理健康教育的内容

高校大学生心理健康教育工作的主要内容是：

（1）宣传普及心理科学基础知识，使大学生认识自身的心理活动和个性特点，了解心理健康教育对自身的重要意义，树立心理健康意识。

（2）介绍增进心理健康的方法，使大学生掌握科学、有效地改善心理健康的方法，养成良好的心理卫生习惯，培养创新精神和实践能力。

（3）传授心理调适方法，使大学生学会自我心理调适，有效消除心理困惑，培养坚忍的意志品质和艰苦奋斗的精神，提高抗挫折能力以及社会适应能力。

（4）解释异常心理现象，使大学生了解常见心理问题产生的原因及表现，以科学的态度对待各种心理问题。

二、大学生心理健康教育的原则

（一）教育性原则

贯彻教育性原则，要求做到：一是要以马克思主义辩证唯物论的思想和观点作指导，并结合我国实际情况，有选择地借鉴西方关于心理健康教育的理论方法和技术，对大学生进行心理健康教育；二是要把心理健康教育与学生的道德品质教育、思想政治教育等结合起来，使其心理素质和思想道德修养相互影响，互相促进；三是重视正面的启发教育和积极引导，培养学生积极进取、乐观向上的精神，帮助学生树立正确的人生观、世界观和价值观。

（二）全体性原则

贯彻全体性原则，要求教育者要了解和把握学生的共同需要以及普遍存在的心理问题；对学生要做到一视同仁，创造条件，最大限度地让尽可能多的学生参与其中的所有活动；工作的出发点和落脚点都要有利于学生的发展和成长。

（三）差异性原则

贯彻差异性原则，一是要了解学生的个别差异；二是对待不同学生要灵活采取不同的方法、手段和技术，灵活运用心理健康教育的原理和方法；三是认真做好个案研究，积累经验，总结提炼，增强个别教育的实效。

（四）保密性原则

贯彻保密性原则，要求做到：求助学生的所有资料和信息绝不应成为社交闲谈的话题；求助学生的个案资料不应出现在教育者的公开演讲和谈话中；教育者应避免有意无意以个案举例来炫耀自己的能力和经验；教育者所做的记录不能视为公开的记录，不能随便让人查阅；教育者不应随便将记录档案带离咨询与辅导机构；任何咨询与辅导机构都应建设健全的储存系统来确保当事人的档案保密性。当然，替求助学生保密不是绝对的，在某些特殊情况下，为了进行科学研究，为了求助学生和他人的利益免受伤害，为了求助者的生命安全以及他人的生命财产安全，可以进行正当泄密，但是要最大限度地保护求助学生的权益。

三、大学生心理健康教育的意义

大学生正处于身心发展的重要时期，随着生理和心理的发育和发展，社会环境的日益复杂，竞争压力的不断增大，身心健康发展受到的负面影响也越来越大，只是大学生的心理健康问题较以前更加显著和突出。《2022 年国民抑郁症蓝皮书》显示，我国抑郁症患病人数多达

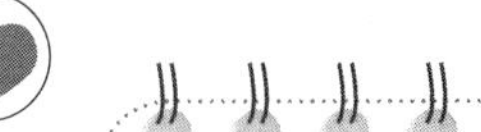

9500 万，50% 的抑郁症患者为在校学生，抑郁症发病群体呈现年轻化趋势。

令人担忧的是不良的人体健康状况不仅导致了大学生自身的身心疾病，严重影响了身体健康和学习活动，还损害了大学生的道德发展和社会适应能力。由心理问题引发的休学、退学、死亡，甚至犯罪，不仅给家庭带来了巨大伤害，还给学校和社会带来严重的负面影响。因此大学生心理健康教育对于学生的健康成长和发展，对于社会的精神文明建设和平安稳定都有巨大意义。

（一）有利于促进学生全面发展

根据我国现阶段学校教育培养目标的要求，高校培养的学生不仅要有良好的思想道德素质、文化素质、专业素质和身体素质，还要有良好的心理素质。学生的心理健康教育与德智体美劳方面的教育有着密切的关系，是其中不可缺少的部分，更是对促进学生全面发展的融通和优化，因此高校必须大力加强心理健康教育，促进学生素质的全面发展。

（二）有利于促进学生身心健康

健康是实现理想和美好生活的基础和保障，拥有健康才能拥有一切，健康不仅是没有疾病，而是个体在生理、心理、社会适应的完满状态。没有精神上、心理上的健康，就难以保证身体上的健康，也谈不上真正的健康。只有重视心理健康的教育与训练，才能促进学生的身体健康，才能全面提高学生的身心健康。

（三）有利于促进学生思想品德教育

大学生正处于道德品质形成的重要时期，也是人生观、世界观和价值观形成和巩固的重要时期，同时也是心理上充满矛盾和冲突的时期，心理复杂而多变。开展心理健康教育可以丰富德育的内容和方法，进一步加强大学生道德品质修养，使之达到全面发展的培养目标。

知识链接

如何维护大学生心理健康

1. 学会自助是关键

有句俗语，“解铃还须系铃人”。我们所面临的心理问题和困境，主要是由我们自己的认知偏激、狭隘所致，只有改变自身的认知方式和心态，学会自助，才是走出心理困境的唯一出路。

2. 主动排查很重要

近年来，大多数高校采用对学生定期进行心理健康普测，结合日常摸底排查等方式，及时发现心理问题高危人群。大学生主动积极地参加学校组织的心理健康问题排查，认真负责地完成每次测评，不光是对老师、学校负责，更是对自己的心理、生命安全负责。

3. 寻求支持与帮助是手段

当同学们发现和认识到自己存在心理问题，自我调适又不奏效时，就应当积极寻求来自外界的帮助，如父母、朋友、老师、同学等。当现存的社会支持系统也无法解决问题时，就应该及时地寻求专业人士的帮助，如学校的心理咨询机构、社会的心理咨询机构、心理服务热线等。

思考题

1. 如何科学地理解健康？什么是心理健康？
2. 你曾面临过什么心理问题？你是如何解决的？
3. 对大学生心理健康教育，你有哪些认识？

（彭　丹）

第二章　大学生心理困惑与异常心理

青春期是一个足以改变生命轨迹的时期，但也是最容易迷失方向的时期。

——莎士比亚

心理健康与个人的成长和幸福息息相关，拥有一颗健康的心灵，是每个人生存发展的必备基础。但在生活中我们难免遭遇不尽如人意的事，打破原有的心理平衡，使我们产生一些负面的体验。有时候，我们对生活、学业、工作、感情及未来前途产生难以掌控的感觉，心里充满了困惑和迷茫。有时候，由于突如其来的生活变故、意外打击或严重灾难的侵袭，过高的压力和应激超出了我们正常的心理承受水平，而表现出一些心理和行为的偏差及异常。甚至有时候，部分人群由于长期受到强烈的心理或生理刺激，进而导致心理功能失调并伴有明显的躯体不适症状，最终形成严重的心理或精神疾病。这个世界上的人口分布非常广阔，生活环境与成长背景等情况不尽相同、个体差异非常明显，不同的心理困惑、心理行为异常、心理或精神疾病的出现都是比较正常的，需要我们正视和面对这些心理现象。只要在心理上不被打败、心灵机器不出故障，我们就能活得轻松自如、美好、幸福。在本章，我们一起探索大学时期的心理困惑及其原因、青年大学生常见的心理行为偏差异常及其应对，以及了解心理疾病的基本知识、预防心理疾病的发生。

第一节　心理健康与心理异常的区分

一、从心理健康到心理异常是一个连续谱

在日常生活中，我们大多数时间都能够保证精力充沛、处事乐观、态度积极，能够适应环境的各种变化、保持良好的人际关系、适度地宣泄和控制情绪，立足客观现实、生活目标切合实际、善于从经验中学习、在社会规范之下恰当地满足个人的基本需求。同时，我们每个人也都曾经体验过心情不好、情绪低落、沮丧、不自信或情感压抑的内心经历，有些人还曾出现过食欲缺乏、反复失眠、绝望无助、强迫行为等心理不适感或异常行为表现。心理健康或不健康的边界似乎很模糊。那么，我们该如何科学判断和界定心理健康与心理异常？

从人类的心理行为发展进程或疾病的谱系来看，心理健康与心理异常的界限是相对的，从心理健康状态到心理疾病状态本质上是一个连续谱。心理健康的实质是指完全没有心理行为异常或心理疾病，同时具有良好的心理品质和健康人格，能够进行有效的心理行为活动，并具有良好的环境适应能力，能够胜任一定的家庭和社会角色，充分发挥自身的能力、合理利用现有的条件实现自我价值。相较之下，心理异常或心理疾病的实质是指个体身上表现的与较强的心理压力、缺乏心理行为能力相联系的，显著增加内心痛苦、健康风险甚至死亡危险的一种心理不健康状态，并且具有明显的临床心理行为异常症状，影响到正常的心理行为功能。

一般来说，从心理健康到心理疾病的连续谱可以区分为四个等级：心理健康状态、心理健康不良状态（亚健康状态）、心理行为障碍状态、心理疾病状态。从发展进程和严重程度来看，

如果个体出现了心理健康不良或亚健康状态，经过较长时间解决不了，则会逐渐过渡到心理行为障碍状态，而如果再经历较长时间解决不了，则会形成某种较为严重的心理疾病。轻度的心理健康不良状态和部分心理行为障碍可以通过寻求专业的心理咨询和辅导，在心理学专家和专业心理咨询师的帮助下得到缓解和解决，而较严重的心理疾病则常需要临床心理医生综合心理治疗和药物治疗来得以逐步康复及恢复健康，心理咨询相关内容可以参见第三章。

二、心理异常的内涵与外延

（一）心理异常的内涵

与心理正常状态相对，心理异常状态是个体对客观现实反映的紊乱和歪曲，既包括个人自我概念和某些能力异常，也包括情绪调节、社会人际关系和个人生活等方面的适应障碍。心理异常与内心痛苦、健康风险、临床心理行为或身体症状，以及与个体能否实现正常的心理行为功能密切联系。但是要清晰地判别心理异常和心理健康状态，也不是一件容易的事情。首先，心理异常和心理正常之间的差别常是相对的，两者之间在某些情况下可能有本质的差别，但在更多的情况下可能只有程度的不同。其次，异常心理的表现受到多种因素的影响，诸如生物因素、心理状态、社会环境等，选取的评价角度不一样，其判断标准也就不一致了。

目前，最常用的界定心理行为异常的标准主要包括如下几种：

1. 主观体验标准　是指求助者自己察觉到或主诉自己的心理行为活动出现不正常的情况，比如，不能摆脱的内心痛苦、情绪困扰、注意力涣散、思维异常等超出正常范围的心理状态，这种个体的自我评价也称为自知力，是判断求助者问题程度的重要指标之一。此外，心理咨询师或心理医生凭借自己对心理障碍和疾病的临床诊断治疗经验，去判断求助者的心理行为表现是否出现异常。总的来说，这种界定标准主观性较大，很大程度上受求助者、治疗者的既往体验和经验的影响。

2. 社会适应标准　这是一种普遍运用的标准，因为在正常情况下，人体维持着生理心理的平衡状态，人能依照社会生活的需要适应环境和改造环境；因此，正常人的行为符合社会的准则、能根据社会要求和道德规范行事，亦即其行为是符合社会标准的适应性行为。如果由于器质性的或功能性的缺陷使得个体能力受损，不能按照社会认可的方式行事，致使其行为后果对本人或社会是非适应性的时候，则可以判断此个体存在心理异常表现。应该说，这种界定标准更偏重于个体的社会功能，如果个体的社会功能失调，则可能存在某些异常。

3. 统计学标准　该标准来源于对人群的心理特性进行心理测量和统计的数据分布。一般来说，心理测量的数据是呈现正态分布的，人群中有 95% 的数据处于平均水平及其正负波动范围之内，心理学家将这部分定义为正常，而把处于偏离平均数两端的数据视为异常。因此，判断一个人心理是否异常，就可以根据其心理特征偏离群体平均水平的程度作为依据。

4. 症状和病因学标准　这一标准源自医学的诊断方法，它是根据病因与症状存在与否，通过各种筛查手段，找到引起异常心理症状的生物学原因，以此判断心理活动的正常或异常。这种界定标准旨在寻找到心理异常的客观判断标准，大体上是十分有效的，目前国内外主流的心理障碍与疾病的临床诊断标准都采取这种方法，没有经过此标准严格确认的心理行为异常不能轻易称之为心理障碍或心理疾病。

（二）心理异常的外延

从严格意义上来区分，心理异常状态主要包括心理行为障碍、心理疾病这两种状态，而心理健康不良或亚健康状态并不能纳入心理异常的范围之内。但有时候，为了与心理健康不良状态相对应和区别，广义笼统的心理异常外延可以涵盖心理健康不良或亚健康状态、心理行为障碍、心理疾病这三种状态，但这三种心理行为状态的定义具有很大差别，以下做一介绍。

1. 心理健康不良状态（亚健康状态）　心理健康不良状态是介于心理健康状态与心理异常

状态之间的亚健康状态，是由于个人的心理素质（如性格过于好胜、孤僻、敏感等）、生活事件（如工作压力过大、婚恋受挫、人际关系不良、家庭发生变故等）、身体不良状况（如患有严重躯体疾病、身体残疾等）等因素引起的。心理健康不良状态一般持续时间较短，大多数人经过一段时间后都能够自行缓解，对个体的正常生活、社会功能影响比较小，能够完成日常工作和学习，而只是感觉“很烦”“很累”“不高兴”“没有兴趣”等。处于这种状态的人，大部分都能够通过自我调整，如休息、运动、旅游、娱乐等活动，使自己的心理状态得到改善，也能够通过亲朋好友的开导、长辈及老师的安慰等及时缓解情绪、重新振作。对于青年大学生来说，一些常见的心理困惑，比如生活不适应、人际关系紧张、对学业发展没有方向、情感与性的困惑、就业及职业发展的困惑等，大多属于这种心理健康不良状态，通过自我调整或寻求老师的指导，大多可以逐步化解而不至于发展形成心理行为障碍。

2. 心理行为障碍状态　心理行为障碍是指因为个体因素或外界因素造成自己的心理状态在某一方面或多个方面的发展受阻、停滞、延迟或偏离，心理行为活动的外在表现明显偏离正常的反应方式，对个体的社会功能影响较大、不能正常地完成心理行为活动。比如，具有社交障碍的个体难以与其他人进行正常的交往、不敢在公众场所抛头露面，自己内心感觉很痛苦却无法克服，这种情况通常需要寻求专业的心理咨询师或心理医生帮助，以重新获得正常社会交往的信心和能力、恢复与他人顺利交往及在社会活动中表现自我的状态。心理行为障碍的界定需要通过科学的症状和病因学标准来判定，比如，国际疾病分类系统（ICD）、美国精神疾病诊断与统计手册（DSM）、中国精神疾病分类与诊断标准（CCMD）等标准化工具来评估诊断。处于心理行为障碍状态的个体大部分不能通过自我调整、非专业人员的安慰和疏导来解决根本问题，需要及时寻求专业的心理咨询师和心理医生的帮助，通过较长时间的心理咨询或心理治疗来逐步缓解、恢复健康状态。常见的心理行为障碍包括神经衰弱、社交障碍、焦虑障碍、强迫障碍、恐怖障碍、人格障碍。

3. 心理疾病状态　心理疾病常是大脑功能紊乱、脑功能失调的外在心理行为表现，个体会表现出在思维、情感、行为、意志等方面的精神活动异常，例如出现感觉过敏、感觉减退，思维迟缓、思维云集；注意力减弱、记忆力减退、痴呆；焦虑、恐惧、情绪迟钝；意志增强、意志缺乏；木僵、刻板动作；通常还会伴有明显的躯体不适感，如消化系统出现食欲缺乏、腹部疼痛，心血管系统出现心慌、胸闷、头晕等症状。处于心理疾病状态的个体不能或只能勉强完成社会功能、一般不能通过自我调整和非专业人员的治疗以康复，而需要临床心理医生或精神科医生的专业治疗，通过长时间的药物治疗和心理治疗来控制病情、逐步恢复健康状态。当然，精神疾病的界定同样需要通过科学的症状和病因学标准来判定，比如，国际疾病分类系统（ICD）、美国精神疾病诊断与统计手册（DSM）、中国精神疾病分类与诊断标准（CCMD）等评估诊断工具。常见心理疾病包括抑郁症 - 躁狂症、偏执妄想精神病、精神分裂症等较严重的心理精神疾病。

三、心理障碍与疾病的诊断标准

从统计学的人口分布来看，60% 以上的人处于心理健康状态，大约占 84% ~ 95% 比例的人群涵盖了心理健康状态和心理亚健康状态，这些人群都属于心理正常的范畴。但也有一部分人群由于各种原因表现为心理异常，即出现某些心理行为障碍；还有少部分人群表现出较为严重的心理异常，即患有某些心理精神疾病。但是，不管心理行为障碍或是严重心理精神疾病，都需要通过科学可靠的临床诊断标准筛查，符合心理障碍或疾病的临床标准。一般而言，判断某人是否患有心理障碍或精神疾病，必须全面考虑：①症状标准，即是否符合某种心理行为障碍或心理精神疾病的症状；②严重程度标准，即是否导致个体的社会动能受损、给本人造成痛苦和不良后果及其严重程度；③病程标准，即符合症状标准和严重程度标准达到一定

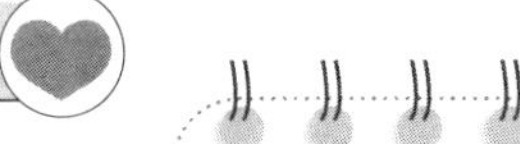

的持续时间；④排除标准，即排除器质性病变、身体躯体疾病所引起的心理异常或使用精神活性物质所导致的严重心理行为障碍。目前，国内外现行的多个心理精神疾病诊断系统，如国际疾病分类系统（ICD）、美国精神疾病诊断与统计手册（DSM）、中国精神疾病分类与诊断标准（CCMD）等，在各种疾病的诊断标准上趋于一致，诊断都是从各种心理行为障碍或心理精神疾病的症状标准、严重程度标准、病程标准、排除标准这四大标准上进行分类归纳的，以下对国内外三种主流的心理疾病诊断系统进行简介。

（一）国际疾病分类系统（ICD）

国际疾病分类系统（international classification of diseases，ICD）是世界卫生组织（World Health Organization，WHO）制定的国际统一的疾病分类方法，它根据疾病的病因、病理、临床表现、解剖位置等特性将人类的疾病分门别类，使其成为一个有序的组合，并用编码的方法来表示的系统，目前全世界通用的是第 11 次修订本《疾病和有关健康问题的国际统计分类》，被简称为 ICD-11。国际疾病分类系统（ICD）已经有 120 年的发展历史，早在 1891 年为了对死亡进行统一登记，国际统计研究所组织了一个委员会进行工作，1893 年该委员会主席 Jacques Bertillon 提出了一个分类方法，此即为 ICD 第 1 版，以后基本上为十年修订一次。1940 年，ICD 第 6 次修订版工作由世界卫生组织承担，首次引入疾病分类，并强调继续保持用病因分类的思想。ICD-10 的研究起始于 1983 年，并于 1992 年完成，1994 年在日内瓦正式发布，在世界上得到了广泛应用，2010 年 WHO 发布了 ICD-10。2018 年，WHO 又发布了最新修订的 ICD-11。自 2019 年 3 月 1 日起，我国各级各类医疗机构开始全面使用 ICD-11 中文版进行疾病分类和编码。推广使用 ICD-11 中文版，对于提高医疗服务标准化水平和医疗管理效率具有积极意义。

ICD 分类系统依据疾病的 4 个主要特征，即病因、部位、病理及临床表现（包括：症状体征、分期、分型、性别、年龄、急慢性、发病时间），每一特性构成了一个分类标准、形成一个分类轴心，最终形成一个多轴心的分类系统。ICD-11 的第六章为“精神、行为或神经发育障碍”，收录了已经发现的各类精神和行为障碍。包括精神发育障碍（如智力发育障碍、注意缺陷多动障碍）；精神分裂症及其他原发性精神病性障碍（如精神分裂症、急性短暂性精神病性障碍）；心境障碍（如轻躁狂发作、轻度抑郁发作、混合性焦虑和抑郁障碍）；焦虑与恐惧相关障碍（如广泛性焦虑障碍、惊恐障碍、社交焦虑障碍）；强迫及其相关障碍（如强迫症、囤积障碍、疑病障碍）；应激相关障碍（如创伤后应激障碍、适应障碍）；进食障碍（如神经性厌食，神经性贪食，暴食障碍）；物质相关及成瘾障碍（如酒精中毒、大麻依赖、人工合成兴奋剂戒断、致幻剂中毒）；破坏性行为及品行障碍（如对立违抗障碍、人格障碍）。这些障碍又按照发病程度轻、中、重度的不同或发病原因的不同，又或伴发症状的不同等方面划分了很多细类。

（二）美国精神疾病诊断与统计手册（DSM）

美国精神疾病诊断与统计手册（The Diagnostic and Statistical Manual of Mental Disorders，DSM）是由美国精神医学学会（American Psychiatric Association，APA）所制定出版的疾病分类方法，是在美国与其他国家中最常使用来诊断精神疾病的指导手册。与国际疾病分类系统（ICD）一样，美国精神疾病诊断与统计手册（DSM）界定了许多精神疾患的医学概念以及词汇，并通过一套系统的诊断准则评估出来；但与 ICD 不同的是，DSM 强调诊断准则及互斥性原则，而 ICD 较注重疾病的描述而非诊断准则。DSM 至今已有 60 余年的历史，DSM 第一版（简称为 DSM- Ⅰ）于 1952 年出版，当中列有 60 种不同的心理精神疾病；DSM 第二版（简称为 DSM- Ⅱ）于 1968 年出版，这两版手册大量地受到心理动力学理论的影响。DSM 第三版（简称为 DSM- Ⅲ）于 1980 年出版，其放弃了心理动力学的疾病观点，改用一套医疗模式为主要诊断方法，使正常与不正常之间有了一个明确的区分，美国精神医学学会（APA）于 1987 年出版 DSM 第三版的修订版（简称为 DSM- Ⅲ -R）。较近的 DSM 第四版（简称为 DSM- Ⅳ）于 1994 年出版，其中包括 297 种心理精神病症；DSM 第四版的修订版（简称为 DSM- Ⅳ -TR）于 2000 年出版。经过十多年的努力，最新版的 DSM（即 DSM- Ⅴ）已于 2013 年 5 月 18 日在美国出版，这是美国精神医学学会历经 60 余年、对 DSM 六次改版的最新成果。从心理行为障碍及精神疾病的分类内容来看，DSM 与 ICD 大体上是一致的，但 DSM 似乎更具有诊断特异性的特点，并且最新版的 DSM- Ⅴ在疾病谱系的编排方式及诊断准则上有所改进。

（三）中国精神疾病分类与诊断标准（CCMD）

中国精神疾病分类与诊断标准（Chinese Classification and Diagnosis of Mental Diseases，CCMD）是国家卫生部组织制定的全国性心理精神疾病分类与诊断方法，其结构与国际上通行的国际疾病分类系统（ICD）及美国精神疾病诊断与统计手册（DSM）大体上类似。中国精神疾病分类与诊断标准（CCMD）的分类兼顾病因病理学分类和症状学分类，分类排列及诊断等级基本符合国际疾病分类系统（ICD）的分类原则。新中国成立以前，我国没有自己的精神疾病分类系统。在 20 世纪 50 年代，我国的精神疾病诊断倾向于参照苏联的诊断分类模式，20 世纪 60 ~ 70 年代则偏向使用英美等西方国家的分类系统；1978 年，中华医学会开始着手对精神疾病统一分类，1982 年我国第一次采用自己制定的诊断标准进行全国性精神病流行病学调查。后来又经过多年的努力，中华医学会神经精神科学分会于 1989 年制定了中国精神疾病分类与诊断标准第 2 版（简称 CCMD-2），CCMD-2 是我国第一个包括了全部心理行为障碍和心理精神疾病的统一分类和诊断标准。为了适应医学发展的需要，我国于 1994 年通过了 CCMD-2 的修订版（即 CCMD-2-R），1995 年正式发行出版。在 1995 ~ 2000 年期间，我国 41 家精神卫生机构由国家卫生部科学研究基金资助，完成了中国精神疾病分类与诊断标准第 3 版（简称为 CCMD-3）的编修工作，该版本参考了 ICD-10、DSM- Ⅳ，并结合现场测试进行适当修改。CCMD-3 于 2001 年正式出版使用，是我国现行应用的疾病分类与诊断系统。2018 年，我国又发布了 CCMD-4 的征询意见稿，预计 CCMD-4 将会对我国精神障碍诊断工作的准确性与科学性提供更好的指导。

第二节　大学生的心理困惑及其析因

一、生活适应困惑

（一）生活适应的概念

每个人作为整个社会的一分子，都不得不去面对所处的社会环境的变化，并且要努力适应这种变化。进化论中所提的“适者生存”理念，就是人类在整个生物发展历史长河中不断地积累出来的客观认识规律。从广义的角度来说，社会适应是指人们对社会环境中的一切刺激能够做出恰当合理的心理行为反应。而从狭义的角度来看，社会适应通常就是指生活适应，其含义是人们能够适应生活环境的变化、较好地融入当下的现实生活，能够面对现实、接受现实，积极主动地去适应生活环境和改造自己的生活状况，主动面对各种生活挑战、妥善处理自身与生活环境的关系，努力创造条件使自己始终处于积极有利的生活环境当中。

从出生的那一刻开始，人们便注定了在整个人生发展过程中都要不断地适应生活环境的变迁。温暖的母胎孕育了婴儿，呱呱坠地之后，开始以响亮的哭声回应这个新环境；在父母长辈的精心呵护下，度过了无忧无虑的婴幼儿期、童年早期，进入学龄期后，儿童开始走出家庭、奔向幼儿园和小学校园，与小伙伴快乐游戏、纯真交往，在老师的辛勤教导下茁壮成长，逐渐脱离稚气；进入青少年时期，开始离开熟悉的家庭和小学，甚至远离家乡来到陌生的乡镇和县城，继续我们人生旅途上的知识征程和青春之旅；历经高考之后，我们收获了成功的喜悦，顺

利步入大学校园，宣告最灿烂的青春时光正式闪亮登场，我们开始远离父母和家庭独立地行动、生活、学习和交往。从小时候备受照顾到大学里独立行为的急剧转变，生活环境的变化、人际关系的变化、学习方式的变化，凡此种种，有时候让年轻人并不适应。年轻人该如何快速适应大学环境，让动荡的身心安定下来，去适应陌生的面孔和陌生的事物？这里需要好好分析大学里可能出现的生活适应困惑，掌握一定的生活适应技能。

（二）大学生的生活适应困惑

作为大学新生，步入大学校园这座神圣的令人向往的象牙塔，从高考成功的喜悦中冷静下来，首先面临的就是从中学生活到大学生活的突然转变。眼中不再熟悉的生活环境、陌生的新面孔、新奇又疑惑的学习方式，都可能让整个身心处于动荡不安之中。原有的习惯化了的心理结构被一下子打破、心理平衡被扰乱，周围是一片陌生。然而，在这一片陌生之中，又需要逐步开始新的生活；在克服各种不适应的同时，力图达到新的心理平衡，开始真正的大学生活。大学新生对大学生活从不适应到适应的过程，被称为适应准备阶段，这是整个大学时代的困难期，许多生活适应问题如果解决不好，会影响到以后几年的大学生活状况。适应准备阶段的持续时间因人而异，对于大多数人来说，只需要一个学期左右就可以顺利度过这个阶段。但也有少部分人很长时间都难以适应大学生活，产生大学里的生活适应困惑。

案例导读

一例大学新生的生活适应困惑案例

小范是一名大一女生，因心烦、注意力不集中，学习效率下降来咨询。两个月前进入大学以后非常不适应宿舍的集体生活，心情很烦。她住的宿舍七个人，特别拥挤，而且上铺的同学还经常晚上看书，有的同学睡前又没完没了地聊天，自己经常很难入睡，和她们说也没有效果，前几天还忍不住和上铺争吵，现在两人也不太说话。晚上睡得晚、又没睡好，白天就觉得有点累，看书的时候走神、效率不高，期末有些科目就没考好。现在晚上有时会失眠、多梦，白天上课还会打瞌睡，影响了学习，自己心里很着急，怕这样下去得神经衰弱。小范是独生女，父母都是教师，家庭条件不错，她从小受父母宠爱，从未离开过父母，父母要求她专心学习，取得好成绩，从不让其做家务。小范在家里时自己住一个房间，她喜欢安静，性格比较内向，不善与人交往，很少与同学一起玩耍，但她又是自尊心很强的人，学习刻苦，学习成绩一直很好。来到大学宿舍这样拥挤的环境觉得很难适应，出现问题后曾向父母诉说，并到校医院看病，吃过安定类药物，但没有明显改善，这次期末考试成绩不理想，心里非常委屈，睡眠更差，这次主动来心理咨询，迫切要求解决问题。

瑞士著名心理学家皮亚杰曾说："智慧的本质就是适应"。在入学以前，许多学生为了应付大学入学考试，全身心地投入学习，父母也为此给予无微不至的关怀。当代中国的大学生，大多数为独生子女，从小一直受到父母的溺爱，对家庭有较强的依赖性，缺乏必要的生活经验与自信心，自理能力较差。进入大学遇到的第一个问题就是如何适应独立的生活环境。这对于毫无独立生活经验的大学生来说无疑是一大挑战。面对生疏的人群和陌生的环境，一切都得自己去谋划、操作，部分大学生由于难以适应这种生活环境的变化而产生孤独、焦虑、不安、沮丧等心理。调查显示，16.8% 的大学新生认为最烦恼的问题是对环境不适应、感到孤独和寂寞；54.4% 的大学新生认为最大的困难是学习上不适应、心理压力大；还有 28.8% 的新生认为主要问题是人际关系不适应，感到同学之间、师生之间没有中学里那么融洽。

大学阶段是一个人的生理和心理都迅速发展的关键阶段。这个时期，个体心理迅速走向成熟但又尚未完全成熟，从高中刚刚升入大学的一年级新生，由于生活环境、学习特点、人际关系等因素的猛然改变，会表现出生活不适应的心理困惑，严重影响生活和学习。大学新生该如何应对大学时期的生活适应问题？首先，要转变既往的生活观念，逐步习惯于大学校园的校园面积大、楼群林立、俨然是个小社会的外部生活环境，习惯大学生集体宿舍生活，面对多人相处的群体交互境地，积极转变角色，从小家庭中的一员转变为大集体中的一员。其次，要避免过分以自我为中心，只顾自己、不为他人着想，努力克服胆小、退缩、敏感、被动等消极性格特征，主动与人交往沟通、善于与他人相处、处理生活中的各种矛盾；努力克服依赖习惯、提高生活自理能力，学会关心他人、相互磨合个人的生活习惯。此外，要准确地认识自己、合理定位，树立良好的自我意识，对大学生活的浪漫想象和客观现实的强烈反差进行自我调节，逐步平息内心的冲突和心理矛盾，形成积极的自我价值感和再适应观念。

二、人际关系困惑

（一）人际关系的概念

在心理学中，人际关系被定义为人与人在交往过程中建立的心理联系。马克思说，人是社会性动物，个体只有在活动中形成良好稳定的人际关系才能维持生存和发展，人际关系对每个人的情绪、生活、工作和学习都有很大的影响。然而，每一个人都是独特的，个体均有其独特的思想、成长背景、态度、性格、行为模式、价值观，如何通过求同存异、维护积极友好的人际关系，是人类重要的生存发展课题。从本质上来看，人际关系的目标是要建立幸福人生、和谐群体、安定社会与大同世界，而建立良好人际关系必须从个人的品德修养做起，再推己及人、扩展于群体之中。人际关系是通过人与人、人与环境之间的互动形成的，因而它深受人际交往对象、人际环境改变的影响，个体需要在人际互动中确定好自己的人际角色。人际关系的形成需要按照一定的人际规则进行，包括法律、礼节、道德、行为等方面的内容。

（二）大学生的人际关系困惑

在大学校园，人际关系不如中学那样简单，一心只读“圣贤书”。大学里的交往是广泛的，社会关系发生了变化，由高中时家长的“掌上明珠”、老师的“得意门生”，转变为宿舍、班级的普通一员；由过去人际交往单一、处世简单，到大学的人际交往日趋频繁、人际关系日趋复杂；由过去在家独处一室，到大学生集体宿舍，相处的人多了，矛盾也随之多了起来。过去的优越感已不复存在，要独自面对和处理生活中的各种矛盾，如果在集体中不能正确处理自我与他人的关系，不善于人际交往，不考虑他人的心理诉求和合理利益，就会导致别人的反感，甚至遭到大家的排斥，妨碍良好人际关系的形成，导致心理困惑的产生。

案例导读

林某，男，20 岁，大二。找到心理咨询老师，主诉无法坚持学习、自己打算休学一年。经咨询深谈后，才知道他与同学关系不和。但他基本都是采取回避矛盾、搬出宿舍的办法，以逃避与同学相处，结果自己更加孤独苦闷。咨询师得知，林某来自南方某省的山区乡村，父母是农民，姐弟数人中排行最小，全家人都很疼爱他。他性格十分内向、孤僻，不善言语、不会处事，很少与人主动交往。但他头脑比较聪明，学习踏实用功，成绩一向很好，从小学到高中都很顺利。上大学之后，他开始感到不顺心。尤其是如何与人交往、处理人际关系的问题使他伤透了脑筋、吃尽了苦头。一年多来，他跟同宿舍的人发生过几次不小的冲突，关系相当紧张。后来他直接搬出宿舍，与外

班的同学住在一起。他基本上不和班上同学来往，集体活动也很少参加，与同学的感情淡漠。他觉得自己没有一个能相互了解、相互信任、谈得来的知心朋友，经常感到孤独和自卑，也为此情绪烦躁、痛苦之极，但精神痛苦无处倾诉，长期的苦恼和焦虑使他经常失眠和头痛。他曾想尽力克制自己、强打精神，通过埋头学习来减轻痛苦、冲淡烦恼。然而事与愿违，由于他精力很难集中，学习效果很差、成绩急剧下降，后来考试竟然出现不及格的现象。他感到震惊和恐慌，心境和体质也越来越差，深感自己陷入病困交加的境地而无力自拔，也失去了坚持学习的信心。他开始厌倦学习，厌恶同学班级，一天也不愿再在学校待下去了。他听不进老师的劝告，也不顾家长的劝阻，坚持要求休学。

三、学业发展困惑

（一）学业发展的概念

大学校园由于充满着纯洁而浓郁的学术气息、追求真理的自由精神及崇尚知识的美德，被全世界美誉为象牙塔（ivory tower）。在大学校园里，轻松的学习生活、丰富多彩的娱乐活动，悠闲自由的氛围，许多人对其充满了憧憬。大学在许多学生的眼中，意味着不需要再埋首于辞海题库，不需要再徘徊于三点一线的生活，甚至可以光明正大地逃课、上网，完全自由自在、无拘无束。然而，这种时间太多了、太自由了，许多人的日子也开始变得空虚，内心就开始茫然起来，不知道自己在大学几年时间里究竟要学习什么、做些什么。而这时候，大学生对自己的学业发展或学业生涯规划进行冷静思考就显得十分重要了。一般而言，学业发展通常与学业规划联系在一起，是指为了提高求学者在校期间的学业发展效率，对与之相关的学业所进行的筹划和安排。具体来讲，学业发展及其规划是指求学者在决定其学业发展方向的基础上，通过对自身的性格特征、能力特点以及对未来发展的认识，确定其在大学期间的长期学习目标，并结合求学者的实际情况（如学习状况、经济条件、生活现状、家庭情况等）制定学业发展计划，以确保用最小的求学成本获得人生目标所需的素质和能力基础。

（二）大学生的学业发展困惑

古语云："泰山不让土壤，故能成其大；河海不择细流，故能就其深"。俗话说，水无点滴量的积累，难成大江河；人无点滴量的积累，难成大气候。未来都是掌握在自己手中的，只有付出才能有收获。每个人都有自己的梦想，特别是对于青年大学生来说，大学是实现人生理想至关重要的一环。然而，在高考选择专业时，由于各种因素的影响，有些大学生所学专业与他们的兴趣爱好并不一致，经过一段时间的学习以后依然无法建立兴趣。一些大学生不能正视这种现实，逐渐对所学专业失去兴趣，而只是被动地应付考试，表现出厌学、空虚、无聊、烦躁等消极心理状态，缺乏学习动力、对学习毫无兴趣，对未来丧失信心，焦虑不安、逃避学习，甚至放任自流，沉溺于游戏及上网聊天等娱乐活动。此外，在大学里由于各专业的学科性质、培养计划、课程安排和学习方式具有较大差异，不同专业学生出现了观念及思想上的差别，比如，理工科类学生思维严谨、行动沉稳，经济类学生思维活跃、善于进行发散性思考。有些学生开始审慎地思考自己今后的出路，但受到环境、家庭、学校多种因素的影响，有时候空有树立远大目标的愿望，而缺乏实施的具体行动，再加上校园里的活动比较活跃，很多同学在个人的学业发展方面有所松懈，主动自觉的学习能力日渐衰退。然而，没有兢兢业业的辛苦付出，哪来甘甜欢畅的成功喜悦？没有勤勤恳恳的刻苦钻研，哪来震撼人心的累累硕果？只说不做到头来都只是一场空。只有在学业上不断努力，才能闯出自己的一片天地！

案例导读

一例大学生学业发展困惑的案例

小明是一名大学生，他在刚入学时表现得很出色，但最近他的成绩开始下滑，感觉自己变得越来越懒惰，对学习也失去了兴趣。他不知道该怎么办，感到非常困惑。小明最初出色的表现是因为他对大学生活充满了热情和期待，但随着时间的推移，他发现大学并不像他想象中的那样美好。他开始感到压力和焦虑，觉得自己无法满足望子成龙的父母的期望，同时也没有找到自己真正感兴趣的领域。他开始怀疑自己是不是真的喜欢自己的专业，自己认真学习专业知识又有什么意义？同时他开始担心自己的未来和职业发展，感到自己可能会面临就业难题。他也很难找到与他志同道合的朋友，感到孤独和无助。这些因素导致了他的学业发展困惑，他找到心理咨询师，希望寻找解决方法来重拾学习的兴趣和动力，并找到自己的学业目标。

四、情感与性心理困惑

（一）青春时期的性心理发展特点

大学生大多正处于青春中后期，男生、女生在生理和心理方面发生了很多明显变化。男生渴望自己身材高大、体格健壮、音调浑厚、拥有男人的磁性魅力，以吸引心仪的女生；女生则渴望自己容貌俊美、体型苗条、凹凸有致、音调柔美，来展示女性的青春魅力。从性生理及性心理发展角度看，大学生处于择偶尝试期，对异性的爱慕和向往具有了较为自发的选择性，也自然而然地进入了恋爱尝试期。男女双方从内心深处都感到异性存在的美好，并试图通过各种方式接近异性，引起异性的注意及好感。再加上大学环境相对宽松，学校对于恋爱没有禁令，家长也无法直接干涉，基本处在自由状态下的青春个体，在共同学习和生活中频繁交往、相互了解，为大学恋爱提供了客观环境。同时，处于青春期的个体性意识活动十分活跃，性冲动、幻想及渴求的需要也很强烈。男性个体在性生理成熟后会出现遗精和性梦现象，还有可能出现性白日梦或性幻想，自发产生与性交往内容有关的心理生理活动，导致性兴奋及性高潮，这些都是正常的性生理心理反应。女性则会出现规律性的月经现象，在生理及心理上出现波动，表现出情绪低落、躯体不适等情况，这段时间是需要加倍体贴的特殊时期，同样这也是女性正常的性生理心理反应。总的来说，在大学时期，男生和女生的情感和性心理已经萌发并且趋于成熟，对异性的兴趣、与异性交往的愿望，牵手、恋爱、结婚等，是人人必然经历的生理、心理和社会行为的发展历程，正如德国著名诗人歌德所言，“哪个少男不钟情，哪个少女不怀春？”但青春期的心理起伏常如暴风骤雨，大学生在情感发展过程中常会伴随着各种矛盾和冲突，这些矛盾冲突的解决有赖于人格的成熟和心理的健全。

（二）大学生的情感与性心理困惑

美国著名诗人惠特曼说：“爱，不是一种单纯的行为，而是我们生活的一种气候，一种需要我们终身学习、发现和不断前进的活动；它不会因一次失败而消失，也不会因一次爱吻而成功；爱是一种气候，一种由心灵所形成的气候。”在青春时期的情感发展过程中，许多大学生在情感与性方面感到有些说不清、道不明的心理困惑。比如，一些人可能会因为自己还没有恋人而自卑，认为自己对异性没有吸引力、别人瞧不起自己，不敢坦然与异性交往，更怕在异性面前失误，只好回避与异性接触以保护自尊心，掩盖自己内心深处的痛苦与失落。

还有一些人由于自身的性格特征及固有的行为缺陷，如偏激的思维方式、极度依赖的心理、寻求补偿的动机等，常使得恋爱过程持续时间较短、成功率低，产生失恋后的烦恼和痛

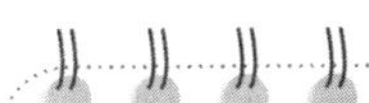

苦。从某种意义上来说，失恋可能是大学期间最严重的挫折之一，它给个体带来严重的挫折感，尽管大部分人经过一段时间后能自行恢复，但仍有部分人会出现长时间的心理痛苦和阴影。此外，大学时期的恋爱过程常存在许多误区，有的人重恋爱过程、轻恋爱结果，把恋爱当成游戏而导致滥情；有的人重情欲享受、轻理智控制，纯粹追求满足感官刺激需求，导致性意外或不良后果而推卸责任；还有的人无法正确分辨异性之间的友情和爱情，不知道如何把握男女同学交往的尺度，希望珍惜友谊而又不经意间与友谊失之交臂、擦肩而过，留下遗憾。

在性方面，少数人由于对其过于关注而走上歧途，如沉迷于手淫、流连色情网站、观看黄色录像及书刊，产生性压抑及不正当性行为等，导致一些心理困惑与行为偏差而最终后悔莫及。

对于大学时期的情感与性心理困惑，个体首先需要发展健全的理智感，坠入情网时不忘审视自己的感情，适时判断真正的爱情与狂热的迷恋；其次，要正确处理恋爱与学习的关系，不应只沉迷于感情的旋涡中，明白爱情不是人生的根本宗旨、更不是人生的全部，只为爱情而活着是苍白的，要明确坚持学业第一的观念，学业与未来息息相关，是爱情美满的基础。第三，要培养爱的能力，成熟的爱情以自爱为基础，知道自己需要怎样的爱，并且具有给予爱的能力以及拒绝不需要的爱的能力，还要善于合理处理爱情瓜葛、有效调节单相思及失恋。此外，青年个体还要学习掌握性生理与性心理的卫生知识，建立相应的性别角色行为规范。

五、就业及职业发展困惑

（一）职业发展的概念

随着社会经济的快速发展，社会分工越来越细化、职业更新速度越来越快，做好职业发展对于当代青年大学生而言极为重要。职业发展是指个体为实现其最终职业目标，不断制定和实施职业准备计划的过程，职业发展本质上就是个体对自己职业生涯的规划和设计。对于今后终将毕业、走出大学校园的大学生来说，大多数人都会面临就业及就业后的发展问题。实际上，从刚步入大学开始，每位学生无不考虑自己未来的职业和前途。当还未接触职业发展相关的内容时，个体在思虑的过程中必然会对自己的未来前途产生诸多困惑及不确定感。

（二）大学生就业与职业发展的困惑

对于大多数在校大学生来说，普遍的现象是只注重专业理论学习，而忽视个人自身能力的培养（比如社会交往能力、环境应变能力、对综合知识的掌握等）。在校园里，常有些人眼高手低，不知道自己想干什么、能干什么，自以为志向远大，而瞧不起其他一步一个脚印从小处做起的人，他们不愿做一些实际的学习或职业准备工作；还有很多人错误地估计自己、对自身的定位过高，在就业及职业发展的目标上好高骛远，不愿意从底层做起。此外，还有一些人感慨现实环境艰难，自己主动错失许多良好的机会。但无论怎么样，几年后将面临离开学校，或从事与所学专业一致的职业，或是出国、考研深造，或是自主择业、个人创业，我们必须为自己规划的职业发展出路。或许，随着当代大学生的心理承受力日益增强，个体对自己的专业水平更有信心、对未来有更加全面的考虑。然而，也有部分人不愿面对现实生活中的职业环境（如严格的工作制度、复杂的人际关系），而祈愿一直待在相对单纯的校园环境里，这种对职业发展的逃避态度也能在一定程度上反映当代大学生的内心焦虑。

第三节　大学生常见的心理行为异常

一、社交障碍

社交障碍是社交心理障碍、社交功能障碍、社交焦虑障碍的总称，主要表现为与人交往时尤其是大众场合，会不由自主地感到紧张、害怕，以致手足无措、语无伦次，严重的甚至害怕见人，因此也常被称为社交恐惧症、人际恐惧症等。其中，部分人的表现主要是对异性的恐惧，称为异性恐惧症。一般来说，具有社交障碍的个体在社会交往中想象成功的体验少，而想象失败的体验多，缺乏自信、总认为自己不行，缺乏交往的勇气和信心，在社会交往中过多地约束自己的言行，以致无法充分表达自己的思想感情，阻碍了人际关系的正常发展。

造成社交障碍的原因是多方面的，包括以往生活中的挫折、受错误的思想观念所影响、个人性格的缺陷或某些人格障碍、缺乏社会交往的经验尤其是成功的经验等。日常生活中，出现一些社会交往上的困难和不适应，是难免的、也是正常的。然而，人际关系严重失调或经常失调的人，往往有可能存在个性缺陷、认知错误或某些心理障碍。对于日常生活中的人际关系适应不良状况，应进行具体分析，分清哪些是正常的、哪些是异常的，哪些属于社交经验或技巧问题、哪些属于社交心理障碍，只有分辨清楚了，才能进行适当的调整或改进。

知识链接

社交恐惧症（social phobia）

社交恐惧症是一种对任何社交或公开场合感到强烈恐惧或忧虑的心理障碍。具有社交恐惧症的个体对于在陌生人面前或可能被别人仔细观察的社交或表演场合，有一种显著且持久的恐惧感，害怕自己的行为或紧张的表现会引起羞辱或难堪。甚至有一些患者对参加聚会、打电话、到商店购物、或询问权威人士都感到很困难。在美国最多的心理障碍和疾病当中，患社交恐惧症的人数仅次于抑郁症、酗酒患者而名列第三，近年来我国社交恐惧症人数也在激增。

对于大多数人而言，参加聚会或其他可能暴露在公共场合的活动都可能会感到轻微的紧张情绪，但是这并不会影响到他们出席。而真正的社交恐惧症会导致无法承受的恐惧，严重的患者甚至会长时间把自己关在家里、孤立自己，社交恐惧症患者总是处于焦虑状态。他们害怕自己在别人面前出洋相、害怕被别人观察，与人交往甚至在公共场所出现，对他们来说都是一件极其恐惧的任务，社交恐惧症是非常痛苦、严重影响日常生活的一种心理障碍。许多一般人能够轻而易举办到的事，社交恐惧症患者却望而生畏，很多患者试图通过改变他们的生活来适应自己的症状，有的人甚至为了避免和人打交道，不得不放弃很好的工作机会。

社交恐惧症的诊断必须符合以下标准：（1）患者对某种或多种社交场合有显著或持久的恐惧。在这些场合下，患者被暴露于不熟悉的人们面前或可能有人在注意或观察自己时，害怕自己可能会做出一些使人难堪的行为或表现出焦虑症状；（2）一旦暴露于所害怕的社交场合下便引起焦虑，并可能出现与处境密切相联系的惊恐发作；（3）患者知道自己的害怕是过分的或没有理由的；（4）患者设法回避所害怕的社交场合，否则便要忍受极度的焦虑和痛苦；（5）对恐怖处境的回避、焦虑性期待或者痛苦，显著妨碍了患者的生活、工作或社交活动，或者患者对于自己具有恐惧症感到极度的精神痛苦；（6）病程应持续至少6个月；（7）这种恐惧或回避不是由于某种物质或躯体状况所致的生理性反应，排除其他精神障碍引起的恐惧性回避。

二、神经衰弱

神经衰弱是指大脑由于长期的情绪紧张和精神压力，从而产生心理行为能力的减弱，其主要特征是精神易兴奋、脑力易疲劳，具有睡眠障碍、记忆力减退、头痛等症状，并伴有各种躯体不适症状，病程迁延、症状时轻时重，病情波动常与社会心理因素有关。大多数病例发病于

16～40岁之间，从事脑力劳动者占多数，处理不当时，病情可能迁延几年，甚至数十年。神经衰弱是大学生中较为常见的一类神经症性心理障碍，多发于精神负担沉重、缺乏良好的学习工作方法，或坚持长时间过于繁重的脑力劳动而又缺乏适当体力锻炼的人，也可由于亲人亡故、人际关系紧张、学业事业受挫、恋爱情感失败等强烈的精神刺激或不良情绪引发。

神经衰弱的主要症状特点包括：①精神容易兴奋、对刺激过度敏感（如对光刺激、细微的躯体不适症状特别敏感），情绪易激惹、容易发怒；②脑力容易疲乏、常感到身心疲劳（如学习工作稍久，则感头昏脑胀），难以集中注意力、记忆力减退；③自主神经功能紊乱，具有头痛、胸闷、气短、多汗、血压波动、厌食、便秘、尿频等躯体症状；④具有睡眠障碍，白天爱睡觉、夜间难以入眠，入睡困难、多梦易醒、醒后不易再入睡，多噩梦；⑤症状时重时轻，病情波动常与社会心理因素有关，与不良个性特点也有关系（如心胸狭窄、敏感多疑、自制力差、易于忧虑等）；⑥具有一些继发性疑病观念。

神经衰弱的诊断依据一般需要包括以下几个方面：第一，存在导致神经功能活动过度紧张的社会心理因素；第二，具有易感的素质或性格特点；第三，临床症状以精神易兴奋、脑力易疲乏为主，同时伴有头痛、睡眠障碍、继发焦虑等症状；第四，病程至少持续3个月，具有反复波动或迁延的特点，病情每次波动多与社会心理及精神因素有关；第五，全面体格检查，包括神经精神检查或其他必要的各项检查，要排除其他躯体疾病或早期精神病。

三、焦虑障碍

焦虑障碍是一种持续性精神紧张或发作性惊恐状态，常伴有头晕、胸闷、心悸、呼吸困难、口干、尿频、尿急、出汗、震颤和运动性不安等躯体症状，但并非由实际的现实威胁所引起，患者的紧张、惊恐程度与现实事件并不相称。焦虑障碍通常也简称为焦虑症，具有焦虑障碍的个体其表现的焦虑是一种没有明确对象或具体内容的紧张情绪，焦虑症患者常无端地感到惶恐不安、心烦意乱、总感觉不幸的事情就要来临，同时伴有自主神经功能紊乱症状，如心跳加速、呼吸急促、手脚发凉或燥热等生理症状，发作时间持续几分钟甚至数小时，并可反复发作。焦虑障碍患者大多具有胆小、羞怯、过分敏感、忧心忡忡等人格特点，经常处于持续紧张状态，终日惶恐、提心吊胆、坐立不安、注意力不集中、失眠、胃肠不适。一般焦虑症的发病年龄多在16～30岁，女性多于男性。焦虑症往往是影响大学生学习效率和生活状况的重要因素，病程可长可短、一般比较容易治愈。

临床上一般将焦虑障碍分为广泛性焦虑障碍（即慢性焦虑障碍）和惊恐障碍（即急性焦虑障碍，也称为惊恐发作）。广泛性焦虑障碍是以持续的显著紧张不安，伴有自主神经功能兴奋和过分警觉为特征的一种慢性焦虑障碍，广泛性焦虑障碍患者常具有特征性的外貌，如面肌扭曲、眉头紧锁、姿势紧张，并且坐立不安，甚至有颤抖、皮肤苍白，手心、脚心以及腋窝汗水淋漓。广泛性焦虑障碍比较常见，整个人群在一年时间内的流行率约为3%～5%。惊恐障碍是以反复出现显著的心悸、出汗、震颤等自主神经症状，伴以强烈的濒临死亡感或失去控制感，害怕产生不幸后果的惊恐发作为特征的一种急性焦虑障碍，它是一种突如其来的惊恐体验，伴有濒死感、失控感及严重的自主神经功能紊乱。

案例导读

一例大学生惊恐障碍（panic disorder）的案例

来访者小陈是某大学的一年级学生。一年前的夏天，在商场购物时突然觉得透不过气，胸闷、心慌、快要死去的感觉。迅速离开商场后，坐出租车到医院看急诊，经医生检查后并未发现明显的器质性病变。半年前参加一个晚会，又发生类似的症状，事后住院检查治疗，仍然没有检查出明显的躯体器质性病变。最近半年来，小陈的症状时有发作，每周 1～3 次，时间持续数十分钟，时间、地点均无规律可循，也无明显的发作征兆，能够自行缓解，多次到医院就诊，服用过安定类药物。目前，非常害怕一个人待在家里，担心自己突然死了都没有人知道，外出时则需要亲人陪同。来访者经常对家人说，这样真是受罪、还不如死了算了。

四、强迫障碍

强迫障碍是一组以强迫行为和强迫思维为主要临床表现的心理障碍，其特点是强迫和反强迫并存，一些毫无意义、甚至违背自己意愿的想法或冲动反复侵入患者的日常生活。个体虽然体验到这些想法或冲动是来源于自身，极力抵抗但始终无法控制，二者强烈的冲突使其感到巨大的焦虑和痛苦，影响学习工作、人际交往甚至生活起居。强迫障碍也常被人简称为强迫症，因其起病早、病程迁延等特点，常对患者的社会功能和生活质量造成极大的影响。世界卫生组织所做的调查发现，强迫症已经成为 15～44 岁人群中负担最重的 20 种疾病之一。近年来统计数据显示，普通人群中强迫症的终身患病率为 1%～2%，大部分患者在 25 岁前发病。

强迫障碍的症状主要可归纳为强迫思维（强迫观念、强迫意向、强迫情绪）和强迫行为，强迫思维的内容多种多样，比如，反复怀疑门窗是否关紧、碰到脏的东西会不会得病、太阳为什么从东边升起西边落下、在阳台上时有往下跳的冲动等。强迫行为往往是为了减轻强迫思维产生的焦虑而不得不采取的行动，患者明知是不合理的但不得不做，比如，患者有怀疑门窗是否关紧的想法，相应地就会去反复检查门窗确保安全；碰到脏东西怕得病就会反复洗手以保持干净。一些病程迁延的患者由于经常重复某些动作，久而久之就形成了某种程序，比如洗手时一定要从指尖开始洗、连续不断洗到手腕，如果顺序反了或是中间被打断了就要重新开始洗，为此常耗费大量时间、痛苦不堪。总的来说，强迫症患者的典型症状是“带有强迫性的行为”，如不断地洗手、收藏东西、反复检查门锁、计数及祈祷等，也可能常出现强迫性思维。通常患者的自我内省能力完好，可以理性地感觉到这种强迫行为及强迫思维是没有必要的，但又不能用自己的意志加以克服，这是一种很典型的自我内心冲突症状。

案例导读

一例大学生强迫障碍（obsessive compulsive disorder）的案例

来访者小王是某大学的二年级学生。五年前，原本做事认真的他，越来越欲罢不能地思考相同的问题、重复相同的动作，内心非常痛苦，而且不能专心学习。他自幼做事非常认真、一丝不苟，处处追求完美。例如，自认为某一个词或算式的书写不够理想，就非得重写、写好而后快；而在重写前，要用橡皮反复擦到看不见一点痕迹为止。五年前，小王开始出现欲罢不能地思考相同的问题、重复相同的动作，内心极为苦恼但难以自制。比如，他认为“8”是一个吉利数字，便强迫自己的手脚一经移动后，在停下来之前必须摆动 8 次，否则便不安。他经常思考一些深奥复杂的问题，如“先有鸡还是先有蛋”，但只是思考而不去学习相关的科学知识，结果自然是百思不得其解。他想用意志努力去控制毫无意义的强迫思维，但越想控制越是浮想联翩，并为此感到恐慌。他担心病从口入，入厕所前必洗手，出厕所后再洗手，不用毛巾或干布将手擦干，而是双手举向空中、待其晾干。他一想到电路可能会漏电，便以各种手段反复检查，尽管检查表明没有任何问题，却忍不住自问“万一出问题……”。

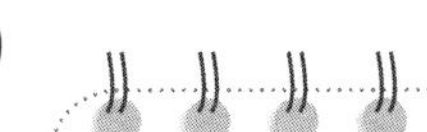

五、恐怖障碍

恐怖障碍又称为恐怖症、恐惧症等，是一种典型的心理障碍，其特征为患者对某些事物或情境会产生莫名的恐惧，纵使当事者明知不会受到伤害，也无法控制自己极度恐惧的情绪。这种障碍多见于青少年人群，以强烈的、持续的、不合理的恐惧为特征，常伴发回避行为。

恐怖障碍患者的恐惧对象千差万别，一般可以分为三类：一是对空间的恐惧，即广场恐惧症，是指个体极度害怕开放的空间，或担心在人群聚集的地方难以很快离去，或无法求援而感到非常焦虑，患者常回避这些情境，大多需要家人亲友的陪同，以女性较为多见。二是对特定对象的恐惧，主要是对某些特殊物体、情境或活动的害怕，如动物、尖锐物品、乘飞机等。特定对象的恐怖症多发于儿童时期，典型的特定恐怖是害怕动物（如蜘蛛、蛇）、血、被注射、自然环境（如风暴）、特定的情境（如高处、密闭空间），患者会因此而产生强烈的回避行为。三是对社交的恐惧，即社交恐怖症。主要是在社交场合下不可控制地焦虑发作，对社交场景持久地害怕和回避，如在餐馆不敢与别人对坐吃饭、回避与别人谈话，只要在公共场合就感到害羞脸红、局促不安、尴尬、笨拙迟钝等，还有的人害怕看别人的眼睛或与别人对视。

案例导读

一例蜘蛛恐怖症（arachnophobia/spider phobia）的案例

来访者小叶是某高校的一名大二女生。一年多来，原本完全不害怕蜘蛛的她，开始变得越来越害怕蜘蛛，从仅害怕大蜘蛛到害怕小蜘蛛，从偶尔害怕到随时随地害怕，从仅害怕眼前的活生生的蜘蛛到害怕想象中的蜘蛛形象。随着害怕的升级，此后的许多方面都受到很大的影响，感觉痛不欲生的她，主动走进了学校心理咨询中心寻求老师的帮助。

六、人格障碍

人格障碍是指一类以根深蒂固的、明显偏离正常的、适应不良的行为方式为主要特征的心理障碍，患者的人格或性格在内容上、性质上或整个人格方面存在明显的异常，且由于这些原因，患者遭受到很多痛苦或使他人遭受到很大痛苦，给个人、家庭或社会带来不良影响。人格的异常妨碍了个体的情感和意志活动，破坏了其行为的目的性和统一性，让人感觉患者具有与众不同的特异感觉，尤其是在待人接物方面表现较为突出。人格障碍常始于童年、青少年或成年早期，并可以一直持续到成年乃至终生。

人格障碍是一类较为复杂的心理障碍，其诊断必须符合以下几个标准：

1. 行为与其个人所处的社会文化明显不同，且至少具有以下两种异于常人的表现：①在认知方面，对自我、他人和事件的感知和解释方式；②在情感功能方面，情感的表现方式、强度、变化度、情感表达的适宜性等；③在人际关系方面，社会交往过程中的行为表现；④对冲动的控制方面。

2. 异常行为表现的情形长期固定不变。

3. 异常行为表现的状况足以影响到个人、社会、职业等正常的功能。

4. 发病最早可追溯到童年期、青春期或成年早期。

5. 人格异常并非由其他疾病造成。

6. 人格障碍不是由物质或药物，或其他身体疾病所造成。通常十八岁以下符合以上标准者，并不被诊断为患有人格障碍，比如，未成年的儿童青少年不会被诊断为反社会人格障碍。

人格障碍大体上可以分为三大群：（1）A 型人格障碍（古怪型），包括偏执妄想型人格障碍、精神分裂型人格障碍、分裂样人格障碍；（2）B 型人格障碍（戏剧型），包括边缘型人格障碍、表演型人格障碍、自恋型人格障碍、反社会型人格障碍；（3）C 型人格障碍（焦虑型），包括回避型人格障碍、依赖型人格障碍、强迫型人格障碍。人格障碍具有一些共同的特征，比如，常开始于早年时期，但没有明确的起病时间、不具备疾病发生发展的一般过程；没有明显的神经系统形态学病理变化；行为显著偏离所在的社会文化环境应有的范围，情绪不稳定、自制力差、难以与人合作、自我超越能力差；情感和行为异常，但个体意识、智力均无明显缺陷，没有幻觉和妄想；患者对自身的人格缺陷没有自知之明，难以从失败中吸取教训，屡犯同样的错误；能应付日常工作和生活、理解行为的后果，但主观上感到痛苦。

第四节　心理疾病的辨别与预防

一、双相情感障碍

双相情感障碍是情感性心理疾病的一种。情感性心理疾病也被称为心境障碍、情感障碍等，是指由各种原因引起的以显著而持久的情感或心境改变为主要特征的一组心理精神疾病，临床上主要表现为情感高涨或低落，伴有相应的认知和行为改变，可有幻觉、妄想等精神病性症状。多数患者有反复发作的倾向，每次发作多可缓解，部分可有残留症状或转为慢性发作。

双相情感障碍临床表现包括：

1. 躁狂发作　临床上躁狂发作的典型症状是心境高涨、思维奔逸、活动增多，常伴有瞳孔扩大、心率加快、体重减轻等躯体症状，以及注意力随境转移、记忆力紊乱等认知功能异常，严重者出现意识障碍，有错觉、幻觉、思维不连贯，成为谵妄型躁狂者。躁狂发作临床表现较轻者称为轻躁狂，对患者社会功能有轻度的影响，部分患者有时达不到影响社会功能的程度，一般人常不易觉察。

2. 抑郁发作　临床上抑郁发作通常以典型的情绪低落、思维迟缓、意志活动减退等“三低症状”为标志，并且具有认知功能损害、躯体症状等临床表现，多数患者还具有焦虑情绪，甚至伴有精神病性症状如幻觉、妄想。重度抑郁症、心境恶劣障碍、季节性情绪障碍、非典型抑郁障碍等非典型抑郁障碍等抑郁相关障碍的共同表现包括：长时间持续的抑郁情绪，并且这种情绪明显超过必要的限度；强烈的无意义感、无助感、不自信；感到身体能量的明显降低，无法在任何有趣的活动中体会到快乐；有躯体功能失调症状，如睡眠紊乱、食欲减退、体重变化。在所有抑郁性障碍中，重度抑郁症最为严重，其表现为三方面：心境、认知、躯体功能。心境方面，患者长期处于极其抑郁的情感状态中；认知方面，患者往往看到事物的消极面，被空虚感和无价值感包围；躯体功能方面，主要有进食和睡眠障碍，以及无力感、头痛等。重度抑郁症患者可能反复想到死，或者有自杀企图，最终大约有 3.4% 的重度抑郁症患者自杀。

3. 双相障碍（躁狂 - 抑郁循环发作）　其主要特征为患者不断经历躁狂与抑郁两种相反的极端情绪状态，而这两种情绪状态经常反复出现，其强度与持续时间均大于一般人平时的情绪起伏，因此被称为双相障碍。双相障碍发生的原因较为复杂、因人而异，目前还无法明确断定。但可以确定的是，其成因与遗传及压力都有一定的关系。双生子或双胞胎研究显示，此种疾病的成因存在遗传风险、也有环境的影响，各种双相障碍总的遗传率可能性是 71%，这与单相抑郁症的遗传率基本相符合。

各种情感障碍的临床诊断主要依据国际疾病分类系统（ICD）、美国精神疾病诊断与统计手册（DSM）中的相关标准，医生首先需要排除的是由生理因素、滥用药物、脑部受伤等引起的情况，然后通常会进行有关躁狂或抑郁程度的测试以最后确诊。对于确诊抑郁症患者，医生往往会建议使用抗抑郁药物治疗，比如使用选择性 5- 羟色胺再吸收抑制剂（SSRIs）、单胺氧化酶抑制剂（MAOI）、三环类抗抑郁药，同时还会建议患者参加心理治疗。对于年轻患者和儿童青少年，则应当首先考虑心理治疗。而对于症状特别严重的患者（具有严重自杀企图或者紧张性的患者），则首先主要采用药物控制病情，此外还可能进行心理治疗及其他的治疗如电休克疗法。总的来说，对于大多数重度抑郁患者，治疗预后还是良好的，大多数患者会在治疗下康复或者自行缓解，但有超过 35% 的患者将来可能会复发，心理治疗更加有助于预防复发的风险。对于发病较早、具有精神病样症状，或者同时患有人格障碍的患者来说，治疗的预后则不够理想，他们可能会经历慢性的反复发作、自杀率也相对较高。

知识链接

抑郁症（depressive disorder）的诊断标准

1. 症状标准　以心情低落为主，至少满足以下四项标准：

（1）兴趣丧失、无愉快感；

（2）精力减退，或有疲乏感；

（3）精神运动性迟滞或激越；

（4）自我评价过低、自责，或有内疚感；

（5）联想困难或自觉思考能力下降；

（6）反复出现想死的念头，或有自杀、自残行为；

（7）睡眠障碍，如失眠、早醒或睡眠过多；

（8）食欲缺乏，或体重明显减轻；

（9）性欲减退。

2. 严重程度标准　社会功能受到损害，给本人造成痛苦或不良后果。

3. 病程标准

（1）符合症状标准和严重程度标准至少已经持续两周。

（2）可存在某些分裂性症状，但不符合精神分裂症的诊断；如果同时符合分裂症的症状标准，则在分裂症状缓解后，满足抑郁发作标准至少两周。

4. 排除标准：排除器质性精神障碍、精神活性物质或非成瘾物质所致障碍。

5. 补充说明：本抑郁发作标准仅适用于单次发作的抑郁症诊断标准。（CCMD，2001）

二、持续妄想性（偏执性）精神障碍

偏执性精神病是以妄想为主的精神疾病的总称，其主要特点是持久的偏执妄想，行为和情感反应与妄想内容一致，程度轻重不一，在不涉及妄想的情况下，患者可能并不出现明显的精神异常。偏执性精神病又称妄想性障碍，患者通常抱有一个或多个非怪诞性的妄想，同时不存在任何其他精神病症状。该病的病因及发病机制不明，通常 30 岁以后起病，可能与遗传、人格特征及社会环境因素等共同作用有关，大多数患者病前存在性格缺陷，如主观、固执、敏感、多疑、自尊心强、以自我为中心、好幻想、易激惹、拒绝接受批评，以及不安全感等，在个性缺陷的基础上及社会环境应激（如恋爱失败、升职受挫）的作用下逐渐起病，将事实曲解而逐渐形成妄想，并与周围环境发生冲突。

偏执妄想精神障碍的患者妄想的内容多种多样，下面介绍较为常见的几种：

（1）情爱型妄想症（被爱妄想症），患者妄想别人（通常是地位更高的人）爱上了自己。该病的主要症状在于，患者存在与另一个人秘密地谈恋爱的错觉，患者相信其对象以身体姿态、家具摆设、其他不自觉的动作、或公众人物通过媒体等方式，秘密地传达他 / 她们的爱意。然而现实中，患者所认定的对象一般极少或者根本没有和患者接触，而这都是患者自己主观虚构和想象的事实。

（2）夸大型妄想症，患者妄想并夸大自己的价值、权力、知识、身份，或者与名人的特殊关系，常被认为是自大狂，具有浓重的救世主情结等特点。夸大型妄想本质上是一种以自负、自感伟大或优越为内容的病态信念，常伴有其他幻想性妄想，患有某些人格障碍的病人常具有出现这种妄想的素质。

（3）嫉妒型妄想症，是一种以坚信伴侣不贞的妄想为核心特点的精神障碍。患者常没有根据地认为伴侣对自己不忠，并产生一系列相关的妄想，因而也称为妄想性猜忌。

（4）被害型妄想症，是妄想症中最常见的一种，它主要是指患者总是妄想自己或自己身边的人被其他人以某种方式恶意伤害。患者往往处于恐惧状态而胡乱地推理和判断、思维发生障碍、坚信自己受到迫害或伤害，并会变得极度谨慎、处处防备，还时常将相关的人纳入自己妄想的世界中；患者还会经常感觉被人议论、诬陷、遭人暗算、财产被劫、被人强奸等，且有自杀企图，多数患者具有特殊的性格缺陷，如主观、敏感、多疑、自尊心强、以自我为中心、好幻想等。被害妄想症的发病率大约是万分之三，但有很多个案未被诊断出来，实际数字应不止如此，女性和男性的患病机会似乎均等，发病的年龄范围比较广。

（5）身体型妄想症，是指对自己的身体存在缺陷的一种妄想，患者常妄想自己有身体上的缺陷，或者不良的身体状况，比如妄想性寄生虫病、晚期癌症等严重疾病，临床上患者常表现出疑病求医倾向。疑病妄想症患者总是担心自己患有某种疾病，比如担心体内长有寄生虫，或认为身体变形了，或认为身体或口腔内有某种异味，并为此烦恼不已，反复就诊、检查，但检查结果一切正常，医生的解释也往往不能消除患者的顾虑和担心。

对偏执妄想性精神障碍的诊断要点一般包括：①妄想是最突出的或唯一的临床特征；②妄想必须存在至少 3 个月，必须是病人的个人观念而非亚文化观念；③可间断性地出现抑郁症状，甚至完全的抑郁发作，但没有心境障碍时，妄想症状仍然持续存在；④要排除存在脑疾病的证据；⑤没有或偶然有听幻觉，无患精神分裂症的病史。此外，还通常需要与偏执型精神分裂症、偏执型人格障碍等心理精神疾病进行鉴别诊断。对偏执妄想性精神障碍的治疗较为困难，一般使用抗精神病药物缓解患者的妄想症状，心理治疗的疗效一般。

三、精神分裂症

精神分裂症是人类最常见但至今还没有找到明确病因的一类重性精神疾病，多在青壮年时期缓慢或急性起病，儿童及 50 岁以上的人群初次发病的较为少见。精神分裂症是严重的精神疾病，其症状为思考方式、情绪反应、行为规则出现崩溃，常见的病症表现则主要包括幻觉、妄想、胡言乱语、行为难以自理，严重者会有自伤或伤人的倾向，患者整个社会功能及职业功能大部分受损。目前，精神分裂症在整个人口中的终身流行率约为 1.5%。从临床上看，患者涉及感知觉、思维、情感、行为等多方面的障碍以及精神活动不协调，患者一般智能基本正常，但在疾病过程中会出现认知功能的损害，病程一般迁延、反复发作、病情加重或恶化，部分患者最终精神残疾，但大部分患者经过治疗后可保持痊愈或基本痊愈状态。

精神分裂症的临床类型可以分为几种：①偏执型精神分裂症，这是精神分裂症中最常见的一种类型，以幻觉、妄想为主要临床表现。该类疾病的起病年龄一般较晚，病初表现为敏感多疑，逐渐发展成妄想，并有泛化趋势，妄想内容日益脱离现实，且有时可伴有幻觉、感知综合征。患者的情感和行为常受幻觉和妄想支配，表现多疑、多惧怕，甚至出现自伤及伤人行为。该病的病程发展较为缓慢，精神衰退现象不太明显，自发缓解者较少，但经过积极治疗则收效较好。除了妄想之外，该病患者的幻觉症状主要包括：幻听、幻视、幻嗅、幻触、幻味、内

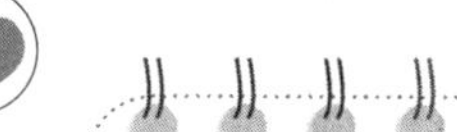

脏幻觉等。患者常报告能看到一些本不存在的影像且深信不疑，而事实上并没有真正视觉刺激；患者还会在没有真正外界声音刺激的情况下，听到来自外界的声音，比如说话声、音乐声等，也可以是一些讨论的声音，患者有时会服从来自这些幻听声音的命令，而导致危险行为的发生；此外，患者的幻觉症状还包括：在没有味觉刺激的情况下能闻到一些难闻的、令人不愉快的气味；尝到食物内有某种异常的特殊刺激性味道而拒食；在没有真正触觉刺激的情况下，患者感到被人或动物触摸，如感觉被蚂蚁咬。②青春型精神分裂症，在青少年时期发病，以显著的思维、情感及行为障碍为主要表现，典型症状是思维散漫、思维破裂，情感、行为反应幼稚，可伴有片段的幻觉、妄想，部分患者表现为本能活动亢进，如食欲、性欲增强等，该类患者首发年龄低、起病急，社会功能受损明显，一般治疗预后效果不佳。③紧张型精神分裂症，主要以紧张综合征为主要表现，患者常表现为紧张性木僵、蜡样屈曲、刻板言行，以及不协调的精神运动性兴奋、冲动行为，该型疾病一般起病较急、部分患者能缓解迅速。④单纯型精神分裂症，主要在青春期发病，表现为阴性症状（如孤僻退缩、情感平淡或淡漠等行为反应缺失或减退的症状），该型疾病治疗效果欠佳、患者的社会功能衰退明显。⑤未分化型精神分裂症，具有上述某种类型的部分特点，或是具有上述各型的一些特点，但是难以归入上述任何一型。⑥残留型精神分裂症，是精神分裂症急性期发作过后的阶段，主要表现为性格的改变，或社会功能的衰退。

在抗精神病药物发明以前，人们采用胰岛素昏迷、电休克、脑外科手术等方法来治疗精神分裂症，但目前大多采用抗精神病药物治疗精神分裂症，如使用氯丙嗪治疗偏执型精神分裂症。

案例导读

一例偏执型精神分裂症（paranoia schizophrenia）的案例

小杨，男性，未婚，父亲病故，自己又失恋，后来开始失眠、呆滞、郁郁不乐，口中说“我活不了多少天了，我有罪”，他拒绝就医。听到火车鸣响就害怕，说“了不得，天下大乱了”。他也不出门、独处一隅，喃喃自语自笑。一个月后，被送入某市精神病院，诊断为“抑郁症”。给予药物治疗、半个多月后家属要求出院，返家途中，他突然凝视前方，旋即返身惊恐而逃，说“前面有一道白光太厉害了”，而他的两位兄长均未见到。听见鸟鸣狗叫也恐慌，在家休息数月稍有好转，尚能完成一定的学习任务，对人说他耳边常听到一些说话声，内容则说不出。到这年5月份，他见到公安人员就恐惧，口称“我有罪”，而回家后即问家人：“公安局的人和你们谈过话吗，为什么我想的事别人都知道？”他不时地侧耳倾听“地球的隆隆响声”。又一次，听到汽车声就惶恐地说：“社会大乱了”，看见小汽车则恐惧地问家人：“那是不是来逮捕我的？”某晚仰卧于床，忽然说：“怎么我在屋里能看见天？”后来重新被送入医院，检查后医生发现，患者身体健康、无重大躯体疾病。

临床观察表明，患者意识清晰、定向力良好，接触合作、言谈切题，记忆智能无障碍，唯孤僻离群，独卧于床，不与病友交往，生活被动懒散，时而恐惧紧张，时而激愤，时而自语自笑，有时凝神倾听，若有所闻。一次病友打开水龙头，患者在听到流水声的同时，称他脑子里听到一个陌生的声音：“小杨（患者本人）得了这病，没本事、无能。”还有一次，患者突然对电风扇下跪，口称：“我有罪，该死。”问其故，说刚才他听到电风扇嗡嗡声响，电风扇里还有一男声在责骂他是“叛徒、内奸”，故请罪下跪求饶。某次在床上侧耳倾听，说是耳边听到他母亲、哥哥及其他人在谈论他，母亲的声音说：“他不争气，得了这个病。”哥哥的声音说：“他该好好治病，好了再工作”。有时患者说自己：“是个已死的人，虽然还会走路说话，实际上已不存在。”感到自己脑子里想的事并未跟别人说，但别人都知道了。患者认为可能是通过监视器得知的，认为监视器就是邻居家的录音机和自己戴的手表，患者还说："有时想着什么事，一个死去的人就把自己的想法'抽走'了，使他难以继续想下去，有时想到一半，下面的想法就被抽走了"，患者认为他的脑子被一名死者控制了，能支配他产生一些想法，如去为死者上诉申冤的想法、上诉什么内容则不知道。问其为何时哭时笑，患者说："这也是那位死者强加给我的、支配我的，我哭笑都不受自己支配，不该哭的哭了，不该笑的笑了。"谈到为何怕见鸡狗，说是自己怕那个死者会把自己变成鸡狗。

通过以上病情分析，医生认为，本例患者具备了多项精神分裂症的典型症状，比如，评论性幻听、被动体验、思维被夺、思维被揭露等，足以被诊断为精神分裂症；并且幻觉、妄想突出，在临床症状中占主要地位，符合偏执型精神分裂症的诊断标准。

四、心理疾病的产生原因与预防措施

（一）心理疾病的产生原因分析

导致个人发生心理疾病的原因非常复杂，早期研究认为心理疾病是遗传的，但事实上遗传因素无法解释一般心理疾病的发生。先天的遗传易感因素加上后天的环境因素，两者的交互作用，更可能是导致人类发生心理疾病的根本原因。一般来说，要全面分析心理疾病发生发展的原因，需要从遗传因素、个体的生理心理特点、自然和环境因素、生活事件应激、社会文化环境等方面，来综合看待和分析个体的心理行为异常及疾病发生。

第一，遗传因素。家族的遗传基因与先天素质，在疾病的发生发展过程中具有重要作用。临床中常见的精神分裂症、躁狂抑郁症等心理疾病的发病与遗传因素密切相关，研究者发现，在精神分裂症患者的家族成员中，患有精神疾病的人数比例要显著高于一般居民，并且血缘越近、精神分裂症的患病率越高。双生子研究较好地说明了疾病的遗传风险，研究人员发现，在 45 对双生子当中，同卵双生子共同患有焦虑障碍的比率为 41%，而异卵双生子同患焦虑障碍的比率仅为 4%，提示遗传基因的贡献确实在心理疾病的发生中起较大的作用。还有研究显示，如果母亲患精神分裂症，其子女也患精神分裂症的概率是正常人的 9 倍多，如果父亲患精神分裂症，其子女也患精神分裂症的概率则是正常人的 7 倍多。这些研究表明，遗传因素在心理疾病中的重要作用是我们无法忽视的，研究需加大对遗传因素的考察。

第二，个体的生理心理特点。在疾病的发生发展过程中，个体的生理心理特点也占有很重要的地位。个体的生理特点包括年龄、性别、体格特征（身高、体重、血型、身体结构等）、躯体健康状况、大脑的结构功能情况（尤其是大脑是否存在器质性病变）等，这些方面与某些心理疾病的发生可能有关。一般来说，儿童青少年易发神经衰弱、癔症、注意缺陷与多动症，青年期易发情感性障碍、精神分裂症，而老年期则易发阿尔茨海默症、脑动脉粥样硬化等心理精神疾病。在心理学的传统理论上，有研究者认为不同的体型（瘦长型、矮胖型、强壮型）与不同的疾病相联系，比如，瘦长型体型与精神分裂症有关，而矮胖型体型与躁郁症（双相情感障碍）相联系。此外，也有人认为，不同的血型也与不同的心理疾病有关。个体的心理特点则主要包括性格特征、气质类型、认知风格、自我意识等多个方面。有时候，尽管是同样的生活挫折或打击，但对不同的人往往具有不同的意义，比如，失恋打击对某些人来说可能是个严重的挫折，但另外一些人则认为失恋是正常的、小事一桩，这与个人的自我认识、对人生的态度与信念都有密切关系。对于大学生来说，有些人无力应对生活中的大小事件以及学习困难，但这并非由于智力低下，而是自我评价、应对能力不足，缺乏自信，遇到挫折容易悲观失望、容易不努力就轻易放弃，最后导致身心疲惫、没有价值感。个体的某些性格缺陷，如情绪极不稳定、意志薄弱、内向孤僻、压抑抑郁、过分自卑或自负、固执急躁、偏激多疑等，常会造成

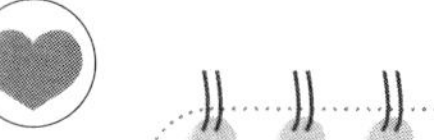

心理冲突和压力。医学心理学研究表明，具有A型性格的人，一般喜欢争强好胜、脾气急躁、事业心强、具有时间紧迫感、办事行动直截了当，在事业上容易取得成功，但是容易患上冠心病、高血压等心身疾病；而一些情绪内向、不善对外宣泄怒气和压抑情绪的人，则容易患上慢性癌症。有许多报道显示，抑郁、自卑、悲观，是引发人们轻生厌世、自伤自杀的三种主要心理原因，警示我们需要注意心理因素在疾病中的作用。

第三，自然和环境因素。所处的自然环境条件有时候是人类没法选择的，而自然环境中的一些极端因素，常是引起人们发生心理行为异常和心理疾病的重要原因。最典型的自然环境因素是自然灾害，比如强烈的地震、凶猛的洪水、巨大的火灾等自然灾难，由于来势急剧、无所预兆，使人毫无防备、防不胜防，不仅摧毁人们的生命财产，而且给人们带来强烈的心理刺激、留下严重的心理创伤，是诱发人产生心理疾病的重要原因之一。例如，2008年在我国发生“汶川大地震”之后，死亡人数达69 000多人，受伤人数更是高达37万，此外还有17 900多人失踪，许多幸存者亲眼目睹周围亲人、邻居的身体在地震中血肉模糊、惨不忍睹，他们的内心里深受冲击和创伤，许多人变得绝望厌世、神情呆滞、精神失常，有非常大比例的人患上了“创伤后应激障碍（PTSD）”，一种由于严重的心理创伤而引起的心理疾病。又如2020年初，新冠疫情蔓延，不少人出现了疑病与焦虑的症状，总是怀疑自己已经感染，坐立不安，反复测量体温，对自己的哪怕很轻微的躯体不适也高度警觉，十分紧张。重大的自然环境灾难或危机容易使人产生严重的心理创伤，幸存者容易表现出恐惧、淡漠、哀痛、抑郁等多种消极情绪，进而容易产生一些心理精神疾患。

第四，生活事件应激。在我们的日常生活当中，常会发生一些生活事件或事故，尽管不如自然灾难那么迅猛严重，但依然会影响个体的身心健康，这些事件被称为生活应激事件。来自生活事件的心理应激，主要包括与家庭相关的事件（如家庭成员死亡、家庭成员关系不和谐、家庭经济问题、结婚、离婚、远离家庭独居等）、与人际交往相关的事件（如与同学老师关系紧张、与人打架或争吵、被宿舍集体孤立）、与个人情感相关的事件（失恋、分手、与好友感情疏离等）、与学习有关的事件（如考试失败、学习紧张、负担过重等），这些生活事件会引起个体产生不良的情绪，比如，忧虑、愤怒、怨恨、委屈、悲伤、沮丧等，使人的心理行为活动失调、降低应有的生活功能，使人丧失信心、颓废消沉、理想幻灭等，甚至会导致严重的精神疾病，如偏执型精神病。另外，童年时期的一些重要生活事件，对人们成年后同样具有很大的影响，比如父母离异、没有亲子之爱、被遗弃或虐待等，可导致人格障碍。

第五，社会文化环境方面。个体都是在一定的社会文化环境中生活和发展的，大学生主要生活在家庭、学校以及更大的社会环境中。这些社会环境中的政治、经济、文化形式的发展，比如社会结构急剧变化、生活方式日新月异、思维方式多元化、价值观念的更新突变、行为模式的变迁等，对每个人都是一种挑战，其中涉及环境适应与文化冲突的问题，不可避免地会带来心理上的矛盾和压力。尤其是当代社会竞争日趋激烈、生活节奏加快、人际关系疏远、人口环境显著变化，都很容易引发个体的心理冲突和迷惑，一些心身素质较弱、适应能力不良的人，会感到失望、迷茫、恐慌、妒忌、没有安全感，进一步导致各种心理或精神问题。在极端情况下，如经济危机、社会动乱、战争等，给人们带来的心理冲击则更大。

（二）心理疾病的合理预防措施

心理健康问题，或者说，心理或精神疾病问题，关系到国家的发展、社会的进步、民族的兴衰，是提高人口质量、生命质量的重要内容。心理疾病由于其性质、发生发展过程以及治疗的复杂性，应对它的最好方法是预防，而如何对心理疾病进行合理预防就成为非常关键的一项临床实践工作。由于心理疾病的发生原因有来自生物、社会、心理等多方面的因素，因此对心理疾病进行合理预防也需要从多方面、全方位入手，进行综合治理。

第一，提高个人的心理素质和心理健康问题免疫力。个体的心理素质是心理疾病发生的内在原因，只有首先提高自身的心理素质与抗病能力，才能有效预防心理疾病发生。心理素质的提高取决于：①掌握一定的心理卫生知识，讲究用脑卫生、保护大脑的健康，避免大脑的外部受伤，科学用脑；②不断提高个人的人格修养、形成良好的性格品质，保持胸怀坦荡、性格开朗，不斤斤计较、患得患失，锻造自己豁达、大度、包容的乐观主义精神和积极的生活态度；③提高对自我情绪的调控能力，冷静、理智地化解碰到的生活难题，不感情用事、丧失理智，避免行动过激，多思考、勤想办法，尝试解决问题；④保持健康的生活方式，劳逸适度、睡眠充足、均衡饮食、避免暴饮暴食、不抽烟嗜酒、不好吃懒做；⑤积极锻炼、打造健康的体魄，如跑步、瑜伽、游泳等体育活动一定程度上可以减少压力和紧张；健身、健脑、健心同步进行，远离身心疾病。

第二，努力改善社会生活环境、建立和谐人际关系。内因是心理疾病发生的依据，而外因则是心理状况变化的条件。要预防心理疾病的发生，除了良好的心理素质之外，还必须有良好的社会生活环境和人际关系来保驾护航。社会生活环境需要个人去主动适应，同时要通过自己的努力改造不良的环境以满足发展的需要。人际关系更是需要个体去发挥主观能动性、以促使主客观和谐一致的重要内容，正所谓“天时、地利、人和”，没有良好的人际关系，事业、前程、心理健康，都很难达到完美的状态。与亲友沟通交流，表达自己的感受，寻求他们的帮助，及时分享你的难过或者心理压力会让你更加轻松和放松。

第三，掌握必要的心理调节技术、及时缓解心理压力。作为处于大千世界的一员，现代人面临的社会交往越来越复杂，承受的责任与担当越来越沉重，积累的心理压力越来越紧迫，如果说个体从不遭受挫折与困难、体验迷茫与沮丧，那是难以让人相信的。而当我们适当地掌握了一些必备的心理调节技术，就能够及时地缓解个人内心的压力，舒缓紧绷的情绪之弦、释放心情，带着轻松的心灵开启生活的征程。这些重要的心理调节技术可以包括：①身心放松技术，通过放松的方法来调节紧张不安感，主要对身体各部主要肌肉系统进行放松练习，抑制血压升高、头痛、手脚冒汗等紧张反应，减轻心理上的压力和紧张焦虑情绪。②自我暗示技术，心理学研究表明，自我暗示对人的心理活动和行为有显著的调节作用，通过自我的内部语言可以及时提醒和安慰自己，调节不当的自我认知、抑制不良的黑色情绪。③模拟想象技术，人对挫折打击、消极体验的调节，并非一定要等到事后才来培养，而可以在平时预演训练。模拟想象技术通过在大脑中想象，对现实生活中个人可能遭受或体验的各种挫折情境及感到紧张焦虑的状况进行模拟预演，以适应现实中各种不良的心理反应。当然，如果你感到无法独立解决问题，或者情况变得越来越严重时，还可以寻求心理咨询师或专业医生的帮助。

思考题

1. 如何理解心理健康是一个连续谱？
2. 界定心理行为异常的标准有哪些？
3. 如何维护身心健康、预防心理疾病？

（余露茜）

第三章　大学生心理健康教育、心理咨询治疗及维护心理健康的途径与方法

大学生的心理正处于一个迅速变化的过程中，大学时期是从不成熟到逐渐成熟的过渡时期。虽然大学生在生理上逐渐成熟，但由于人生阅历较浅，社会经验不足，独立生活能力不强，对自身缺乏正确而全面的认识，加之社会上各种思潮的冲击，他们很容易产生各种各样的心理矛盾和冲突，影响心理健康。深入开展大学生心理健康教育与咨询工作，对于提高大学生的心理素质，促进大学生心理发展非常重要。大学生的心理健康问题已逐渐引起社会各界，尤其是高校工作人员的重视，很多院校相继建立了服务于大学生的心理健康教育与咨询机构。

案例导读

并不陌生的故事

林森浩与黄洋同为复旦大学某宿舍楼421室的室友。林因琐事对黄不满，逐渐怀恨在心。2013年3月29日，林森浩在宿舍听黄洋和其他同学调侃说愚人节即到，想做节目整人。林森浩看到黄洋笑得很得意，便计划投毒"整"黄洋。林森浩到实验室将装有75毫升N－二甲基亚硝胺的药瓶和一支已经吸了约2毫升N－二甲基亚硝胺的注射器带走，并将至少30毫升N－二甲基亚硝胺注入饮水机，超致人死亡剂量10倍以上。4月1日9时许，黄洋在421室从该饮水机接水饮用后，出现呕吐等症状，即于当日中午到复旦大学附属中山医院就诊。4月16日，黄洋经抢救无效，于当天下午3时23分在复旦大学附属中山医院去世。2014年5月，177名复旦大学学子为林森浩求"免死"，表示汶川大地震发生时，他从平时节约的钱中捐出800元（他每月的生活费仅200多），是同学中捐款最多的学生之一。林还发表过8篇学术论文，平时热心、节俭、朴素。曾经成绩优异、乐于助人的榜样因为琐事竟然投毒致室友死亡，这起震惊全国的"复旦大学投毒案"引起了大家对大学生心理健康的广泛关注。

第一节　大学生心理健康教育

一、大学生心理健康状况

大学阶段是青年人生发展的关键时期。作为我国文化层次较高的年轻群体，大学生富于理性、敏感、激情，更富于创造性、挑战性。但是面对瞬息万变的社会、日趋激烈的竞争以及来自学习、专业、就业、经济和情感等诸多方面的问题，他们往往不知所措，容易产生各种不良的心理反应。诸多调查研究显示，我国大学生的心理健康状况令人担忧，主要有以下几个主要表现：

（一）心理不健康者比率增加

早在1989年，国家教委就以全国129 000名大学生作为调查对象，进行大规模的心理健康

调查，结果显示我国高校有 20.23% 大学生存在不同程度的心理问题。据某市对全市 5 万多名大学生进行抽样调查，发现 16% 以上的学生存在心理障碍，主要表现为恐惧症、焦虑症、疑症、强迫症、神经症、抑郁症和情感危机等。近 20 年的调查结果也大致如此，来自北京高校心理素质教育研究课题组的调查显示，在北京的大学生中，有 16% 以上的人存在中度以上的心理卫生问题，有 28% 的学生存在不同程度的强迫症、抑郁症和焦虑症等心理问题。四川省“大学生心理咨询与治疗”课题组对西南地区 8 所院校的 4 万名大学生进行抽样调查，发现有心理障碍的高达 31.13%，其中较为严重的占 12.42%，严重的占 0.81%。全国教育科学“九五”规划重点课题“大中小学生心理健康教育的理论与实践”课题组对 14 所高校 2000 余名大学生的调查表明，存在中度以上心理健康问题的比例为 19.42%，有较为严重心理健康问题的大学生占 5.8%。

综合多方材料表明，我国大学生心理不健康问题的确严重，出现心理障碍倾向的比例约在两到三成，而存在较为严重心理障碍的约近一成。

（二）情绪困扰比较突出

大学生阶段处于人生的“第二次诞生期”和“心理断乳期”，非常关注自我，注重个性表达。他们正处于情绪变化最为丰富的时期，同时也处于最容易受情绪困扰的时期。因此在大学生群体中，出现严重的“情绪适应不良”已经见怪不怪了。这不仅和他们自身情绪特点有关，而且也受到外在环境的影响，比如学习环境的改变、人际关系的紧张等。据北京大学心理咨询中心的资料统计，1988 年至 1991 年间到中心就诊的 135 名大学生中，以各种情绪问题为主的占 42.9%，依次为抑郁、自卑、焦虑、恐惧等。从最近一次对全国近 3000 名大学生的调查研究发现：55.92% 的学生对“一些小事过分担忧”，67.26% 的学生在“心情不舒畅时找不到朋友倾诉”，48.63% 的学生对考试过分紧张。

（三）因精神疾病休学退学的比例呈上升趋势

第二届全国高校卫生保健研讨会的资料表明，精神疾病已对高校学生正常学习与生活构成严重的威胁。神经症与精神分裂症是大学生中最主要的精神疾病，尤其是重性神经症与精神分裂症，最容易导致自杀现象出现，危害很大。有资料表明，某大学在休学、退学中仅神经衰弱、精神分裂症就占 39.1%。某市对 16 所大学的一次联合调查表明，因精神疾病而休学、退学的人数占休学、退学总人数的 37.9%，而且呈上升趋势。可见，精神疾病已经影响到少数大学生正常的学习和生活，构成了对健康的严重威胁。

二、认识大学生心理健康教育

（一）心理健康教育的内涵与意义

1. 心理健康教育的内涵　心理健康教育是根据心理活动规律，针对教育对象（学生）的心理状况，运用心理学的理论、知识和方法，通过语言、文字及其他信息传递方式，有计划地施加影响，培养良好心理素质的活动，给学生以帮助、启发和指导。通过心理健康教育，可以帮助教育对象避免和消除不良心理因素的影响，并产生认知、情感和态度上的变化，解决在学习、生活等方面出现的各种问题，从而更好地适应环境、发展自我、促进心理健康。心理健康教育是解决大学生心理健康问题的关键途径。

大学生的心理健康问题主要表现为对心理健康的概念理解不全面、自我保健意识淡薄、存在由于环境及角色改变造成的心理压力与冲突等。要解决大学生的心理健康问题，就要通过心理健康教育提高大学生的自我保健意识和能力，增强其自觉性和主动性，提高其自我调适能力，在行为和生活方式方面做到自我控制，在人际关系方面做到自我调整，以提高心理素质。

2. 心理健康教育的重要意义

（1）加强大学生心理健康教育是全面推进素质教育和培养高素质人才的重要举措：唯物辩证法表明，外因是变化的条件，内因是变化的根据，外因通过内因起作用。心理素质是个体其

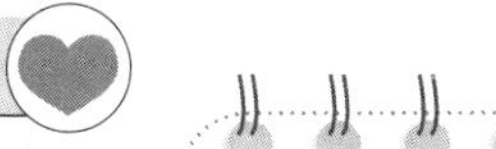

他素质形成和发展的内在基础，个体的一切行为受到需求、动机、兴趣、价值观等心理活动的支配，因此，心理素质决定了个体的行为方向，决定了个体素质结构的优化。个体的心理倾向成为其素质发展的内在驱动力量。心理素质良好的大学生在考试时能发挥出超常水平，而容易怯场的大学生往往被焦虑、紧张等情绪困扰，可直接影响考试成绩。同样，人际吸引和人际排斥是完全不同的两种心理素质，在形成团队精神、增强集体凝聚力方面也具有不同的作用。人际关系良好的学生更容易在集体中获得信任，从而被集体接纳。

（2）加强大学生心理健康教育是以学生为本，促进学生成长和成才的重要途径：大学的培养对象是学生，学生内在成长的需求有取得成就的需求、归属集体的需求、爱的需求等，这些需求有助于学生成才。将大学生培养成为中国特色社会主义事业的合格建设者和接班人是大学各项工作的出发点和立足点。当代大学生中独生子女所占比例很大，他们是一个承载着社会和家庭较高期望的特殊群体，他们的自我定位较高，然而他们的社会阅历较浅，心理发展还不够成熟，极易发生情绪波动。特别是随着经济社会的发展和高校教育改革的深入，大学生面临学业、就业、创业和情感等方面的压力，需要予以心理疏导和调节。因此，在大学开展贴近实际、贴近生活、贴近学生的心理健康教育，有助于他们获得心理平衡，健康成长。

（二）心理健康教育的类型

个体的心理问题可以分为三类：适应性心理问题、发展性心理问题和障碍性心理问题。从解决途径来看，适应性心理问题和发展性心理问题应当是学校心理健康教育的研究对象。障碍性心理问题则应该通过心理治疗方式予以解决，其具体工作应由医疗机构的心理咨询门诊完成。学校心理健康教育根据其性质可以分为发展性心理健康教育和补救性心理健康教育。

1. 发展性心理健康教育　是指向学生有目的、有计划地传授心理学知识，对学生进行心理素质和心理健康的培养和训练，不断地优化学生的心理品质，指导学生确立正确的自我认知，特别是自我能力和素质方面的认知，帮助他们认识和开发自身的潜能，不断突破自我的各种局限，实现全面、充分的发展。发展性心理健康教育的特点是：①教育的对象是心理健康、身心发展正常的学生，但在发展方面仍有潜力可以挖掘，其心理素质仍有待完善。②重点解决的问题是引导学生在一个更新的层面上认识自我，开发自我潜能。③强调发展性原则。④发展性心理健康教育将成为现代学校教育的一个重要组成部分，已经被纳入学校教育的总体目标和实施过程中，为学生的充分发展和成才提供强有力的保证。

2. 补救性心理健康教育　补救性心理健康教育是指对出现心理问题的学生进行专门辅导与帮助，使之恢复心理健康状态。对高校大学生的补救性心理健康教育需要运用多种途径和方法。高校开展补救性心理健康教育的基本方法包括以下四种。

（1）个体辅导：个体辅导是根据学生的心理发展特点与规律，运用心理学的方法与手段，通过个别化的辅导，帮助个体解决学习、生活或成长过程中遇到的心理困扰或问题，从而形成良好的心理素质，提高心理健康水平的过程。在个体辅导过程中，辅导者应始终保持尊重、共情、真诚和积极关注的基本态度，与辅导对象建立起良好的辅导关系，通过观察、会谈等方式了解辅导对象问题的表现、原因和程度，从而确定其是否属于心理健康个体辅导的适用范围。然后与辅导对象共同制订辅导的目标和方案，并实施辅导方案，运用心理学的方法和技术帮助辅导对象消除各种心理障碍，改变不良心理状态，提高心理健康水平。

（2）团体辅导：高校团体辅导是一种在团体情境中提供心理帮助与指导的重要方式。它是通过团体成员构成人际系统，产生团体内人际交互作用，促使个体在交往过程中通过观察、学习、体验，认识自我、接纳自我，调整和改善与他人的关系，学习新的态度和行为方式，以发展良好的生活适应能力的过程。相对于个体辅导，团体辅导对于集中解决学生中具有普遍性和共同性且发生率高、比较迫切的心理问题具有更大的优势，而且更节省人力和时间，更为经济。由于团体辅导的情境创设，其所形成的浓厚的团体感染氛围和成员支持效应可以促使个体彼此交往、进行多向的交流和模仿。

（3）行为训练：行为训练是指受教育者把一定社会的心理准则和心理要求规范、反复地付诸行动，并逐步变成自己经常性的、习惯性的行为。因为行为训练是补救性心理健康教育中的重要一环，所以必须有目的、有计划地为学生创造开展行为训练的条件和环境，组织学生开展各种有意义的活动。在活动前向学生提出明确的要求，指导学生在活动中反复训练良好的行为习惯，逐步形成良好的心理品质。

（4）心理健康档案：学生心理健康档案的建立不同于一般的学籍管理，也不是日常例行的管理事务，它是教育工作者观察并准确地评价学生行为的重要依据。建立高校学生心理健康档案是加强学生心理健康教育工作、推进素质教育纵深发展的必要保障。通过建立高校学生心理健康档案，可以提高教师教育决策和科学研究的水平，为学生的身心健康发展提供动态的监测手段，同时也为全面提高教学质量提供切实有效的帮助。学生的心理健康档案较为完整地记录着个体的心理发展过程，有助于教育工作者在较短的时间内客观、系统、全面地了解并掌握学生的心理发展轨迹、心理面貌和心理健康状况，通过统计分析了解不同年龄阶段学生的心理发展特点及其共有的心理特征，找出心理问题产生的原因，从而针对差异有的放矢地开展工作，减少并防止出现教育工作的失误，提出适合大学生心理特点的教育方法。

三、大学生心理健康教育的内容

高校心理健康教育的内容丰富而复杂，在实际工作中不可能做到面面俱到，具体的途径与方法主要包括以下几个方面：

1. 开展心理健康调查，做到心理问题早发现、早预防　开展心理健康教育的前提是了解学生心理素质的状态，从而有针对性地制订教育措施与方案。高校需要完善现有的大学生心理健康评定量表，做好量表信度、效度的检验工作，建立量表常模，对在校大学生进行一次全面的心理健康测评，对学生的心理问题进行筛查，从而做到对大学生心理问题的早发现、及时介入和有效控制，提高心理健康教育工作的科学性和针对性。

2. 开设心理健康教育课程，增强学生的自我教育能力　这是大学生心理健康教育的主要形式和途径。学校可以根据大学生身心发展的特点以及大学生中经常出现的一些问题，面向所有学生有针对性地选取心理健康教育内容或进行专题辅导，使学生从中受益，从而提高大学生的整体心理健康水平。心理健康教育的效果在很大程度上取决于学生自我教育的主动性和积极性，以及学生自我教育能力的高低。因此，在大学一年级开设心理健康教育必修课或选修课，使学生掌握心理健康的理论知识，可以加强大学生的心理行为修养，提高其自我维护心理健康的能力。

3. 将心理素质教育渗透到各科教学中，拓展心理健康教育的途径　心理素质的提高有一个过程，不是一蹴而就的。通过各种教学方法进行心理素质教育，既是学校心理健康教育的有效途径，也是各学科教学自身发展的必然要求。各学科的教学过程中都包含着极其丰富的心理素质教育因素。教师在传授知识的过程中，只要注重考虑学生的心理需求，激发学生的学习兴趣，并深入挖掘知识内在的教育意义，就能使人类的知识、经验、技能转化为学生自己的精神财富，即内化成为学生的思想观点、价值观和良好的心理素质，并深深地扎根于他们的内心。

4. 创建心理咨询室并建立心理健康档案　学校心理咨询是促进学生心理健康、提高学生心理素质的重要途径，也是心理健康教育的重要组成部分。通过进行心理咨询，不仅可以指导学生化解内心的矛盾与冲突，减轻心理压力，开发身心潜能，而且能帮助学生正确地认识和把控自己，有效地适应外界环境的变化。因此，学校应加大投入力度，加强心理咨询中心的建设，保证必需的工作场所，配备必需的工作设备，提供专项经费，确保心理咨询中心的正常运

行。与此同时，需要加快建设校园网，建立大学生心理健康教育网站。通过个别咨询、网络咨询等各种形式，有针对性地向学生提供经常、及时、有效的心理健康指导服务，促进学生的心理健康。另外，学校还应建立学生的心理健康档案，对学生的心理状况有比较系统的了解，从而快速、准确地判断学生的问题所在，并采取有效措施予以解决。

5. 加强校园文化建设，营造良好的心理和社会环境　大学生的健康成长离不开健康的心理和社会环境，大学生心理素质的培养需要良好的校园文化氛围。校风是校园文化建设的重要内容，也是影响学生心理发展的重要因素。良好的校风会潜移默化地优化学生的心理品质，如团结友善的校风是形成群体凝聚力、培养集体荣誉感的土壤，有利于同学之间保持和谐的人际关系，促进人与人之间的相互沟通、相互学习和相互帮助。丰富多彩的校园文化活动有助于培养学生乐观、向上的生活态度和健康、愉悦的情绪特质，因此，学校要加强校园文化建设，开展形式多样的文化、体育活动和学术活动，营造积极、健康、高雅的文化氛围，陶冶大学生的情操，增强学生之间相互关怀与支持的意识，改善学生的适应能力。

6. 加强心理健康教育工作队伍建设，提高心理健康教育水平　大学生心理健康教育工作涉及日常教育、课堂教育、心理问题筛查、心理咨询、危机干预和科学研究等方面。要做好上述工作，加强心理健康教育工作队伍建设是关键。应建设一支以专职教师为骨干、素质较高的高校大学生心理健康教育工作队伍，大力度、大范围地推进大学生心理健康教育。同时，还应加强对兼职教师和心理辅导或咨询人员的培训，不断提高他们从事心理健康教育工作的理论水平、专业知识和基本技能，促进大学生心理健康教育走向科学化、规范化和专业化。

知识链接

我国心理健康教育的发展历程

在我国，系统的大学生心理健康教育活动是从 20 世纪 80 年代才开始的。发展至今，我国的大学生心理健康教育已经形成比较稳定的教育模式，也积累了比较丰富的经验和方法。我国的大学生心理健康教育经历了萌芽阶段、探索阶段和发展阶段。

1. 萌芽阶段　主要是在 20 世纪以前，传统的心理健康教育思想，如心理平衡、修身养性等，对心理健康的调节有重要的帮助。1917 年，我国一批心理学界和教育界人士在江苏成立了“中华职业教育社”，开展了就业指导、心理测验的编制、修订和测查等工作。

2. 探索阶段　主要是从 20 世纪初到 20 世纪 80 年代以前。20 世纪初，国学大师王国维提出“心育”的概念。他在《论教育之宗旨》中指出，要实现培养完全之人物的教育宗旨，需要通过体育发展人的“身体之能力”，通过心育发展人的“精神之能力”。1937 年，商务印书馆出版了由丁祖荫、丁瓒翻译的《青年心理学》，这是对大学生进行心理教育的重要教材。

3. 发展阶段　主要是从 20 世纪 80 年代中期至今。改革开放以后，我国对心理健康教育工作有了新的认识。许多从事学生教育管理工作的教师发现，学生中存在的问题并不完全是思想品德方面的问题，其中相当多的问题应该是属于心理问题的范畴。于是，他们开始尝试用心理学的原理和方法去解决学生心理健康问题。我国高校最早的一批心理咨询机构就是这样应运而生。目前为止，我国大学生心理健康教育从政策规定，到机构研究、学术交流、咨询机构及咨询方式，都呈现出蓬勃发展的趋势。1995 年 11 月，国家教育委员会正式颁布试行了《中国普通高等学校德育大纲》，明确了把培养学生具有“健康的心理素质”作为德育目标之一，把心理健康教育列为德育的十大内容之一。当前，全国高校全面开展心理健康教育，相继设立了地方性的心理健康教育分会，成立了心理咨询机构，建立了大学生心理健康档案，开设了心理健康教育系列课程，并且不同程度地开展了团体心理辅导、心理训练等教育性质的活动，还定期开展了心理健康活动周或活动月。许多高校还建立了大学生心理健康组织，调动大学生参与心理健康教育活动，拓展了心理健康教育知识的宣传渠道和方式。

第二节　大学生心理咨询与心理治疗

心理咨询是心理学的一个分支，国外称之为咨询心理学，其应用非常广泛。心理咨询的主要工作对象是正常人，通过咨询师与来访者进行晤谈与讨论来帮助他们解决学习、工作、生活、健康等方面的问题，提高其适应能力，保持心理和生理的健康，也可以作为精神障碍的辅助治疗。心理治疗又称为“精神治疗”，它是一种以助人为目的的、专业性的人际互动过程，治疗师通过言语、表情、行为举止及特意安排的情境影响来访者，使他们在认知、情感、意志行为等方面发生积极的变化，达到治疗疾病、促进健康的目的。心理咨询与心理治疗是心理干预的两种主要方式。

案例导读

重修后的焦虑

A，男，19 岁，大学二年级学生，身高 185 cm，体态正常，无重大躯体疾病史。家族中无精神疾病史。其父亲是公务员，母亲在国有企业工作，家境良好。A 出生在县城，是家中的独子，自幼受宠。上学以后家里对他管教很严格，小学和初中时期，他的学习成绩都名列前茅。但是，A 因为被学校要求重修课程而感到焦虑、注意力不集中、郁闷、沮丧、学习效率下降、失眠、精神状态不佳 1 个月余。A 陈述：“我最喜欢的科目是历史，但是父母都不赞成。他们说学历史很难找到工作，无法赚很多钱，要学建筑才行。可我怎么都不喜欢建筑这个专业。现在高数和英语都不及格，学校说再挂科并且重修还不及格的话，我就不能顺利毕业了。如果不能毕业就找不到工作，我的人生就完了。最近一想到这件事，我就觉得焦虑、郁闷、沮丧、失眠，感觉自己像个废物，什么事情都做不好。”

心理咨询师观察：求助者衣着得体、整洁，行动较缓慢，思路清晰且有条理，能够主动求助，举止得体，自知力完好，谈话时情绪低落、语调低沉。同学们反映，求助者的家庭对他管理特别严格，要求很高。

心理测试结果显示，求助者存在中度焦虑，属于常见的心理问题。心理咨询师采用认知行为疗法，使求助者对自己的不合理信念和错误思维方式有所认识，并逐步引导求助者实施自我行为训练，以缓解焦虑情绪，帮助他尽快适应大学新生活，最终较好地实现了心理咨询的具体目标和近期目标，促进了求助者的人格健全和心理健康。

一、心理咨询

（一）心理咨询的概念

心理咨询是一个涵盖内容非常广泛的概念，涉及就业指导、教育辅导、心理健康、婚姻家庭等多个方面。《心理学大词典》将心理咨询定义为：“对心理失常的人，通过心理商谈的程序

和方法，使其对自己与环境有一个正确的认识，以改变其态度与行为，并对社会生活有良好的适应。”

心理失常有轻度的，也有重度的；有功能性的，也有躯体性的。心理咨询的对象是轻度的、功能性的心理失常者。心理咨询的目的就是要纠正心理上的不平衡，使个体对自身与环境有一个清楚的认识，并改变态度和行为，以达到对社会生活有良好的适应能力。2001 年 8 月，经原国家劳动和社会保障部批准，我国开始启动心理咨询师的职业化工作。国家颁布的《心理咨询师国家职业标准》对心理咨询师这一职业的定义是：“心理咨询师是运用心理学以及相关知识，遵循心理学原则，通过心理咨询的技术和方法，帮助求助者解除心理问题的专业人员。”

心理咨询应强调的几个基本要素包括：①心理咨询解决的是来访者心理或精神方面存在的问题，而不是帮助他们处理生活中的具体问题。例如，一名对考试感到焦虑的大学生希望心理咨询师能替他交涉缓考的问题，一个在子女教育问题上被困扰的母亲要求心理咨询师能找她的儿子谈一次话，一名下岗待业的职工要求心理咨询师为他物色适合他的工作等，这些问题都是由于来访者对心理咨询的误解造成的。心理咨询师对此应加以解释，并引导来访者把解决问题的重点集中在自己的心理问题上，通过心理咨询，使消极情绪得到缓解，从而以积极的态度去独立面对生活中的实际问题。②心理咨询不是一般的助人行为。它是应用心理学的知识、理论与方法从心理上为来访者提供帮助的活动，心理咨询师必须是经过专业训练的人员。在日常生活中，人们可以相互帮助，通过谈心等方式使紧张情绪得到缓解，但这是一种日常交往，而不是心理咨询。心理咨询有其特定的目的和任务，解决问题时需要应用专业的理论与方法。它是一种有目的、有意识的职业行为，而不是人与人之间一般的生活交往。③心理咨询强调良好的人际关系氛围。来访者与心理咨询师能否建立良好的关系，营造出相互信任的氛围，取决于心理咨询师的态度和技巧。心理咨询师对来访者的理解和帮助是真诚的，态度是诚恳的。但是，咨询师和来访者之间的关系不同于社会生活中的朋友或其他人际关系，双方均不谋求发展心理咨询以外的关系。

总之，心理咨询是依据心理科学的理论，遵循心理健康或成长的原则，采用心理学的技术和方法，帮助咨询对象解决心理问题，提高个体心理素质，促进其身心健康发展的过程。

（二）心理咨询的内容

回顾我国多年来的大学生心理咨询实践可以发现，大学生心理咨询涉及的内容较多，心理问题也是各种各样，但概括起来主要有以下两个方面。

1. 心理发展的矛盾和困惑　大学生这类心理咨询的内容很多，如想要了解自己的个性特点、气质类型、青春期身心发展情况；如何处理好学习与社会工作的关系、学习与恋爱的关系；如何交到更多的朋友；如何选择职业；探讨更有效的学习方法等。前来咨询的学生并无心理障碍，也无明显的心理冲突，他们的咨询目的是为了更好地认识自己、完善自己，提高自己的学习能力、生活质量和社会适应能力。

2. 心理适应相关的问题　这类咨询内容在高校心理咨询中所占的比例最大，涉及的问题包括大学新生对离开家庭独立生活的不适应、学习负担过重引起的心理不适、人际关系失调、过度自卑而自我封闭等。其中比较突出的问题是人际关系问题、恋爱问题及自我意识问题。前来咨询的学生在心理上基本是健康的，但是在实际生活和学习中有一些烦恼，他们有明显的心理矛盾和冲突。他们前来咨询的目的比较明确、具体，即排解心理困扰，减轻心理压力，提高适应能力。

（三）心理咨询的类型与形式

1. 心理咨询的类型

（1）按性质划分：心理咨询按性质可以分为发展心理咨询与心理健康咨询。在个体成长的各个阶段都有可能产生心理困惑和心理障碍，为了适应新的生存环境、选择合适的职业，或为

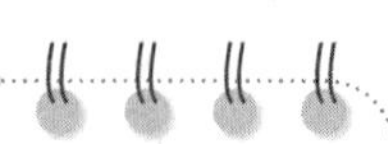

了个人事业的成功想要突破个人弱点等进行的心理咨询就是发展心理咨询。心理健康咨询是指心理和精神正常的个体，因各种刺激而产生焦虑、紧张、恐惧、抑郁等情绪问题，或者因各种挫折而引发行为问题，心理健康受到破坏时所进行的心理咨询。

（2）按规模划分：心理咨询按规模可以分为个体咨询和团体咨询。个体咨询的形式是心理咨询师与求助者建立一对一的咨询关系。心理咨询活动与求助者所在的社会、集体及家庭无直接关系。在内容方面，个体咨询的重点帮助求助者解决个人的心理问题。团体咨询是在团体情境中向求助者们提供心理帮助和指导。

（3）按接触形式划分：心理咨询按接触形式可以分为直接咨询与间接咨询。直接咨询是由心理咨询师对来访者直接进行咨询。直接咨询的特点是通过心理咨询师与来访者的直接交往，使问题得以解决。直接咨询有助于心理咨询师对来访者的问题准确了解和对症下药。间接咨询是由心理咨询师向当事人的家长、朋友、教师等了解其心理问题，并通过他们实施指导。间接咨询的特点是在心理咨询师和当事人之间增加了一个中转媒介，当事人的问题靠中介人向心理咨询师介绍，心理咨询师对当事人的指导意见也由中介人权衡后付诸实施。

（4）按持续时间划分：心理咨询按持续时间可以分为短程心理咨询、中程心理咨询和长期心理咨询。短程心理咨询是指在相对短的时间（1～3周）内完成咨询，资料的收集和分析集中在心理问题的关键点，即就事论事地解决求助者的一般心理问题。短程心理咨询关注近期疗效，对中、远期疗效不做严格规定。这类咨询工作要求心理咨询师要思维敏捷、行动果断，语言准确、明快，有长期、丰富的心理咨询经验。中程心理咨询常在1～3个月内完成，可涉及较严重的心理问题，要求心理咨询师有完整的咨询计划和预后判断，关注中期以上的疗效。长期心理咨询一般持续3个月以上，使用标准化咨询方法或心理治疗，要求心理咨询师制订详细的咨询计划，关注远期疗效，并采取巩固措施。

2. 心理咨询的形式

（1）门诊咨询：门诊咨询是指进行面对面的心理咨询，来访者直接询问心理咨询师，针对自己或其亲属、朋友的心理和行为问题寻求专业的指导和帮助。心理咨询门诊通常设在综合性医院或卫生保健部门。心理咨询师与来访者直接进行交流，能够及时、深入、全面地了解来访者的心理和行为问题。因此，门诊咨询是心理咨询中最主要、最有效的形式。其特点是能及时对来访者进行各类检查和诊断，及时发现问题，并及时做出妥善处理。

（2）通讯咨询：电话咨询是指利用电话为求助者提高支持性咨询，是较为方便而又快速的心理咨询方式，早期多用于心理危机干预。网络咨询是指心理咨询师通过互联网来帮助求助者。它除了可以打破地域的限制外，还可以凭借行之有效的软件程序进行心理问题的评估与测量。书信咨询是指通过书信的形式进行心理咨询，其优点是可以打破地域的限制，向心理咨询机构请求书面帮助。书信咨询的不足之处是双方不易深入了解而影响咨询效果。

（3）专栏咨询：是指通过报刊、广播、电视等大众传媒形式对受众的典型心理问题进行解答，这种形式目前在我国比较普遍。例如，许多电台和报刊都开设了心理健康咨询栏目或专题节目，从受众的来信中选择典型的心理问题在电台和报刊上作答，或请专家给予答复。事实证明，一个好的专栏和节目往往会受到成千上万人的关注，这是其他咨询形式无法企及的。

（4）现场咨询：现场咨询是指心理咨询机构的专业人员深入基层，为广大求助者提供多方面服务的一种咨询形式。例如，在每年“5·25”大学生心理健康活动日，很多学校的心理咨询老师在活动现场为广大学生提供现场咨询与答疑。

（四）心理咨询的基本步骤

关于心理咨询的步骤和阶段，国、内外的咨询心理学家各有不同的划分方法。

可将心理咨询归纳为以下几个基本步骤：

1. 开端　热情接待，讲明性质和原则，建立初步的信任关系。心理咨询在我国现阶段的

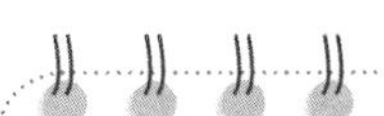

普及性仍不够广泛，有的来访者并不了解其性质、特点及所要遵循的原则，因而初次来访时心中难免忐忑不安，存有疑虑。心理咨询师应耐心地加以解释。对于来访者，心理咨询师应热情而自然地表示欢迎，请他们入座，并简要介绍心理咨询的性质和原则，特别要说明尊重隐私的保密性原则，告知来访者在这里可以对自己的心理问题畅所欲言，所谈及的话题不会被泄露给其他人。心理咨询师简要说明以及热情、自然的态度有助于消除初次见面的陌生感，使来访者的紧张情绪得以缓解。

2. 了解问题　心理咨询师需要了解来访者的意图及其所存在的心理问题。该阶段主要是通过来访者的陈述，了解他们存在的问题。了解情况时应该注意两个方面：一是来访者的基本情况；二是来访者存在的心理问题。如果来访者是大学生，那么还应了解其年级、系别、专业、籍贯等问题。了解基本情况有助于分析来访者的心理问题产生的社会背景。来访者陈述自己的问题时，会有各种不同的表现。心理咨询师应考虑来访者的不同年龄、身份、个性等特点加以区别对待。

3. 分析、诊断　心理咨询师需要辨明来访者心理问题的类型、性质和严重程度，以便选择恰当的方法进行处理。分析、诊断与了解问题是结合在一起进行的。从来访者进入咨询室开始，到其陈述自己的问题，心理咨询师都需要在了解情况的同时进行分析和诊断。首先，要弄清来访者的问题属于何种类型，是学习、工作中的问题，还是生活中的人际关系问题，是青春期发育问题，还是婚恋问题；从程度上看，是正常人的情绪不稳定、心理失衡，还是人格障碍，或者是神经症、精神病等精神疾病。这些都是分析和诊断过程中必须搞清楚的问题。心理咨询师正确评估来访者心理问题的性质和严重程度具有重要意义，这有助于安排和决定下一步的工作。例如，确定哪些问题可以通过面谈咨询和治疗逐步解决，而哪些问题需要借助其他方面的力量进行直接干预。对于以下情况都需要与有关方面配合，及时进行干预：①有极度抑郁、严重情绪不稳定的人；②有严重头痛、失眠、幻觉、妄想等精神病迹象的人；③有明显自杀意念或对他人安全和生存构成威胁的人。

4. 帮助、指导　心理咨询师应当与来访者共商对策，以求解决问题。通过了解情况进行分析、诊断之后，心理咨询师通常对来访者的问题已经大致掌握，接下来就要进入帮助、指导阶段。心理咨询师在对来访者进行帮助指导时，要坚持帮助、指导不等同于包办代替的原则。这也是心理咨询和心理治疗与躯体疾病治疗的不同之处。躯体疾病的治疗，通常由医生制订治疗方案，患者遵从医嘱进行治疗，而心理咨询是一种磋商行为，心理咨询的双方是一种彼此合作的伙伴关系。心理咨询师的责任是帮助来访者分析他们的心理障碍和问题，提供指导意见，而最后解决问题需要靠来访者自己，这并不意味着心理咨询师的作用无足轻重。来访者之所以来寻求帮助，是因为他们遇到了心理方面的难题而无法自己解决，才来寻求帮助，因此，心理咨询师给予指导和帮助责无旁贷。但这种指导和帮助不是通过开具处方的方式，而是以心理咨询师丰富的专业知识和对人性的深刻领悟，在对来访者情绪和处境充分理解的基础上，帮助他们分析自身问题的性质，寻找问题产生的根源，树立战胜困难的信心，商讨解决问题的对策。那么，如何解决问题呢？心理咨询师要与来访者进行讨论，提出几种方案的设想，并预测可能产生的后果。

5. 结尾　双方结束咨询谈话，讨论下一步的安排。通过前四个阶段的谈话，主要进程已进行完毕，心理咨询即进入尾声。如果咨询谈话比较成功，则来访者很可能会主动谈论自己的感受，告知自己的收获和下一步的行动计划。心理咨询师应对此给予积极的支持和鼓励，进一步帮助来访者树立战胜困难的信心。心理咨询一般需要进行多次，双方要约定下次谈话的时间。咨询之后，心理咨询应在可能的情况下，了解来访者心理、行为的变化，并进行追踪研究，以便总结经验，提高心理咨询水平。但是，心理咨询也可能产生另外一种后果，即未能解决来访者的心理问题，咨询效果不佳。之所以出现这种情况，可能有两种原因：

①心理咨询师在咨询过程中对问题的分析有失偏颇，治疗方法或劝导方式不恰当；②可能是来访者未接受心理咨询师的分析和帮助，未采取双方讨论的行动方案，因而未能获得预期的效果。

（五）心理咨询的认识误区

在心理学工作者的不断努力和新闻媒体的大力宣传影响下，我国越来越多的人开始接触心理学这个领域。“心理健康”和“心理咨询”这样的字眼也渐渐为大众所熟知。尽管人们已经意识到心理咨询是缓解心理压力和解决心理问题的方法，但现实中仍然有许多人对心理咨询存在一些认识上的误区。

1. 心理咨询就是聊天　心理咨询不同于一般意义上的聊天，尽管心理咨询主要是通过谈话的形式进行的，但心理咨询需要运用心理学的专业理论知识，以及社会学、医学等方面的知识，有严格、科学的理论体系和操作规程，从而达到解决心理问题的目的，帮助个体解除心理危机，促进人格发展。这完全不同于朋友聊天，亲友的劝解、安慰，或者老师的教育和思想政治工作。

2. 心理咨询应该一次解决问题　许多初次接触心理咨询的人都幻想通过心理咨询师能一次性把自己内心长期的压抑和痛苦完全解除，从而远离烦恼与困惑。然而，心理咨询师并没有这种超常的能力。“解铃还须系铃人”，心理咨询是心理咨询师帮助求助者认识自己、接受现实，从而超越自我的过程，因此，心理咨询需要有一个了解的过程，是进行讨论、分析、实施、反馈、修正、再实践的过程，通常不能一次解决求助者的所有问题，并且每次心理咨询都有时间的限制。“冰冻三尺非一日之寒”，心理问题绝不是一朝一夕形成的，因此，心理问题的解决也不可能一次就能完成。来访者对此一定要有充分的认识和理解，否则很容易因过度期望而导致失望。

3. 心理咨询师可以透视个体的内心活动　举一个常见的例子，两个久未谋面的老同学在路上不期而遇，其中一个知道对方是心理咨询师，就让他猜一猜自己现在心中在想些什么。许多来访者也有类似的心态，他们不愿或羞于吐露自己的心理活动，认为只要简单说几句，心理咨询师应该就能猜出他们内心的想法，否则就认为心理咨询师水平不高。其实，心理咨询师也是普通人，他们没有特异功能，更无法透视个体的内心世界。咨询师只是依据心理学的理论和方法对来访者提供的一定信息进行讨论和分析，并提供咨询与治疗。来访者需要详尽地提供有关情况的具体信息，才有利于心理咨询师找到问题的症结，做出正确的判断并顺利地解决问题。

4. 心理咨询师是救世主　心理咨询的最终效果取决于咨询双方的共同努力。一些来访者把心理咨询师当成“救世主”，将自己所有的心理问题都交给心理咨询师解决，认为心理咨询师肯定有能力把它们一一处理妥当，而自己则不用思考，不用努力，也不用承担责任。其实，心理咨询师在咨询过程中只能起到分析、引导、启发、支持，以及促进来访者改变行为和态度的作用，而无权把自己的价值观和愿望强加给来访者，更不能替来访者去改变或做决定。来访者需要认识到，“救世主”只有一个，那就是自己。而且每个人都有自己的局限性，咨询师也不是无所不能的。例如，没有育儿经验的心理咨询师就不太容易处理幼儿亲子关系方面的问题，或者在心理咨询师自身的某些问题没有处理好之前，不合适接待类似问题的来访者。

5. 只有精神病患者才需要进行心理咨询　某些人认为，只有精神病患者才需要接受心理咨询，这是一个很大的误解。心理健康从正常发展到异常状态是一个量变的过程。根据心理健康的程度不同，可将人群分为健康人群、亚健康人群和心理疾病人群，后两者分别需要接受心理咨询和心理治疗。另外，健康人群也可能会出现心理困扰，可以通过心理咨询促进自我成长，因此，心理咨询既可以是一种保健措施，也可以是一种治疗手段，并不仅针对有心理疾病的个体。

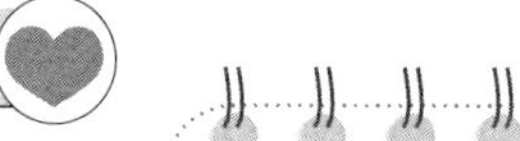

知识链接

何时需要寻求心理咨询?

如果个体感到痛苦，自己又觉得无能为力，并且影响了正常的学习和生活，这时就需要寻求专业帮助，进行心理干预。具体表现如下：

1. 当某个问题开始干扰个体的学习、工作或生活的时候。
2. 当个体目前处理问题的方法不再有效的时候。
3. 当个体的家人或朋友公开对其表示担心的时候。
4. 当个体感到不知该怎么做，感到绝望的时候。不必等到问题变得严重时才去求助，更不要等到出现心理障碍时才进行心理咨询或心理治疗。目前，越来越多的人把心理咨询和心理治疗作为促进个人成长、提高处理问题能力的手段。

二、心理治疗

案例导读

消失的笑容

丁丁，女，19岁，大学二年级学生，自诉“情绪低落、乏力，对学习反感，注意力难以集中，做事无兴趣，感到生活没有意义”。丁丁在高三时，常有胃痛和腹泻，当时被诊断为“胃肠炎”，经治疗后好转。但进入大学后，在军训时她出现消化不良，并常有腹痛和腹泻。经胃镜检查诊断为“浅表性胃炎、十二指肠炎”。服药治疗后效果不佳，于是她感到焦虑不安，进而影响学习。大一下学期，丁丁的学习兴趣下降，进而开始厌学，不愿看书，上课时不听讲，没有任何业余爱好，从不参加课外活动，闲暇时常看一些医学书籍。最近一学期，丁丁的学习成绩下降，有些科目（主要课程）考试还不及格。之后，她有时想抓紧时间学习，但因头晕、胃部不适而未能坚持。她平时很少与他人交往，逐渐养成了孤僻的性格，常独处一处，感到孤独、抑郁。在咨询过程中，她总是问一句答一句，回答问题时语调很低、少气无力、行动迟缓、反应较慢，并且始终低垂着头。对其测查抑郁自评量表后，心理咨询师建议：①不要总是看医学书籍。因为缺乏医学知识的系统学习，不能科学地理解书中的内容，总是与自身相联系，容易误以为自己患病，或许实际情况没有那么严重。②适当参加一些户外活动，如散步、慢跑等。

心理咨询师对其情况进行分析，并结合测查结果，初步考虑其可能患有抑郁症。丁丁第二次来访时，心理咨询师除了继续进行心理治疗外，还建议她使用抗抑郁药。1周后，她自觉情绪好转，症状明显减轻，从外观上看行动已不那么迟缓，谈话时也可见到笑容，睡眠较好，对学习也有兴趣了。除了继续用药外，心理咨询师仍建议她多做户外活动。2周后，丁丁的症状明显好转，学习及生活基本恢复正常，每周到户外活动2~3次，自我感觉良好。

（一）心理治疗的含义

心理治疗的定义与心理咨询有所不同。一般认为：“心理治疗是应用心理学的理论和方法对精神和情感等方面有障碍或疾病的个体，通过言语或非言语的沟通方式进行治疗的过程。”综合国、内外的相关理论，对心理治疗的定义是：心理治疗是在建立良好治疗关系的基础上，由经过专业训练的治疗师运用心理治疗的有关理论和技术，对来访者进行治疗和帮助，以消除或缓解来访者的心理问题或障碍，促进其人格成熟和发展。心理治疗的目的是改善患者的不良心理状态与适应方式，解除其症状与痛苦，促进人格改善，增进身心健康。

（二）心理治疗的范围

1. 心理障碍　心理障碍是指心理功能紊乱，影响个体的社会功能或使个体感到痛苦的心理异常状态，其突出表现是各种神经症和人格障碍等心理、情绪和行为异常。神经症是指没有明显的生理基础，由心理原因所致的认知、情绪、行为方面的偏离，是一类主要表现为焦虑、抑郁、恐惧、强迫、疑病或神经衰弱症状的精神障碍的总称。到目前为止，对神经症的治疗主要以心理治疗为主。神经症患者有基本正常的社会功能，也就是外表看起来正常，能正常工作、与人交往，也有家庭生活，但是他们比正常人有更多的情绪困扰，主要症状为持续的焦虑、抑郁、紧张、担忧、害怕、不安等。大学生担负着学习专业知识的重任，在经历过紧张的高考后，又面临大学学习和生活的压力和挑战，可能会出现一些神经症。在心理症状严重时，个体的学习、工作和社会活动等可能会受到一定的影响，这就需要求助于心理治疗（详见第二章）。

2. 心理疾病　又称精神疾病，是指较为严重的心理功能受损，受生物因素的影响更大，典型表现是精神病。精神病是严重的心理障碍，表现为对客观现实歪曲的反映，患者社会功能严重受损，不能应对日常生活和人际关系，对自身处境丧失自知力，不能理解和认识自身的现状。精神病具有一定的病理生理基础，目前以药物治疗为主，心理治疗为辅。精神分裂症、重性抑郁症、躁狂 - 抑郁性精神病等是常见的精神病。心理治疗的作用范围除了心理障碍和疾病以外，还有遗忘、口吃、厌食症、遗尿等各种心理及行为问题。另外，心理治疗还可以有效地用于临床疾病患者出现的各种心理问题。

三、心理咨询与心理治疗的原则与理论

心理咨询师和心理治疗师在培训和工作的侧重点上有所不同，了解心理咨询和心理治疗的原则与理论及其区别有助于需要寻求心理帮助的个体获得适当的帮助。

案例导读

教育、咨询治疗——综合心理干预

三个人在河边钓鱼。突然，他们发现有人在上游被冲进河中。于是，一个钓鱼者便跳进河里把落水者救了上来并予以抢救。但在这时，他们又看见另一个被冲下来的落水者，另一个钓鱼者又跳入水中把他救了上来。可是，他们同时发现了第三个、第四个、第五个，甚至更多的落水者。而这时三个钓鱼者已经手忙脚乱、难以应付了。后来，一个钓鱼者似乎想到了什么，于是他离开现场去了上游，想做一项性质不同、但目的一致的工作。他在人们的落水处插上一块木牌，警告并劝说人们不要在这里游泳，但仍有无视警告者被冲下河。后来，其中一个钓鱼者明白这样做并不能从根本上解决问题，于是他打算做另一项工作——教会人们游泳。这似乎是问题的关键，因为有了好的水性，就不易被冲入急流中，也能够进行自我保护。

如果以上述例子来做比喻，那么，第一步，即跳入水中抢救落水者的工作就好比是心理治疗，这是一项艰巨而有意义的工作。心理治疗往往需要花费相当多的时间和精力，被治疗者也往往深感痛苦和不安。第二步，即插警告牌的工作就好比是心理咨询与辅导，这也是一项很有意义的工作。但一般来说，它也只是对前来咨询的个体才能发生作用和影响。那么，第三步，即教人们游泳的工作就好比是心理健康教育，它着眼于从根本上解决问题，不仅可以教人们如何预防危险的发生，还可以教人们处于危急状态时如何应对。

心理咨询在大众的观念中是一个泛化的概念，是心理帮助和指导的总称。这一概念强调了心理咨询的教育性，淡化了心理疾病的观念。在中国的传统观念中，许多人认为患有心理疾病是可耻的。从这个意义上看，心理治疗可以看成是对患有心理疾病人群的心理咨询。关于心理咨询与心理治疗的关系，大多数研究者的看法基本是一致的，即心理咨询与心理治疗的相同之处远远多于不同之处。两者在意义上有很大的相似性，具体表现在：两者在过程中遵循的基本原则是相似的；两者所采用的理论和方法也常是一致的；两者在强调帮助来访者成长和改变方面是相似的；两者都注重建立帮助者与求助者之间良好的人际关系，认为这是帮助求助者改变的必要条件；两者的目标都是维护和促进心理健康等。

（一）心理咨询与心理治疗的原则

在心理咨询与心理治疗的过程中遵循的基本原则是心理咨询与心理治疗的根本要求，是心理咨询师与来访者建立良好人际关系的重要条件，也是有效运用心理学方法和技术获得良好咨询或治疗效果的重要保证。心理咨询与心理治疗的基本原则大体相同，主要包括以下几方面。

1. 自愿原则　心理咨询是建立在心理咨询师和来访者双方“知情同意”基础上的，来访者必须以完全自愿为前提，心理咨询师不能以任何形式强迫来访者接受或维持心理咨询，这不仅是对当事人的尊重，也是确立平等、相互信任的人际关系的先决条件。在大学生心理咨询中，把握此原则显得尤为重要，因为学校普遍存在的是教育与被教育的既定关系模式，心理咨询师有时处于教育者的角色，因此，心理咨询师不能以教育者的身份强制要求学生前来咨询，或给学生以结论性建议，来访者也不应以被教育者的身份强迫自己完全服从于心理咨询师。在高校心理咨询中，咨询师与来访者都应积极调整心态，以一种平等相待的态度做好角色转换，以保证心理咨询的顺利进行。

2. 保密原则　保密原则是心理咨询中最重要的原则，它既是职业道德的要求和体现，也是双方建立和维系信任关系的基础。心理咨询的来访者要透露大量的个人信息，并通过诊断和测量获取许多有关来访者的新信息。因此，心理咨询师有责任对来访者的有关资料予以保密，这不仅是咨询需要恪守的道德原则，而且还涉及来访者对心理咨询师的信任，进而影响咨询的效果。在没有征得来访者同意的前提下，不得随意将来访者的隐私泄露出去。然而，对来访者资料保密并非绝对的、无限度的。在某些情况下，允许心理咨询师公开来访者的资料，例如，心理咨询师在咨询过程中意识到来访者有强烈的自杀意念或攻击他人的倾向、有破坏公共设施的企图以及法庭需要提供个案资料时。

3. 发展原则　这一原则是指在心理咨询的过程中，心理咨询师要以发展、变化的观点来看待来访者的问题，不仅要在分析问题和把握问题本质时善于用发展的眼光进行动态考察，而且在解决问题和预测咨询结果时不宜轻易将来访者的问题归结为某种心理障碍或某种疾病。在大学生心理咨询中，大学生的问题大多只是适应、交往和学习等方面的暂时性困难，因此，心理咨询师不仅要了解来访者已有的发展过程和结果，还要帮助来访者挖掘其潜在能力，以及提示来访者今后良好发展的可能性和发展方向。

4. 情感限定原则　良好人际关系的确立虽然是顺利开展心理咨询的关键，有利于心理咨询师与来访者的沟通与交流，但也是有限度的。心理咨询师不能与来访者在咨询室以外亲密接触和交往，不能对来访者产生爱憎和依恋，更不能在咨询过程中寻找欲望的满足与实现。如果心理咨询师与来访者在心理咨询室以外的接触过于亲密，不仅容易使来访者过于了解心理咨询师的内心世界和私生活，阻碍来访者的自我表现，而且也会使心理咨询师失去客观判断事物的能力。

5. 预防重于治疗原则　这一原则是指心理咨询师应注意加强对人们常见的心理问题的分析和研究工作，努力掌握各种常见心理问题发生、发展的一般规律，从而促进这些心理问题的

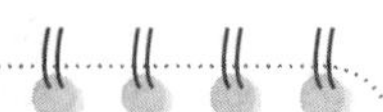

早期发现和诊治。在心理咨询过程中，也要重视心理卫生知识的宣传教育，对心理疾病的预防重于治疗，以更好地发挥心理咨询在促进心理健康方面的作用。在高校心理咨询工作中，实践这一原则有利于保障绝大多数学生的心理健康。

（二）心理咨询与心理治疗的理论

心理咨询与心理治疗在理论流派和模式上基本是一样的，其中影响最大的包括四大理论流派，即精神分析理论、行为治疗理论、认知疗法理论、来访者中心理论。

1. 精神分析理论　又称心理分析理论，是由著名心理学家西格蒙德·弗洛伊德（Sigmund Freud）创立的人格理论，也是第一个系统解释心理病理学的理论。该理论把关注点集中在来访者过去的经历，探索他们的内部心理活动过程。该理论多用于对各种神经症的治疗。心理治疗师主要采用自由联想和释梦等技术来分析来访者无意识心理冲突的根源，着重研究来访者幼年时期的经历和心理矛盾冲突，从而使来访者产生意识层面的领悟，真正了解其问题的症结所在。精神分析运用的主要技术包括：

（1）自由联想：心理治疗师在会谈时让来访者选择自己想谈的话题，如生活、家庭关系、工作、爱好等，并及时报告出现在意识中的任何信息，无论说出来的事情彼此有无联系、有无意义，是否合乎逻辑或荒唐。随着心理治疗师的鼓励和引导，来访者逐渐陷入对往事的回忆中，内心深处无意识的想法会不知不觉地涌现，进而帮助心理治疗师分析来访者的问题根源。

（2）释梦：弗洛伊德认为“梦是做梦者潜意识中冲突和欲望的象征”，做梦者为了避免被人察觉，用象征性的方式以避免焦虑的产生。这些潜意识的心理活动通过梦境中表现（显梦），但已经过伪装。心理治疗师对梦境内容加以解析，发现梦境含义的实质，寻求真实的无意识心理活动的意义。

（3）移情：在精神分析的过程中，随着来访者与心理治疗师的治疗关系发展，来访者会把过去对生活中某些重要人物的情感转移到治疗师身上，这就是移情。治疗师则可利用移情关系循循善诱，引导来访者意识到自己情感产生的原因，并进行心理疏导，使患者认识到建立良好人际关系的必要性。当这些病态情感成为意识过程的内容时，移情问题也就会随之消失，这一疗法的适应证是心因性神经症。这种会谈显然不适合儿童或已呈现精神错乱症状的各种精神病患者。由于其耗时长、效率低、费用高，目前已较少使用，但这一经典的心理分析技术仍在各种改良的分析疗法中应用。

案例导读

一名女性来访者的梦

一名女性来访者叙述，她梦见一个蒙面的陌生男人闯入她二楼的卧室，偷走了放在抽屉中她心爱的首饰盒。她发现后，大喊一声“谁？”那个男人冲出阳台仓皇逃走。她追到楼下一看，发现他已经摔死了。来访者因此被吓醒。

心理治疗师通过来访者的多次自由联想，了解她的家庭生活以及其与丈夫的关系后终于明白了这一梦境的含义。

原来她的丈夫对她不忠，隐瞒了有外遇的事实（蒙面的陌生男人），欺骗了她的感情（偷走了首饰盒）。她很气愤，诅咒他没有好下场（摔死了），但又不愿意他真的离她而去，所以又大喊一声（提醒他）……

通过对梦境的解析，使来访者清楚焦虑情感产生的根源，进而明白应该如何正确处理与丈夫之间的关系。

2. 行为治疗理论　该理论认为，个体的行为完全决定于外界因素，是通过后天习得的。个体之所以出现精神障碍，是由于个体在学习过程中学到了不适应行为的结果。要纠正不适应行为，只有通过不断地学习和实践才能真正地达到目标。行为治疗运用的主要技术包括：

（1）放松训练：是利用语言暗示、呼吸调节、集中注意等方式使肌肉紧张程度和中枢神经系统兴奋程度下降的过程。放松的方法有很多，其核心是“静”和“松”。就是在一个安静的环境下，保持最宁静的心境，并用意念使情绪和肌肉放松。如果个体学会如何将全身的肌肉松弛下来，就可以避免这种因长期肌肉紧张而导致的不适感。因为全身的肌肉大多数是随意肌，受个体意识控制，可以随着个体的意志调节紧张度。

（2）生物反馈：此疗法是利用生物反馈技术，通过电生理仪器将机体的生理变化直观呈现给受训者，以提高受训者控制身体生理变化能力的过程，从而达到治疗的目的。生物反馈技术是借助仪器将人体生理活动中许多不能察觉的信息（如肌电、皮肤电、皮肤温度、心率、血压、脑电等）加以记录、放大并转换成听觉或视觉信号，并直观地呈现出来（即信息反馈），通过训练受训者对这些信号活动变化的认识和体验，使其学会有意识地控制自身的心理和生理活动，以达到调整机体功能和防病治病的目的。

（3）系统脱敏：这种方法是将致病因素或场景（如蜘蛛恐惧症患者眼中的蜘蛛）逐渐、缓慢、系统、反复地暴露给患者，使其逐渐适应致病因素或场景，最后达到治愈的目的。系统脱敏疗法的操作分为三个步骤：①肌肉放松训练；②建立想象的焦虑恐惧等级层次（从引起最轻微的焦虑到最强烈的恐惧依次排序）；③松弛训练与想象的焦虑恐惧情境相结合，在肌肉放松的情况下，从最低层次开始想象产生焦虑的情境，直到从想象情境转移到现实情境，并能在原来引起恐惧的情境中保持放松状态，直至最强程度的情境也不引起焦虑为止。

（4）冲击疗法：又称暴露疗法或满灌疗法，是与系统脱敏疗法正好相反的一种治疗方法，在训练患者放松技术的基础上，直接将患者暴露于能引起最强焦虑反应的情境之中（情境可以是想象的或是实际的），让其体验最大限度的焦虑、恐惧，随着强烈的心理生理反应自然减退、耗竭，或主动调节、控制而达到适应的行为治疗方法。一般采用想象的方式，鼓励患者想象最使其恐惧的场面，或者治疗者在旁反复甚至不厌其烦地讲述令患者最感到害怕的情景中的细节，或者用录像、幻灯片放映最使患者感到恐惧的镜头，以加深患者的焦虑程度，同时不允许患者采取堵耳、闭眼、喊叫等逃避措施。即使患者由于过分紧张、害怕甚至出现晕厥的征兆，仍鼓励患者继续想象或聆听治疗者的描述。

（5）厌恶疗法：此疗法多将引起躯体痛苦反应的非条件刺激与形成不良行为的条件刺激（如轻微的电击、针刺或催吐剂）相结合，使患者在发生不良行为的同时感到躯体的痛苦反应，从而对不良行为产生厌恶，直到消除该行为。此疗法对酗酒、吸烟、贪食症、吸毒和性心理障碍的疗效较好。以治疗酗酒为例，起初在酗酒者饮酒的同时注射阿扑吗啡，使其饮酒后出现恶心、呕吐而厌恶饮酒，后来改用向酒中加入双硫仑（戒酒硫）的方法。该药可阻止体内乙醇氧化生成乙醛，导致体内乙醛积聚而引起恶心、呕吐、呼吸急促、出汗、胸痛等痛苦症状，使酗酒者厌恶饮酒。

3. 认知治疗理论　在认知理论中，与心理咨询和心理治疗关系密切的是艾里斯（A. Ellis）于 20 世纪 50 年代创立的合理情绪治疗理论以及美国学者贝克（A.T. Beck）的情绪障碍认知理论，提出更重视患者的认知方式改变和认知 - 情感 - 行为三者的和谐，包括合理情绪疗法、自我指导训练、应对技巧训练、隐匿示范及解决问题的技术。该理论的要点是：个体既是理性的，也是不理性的。个体在情绪或心理方面的困扰大多是由于不合理、不合逻辑的思维与信念造成的。当个体长期坚持用内部（内心）言语重复某些不合理的信念时，最终会导致不良的情绪反应与心理失常；相反，当个体接受更加理性与合理的信念时，其焦虑与其他不良情绪反应会逐步得到缓解，最终恢复自信。该理论运用的主要技术有：

（1）合理情绪疗法：合理情绪疗法即通过改变来访者的认知，帮助来访者以合理的思维方式代替不合理的思维方式，以合理的信念代替不合理的信念，从而帮助其减少或消除已有的情绪障碍。该疗法的操作分为四个步骤：①帮助来访者寻找和认清自己存在的不合理信念。②指出来访者目前的情绪困扰是由于自身所存在的不合理观念造成的。③帮助来访者改变不合理的观念并调整认知结构，主要方法有与不合理的观念辩论、合理地情绪想象。④帮助来访者学习合理的观念，并使之内化为自己的观念。这四个步骤一旦完成，来访者的不合理思维、观念以及由此而引起的情绪困扰等障碍就会消除，并将建立较为合理的思维方式及观念。

（2）认知转变法：不良的认知常容易导致情绪障碍和非适应性行为，因此，在心理咨询的过程中，心理咨询师应给来访者提供愉快和成功的反馈，通过劝导、说服、价值澄清等方法改变来访者的态度和认知，从而消除其症状。如一个有抑郁倾向的来访者，可能会认为自己毫无价值，对生活丧失信心，因此，心理咨询师要改变来访者的这种认识，告知其自身的优势，使其认识到自己不是一无是处、没有希望，使他渐渐产生愉快的、接纳自我的情绪体验。这样，来访者的抑郁情绪才会被积极、乐观的情绪所代替。

案例导读

不良的同学关系

陈某，女，19 岁，大一学生，自诉在宿舍和班级里与同学关系处理不好，常与他人发生冲突。在家里，父母及妹妹都对自己很好，自己经常发脾气，大家也都能原谅，而在学校里，同学们不可能处处让着她，因此，她总是觉得别人看不起她。她怕被别人议论，说她什么都不行，因此，她常与他人争吵，但自己心里却感觉很自卑。在心理咨询的过程中，心理咨询师采取与不合理信念辩论的方法帮助她放弃对他人的不合理要求，改变自己的认知，希望她不要过高地要求别人，而过低地要求自己。区别对家人和同学的不同态度，改变自卑心理及对自己的不合理认知问题。

（三）心理咨询与心理治疗的区别

心理咨询与心理治疗有许多相似之处，但两者的区别仍然是显而易见的，具体表现在以下几方面：

1. 服务的对象和面对的问题不同　心理咨询的对象是普通人群，心理咨询强调的是提供有关心理方面的专业知识和信息，包括指导有关方面的技能和技巧。心理咨询主要涉及日常生活中的适应性问题和发展性问题，如大学生常见的学习问题、交友和恋爱问题、职业选择问题、自我意识问题等。心理咨询的目的是获取有关的知识和信息，增进相关的人际交往技巧，协助做出有关的个人决策，提高生活质量。在日常生活中，很多知识和信息不一定需要通过与专业人员交流获得，人们常通过与家人或朋友之间的交流就能解决问题。但是在某些情况下，如出于个人隐私的考虑，与专业人员进行交流对解决问题或许更为有效。心理咨询在欧美国家已成为解决日常生活问题的一种有效的途径和方法，这与其文化背景有关。而心理治疗针对的主要是有心理疾病的人群。心理治疗强调心理疾病这一概念，其目的是为了减轻或消除精神或情绪障碍的症状，解除精神痛苦，改善工作、生活、学习等社会功能。心理疾病与躯体疾病相似，有症状、痛苦和功能受损，抑郁症、恐惧症等即是典型的心理疾病。

2. 从业人员及其接受的培训有所不同 提供心理咨询的专业人员大多数是高校心理学教师、心理学家、教育学家、社会工作者等；进行心理治疗的从业人员多数是临床心理学家和精神科医生。

3. 工作范围和场所不尽相同 心理咨询多在非医疗情境中进行，如学校和社会服务机构；心理治疗多在医疗情境中或私立诊所中进行，也有相当数量的心理治疗师在学校和社会服务机构工作。

4. 工作方向侧重不同 心理咨询侧重于预防的目的，工作方向偏重于提供知识、指导技能，从积极的方向进行引导，类似于中医的“扶正”；而心理治疗侧重于矫正的目的，工作方向偏重于帮助来访者改变不恰当的认知、情感或行为等心理功能，类似于中医的“袪邪”。在实践过程中，来访者大多数时候呈现的问题都是日常生活中的适应性问题。如果是心理疾病造成的心理功能受损，就需要心理治疗。例如，来访者咨询的问题大多都是不善于与人交往。其中一种情况可能是由于来访者平时与人交往过少，缺乏与人交往的技巧，这时进行数次心理咨询，教会来访者一些人际交往技能和技巧即可。另外一种情况可能是来访者由于社交焦虑而不敢与人交往，这时就要进行心理治疗，以解决社交焦虑。

总体而言，心理咨询和心理治疗都是对个体进行心理帮助与指导的专业领域。心理咨询和心理治疗之间的差别主要在于服务对象、工作内容、人员培训、工作范围和场所等方面，其核心区别在于来访者心理问题的性质。简单地说，非病理性的心理问题属于心理咨询的范畴，而具有一定病理倾向的心理问题则属于心理治疗的范畴。但是，以上区别都是相对而言的。在实践中，很难将这两者完全区分清楚。两者往往结合在一起，互相渗透、穿插，共同存在。针对青年大学生诸多心理问题的解决，往往在心理咨询的过程中实施心理治疗，而在心理治疗过程中也经常应用心理咨询的方式。

第三节 维护心理健康的途径与方法

精神分析大师荣格（C.G. Jung）说：“一切的财富和成就都源于杰出的智慧和健康的心理。”当前的在校大学生就是未来国家建设的主力军，培养和维护大学生健康向上的心理素质已成为提高人才整体素质不可缺少的重要组成部分。良好的心理素质不仅是大学生学业和事业成功的基础，更是他们将来投身于国家建设的必备条件。大学生的心理健康状况，不仅关系到个人的生活、学习和工作，以及身心健康和全面发展，而且关系到民族素质和祖国建设，因此，增进大学生的心理健康应成为全社会关注的问题，成为高等教育的重要目标，成为每个大学生努力的方向。维护与促进大学生心理健康的途径包括大学生自身的努力、学校的帮助和社会的努力三个方面。

案例导读

焦虑症状的缓解

一名二十多岁的女性患者因为工作和人际关系的问题，出现了焦虑症状。经常感到焦虑不安，甚至出现了恐慌发作。经过心理治疗师的指导，她学会了调节情绪的方法，并逐渐改变了对问题的看法。在治疗过程中，她也学会了放松技巧和正念练习，使她的情绪得到了缓解。

一、个体的自我调适

自身努力对于维护与促进大学生心理健康具有十分重要的作用，并且是最关键的因素。

1. 努力学习心理健康知识　心理健康知识是大学生增进自我了解并进而达到自我调节的理论武器。大学生可通过学习心理健康课程、听讲座，或阅读心理健康书刊等途径来接受教育，并注意把知识运用于实际生活中。

2. 积极参加各类社会实践活动　个体的心理是在社会文化交往、社会实践中形成和发展的，因此，多参加人际交往、社会劳动和各种社会活动有利于锻炼心智、增强意志、丰富体验、发展才能，从而促进心理健康和发展。

3. 养成良好的生活习惯　良好的生活习惯是身心健康的重要保障。一般来说，良好习惯多、不良习惯少的个体，往往是心理健康状况良好的个体，反之，则是心理健康状况欠佳的个体。

4. 加强自我心理调节能力　这是自我心理保健中最核心的一部分，离开了自我调节，心理保健就无从谈起。大学生的自我心理调节包括调整认识结构、完善自我意识、学会情绪调节、锻炼意志品质、促进人际交往、提高适应能力、塑造健全人格等。

5. 及时寻求心理咨询帮助　大学生在日常生活中会面对许多人际关系、学习、恋爱、性心理、自我发展、择业、压力应对等问题，他们期待做出理想的选择，获得内心的平衡，以及发挥自身潜能。在维护与促进心理健康的过程中，大学生除应重视自我调节以外，还应积极取得家庭、学校和社会的支持，争取亲属、朋友的帮助，尤其是当心理负荷较重而自己又无法调节时，及时寻求心理咨询机构的帮助就是明智的选择。

二、学校的积极帮助

1. 在学校教师、干部、医务人员中普及心理卫生知识　一方面，每个高校教育和医务工作者都有维护和促进自身心理健康的任务；另一方面，他们的心理健康状况和行为会潜移默化地影响学生。教师、学生工作干部如果缺乏健全的人格和稳定的情绪，如表现为奖惩无度、冷淡严厉、喜怒无常，就容易导致学生的情绪困扰、适应不良，甚至造成心理障碍。从心理健康的角度来看，教育者的人格和心理健康状况比专业知识教育更为重要。营造学校心理健康教育环境的重要条件是要有心理健康的教育者。

2. 加强大学生心理健康教育和宣传　包括开设心理健康必修课、选修课和举办心理健康知识讲座，系统地对大学生进行心理健康教育。通过多种渠道进行心理健康知识的宣传普及，提高大学生的心理保健意识和技巧。在学校的心理健康教育工作中，心理健康宣传和普及工作应放在首位。

3. 重视日常教育、教学中的渗透　心理健康教育是一项完整的育人工程，它要求各科教学、班主任的日常管理以及学校的思想品德教育有机地配合，互相渗透、互相促进，形成一个有机的整体。

4. 创设和谐的心理环境　开展大学生心理健康教育，要充分发挥隐性教育资源的作用，为学生创设和谐的心理环境，如营造良好的群体学习氛围，充分发挥隐性资源（校园景点、环境布置、室内装饰等）的作用，使大学生的情感得到陶冶，心灵得到净化。

5. 开展咨询服务　开展心理健康教育的其中一个有力措施就是开展既面向群体又可兼顾个体的心理咨询服务活动。这是有效预防和矫治学生不良心理问题、提高学生自我心理调适技能的有效途径。

6. 建立心理健康档案　各高校都应建立心理健康教育机构，由该机构对学生的心理活动状况进行检查和评估。定期对学生进行各种量表测试，将每个个案的心理活动历程、心理健康

咨询等情况进行记录，同时对心理问题突出的学生进行跟踪测评，由专家组成分析小组进行研究，及时提出相应的解决方案，从而有效地预防心理疾病。每次调查测评的结果、分析研究的结果以及通过跟踪咨询调查所形成的资料都应归入个人档案，由专人保管。

7. 加强心理健康教育专业化建设 要加强从业人员的培训和继续教育工作，同时加快心理健康教育学科的建设，培养一大批高素质的心理健康教育专业人员，以进一步提高心理健康教育工作的科学性和实效性，提高心理健康教育科学研究水平。

三、社会的普及宣传

1. 社区教育 社区是人们生活的重要场所，也是普及心理健康知识的重要途径。社区可以通过开展心理健康讲座、心理咨询、心理测试，设置居民心理服务群、社区心理服务热线等方式，帮助居民了解自己的心理状况，提高心理素质，增强心理抗压能力。同时，社区还可以通过组织各种活动，如心理健康俱乐部、心理健康义诊等，让居民更好地了解心理健康知识，掌握心理调节技巧。

2. 媒体宣传 媒体是人们获取信息的重要途径，也是广泛传播心理健康教育的重要渠道。媒体可以通过各种形式的宣传，如电视节目、广播节目、报纸杂志等，让人们更好地了解心理健康知识，学习心理调节技巧。同时，媒体还可以通过报道心理健康事件、心理健康专题等方式，引导社会关注心理健康问题，促进心理健康教育的普及。

3. 互联网教育 互联网既是人们获取信息的重要途径，也是广泛传播心理健康知识的重要平台。互联网可以通过各种形式的教育平台，如心理健康网站、心理健康 APP 等，让人们更好地了解心理健康知识和情绪调节技巧。同时，互联网还可以通过在线心理咨询、心理测试等方式，为人们提供更加便捷的心理健康服务。

4. 精神卫生医疗机构 包括精神专科医院和综合医院精神（心理）科，提供精神疾病诊疗、心理评估、心理咨询和心理治疗服务 。各市级精神专科医院可提供心理健康体检服务。

案例导读

维护心理健康小常识

现代社会竞争激烈，易造成人精神紧张，所以要学会如何进行心理调适，提高自我心理应对能力。以下介绍一种“三三自我放松术”。

1. 学做三件事 ①学会过好今天：不要为昨天的事情烦恼，不要为明天的事情忧愁，要紧的是做好今天的事情。每一个今天过得好，就是一辈子过得好。②学会计算：学会计算自己的幸福，计算自己做对的事情。计算幸福会使自己发现幸福越来越多，计算做对的事情会对自己越来越有信心。③学会放弃：世界上的事情总是有“舍”才有“得”，若什么都不肯舍弃或什么都想得到，必将事与愿违。

2. 学说三句话 ①“算了”：对于一个无法改变的事实，最好的态度就是接受它。②“不要紧”：无论发生什么事情，哪怕是天大的事情，也要对自己说“不要紧”。积极、乐观的态度是解决问题和战胜困难的第一步。③“会过去的”：天不会总是阴的，阳光总在风雨后。自然界是这样，生活也是这样。别烦恼、别忧愁，事情再糟糕，也会过去的。

3. 学会“三乐” ①助人为乐：在自己处于顺境时要多助人为乐。②知足常乐：在自己境况一般的时候要知足常乐。③自得其乐：当自己处于逆境时要学会自得其乐。

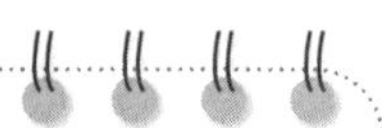

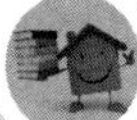

思考题

1. 对大学生进行心理健康教育的意义有哪些？
2. 学生进行心理健康教育的内容有哪些？
3. 心理咨询与心理治疗有何区别？

（张冉冉）

第二篇　大学生心理发展与心理健康

第四章　大学生的自我发展

第一节　心理学的自我

一、自我的内涵

对“自我”的明确关注至少可以追溯到古希腊哲人苏格拉底所提出的“认识你自己”这一格言。尽管如此，“自我”的概念真正成为心理学研究课题是2000多年后的事情，它始于美国心理学家詹姆斯（W. James）在1890年对自我（self）概念进行的研究。詹姆斯提出，凡属于“我”或与“我”有关的事物都是自我的内容，如身体、品质、能力、愿望、家庭。在其著名的《心理学原理》（*The Principle of Psychology*）一书中，他将自我划分为主体自我（I-self）和客体自我（Me-self）两个部分，并且确定了客体自我的三个成分：物质自我、社会自我和精神自我。社会心理学家米德（G.H. Mead）认为“自我是一种社会实体，自我本质上是一种社会存在，个体的自我只有通过社会及其中不断进行的互动过程才能产生和存在”。由此，他同样把自我分为主体自我（I）和客体自我（Me）。客体自我接受着主体自我的命令与态度，使自我符合社会的要求，而主体自我则随时随地根据社会规范实现对客体自我进行调节。

在现代心理学中，使用最为普遍的“自我”的概念，是将“自我”等同于“自我意识”，指人们对自己的思考和感受或人们对自身存在的意识和体验。从自我的存在形式分析，自我可以分为现实自我、投射自我和理想自我。所谓现实自我，就是个体从自己的立场出发对自己当前总体实际状况的基本看法；投射自我也称镜中自我，是指个体想象自己在他人心目中的形象或他人对自己的基本看法；理想自我则是指个体想要达到的比较完美的形象。

二、自我发展的重要性

（一）正确的自我认识是心理健康的重要标志

在界定心理健康的标准时，心理学家都不约而同地将良好的自我认知作为心理健康的重要指标。例如，心理学家马斯洛就把有充分的自我安全感，以及能充分了解自己和恰当评估自己的能力作为两条重要的心理健康标准。奥尔波特认为健全人格的特点应包括扩展自我、自我接纳与安全感。对于大学生而言，只有客观、准确地认识和了解自我，并对自己的经验持一种接受和开放的态度，才有可能充分发掘自己的潜能。反之，则会影响到个人的身心健康和发展。

（二）积极的自我体验可以促进个体的行为效率

研究表明，自尊、自信、自爱等自我肯定的心理体验对个体的行为有着积极的促进作用，而自满、自卑等自我否定的体验对个体的行为有着消极的作用。例如，有些大学生家里经济条件不好，在与其他同学比较时产生了自卑的自我体验。因为存在自卑，他们在遇到有挑战性的场合时就逃避、退缩，在与同学的交往中也常表现出信心不足、畏缩或厌恶自己等。

（三）科学的自我调控是个体实现目标的重要保证

大学生要想获得发展，取得成就，必须形成自立、自主、自制的品质，对自己的情感、行动能够科学地调节和控制，实现自己的目标。在成功的道路上，很多人并不缺乏机会和才华，

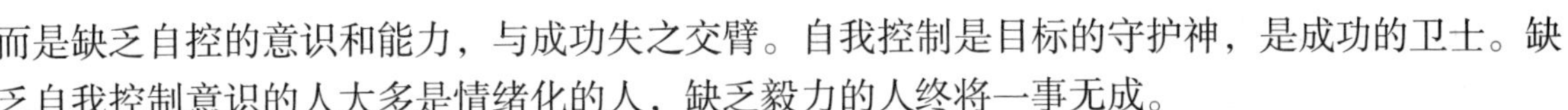

而是缺乏自控的意识和能力，与成功失之交臂。自我控制是目标的守护神，是成功的卫士。缺乏自我控制意识的人大多是情绪化的人，缺乏毅力的人终将一事无成。

三、大学生自我发展的特点

（一）自我发展的矛盾

大学生自我的发展经历着一个明显的分化、矛盾、统一转化的过程。当处于青少年早期时，他们常着重于认识外部世界的特点，而在大学时他们开始转向内部认识自己。当目光朝向自己的内部时，原来的自我就一分为二：一个是处于观察地位的“我”（主体自我），另一个是处于被观察地位的“我”（客体自我）。这种“主体自我”和“客体自我”的分化使大学生对自己产生了新的认识和体验，也增加了大学生内心的矛盾、激动、不安和焦虑。大学生自我发展的矛盾主要表现在以下几个方面：

1. 理想自我与现实自我的矛盾　大学生对未来充满信心，抱负远大，成就欲望较强，但由于他们缺乏社会阅历，对自我认识的参照点较少，不能很好地将理想与现实结合起来，从而使理想自我与现实自我之间产生较大差距。这一点在大学高年级学生中表现得尤为明显，常有毕业生表示“长期以来一直心存一定的优越感，尽管从多种渠道了解到大学生已经不再是天之骄子，但对于在就业市场上的冷遇还是受不了”。可以说，对理想自我的渴望以及对现实自我的不满构成了大学生自我发展的重要特点。

2. 独立与依赖的矛盾　美国心理学家埃里克森（E.H. Erikson）从人格发展的角度概括出大学生所处阶段的主要矛盾是独立与依赖的矛盾。大学生的生理与心理基本成熟，他们渴望能在经济、生活、学习、思想等方面独立，摆脱成人的管束。但他们在经济、情感上又对父母和朋友存在深深的依赖，特别是在遇到困难和挫折时，这种依赖就表现得更为明显。希望独立，却又无法摆脱依赖，这种独立意向与依赖心理的矛盾一直困扰着他们。

3. 自尊感与自卑感的矛盾　自尊感是个体能悦纳自己、尊重自己、对自己抱以肯定的态度。自卑感则是个体对自己不满，对自己持否定的态度。它们是自我体验中的两种相互对立的情感，但是在大学生身上，这两种情感经常交织在一起。一般来看，大学生的自尊感特别强，这与他们在中学时代与其他同学相比更为优秀有关，而进入大学后，在与其他同学重新比较后，许多人会发现自己的优势不见了，从而感到焦虑、痛苦，自卑感强烈。另外，大学生在这一年龄阶段往往对自己有着过高的、接近完美的要求，一旦发现自己存在某些不足，就容易夸大自己的不足，认为自己一无是处。

4. 交往需要与自我封闭的矛盾　大学生迫切需要友谊，渴望被理解，寻求归属和爱。他们有强烈的交往需要，希望能向知心朋友倾吐对人生和生活的看法，盼望能有人分担痛苦，分享欢乐。但出于自我保护的需要，他们在与他人交往时存有较强的戒备心理，总是有意无意地保持一定的距离。正是这种交往需要与自我封闭的矛盾，使得不少大学生都有孤独的感受。

5. 积极进取与消极退缩的矛盾　大学生都有较强的上进心，他们希望通过努力来实现自身的价值，在追求上进时存在困难与挫折是在所难免的。由于缺乏良好的自我控制能力，不少大学生常出现情绪波动，在困难面前望而生畏，消极退缩，听之任之。但大多数学生在选择暂时的退缩之后，又不甘心放弃，心中依然渴望追求与进取。所以我们常能看到大学生的精神状态处于波动状态。他们时而信心满满、斗志昂扬，一副“不达目的誓不罢休”的样子，时而颓废消沉，带有满腔“看破红尘，万事皆空”的落寞与惆怅。

（二）自我发展的结果

由自我分化带来的种种矛盾冲突是大学生自我发展中的正常现象，也是大学生迅速走向成熟的表现。自我的矛盾冲突一方面会使学生感到焦虑苦恼、痛苦不安，可能影响到他们的心理发展和心理健康，另一方面也会促使他们设法解决矛盾，以实现自我的整合。对于大学生而言，如果在主体自我与客体自我分化的基础上，能够在新的认知水平上形成协调统一的自我，那么就可以实现自我整合，反之，则可能出现自我的混乱。大学生自我发展的结果主要有：

1. 建立积极自我——自我肯定　自我肯定，即对自我的认识比较清晰、客观、全面、深刻。这种积极自我发展的特点是在经过痛苦的选择与调整之后逐渐形成的。大学生逐渐成长，使自己的理想自我与现实自我趋于统一，主体自我与客体自我趋于一致，对自我的认识更加深刻、客观、理性。建立积极的自我不仅可以了解自己的长处与优势，也会了解自己的不足与劣势，能够分析哪些是可以通过努力达到的，哪些是无法企及的，从而进行积极的自我肯定，向着理想自我迈进。

2. 建立消极自我——自我否定　消极自我表现为两种类型——自我贬损型与自我夸大型。自我贬损型的人由于总是在积累失败与挫折的经历，对现实自我的评价较低，并时常伴有自我价值感低、自我排斥、自我否定。他们不但不接纳自己，甚至自我拒绝或自我放弃，表现为没有朝气、随波逐流、缺少激情、生活没有目标，其结果则是使自己更加自卑，从而失去进取的动力。自我夸大型的人正好相反，他们对自我的评价非常高，但往往脱离客观实际，常以理想自我代替现实自我，盲目自信，虚荣心强，心理防御意识强。其行为结果要么表现为缺乏理智、情绪冲动，忘记现实自我而沉浸于虚无缥缈的自我设计中，要么自吹自擂、自我陶醉，却不去为实现自我做出努力。自我贬损型与自我夸大型的共同特点是对自我评估不正确，理想自我不健全，缺乏实现理想自我的手段，形成的自我虚弱而不完整，是一种不健康的自我整合。

3. 难以达到整合——自我冲突　自我冲突是难以达到整合的自我。它表现为自我认知或高或低，自我体验或好或坏，自我控制时强时弱，心理发展极不平衡，有时显得自信而成熟，有时又表现出自卑而不成熟，让人无法评估。自我冲突的人表现为两种类型：自我矛盾型与自我萎缩型。自我矛盾型的大学生内心冲突激烈，持续时间长，自我认识、自我体验、自我控制不稳定，新的自我无法整合。例如，有的大学生可能既是一个自信的人，又是一个自卑的人；既是一个诚实的人，又是一个骗子；既是一个性格孤僻的人，又是一个善于交际的人。自我萎缩型的大学生缺乏理想自我，但又对现实自我深感不满。他们消极放任、自怨自艾，甚至麻木、自卑，以至于越来越消沉，对自己丧失信心，严重的还可能导致精神分裂症或绝望轻生，因此，存在自我冲突的大学生要逐渐调整自我认知，客观地认识自己与他人，客观地看待成功与挫折，这样才能使自我在良性的轨道上发展。

第二节　自我认识、自我体验与自我调控

从心理学“知、情、意”的角度分析，自我可以分为自我认识、自我体验、自我调控这三方面内容，分别解决自我发展过程中面临的不同问题。自我认识是一个人对自己各种身心状态的认识，解决“我是一个什么样的人”的问题。比如，有人观察自己的体型，认为自己属于“清瘦”；分析自己的性格，认为自己是一个乐观开朗的人；用批评的眼光审视自己时，觉得自己脾气急躁、不够有耐心。自我体验是一个人在自我认识的基础上产生的对自己的态度，它是人对自己情绪状态的体验，主要涉及“我是否满意自己”“我是否悦纳自己”等问题，表现为自尊感、自信感、自卑感、自我效能感等。例如，有人认为自己眼睛太小或长得不好看，对自己不满意或感到自卑，甚至不愿接受丑陋的自己；而有些人虽然意识到自己不是最漂亮的，但却是独一无二的，对自己感到自信与满意。自我调控是指个人不受外界因素的影响，对自己的情感与行为进行调节和控制，主要涉及“我怎样克制自己”“我如何调整自己，使自己成为理想中的人”等问题。比如，某学生克服了贪睡的欲望，坚持晨起跑步和早读。本节将从自我认识、自我体验与自我调控这三个方面入手，解释这三方面内容的基本内涵，以及大学生在这三方面表现出的特点。

一、自我认识

案例导读

苏格拉底的考验

苏格拉底在风烛残年之际，知道自己时日无多了，就想考验和点化一下他的那位平时看来很不错的助手。他把助手叫到床前说："我的蜡烛所剩不多了，得找另一根蜡烛接着点下去，你明白我的意思吗？"

"明白，"那位助手赶忙说，"您的思想光辉是得很好地传承下去……"

"可是，"苏格拉底慢悠悠地说，"我需要一位最优秀的传承者，他不但要有相当的智慧，还必须有充分的自信心和非凡的勇气……这样的人选直到目前我还没有见到，你帮我寻找和发掘一位好吗？"

"好的，好的，"助手很温顺、郑重地说，"我一定竭尽全力地去寻找，以不辜负您的栽培和信任。"苏格拉底笑了笑，没再说什么。

此后，那位忠诚而勤奋的助手不辞辛劳地通过各种渠道开始寻找"最优秀的继承者"。可他领来的人一位又一位，结果都被苏格拉底一一否定。直到苏格拉底眼看就要告别人世了，最优秀的人选还是没有眉目。助手非常惭愧，泪流满面地坐在苏格拉底的病床边，语气沉重地说："我真对不起您，令您失望了！"

"失望的是我，对不起的却是你自己，"苏格拉底说到这里，很失望地闭上眼睛，停顿了许久，才又不无哀怨地说，"本来，最优秀的人就是你自己，只是你不敢相信自己，才把自己给忽略、耽误、丢失了……其实，每个人都是最优秀的，差别就在于如何认识自己、如何发掘和重用自己……"话没说完，一代哲人就永远离开了他曾经深切关注的这个世界。

（一）自我认识概述

自我认识是一个人对自己各种身心状态的认识。詹姆斯（W. James）提出，自我认识包括以下三个方面的内容：物质自我、社会自我和精神自我。

1. 物质自我　詹姆斯认为物质自我的核心是躯体，因为人一生中总是通过躯体与周围的事物发生关系，并依据躯体提出各种需求。因此，物质自我又分为躯体自我和躯体外自我。对躯体自我的认识是指对自己生理状态（身高、体重、容貌等）的认识。比如，很多大学生对躯体自我有较高的关注：女生关注自己的高矮胖瘦、肤色，甚至脸上的雀斑，关注自己是不是漂亮、迷人；男生则关注自己体形、声音的吸引力等。对躯体外自我的认识是指个体对自己所有物的认识（如名誉、爱人、作品）。人对自己所有物的感受与对自己的感受十分相似。正如詹姆斯所指出的那样："从最广泛的可能性上看……个体的自我是他所能称为他的总和，不仅限于他的身体和他的心理力量，还包括他的衣服和他的房子，他的妻子和儿女，他的祖先和朋友，他的名声和成果，他的土地和马匹、游艇和账户。所有这些'他的'都赋予他相同的情感。如果它们都非常好，那么他就会有成就感；如果它们不怎么好，他就会感到沮丧——虽然对每件事而言程度未必相同，但总的趋势是不变的。"这就不难理解，为什么许多人因为心爱物被损坏而感到极度愤怒，哪怕那只不过是轻微的损伤，这是因为它们是构成物质自我的有机组成部分。

2. 社会自我　社会自我是指我们被他人如何看待和承认，也就是我们在别人心目中的形象，或者说是社会角色和社会特征。一般来说，个体的社会特性主要包括私人关系（如丈夫、妻子)、种族和宗教(如中国人、基督徒)、政治倾向(如共产党人)、烙印群体(如酒鬼、罪犯)及职业和爱好(如教授、艺术家)。每一种社会角色都伴随着一系列的期望和行为。在不同的社会情境中，我们的自我是不同的，或者说我们分别表现出自我的不同侧面。比如，一个教授在学生面前讲课，与他和朋友一起喝酒闲聊时的表现是截然不同的；一个管理者在面对下属和上司的时候，表现也是不一样的；即便是一个刚刚懂事的孩子，在父母和老师面前的表现也是不同的。总之，社会自我包括我们所拥有的各种社会地位和我们所扮演的各种社会角色，但从本质上看，它并不仅只具有这些特性，别人如何评价我们以及我们如何看待这些评价也很重要。通俗地说，就是我们每个人都十分关心别人眼中的自我：作为学生，我的老师怎么看我？作为同学，我的同学怎么评价我？作为朋友，我在朋友的眼中是一个什么样的人？大学生常用“我已经长大了”“我已经成年了”来表达自己的社会自我，期望社会给予自己肯定与认可。

3. 精神自我　精神自我是对自己主观存在与思考的感知，具体可以指个体对于自己的能力、态度、情绪、兴趣、动机、意见、特质以及愿望等心理活动的认知。简言之，精神自我指的是我们所感知到的内部心理品质，比如，“我是一个幽默的人”“我是一个自信的人”或“我是一个有主见的和意志坚定的人”等。

自我认识是自我体验和自我调控的心理基础，它又与自我概念、自我观察、自我分析和自我评价等内容密切相关。自我分析是在自我观察的基础上对自身状况的反思，自我评价是对自己的能力、品德、行为等方面的社会价值的评估，它最能代表一个人自我认识的水平。

(二)大学生自我认识的特点

人们关于自身的看法有一个不断发展的过程。年幼儿童关注他们自己特别具体的、可观察的方面，如他们的身体特征和典型活动(如：“我有自然的卷发”“我喜欢足球”)。当他们长大时，儿童越来越多地用更为一般的特质和品质来描述他们自己，其中许多特质是重要的社会特征，如好看、可爱或友好。到了青春期，自我描述变得更加普通和抽象，更多地强调潜在的心理特征，如“我有责任感”。将自我描述的这些发展趋势与詹姆斯提出的经验自我三成分理论进行比较，则在儿童早期，儿童着重于物质自我；到了儿童中期，他们开始关注社会自我；青春期的人则开始关注精神自我。青春期是自我发展的关键期，埃里克森用“同一性危机”来描述这个时期。尽管与出现诸多变化的青春期比起来，处于青年晚期或成年早期的大学生的生活显得要平静些，但这个时期也会发生许多重要转变。

大学生自我认识的特点主要体现在：

1. 自我认识的主动性明显提高　大学生即将走向社会，因此，一进入大学，他们便会开始着手职业规划，思考将来要成为什么样的人，从事什么职业。大学生往往主动地参照学者、工程师、经济师、政治家、英雄人物和优秀教师，力图将社会的期望内化为自我的品质。他们还经常运用自己的聪明才智和经验，把自己与周围的同学和老师做比较，来认识自己、评价自己，对自己的思想、学习、工作、品德、成长等情况进行分析和判断，同时他们对心理学的讲座、书籍、调查与测试等表现出较高的热情。

2. 自我认识能力逐渐增强　就自我认识能力而言，刚入学的新生无疑是最稚嫩的，随着年级的升迁，大学生的自我认识能力逐渐增强。刚进大学校门的一年级新生面临的是一个全然陌生的环境——陌生的人、陌生的事、陌生的生活方式、陌生的思想观念、陌生的教学模式，这一切都等待着他们去了解、熟悉和适应，这样，他们就很少有时间来认真地思考自己。他们的自我认识往往是从中学沿袭下来的，对自我的认识在一定程度上还是他人评价的翻版。他们通过将老师、家长以及周围同学对自己的议论、评判内化，从而形成自我认识，这样的自我认识往往缺乏评判者自己的观点。经过一年的适应期，大学生进入重新认识自我的阶段，他们不再把别人的话当作金科玉律，而是真正地开始用自己的眼光来全面剖析自己。随着各类知识的

增多、生活经验的扩大，以及感性与理性趋于成熟，大多数大学生对自己的性格品质、道德品质、同学关系、理想信念、能力才华、世界观、人生观、价值观等方面的分析和认识逐渐变得客观、全面，能从多个视角进行动态的认识和评价。

3. 自我认识趋于完整和稳定　我国的心理学工作者曾对大学生和高中生做过一次比较研究，要求就“你是谁”这个问题给出20个不同的回答，回答每道题的时间为20 s。结果发现，82%的大学生能够一字不漏地给出20个答案，但只有56%的高中生能够完满作答。在描述自我时，中学生倾向于整体性的描述，而大学生倾向于分析性的描述且更多地指向内心世界的深处，广泛涉及情绪体验、需要和动机、意志特征、理想等方面。有的大学生在答卷中写道：“我天真但我不认为这是缺点，我幼稚但我不想学得世故。”这样细腻的描写在中学生中是不易见到的。从总体上看，大学生在答题时并不是一味地客观陈述（如“我是大学生”或“我是中文系的学生”），答案中有不少主观解释式的回答（如“我性格开朗”或“我好静不好动”）。这表明，大学生的自我认识趋于完整和丰满。自我认识的稳定性是随着年龄而增长的，成年人的自我描述更少受偶然因素的影响，青少年期的自我描述往往会发生急剧的变化，而处于成年早期的大学生的自我认识虽然有时会因偶然的因素发生急剧的变化，但逐渐趋于稳定。

二、自我体验

案例导读

他恨透了自己

小丁来自农村，当年因家境不佳、考试失利而调剂到某大学，选择了一个自己不太喜欢的专业。这使他从上大学的第一天开始就有一种比其他学校的大学生差的感觉。他从内心深处希望改变这一状况。在大学四年的学习中，他一方面努力完成学业，另一方面也为生计奔波。在别人眼里，他始终是一个坚强而有头脑的人，而他却不这么认为，他觉得这只是自己一种无奈的选择。平常的他可以与周围的每一个人融洽相处，加上他的阅历较多，总会有新奇的事说给他人听，让别人感觉似乎他是一个很开朗的人，但他说这不是真实的自己。他不敢与别人谈家、谈学校、谈那份奔波的辛苦，因为这些都是他心底隐秘的东西，是让他感到极度自卑的地方，是他想改变却又无法改变的经历。他认为内心自卑的“我”才是真正的“我”，而那个外在的“我”不过是假象而已。后来，他考上了本校的研究生，但这并没有给他带来喜悦感，因为他仍然没有离开这个他认为不好的学校。所以从成为研究生的第一天起，他就开始准备离开学校并放弃所学专业。他开始过起苦行僧的生活，攻读某名牌大学的经济学专业。应该说读研的三年一点儿也不轻松，他在学业、生活中独自拼搏。其实，小丁相貌堂堂、一表人才，加上独立生活的磨炼，虽然他从未真正离开过校园，但却显得比一般同学深沉、成熟，而且只要不谈自己，他还不乏幽默感，这样的男孩对女孩来说是很有吸引力的，因此，在读研的过程中他先后遇到三个对他暗示好感的女孩，但他认为她们都是很优秀的人而不敢与之深交。周末的时候，他常想去约某个女孩聊聊天、散散步或看场电影，但就是鼓不起勇气开口。那三个女孩在他一再冷漠之后都“名花有主”了。他说恨透了那个懦弱、胆小、自卑的自己。

后来，他如愿考上了那所名牌院校的博士生，但他却越来越厌恶自己，因为在最后做毕业论文的过程中，他突然发现自己对本科和研究生期间所学的专业是非常感兴趣的，而且此专业前途光明。在大学的校园里，他那么辛苦，似乎比周围任何一个同学都辛苦，而且从未将时间用于所谓的“享受”上，可是他总是不能让自己满意，他都不知道该如何是好了。

（一）自我认识概述

在别人看来，案例中的小丁充满魅力，可是他却不喜欢自己，觉得自己懦弱、胆小、自卑，并且感到无法克制的厌恶。这是为什么呢？这与他的自我体验有关。

自我体验是伴随自我认识而产生的内心体验，如自尊、自信、自豪、自我价值感与自我效能感，以及自卑、内疚、耻辱和个人的失望等。詹姆斯相信，存在着某些与自体自我相关的特定情感体验，这些体验分为自我满足和自我不满，它反映了主体自我的需要与客体自我的现实之间的关系。如果客体自我满足了主体自我的要求，就会产生积极、肯定的自我体验；反之，如果客体自我没有满足主体自我的要求，则会产生消极否定的自我体验。人类具有体验积极情感、避免消极情感的内在驱力。

詹姆斯在其著名的《心理学原理》中写道："是否有人失败或成功，对我们而言并没有任何意义，但如果失败或成功的这个人是我的话，那就变得极端重要了。每个人的胸膛里都有一个最洪亮的声音，那就是我不能失败，让失败见鬼去吧，我一定要成功……我们每个人都被一种特别看重自己个人存在的完美原则所鼓舞……我是最宝贵的，因为是我，所以是宝贵的。我的都不能失败，因为是我的，所以不能失败，等。"

自我体验常见的表现有自尊感、自信感、自卑感、羞愧感等，其含义如下：

1. 自尊感与自信感　在心理学中，自尊感是一种由自我评价引发的情感体验，常用高或低来形容一个人的自尊水平。高自尊感具有这样的特点，即个体对自己有良好的评价和积极的情感体验，喜欢和热爱自己，这种状态未必会受到外部事物的影响。比如，有些同学虽然能力平平，但这并不影响他将自己看成独一无二的珍宝，并且喜爱自己。相反，低自尊感的特点则是略微积极地看待自己，或者正、反感情并存。在病态人群中，低自尊感的人会怨恨自己，甚至自我嫌弃。持久的自尊感是一种较稳定的人格倾向。与自尊感类似，自信感是指个体对自己是否有能力完成某一行为的推测与判断。在心理学中，自信感与自我效能感是等同的术语。班杜拉（A. Bandura）对自我效能感下的定义是"人们对自身能否利用所拥有的技能去完成某项工作的自信程度"。比如，一个认为自己是很受欢迎、被很多人喜欢的人，我们说他在社交方面很自信，一个对自己学习能力持怀疑态度的人，我们说他在学业上不太自信。

2. 自卑感和羞愧感　自卑感是对自己的消极和否定的自我体验。通常是个体与他人比较，觉得自己不如他人，从而产生不愉快的感受。羞愧感是一种知觉到自己是一个坏人或完全不够格时产生的情感，羞愧使个体想在他人面前隐藏自己的不足和缺点。

（二）大学生自我体验的特点

1. 自我体验的敏感性　大学生的自我体验比较敏感，凡涉及"我"的事物都会引起他们的兴趣，与"我"相关的事物也往往能诱发连锁反应。大学生尤为关注自己在别人心目中的形象与地位，关心别人对自己的意见和看法。有时，别人无意间的一句话都会在他们的心头掀起轩然大波，他们会对此琢磨半天、回味半晌，正所谓："言者无心，听者有意。"有时他们还会由此及彼，引发一连串的联想，产生"一石激起千层浪"的效果。

2. 自我体验的丰富性和波动性　大学生的自我情感体验比较丰富。有肯定的体验和否定的体验（喜欢自己还是讨厌自己，满意自己还是不满意自己等）、积极的体验和消极的体验（喜悦还是忧愁，趣味无穷还是乏味无聊等），以及紧张和轻松、敏感和迟钝。在一项关于大学生自我体验基本情绪的调查中，心理学家列举了 20 对描述自我体验的具有相反意义的词或成语（如热情—冷漠、憧憬—悔恨、自信—自卑、愉快—忧愁等），要求被试者从中选出 10 个能表达自己近半年来心情的词语。结果表明，大学生自我体验的基调为热情、憧憬、自信、舒畅、紧张、急躁等。男大学生倾向于紧张、自信、热情、憧憬、急躁；女大学生则集中在热情、急躁、舒畅、憧憬、愁闷。

3. 自我体验的深刻性　稍加留意就会发现，儿童和大学生在阅读文学作品时有着很大的

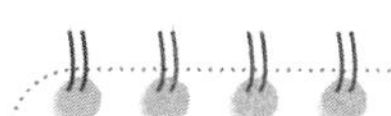

差异。儿童喜欢看情节性强的书籍，当书中有心理描写的内容时，他们会一掠而过，甚至大段地跳过。而大学生则偏好那些心理描写细腻的作品。造成这一现象的重要原因是两者自我体验方面的差异：儿童的自我体验较为肤浅，而大学生的体验无疑要深刻得多，他们能使自己沉浸到小说中去，体会人物的心态，揣摩他们的感情，与他们同甘苦、共命运。看到高兴处，会忍俊不禁，看到伤心处，会潸然泪下，看到激愤处，会怒发冲冠，看到忧伤处，会黯然神伤。

三、自我调控

在大学校园里，有不少同学这样描述自己："站在大学生的高度回首往昔，我才知道今天的成功与我高中时的勤奋努力、恒心、毅力和自控力不无关系。但是上了大学以后，我觉得我好像变了个人，惰性吞噬了我。由于没有了执著的目标，没有各方面的压力，没有落榜的威胁和老师、家长的督促，我的自控力减弱了，恒心和毅力荡然无存。我像一匹脱缰的野马无所事事，花在睡懒觉、玩游戏、看电影和看各种杂志上的时间越来越多，学习的时间越来越少，对成才的渴望由巅峰降到了谷底。"

（一）自我调控概述

自我调控是指个人不受外界因素影响，对自己的情感与行为进行调节和控制。每一个大学生都充满着生活的热情，为自己绘制了理想的蓝图。然而，大学期间，有很多诱惑会让人越轨，有很多借口让人松懈，有很多机会让人矛盾，有很多挫折让人低迷……因此，大学生想要达到自己的目标，必须进行科学的自我调控。科学的自我调控涉及三个步骤：

第一步：目标选择。一个人最大的失败不是他想要的东西没有得到，也不是他努力了却距离成功还有十万八千里，而是他连自己想要什么都不知道。有时我们会思考："嘿！看看你自己，到底想要什么呢？"回头审视自己过去的努力，我们会发现心中充满了迷惑。如果解决不了这个问题，我们的一切努力都失去了价值，很容易进入一种"失控状态"。即使看起来充满活力、干劲十足，在父母眼中是好孩子，在老师眼中是好学生，在同学眼中是好朋友，但是这样的人就像一辆加满油的汽车，虽然速度很快，可是他没有方向盘。一旦到了需要拐弯的时候，就容易冲出路面，导致车毁人亡。所以，解决了"想要什么"的问题，你才能制订十分明确的计划，启动自己这部动力十足的"汽车"，驶上前往目标的高速大道。

第二步：制订计划。设定了目标后就要努力实现它，这是自我调控过程的第二步。为了实现目标，我们要收集信息，根据可能的结果构建情境并实施。简而言之，就是要设计和准备实施一项计划来达到我们的行动目的。

第三步：行为控制环路。自我调控过程的第三个阶段是行为控制环路，也就是利用信息，循环往复地调控行为的过程。设想有人制订了一个在特定时间内跑完 1000 米的目标，经过一段时间的训练以后，相关的行为控制环路如下：

a. 初始行为：跑完 1000 米。

b. 观察行为：自己为自己掐时间，了解自己实际上用了多少时间。

c. 比较行为：与某些标准做比较（将实际时间与目标时间做比较）。

d. 行为期望：对未来行为的期望（是否可以减少行为与标准之间的差距）。

e. 情绪反应：因为成绩和目标之间的差距表现出积极或消极的情绪。

f. 行为调控：继续努力或放弃。

在行为控制环路中，比较行为是自我调控过程中的一个重要步骤。它告诉个体是否进步，或是否需要做出一定的调整。在将成绩与相关标准进行比较后，个体形成了关于自己未来努力能否获得成功的可能性预期，然后对他们的行为做出调整。一般而言，如果预期成功的可能性高，就会促进个体向着目标继续努力；如果预期成功的可能性低，将导致个体放弃任务或从心理上打退堂鼓。在形成对活动结果预期的同时，个体还会产生相应的情绪反应，如骄傲、愉快和自豪，或者失望、沮丧和绝望等。当他相信在实现目标的过程中有所进步时，就会产生积极情感；反之，当他感觉实现目标无望时，则会产生消极情感。不同的情感对行为的调控也会产生不同的影响。消极的情感体验会削弱个体向目标努力的积极性，积极的情感体验会增强个体向目标努力的积极性。

知识链接

“那又如何”效应

想一想：当你感到压力、焦虑或心情低落时，你会怎么做？你生气时会不会更容易受到诱惑？你是不是会更难集中注意力，或者更容易造成拖延呢？情绪低落是如何影响自控力的？

饮食研究人员波利维（J. Polivy）和赫尔曼（CP. Herman）注意到，很多节食者为了自己的失误，比如多吃了一块比萨或一口蛋糕而感到情绪低落。他们会觉得，自己的整个节食计划似乎都落空了。但是，他们不会为了把损失降到最低而不吃第二口。相反，他们会说：“那又如何，既然我已经破坏了节食计划，不如把它吃光吧。”这种现象被研究者称为“那又如何”效应。

“那又如何”效应描述了这样的恶性循环：放纵——后悔——更严重的放纵。失败会让你责备自己，产生羞耻感、罪恶感、失控感或绝望感，你可能想做一些事来安慰自己。许多人往往选择自我放纵的方式，比如到酒吧喝个烂醉，或是疯狂购物，也有人会对自己说：“反正我的减肥计划（或支出计划、戒酒计划及各种决心）已经失败了，那又如何？我还不如就此放弃目标，好好享受。”

实际上，导致更多放弃行为的并不是第一次放弃，而是第一次放弃后产生的羞耻感、罪恶感、失控感或绝望感。当你责备自己屈服于诱惑的时候，往往会造成更多的痛苦。你寻求安慰的行为并不能中断这个循环，它只会给你带来更深切的罪恶感，并引发更多的自控力失效。

（二）大学生自我调控的特点

1. 自我调控的主动性增强　大学生的自我调控逐渐趋向成熟，这时的自我调控由开始时的被动向主动发展。大学生自我调控主动性的增强主要表现为独立性的发展。这种独立意识促使他们对自己的控制方式逐步从外部控制转变为内部控制，即主动掌握自己的心理变化，特别是在规划自己的职业理想、生活理想和人格理想时基本上克服了由家长、老师和长辈做主的被动情况，而转变为主要依靠自己的想法来主动规划。同时，他们强烈要求独立和自治，希望摆脱依赖和管束，渴望有独立思考的机会，有独立行动的权利，希望家长和师长对他们少指责、多理解，少命令、多商量，少管束、多指点。大多数大学生能够科学、合理地安排学习、组织活动、料理生活、解决问题，能制订一些相应的计划并主动付诸实施。

2. 自我调控的社会性突出　主要表现在大学生对主体自我和客体自我认识的统一。大学生有自己的兴趣爱好，他们在主观上非常希望按照自己的需要阅读自己感兴趣的书籍，从事自己感兴趣的工作。而学校、家长和社会则对大学生提出了不同的要求，择业现实的严峻性也迫使大学生的自我天平由主体自我向客体自我倾斜，按照社会标准、社会期望、社会条件来规划自己的未来。但是，由于大学生涉世不深、经验不足，往往容易脱离社会实际去追求所谓的自我设计和自我完善，产生独往独来的行为；也因为现实社会的诱惑太多，大学生会感到难以自控，而出现无能感、无效感；因为激烈的竞争，大学生会产生困惑感、失败感等。

第三节　大学生自我发展中的常见偏差与应对

一、大学生自我认识的偏差与应对

（一）大学生自我认识的常见偏差案例

案例导读

我处处不如人

张某，男，18岁，某医学院大一学生。自诉："我来自农村，好不容易考上大学，全家人、全村人都为我高兴。可是来到学校以后，我并不高兴，觉得自己处处不如人，心里很不是滋味。我满口的家乡话常引得同学们发笑；穿着、举止和动作都显得土里土气，我上中学时学校不重视体育，现在上体育课时自己的动作显得很笨拙，觉得很难堪。我也没有什么业余爱好和文艺才能。在宿舍聊起天来，来自城市的同学侃侃而谈，人家见多识广，知道的很多，我没见过什么世面，说起话来笨嘴拙舌，常惹得同学们大笑。我害怕上课回答问题，不愿参加班级活动，不想成为笑话。我有一种先天不如人的感觉，但我又不甘心如此，于是拼命学习，想以优异的学习成绩来显示自己的才能。我害怕考试失败，那就证明了自己真是先天不如人。我每天拼命地学习，但有时并不能学得进去，总是惶惶不可终日，学习时注意力也不集中，生怕考不好。现在我晚上很难入睡，白天又看不进去书，我该怎么办呢？"

案例中的张某在自我认知上显然存在一种偏差——自我评价过低。一般而言，自我评价过低的大学生往往否定自己，对自我过分怀疑，压抑自我的积极性，降低自己的社会需求水平。相反地，另外一部分个体在自我认知上又可能会走入另一种偏差——自我评价过高。自我评价过高的大学生往往盲目乐观、以自我为中心、自以为是。他们遇事时多从自己的角度考虑，总希望别人顺着自己。他们不易被周围环境和他人所接受与认可，容易引起别人的反感与不满而遭受失败和内心冲突，产生严重的情感挫伤，导致苦闷、自卑、自我放弃，有时还会引发过激行为和反社会行为。

案例导读

我为何如此累

郑某，女，20岁，因人际关系不良求助。她一直认为自己很优秀，事实上她确实也很优秀。但同学们都认为她很清高，甚至有些过于高傲。她则认为同学们一无是处、低俗，跟自己没有共同语言。与同学有分歧时，她很不容易听从他人的意见，认为他人的意见没有说服力，自己远比他人至少是很多人有道理得多。她一直觉得自己的生活状态不好，对现状严重不满，认为父母不理解她，对她管束过多，目前的学习和生活不能体现她的价值。她总是认为她的生活应该更好，并质疑为什么她想要的东西都得不到。男友曾问她："为什么你觉得你生活得不好呢？在很多人眼中你生活得很好啊。"她说："我觉得我完全应该生活得更好。为什么比我差的那些人每天很快乐，还在各种活动中获奖？我比很多人要聪明得多，但为什么我就要生活得如此累呢？"她希望换一个新的环境，认为换一个环境至少可以远离让她压抑的家庭、学校和周围低俗的同学，以及对她百般刁难的老师。

（二）反思与应对方式

1. 保持积极的自我观念　泰勒（R.W. Taylor）和布朗（R.W. Brown）认为，大部分人有着适度积极的自我观念，并且这种适度积极的自我观念有利于心理健康。积极的自我观念与更多的幸福感、更满意的人际关系，以及更有建设性、创造性的工作有关。研究证明，人们一般认为许多事情，如金钱、美丽、年轻能带来幸福，但事实上这些因素与人们感觉到的幸福程度关系甚微，而幸福与人们的自我感觉关系很大。幸福的人大多具有积极的自我观念，有较高的个人控制感，常积极地看待未来。积极的自我观念与良好的人际关系也有联系。心理学家默里（H. Murray）等发现，对配偶的看法更积极的夫妇更能在两个人的关系中感到幸福和满意。积极的自我观念还与创造性、建设性的工作有关。认为自己能力强、对成功有较高期望的人，比那些自我看法较为消极、谦虚的人工作更加努力、更有恒心，通常在脑力和体力劳动中表现得更出色。此外，当人们面临有生命危险的疾病或者其他创伤性的事件时，表现出积极的自我观念的人更善于应对这些事件。但需要注意的是，积极的自我观念必须适度才会有效，过分积极的自我观念会造成严重的后果，这些危害包括消极的人际关系、不适宜的坚持、不良的自我调节以及对身体健康的威胁等。

2. 增进自我认识的几种方法　中国有句古话："人贵有自知之明。"这不仅表明一个人有自知之明是多么难能可贵，而且意味着一个人要有自知之明也不是一件轻而易举的事。自我认识的难处在于自我既是认识的主体，又是认识的客体。要想正确、全面地认识自我，客观地评价自我，确立合适的自我目标，就要凭借各种正确的参考系统，多方面、多角度地认识自我。增进自我认识主要有以下几种方法：

（1）通过自我观察来认识自己：自我观察也称为内省法，是指个体向内部寻求答案，直接考虑我们是一个什么样的人。在内省时要忠实于自己的内心，尽量多方面地描述自己。在此基础上，描述父母眼中的我、同学眼中的我、教师眼中的我、恋人眼中的我，然后寻找这些描述中共同的品质，将其归类。描述的维度越多，就越能够找到比较正确的自我。下面是一个大学生的自我描述："我是一个内向、坚强、上进、自信、有理想、懂事、好学、乐于助人、争强好胜、渴望成功与优秀，有一点自私、妒忌心强、自制力弱、喜欢说些小谎的大学男生。在父母眼中，我是一个懂事、有些害羞、不用父母操心、上进、不乱花钱、有些懒惰的大男孩。在同学眼中，我是一个大方、乐于助人、受人尊敬、人缘好、有些懒散、追求自由的人。在老师眼中，我是一个默默无闻、成绩优秀、自律、品学兼优的学生。在恋人眼中，我是一个懂得爱、有责任感、守时守信、有幽默感、坚强的好男人。"当自己将这些描述清晰地整理出来时，我们可以与家人、朋友、老师、同学沟通，听取他们对自己评价的认同度。先列出自己的优点，并得到大家的认同，再列出自己的弱点，请大家帮助分析，这些过程也是自我认识不断深化的过程。

（2）通过认识别人来认识自己：人最初是以别人来反映自己的。我们往往把对他人的认识迁移到自己身上，像认识他人那样来"客观"地认识自己。比如，当看到别人对长者很有礼貌并受到大家的称赞时，就来对照和反思自己的言行，从而认识到自己平时对长者的态度。我们需要学会通过别人认识自己，但是不能陷于盲目。大科学家爱因斯坦讲述的一段故事对我们会有所启迪：爱因斯坦的父亲和杰克大叔去打扫一个大烟囱。那个烟囱只有踩着里边的梯子才能上去。于是杰克大叔在前、爱因斯坦的父亲在后，一级一级地爬上去。下来时，杰克大叔仍旧在前，爱因斯坦的父亲跟在后面。当他们走出烟囱的时候，杰克大叔的后背、脸上全都被烟囱里的烟灰蹭黑了，而爱因斯坦的父亲身上和脸上几乎没有一点烟灰。爱因斯坦的父亲看见杰克大叔的样子，心想自己的脸肯定和他一样脏，于是就到邻近的小河里洗了又洗，而杰克大叔看见了爱因斯坦的父亲洁净的样子，就只是草草洗了洗手，而后昂首阔步、气宇轩昂地上街了。街上的人笑痛了肚子，还认为杰克大叔是个疯子。

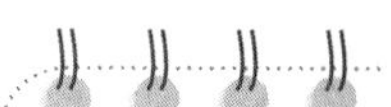

（3）通过与他人比较来认识自己：很多情况下，我们都是用比较的词汇来描述个人特性的。当我们说自己独立时，其实是指我们比大多数其他人更加独立，当我们说自己有能力时，其实在说我们比大多数其他人更有能力。与普通人比较，能认识自己在群体中的地位，而与杰出人物比较，则能找出自己的差距和努力方向。与他人比较时，最重要的是选择恰当的参照系，还要学会用发展的眼光、辩证的方法去看待自己和他人。比较的视野越广阔、方法越科学，就越能够正确地评估自己，做到既不妄自菲薄，也不妄自尊大。

（4）通过他人的反馈来认识自己：符号互动论学者库利（R. Khoury）提出了“镜中我”，认为我们感知自己就像别人感知我们一样，镜子中的我或者别人眼中的我就是我们感知的对象。通过他人的态度可以认识到我们自己的形象，自己在集体中的地位、自己的品质、自己的心理特征等，并可以从中找到原因所在。例如，别人很愿意和自己交往，在一起学习、工作、娱乐时都感到愉快、气氛和谐，就说明自己一定具有某些令人喜欢的品质。相反，如果别人嫌弃自己、讨厌自己，那就应该反省了。当然，正如镜子有优劣一样，有时别人的态度所反映的自我难免有歪曲、夸张，对方的偏爱、成见、缺乏了解等都有可能造成失真，因此，要多看几面镜子，全面地观察、认识自己，才可以得到较为准确的自我认识。

（5）通过想象预见未来的自己：无须坐上时光机，你就可以把自己送到未来。下面两种方法能让未来变得真实可信，尝试一种你感兴趣的方法：①给未来的自己写封信。有许多方式可以实现“给未来的自己写信”，例如邮箱的定时发信功能，还有一些网站也提供这样的服务。你可以利用这个机会想一想未来的自己在做什么，也可以想象未来的自己回头看现在的自己，会如何看待自己现在做出的选择呢？未来的自己会因为现在的自己做了什么而表示感激？心理学家厄斯纳 - 赫什菲尔德（Ersner-Hershfield）说，即使你只是想一想要在这封信里写点什么，你就会觉得和未来的自己联系更紧密了。②想象未来的自己。你能想象一个你希望成为的自己吗？或者你能够想象一个背负不想改变的自己吗？让你的白日梦做得更生动、更有细节，并想象一下未来的你会有什么样的感觉，你是会感到自豪、心怀感激，还是失望、后悔不迭？你看上去是充满活力还是懒散度日？想象未来的自己能使你对现在做出改变。

知识链接

自我意象

我们时常会思考自己将来要成为什么样的人，称为自我意象。总的来说，这些假定的自我意象可以分为可能自我、梦想自我、不想成为的自我。

可能自我　我们可能希望成为“一名更优秀的大学生”“社交能力更强”或“不那么好胜”，这些自我意象是可以实现的，代表了我们想要或能够成为的一类人。我们的现实自我与可能自我越接近，我们对自我的感觉就越好。

梦想自我　梦想自我是更为理想或带有光环的自我意象。例如，我们梦想成为摇滚巨星、百万富翁或诺贝尔奖获得者。每个人都怀揣着这样的梦想，但大多数人并没有把梦想自我与可能自我相混淆，他们知道这些梦想自我大多是幻想而已。然而，并不是所有人都能区分得清楚。比如，具有神经质人格的个体具有一种固执的、过于理想化的自我特性，这类人不能忍受低人一等的感觉，因而会构建出一个过于理想的自我意象。这样的人在任何事上都要做到最好，想要被所有人喜欢、崇拜和认可，当然这是不可能的，因而他们注定要失望和受挫。每个人都渴望成为梦想中的人物，当梦想自我变成必须自我时，问题就出现了：当我们必须成为“完美的人”“学校里最受欢迎的人”“任何事情都要做到最好”“想要被所有人喜欢、崇拜和认可”时，这样的自我意象会成为心理问题的来源。

不想成为的自我　我们也会考虑害怕成为或不想成为的自我。例如，成为“考试失败的人”或成为“依靠别人的人”，这些形象是“不想成为的自我”，并在决定我们是否快乐和满足上起重要的作用。我们所认为的自我与不想成为的自我之间的距离越远，我们的生活就越幸福。

二、大学生自我体验的偏差与应对

（一）大学生自我体验的常见偏差案例

案例导读

自卑的我

程某，男，大学一年级学生。自诉有较强烈的孤独感和自卑心理，害怕别人看到自己的无知与自卑，不能与同学正常交往，交谈时感到胆怯，说话时会打哆嗦。每当看到别人侃侃而谈，他便会陷入沉默，唯恐自己说错话而被人耻笑。他自认为性格内向、自卑、多疑，做每件事或有什么想法的时候都不自觉地去想别人会怎么看自己，十分注意别人的一举一动，认为别人的某些无意举动是对自己的莫大侮辱，时刻处于警惕状态。

案例中，小程表现出较强的自卑感。大学生过度自卑的具体表现有：①对自己评价过低。比如，认为自己的外貌、身高以及学习、交往能力不如他人，这是自卑的实质。②有泛化的特点，是指大学生由于某种原因造成的自卑容易泛化到其他方面。比如，一位男同学因为身材不好引起自卑，并认为同学看不起他，使他感到自己的言谈举止及社交能力均不如别人，这就是不合理的泛化。③具有敏感性和掩饰性。他们好从别人的言行中“寻找、发现”对自己不利的评价。由于担心被别人知道自己的弱点，他们对自己的缺陷常加以掩饰或否认，表现出较强的虚荣心。自卑严重的大学生常有以下心理缺陷：缺乏稳定的自我形象，常把自己封闭起来，以掩饰自己的弱点；对一切事物敏感，因而很容易遭受挫折，倾向于超脱现实而陷入幻想世界，缺乏参与社会活动的积极性，有严重的孤独感，缺乏竞争意识。

案例导读

自负的我

谢某，女，20岁，身高1.65米，大学二年级学生。她自以为天资聪颖，考试前只需努力几天就能掌握所有的知识点。可是到了考试，她始终获取不到好成绩。她认为自己长得非常漂亮、才能超群，当上学校学生会主席轻而易举，参加了好几次学生会干部的选拔但都没有被录取，因此，她怀疑学生会干部选拔有黑幕，不公平。她担任班上的文娱委员，什么工作都喜欢插一手，喜欢指使和支配别人做事，对别人提的意见却总不能接受，认为自己做的都是对的、好的，别人没有资格评论。她常对同学不屑一顾，看不起周围同学，认为其他女生穿衣没品位，男生就知道向她们献殷勤。她觉得班上其他同学成绩不是很好，还嫉妒自己的成绩好。她认为上自习的时候，有同学叫她传递东西是为了打断她的思路，阻碍她获得好成绩。

案例中，小谢表现出较强的自负感。自负是个体自以为是、自命不凡的情感体验，自负往往产生于过高的自我评价。自负是自卑的对立面，自卑一般是夸大了自己的缺点，缩小了自己的优点，自负则正相反，是缩小了自己的缺点，夸大了自己的优点。自负与自卑都源于缺乏对自我的正确认知。自负的大学生在学习与社会交往中喜欢处处显示自己的优越感，过分相信自己的能力，听不进师长的教诲，听不进同学和朋友的意见，一意孤行、骄傲自大，往往不能和他人和谐相处。自负的主要表现有：①很少关心他人，与他人关系冷淡。凡事都从自己的角度出发，从不顾及他人的感受；对别人缺乏热情，把别人对自己的帮助看作是理所应当的事。②固执。常以自我为中心，习惯于将自己的观点强加于人。③有明显的嫉妒心理。自负的学生同时又有很强的自尊心，他们不能接受别人比自己出色，并且别人取得好成绩或成功时非常嫉妒，对别人的失败则表现得幸灾乐祸。

（二）反思与应对方式

1. 保持适度的自尊感　一般而言，心理健康的人自尊感相对较高。自尊感高的人认为自己是一个有价值的人，能够接受自己的不足之处。自尊感过低的人常看不起自己，觉得自己既没用，又惹人烦。低自尊感的人在各种临床问题如焦虑、孤独、饮食障碍面前表现得更加脆弱。在面临失败时，低自尊感的人比高自尊感的人有更强烈的情绪困扰，失败使低自尊感的人自我感觉很糟糕。需要指出的是，自尊感过高也不可取。刚者易折，洁者易污。自尊感过高的人也会显得特别脆弱，容易受到伤害。这种人往往缺乏随和，别人不慎对其说了不够尊重的话，就会产生强烈的情绪反应，因而难以和他人处好关系。一个心高气傲的人如果遭到失败或打击是相当危险的。当发现自己高傲的自尊受到威胁时，他们常会以打压他人的方式来应对，有时甚至是以暴力的方式反应。自尊感不是天生的，而是在生活、学习和工作中逐步培养起来的。

大学生获得自尊感的方式主要有如下 5 类：

（1）他人认同：通过与自己相关的“重要他人”的认同获得自尊感，主要包括师长的认同、同辈群体的认同、异性的认同。这样的人在生活中更多地靠别人的赞扬和肯定获得自尊感。

（2）他人自居：通过模仿和习得榜样人物的行为方式来获得自尊感。所谓他人自居，就是觉得自己和某个人差不多。这样的人在生活中更多地依靠觉得自己和心中佩服的人差不多而获得自尊感。

（3）社会比较：在人际互动中同他人产生价值重要性的比较时获得自尊感。这样的人在生活中更多靠感觉到自己比别人重要而获得自尊感。

（4）自我外部显现：通过个人显露出来的非本质的外部特征来获取自尊感。这样的人在生活中更多靠个人外部条件的优越来获得自尊感。

（5）自我内部确证：通过个人确证自身所拥有的内在本质特征来获得自尊感。这是一种积极和成熟的获得自尊感的方式，其中包括知识确证、智力确证、能力确证、专长确证、成就体验确证、品行确证六个方面。这样的人在生活中更多靠自身良好的内在特征来获得自尊感。

2. 善用自卑的力量

案例导读

心理学家阿德勒的成长记

1870 年，在维也纳郊区的一户商人家里诞生了一个男孩。富裕的家庭条件并没有给他带来快乐的童年。他长得既矮又丑，4 岁时才会走路。他还患有佝偻病，无法进行体育活动。5 岁时，他患了严重的肺炎，甚至连家庭医生也对他绝望了。看到哥哥健康活泼，他感到自惭形秽，每天除了自卑还是自卑。在漫长的青少年时期，唯一长期伴随他的就是自卑感。

然而令人惊讶的是，正是这种伴随他的自卑感促使他在成年后经过努力研究，成为与弗洛伊德齐名的心理学大师，创立了“个体心理学”，而对自卑感的研究成果也成为他的理论中最有影响的一个部分。他用自己的生命历程证明自卑感对人生有积极作用。他的切身感悟是：自卑能摧毁一个人，使人自甘堕落，但也能使人发奋图强，弥补自己的弱点。

这个人，就是著名的心理学家阿德勒（A. Adler），他的名著是《超越自卑》（*Defeat Self-contempt*）。

阿德勒认为每个人一生下来就带有不同程度的自卑感，因为儿童的生存必须依赖成人。和成人相比，儿童感到了自己的孱弱，从而产生了强烈的自卑感。这种情况不仅发生在弱小的儿童身上，即使是成人，也会通过社会比较产生自卑感。俗话说“天外有天，人外有人”。因此，自卑感具有普遍性。自卑感有时会产生很强的消极作用，有时会把一个人打倒、使其自暴自弃，不去努力追求成功。然而，自卑感也有积极的一面。阿德勒用自己的人生经历证明了当一个人感到强烈的自卑时，他往往会力图发展自己，做成某些事情，以自身的发展和成功来克服自卑感。这时自卑感就成为推动人积极向上的动力。当取得成功后，此人的内心有一个相对稳定期，但是看到别人成功时，又会感到自卑，从而再次推动他去努力以获得更大的成功。如此下去，周而复始，直至终身。如此说来，自卑感人人有之，它可以导致心理疾病，也可以产生成就的动力。

克服自卑感通常有两种方法：第一种是提高自己的实力；第二种是关注别人的评价与态度，以此来修正自己的行为，从而获得自我价值感。第一种方法是积极的方法。只有提高自己的实力，才能真正地克服自卑心理。勤能补拙，知道自己在某些方面有缺陷，就要以最大的决心和最顽强的毅力去克服这些缺陷。正所谓“勤能补拙是良训，一分辛苦一分才”。古希腊名人狄摩西（Demosthenes）原有口吃的毛病，为此他口含一颗石子对着大海练习演讲，经过艰苦的努力最终成为一位伟大的演说家。耳聋的贝多芬（L. Beethoven）却成为划时代的“乐圣”。自卑可使人扬长避短，努力发展自己的长处。一个相貌或经济条件不好的学生要越发努力地学习，以优异的成绩弥补自己的不足，一个英文不好的学生可能会努力学好专业以证明自己的能力。

3. 积极自我体验的方法

（1）正确评价自己：法国文学大师巴尔扎克（H. Balzac）曾说：“我这五尺二寸的身躯，包含一切可能有的分歧和矛盾。有些人认为我高傲、浪漫、顽固、轻浮、思维散漫、狂妄、疏忽、懒惰、冒失、毫无恒心、爱说话、不周到、欠缺礼教、好使性子，另一些人却说我节俭、谦虚、勇敢、顽强、刚毅、不修边幅、用功、有恒心、不爱说话、细心、有礼貌、经常快活，其实都有道理。”我们每个人都有自己的长处和短处。过分夸大自己的长处而看不见短处，或者只看见自己的短处而看不见长处，都是不恰当的，我们要正确地评价自己。

（2）理智对待批评：具有真正自尊的人是无须通过寻求成为注意焦点才能明确感到具有自我价值的，也不容易被批评激怒。当确信自己感觉很好的时候，我们不会那么脸皮薄和好评论，也不会去吹捧那些喜欢我们的人或指责不喜欢我们的人。

（3）培养内在之美：作家库伯勒罗斯（E. Kübler-Ross）说：“人就像彩绘玻璃窗，当头有阳光时，玻璃窗看来闪闪发亮；然而一旦黑夜来临，只有从里面发光，它们真正的美才显露出来。”如果你没有从内在发光，而依赖别人给你肯定和信心，让你觉得自己被赏识，这条路一

定会走向失望。每个人身上都有无数的闪光点，要活得轻松自在，特别是要战胜沮丧、失败或其他挑战，你必须打开内在的灯光，相信自己的美好与价值，相信自己是一个可以发挥影响的重要的人。比如，一个女大学生觉得自己长相丑陋而自惭形秽、怨天尤人，以至于看不到自己存在的价值，但她不妨把注意力聚焦到自己的内在品质上。比如，她虽然其貌不扬，但才华横溢、智慧过人，她可以珍视和欣赏自己的才华，并觉察到别人对自己才华的赞赏，进而接纳和喜欢自己。假如她能力平平，可以把注意力更多地聚焦于个人德行上，比如，她心地善良、为人宽厚、生性温柔，周围的人对她由衷地赞美和亲近，她也能以此为基点重建自信。

三、大学生自我调控的偏差与应对

（一）大学生自我调控的常见偏差案例

案例导读

拖延症让我烦恼

A 男生反映："我每天不知道自己该干什么，虽然在反复地上网娱乐，但是其实内心深处却早已非常着急。我没有太多的行动力，只是认为时间总是在不知不觉中流逝了，当我注意到并发现自己什么也没做的时候，这种状态会让我感到非常恐慌和愧疚。加上对未来的迷茫，于是形成了一个拖延与焦躁的恶性循环。拖延症让我很烦恼！"

案例中的 A 同学自诉有拖延现象，这是大学里常见的一种自我调控偏差现象。大学生的拖延症表现为每做一件事都拖延，在拖延中感到痛苦、着急，但就是磨磨蹭蹭，拖着不做。例如有些学生对老师布置的作业会一直拖到最后。如果老师让课前交纸质稿，有些学生就会在上课前一天晚上补作业；而如果要将作业上传至网络平台，有的学生一定会等到平台关闭的前 5 分钟再将作业上传。明明有一堆着急的事要做，有些学生却拿起了手机或打开电脑玩去了。

案例导读

控制不住的网瘾

某男生回到宿舍后的第一件事就是打开电脑，挂上 QQ，登录"人人网"。这时隔壁的一位同学探头来询问："来一把吗？"稍显犹豫后，此男生就果断地扒拉开作业和课本，立马沉浸在网络游戏中。昏天黑地玩到寝室断网后，他才睁着一双布满血丝的眼睛，到处找可以照抄的作业范本。这种情况在大学生中比比皆是。在第二天的课堂上，善良者会照顾老师的面子而在课桌上呼呼大睡；胆大者则以寝室为家，并为下一轮的网络厮杀蓄积能量。

控制不住自己的行为而肆意放纵是另一种大学里常见的自我调控偏差现象。大学生的放纵行为表现为看待问题容易偏激和情绪化，处理问题时则理智让位于情感，不能约束自己的行为，不能克制自己的欲望和情绪。例如，寻求刺激、超速驾车、醉酒、寻求暴力、沉迷于网络游戏、赌博，或者整日游荡及具有不安全性行为等，这些行为某种程度上反映了一些大学生自我调控能力的缺乏。

（二）反思与应对方式

1. 影响自我调控的主要因素　在我们的一生当中，有大量因素影响我们的行为以及我们能否获得成功，但我们对自己的看法和感受无疑是这些因素中最为重要的。

（1）自我认识因素：清晰的可能自我会促进个人成功。可能自我是我们对自己将来可能成为什么样的人的看法，会影响着目标的选择。可能自我还会影响个体的努力程度，能够生动地想象达到目标的自我与缺乏这种能力的人相比会更加努力，在积极的可能自我同时也伴随着消极的可能自我的情况下，尤其如此。积极的自我意象为自我通向成功提供了一个强有力的诱因，而消极的自我意象则为自己不能失败提供了一个强大的理由。

（2）自我体验因素：自信感影响自我调控过程。自信是人们关于他们自身能否成功的信念，对于行为调节过程有着极大的影响。自信的人在目标选择过程中会选择更具挑战性的目标。自信也与行动准备过程相关联。自信的人会花更多的时间进行练习，这看上去可能有些自相矛盾：为什么那些高度自信的人反而比对怀疑自己能力的人花更多的时间准备呢？当然，如果任务很容易，那么高度自信的人并不会花更多的时间做准备。

自信的高低影响着人们为了实现目标而付出的努力以及坚持。在其他条件一致的情况下，相对于怀疑自己能力的人而言，相信自己能够获得成功的人会付出更多的努力，并且这种努力会持续得更长久，在个体遇到困难和障碍时尤为明显。许多杰出的科学家、艺术家和作家对于自身的能力坚信不疑，这种信念使他们能够经受住种种困难和挫折。

（3）自我意识因素：低自我意识状态阻碍自我调控，成功的自我调控要求我们将自己的行为与相关标准进行比较，而这种比较过程更可能出现在具有自我意识状态的人身上（即能够觉察到自己此刻的身心状态），因而，任何降低自我意识的举动都将阻碍个体进行自我调控。许多自我调控失败的例子中都会提到酒精，喝醉时个体的自我意识开始变弱，从而无法将他们当前的行为与适宜的标准进行比较。因而，他们会做出正常情况下不会做的攻击性和不负责任的行为，如家庭暴力、争斗、不安全性行为等。

案例导读

自我意识与道德

迪纳（F. Diener）和沃尔鲍姆（M. Wallbom）1976年在一项研究中给了大学生一份所谓的智力测验，要求学生只能花5分钟做测验，而实验者将在10分钟后回来，这给了学生作弊的机会。有一半的学生被安排在镜子前（高自我意识状态），另一半学生则没有坐在镜子前（低自我意识状态）。结果表明，自我意识的降低能够破坏道德行为，低自我意识状态下的学生中有71%的人作弊，而高自我意识状态下，作弊学生只占7%。这些发现与其他类似的结果表明，当自我意识很低时，人们很难以高道德标准来要求自己。

2. 自我调控的科学方法

（1）设置恰当的目标：在设定目标时，首先，要明确地选择自己的方向，即解决“我想要做什么”的问题。其次，目标要有层次。积极向上的人生更像是爬台阶，而不是爬竹竿。如果你不幸跌落，下面宽厚的台阶会接住你。最后，近期目标要明确而且有挑战性。明确的目标可以使人清楚要怎么做，付出多大努力才能达到目标。目标设定得越明确，越便于后期的自我评价。从目标的难度来看，恰当的目标应该是相对于自身能力和经验来说有一些挑战性的任务。不能设定一些过于高远的目标来吓唬自己，而让自信心破产，也不要设定一些轻易就能达到的

目标来自我陶醉。恰当的目标会让人产生“既期待又害怕”的感觉，它有点儿超乎你的能力，所以你完成它后会非常高兴，而且它又有点儿难，在你追求的过程中免不了要受点儿折磨。

知识链接

目标与挫折

研究表明，不同的目标会影响人们对挫折的行为调控。心理学家做过一个实验：实验刚开始时，让学生解决一些问题。这些问题的难度为中等以下，多数学生能够解决。然后，让学生解决一些非常困难的问题。研究者注意到，学生在应对这些挑战时表现出了非常大的差异：一些人表现出无助的迹象（无助取向），他们变得沮丧和愤怒，表示不想再继续下去；另一些人则刚好相反，他们兴致盎然、非常投入，表现出想要做下去的强烈愿望，并努力地解决问题（掌握取向）。有趣的是，这些差异与能力并没有关系。为什么一些人对障碍会表现出挫折感、想要逃避，而另一些人则感到兴奋并渴望解决问题呢？

心理学家认为，是人们所选择的目标导致了他们对于成绩反馈做出了不同的反应。无助取向的学生所采用的是表现目标，他们的目的是为了表现能力——在自己和他人面前证明他们是聪明和有能力的。相反，掌握取向的学生所采用的是学习目标，他们的目的是培养能力——为了获得知识、技能，以及个人成长和发展。用来表现目标的个体通常会对障碍和挫折产生消极反应。他们把成绩差看作是他们缺乏能力的表现，因此，他们会采取放弃任务的做法。具有学习目标的个体则表现出了不同的反应，他们不会把失败归因于能力的缺乏，相反，他们把失败归因于没有充分地努力或没有采取有效的策略；他们也不会把挫败看作是必须忍受的威胁，而是把它看作是应该面对的挑战。

（2）积极行动：可能遇到这样的朋友，在每次考试前，她总会说她有多紧张，认为她的考试成绩会有多糟，然而每次考试她几乎总是得到高分，有些人会以为她这样说只是为了在万一考砸时能有点儿面子。随着对她了解的深入，你会意识到事实并非如此。心理学将这类人称为防御性的悲观者。他们获得成功的关键因素是在需要表现的情境中，他们会感到焦虑不安和缺乏控制感。为了抑制这种焦虑，他们小心地应对所有可能导致情况变糟的问题，从而采取积极行动来避免这些错误，因此，当我们感到成功的希望很低时，需要寻找解决方案，采取积极行动来避免坏事发生，消极可能性的设想可以激励人们表现得更好。

（3）增强自我意识，克服拖延：自我记录已经成为一门科学和一种艺术。可以尝试利用一周的时间记录一下生活，然后区分哪些行为与目标有关，哪些行为需要自控力、哪些行为消耗自控力，什么样的想法、感受和情况最容易让人有冲动，想些什么或暗示什么最容易使人放弃冲动。坚持记录决定还有助于减少在注意力分散时做决定，同时增强意志力。可以认真记录一件平常不关注的事，可以是支出、饮食，也可以是上网和看电视的时间。不需要太先进的工具，铅笔和纸就够了。也可以选择一个与意志力挑战有关的练习。比如，如果目标是存钱，那么就需要记录支出情况，如果目标是多锻炼，那么你每天早上就要做10个仰卧起坐或俯卧撑。“量化自己”的训练模式告诉我们，即使是以看似最愚蠢、最简单的方式每天锻炼意志力，也能为意志力挑战积攒能量。另外，不向明天赊账。当要控制自己行为的时候，注意一下，脑海中是否闪过了“未来再好好表现”的想法。是不是告诉自己，明天会弥补今天的过错？这对当下的自控有什么影响？一直保持关注，从今天一直关注到明天。是不是真的做到了自己所说的？是不是第二天又开始了“今天放纵，明天改变”的循环？经济学家拉克林（H. Laghlin）

提供了一个有趣的技巧，帮助人们克服这种“明日复明日”的想法：当想改变某种行为的时候，试着减少行为的变化性，而不是减少这种行为。也就是把今天做的每个决定都看成是对今后的承诺，因此，不要问自己“我是在寝室上网还是去上自习”，而是要问自己“我想不想在一年里每天晚上都在这个时候上自习”。或者，明知道应该做一件事情却拖延不做时，不要问自己“我是想今天做还是明天做”，而是要问自己“我是不是想要承担永远拖延下去的恶果”。在生活里有没有这样一个规则来帮结束内心的挣扎？

（4）在挫折面前自我鼓励：如果认为提升意志力的关键就是对自己狠一点儿，那么，这么想的不是只有你一个人。大多数人相信，自己的内心需要一个严厉的声音来控制自己的本能和弱点。他们相信如果没有重视自己的失败，没有在自己未达到高标准时进行自我批评，没有用如果不进步就会产生可怕的后果来威胁自己的话，他们就会变得懒惰。但是，众多研究显示，自我批评会降低积极性和自控力，而且也是最容易导致抑郁的因素。如果人们觉得遇到挫折意味着自己将一事无成，或只会把事情搞糟，那么反思这个挫折只会使人在痛苦中更讨厌自己。这时最紧迫的是安抚这种感觉，而不是吸取教训，这时自我批评的策略反而会削弱自控力。

位于加拿大渥太华的卡尔顿大学对一群学生进行了关于拖延症的调查，这次调查持续了整个学期。很多学生在第一次考试前都推迟了复习计划，但不是每个学生都会养成这样的习惯。和那些原谅自己的学生比起来，那些严格要求自己的学生更可能在接下来的考试中继续拖延复习，他们对第一次的拖延态度越严厉，下一次考试时拖延得就越厉害。相反，自我同情则会提升积极性和自控力，比如，在压力和挫折面前支持自己，并对自己好一些。每个人都会犯错误，都会遭受挫折。既然无法避免失败，更重要的是如何面对失败。当遇到挫折时，不妨从以下三个角度思考：首先，感觉如何？当想到挫折时，花一点时间关注并描述此刻的感觉和情绪。注意那种感觉是不是自我责备。如果是的话，对自己说了什么？自知的视角会让人看清自己的感受，而且不会急于逃避。其次，每个人都有遇到挫折的时候，每个人都有失去自控的时候。挫折并不意味着个人本身有问题。能想象你佩服的亲密的朋友也经历过同样的抗争和挫折吗？这个视角可以让自我批评和怀疑的声音变得不那么尖锐。最后，会对朋友说什么？想一想如果好朋友经历了同样的挫折，会怎么进行安慰？会如何鼓励他继续追求自己的目标？这个视角会为拖延症者指明方向。

（5）坚持的力量：首先，等待 10 分钟。想要获得一个冷静明智的头脑，我们就需要在所有诱惑面前安排 10 分钟的等待时间。如果 10 分钟后你仍旧想要这个诱惑，你就可以拥有它。但在 10 分钟之内，一定要时刻想着长远的奖励，以此抵抗诱惑。在准备放弃某个目标时，可以把法则改成“坚持做 10 分钟，然后就可以放弃”。当 10 分钟结束后，才允许自己停下来。不过会发现，只要一开始坚持，人们就会想着继续做下去。其次，意志力会传染。研究发现，自控力强的人可以增强自己的意志力。对挑战来说，谁能成为意志力榜样呢？是那些经历过同样的挑战并最终成功的人，还是那些具有较强自控力的典范？最常被提名的意志力模范是成功的运动员、精神领袖和政治家。实际上，家人和朋友能给予我们更多的动力。当你需要更多自控力的时候，想一想你的榜样，问问自己：那个自控力强的人会怎么做？

思考题

1. 怎样认识自我？
2. 怎样进行恰当的自我评价？
3. 为什么需要认识自我？

（吕子建）

第五章　大学生人格的形成、发展与完善

人格是个体的心理面貌的集中反映，是个体固有的、稳定的、特有的思维、情感和行为模式。心理学认为，随着社会的发展，人类的健康、幸福越来越多地取决于人类自身的人格健康状况。人格素质是大学生综合素质的重要组成部分，综合素质的发展和提高包含着人格素质的发展和提高，而人格素质的发展和提高对综合素质的发展和提高具有重要的促进作用。因此，寻找形成健全人格的途径和方法、塑造健全的人格是大学生心理健康教育的重要目标之一。人格涉及的范围非常广泛，可以在生理、心理、宗教、社会、伦理、法律和美学等不同领域赋予其不同的意义。例如，我们常听人说，“张三的人格卑鄙”“李四的人格高尚”，这是从伦理道德方面对他人的评价。在某种情境下，有的人会气愤地说：“这是对我人格的侮辱！”这里所说的人格属于法律的范畴，意思是有人侵犯了他的尊严和人权。在国外，有的广告会说某种产品能增进你的人格，其意是指这种产品会对你的衣着、发型、装饰等有所提升，令你的外表更有魅力，这里的人格则是指容貌、仪表、给人的印象等。即使在心理学中，人格也是一个很复杂的概念。人格的定义会因人格心理学家的理论观念不同而存在差异。据统计，至少有 50 种以上关于人格的不同定义。

一般而言，心理学所说的人格是相对于思维、情感和行为模式等各种心理内容的综合体，又称个性，它反映了一个人的性格特点，是相对稳定、具有独特倾向性的稳定的心理特征的总和，是在长期的社会生活实践中形成、发展起来的。人格包括气质、性格、能力、兴趣、爱好、需求、理想、信念等方面的内容，人与人之间显著的差别就在于人格。

案例导读

消极人格的悲剧

项羽是秦末反秦义军的重要领袖。他身材高大，力能扛鼎，少时学习书写和剑术，但都无所成就，后来随项梁学习兵法，也是略知大意。但在战斗中，项羽不断立功，最终成为各路诸侯军的总领。刘邦先进入咸阳。项羽入关后，自恃手中有 40 万大军，企图消灭刘邦，独霸天下。因刘邦甘言卑辞，双方暂时和解。项羽随即引兵西屠咸阳，诛秦降王子婴，焚烧秦宫室，掳掠货宝和美女，致秦民大失所望。公元前 206 年，项羽立怀王为义帝，又分封诸侯，自立为西楚霸王，据有梁、楚地九郡，都彭城，封刘邦为汉王。公元前 205 年，项羽强迫义帝迁往郴县，而后又将其杀于江中，诸侯自此渐生背反之心。田荣首先在齐地发难，项羽亲自率部平叛。在项羽征讨之时，刘邦出师，还定三秦，尽占关中之地。项羽闻讯出兵，汉军大败。大败后的刘邦与项羽相持。刘邦背信弃义，带兵追击东归的项羽。项羽回击，大败汉军。其后各诸侯军队皆至，项羽孤军陷于重围，败至垓下，兵少食尽。为了动摇楚军人心，张良和韩信让汉军夜吟楚歌。项羽闻楚歌，惊慌之中感到大势已去。后来项羽率骑兵 800 多人冲破重围，向南疾驰，然后渡过淮河，到达阴陵，迷失道路。逃至乌江时，项羽已无斗志，把失败归于天意，感到无颜见江东父老，于是将战马送给乌江亭长，手持短兵，独自搏杀汉兵数百人，最后自刎而死。

纵观项羽短暂的人生，其结局是悲惨的。人生在世，成功和失败既有外部环境的影响，也有个体主观能动性的作用。试从项羽的思想、性格等人格方面来分析其悲剧的成因，主要有以下几方面：

1. 强烈的仇恨　仇恨是人类卑劣的本性之一。项羽无论从思想到行为都将其演绎到极致。在强烈的复仇观念的驱使下，项羽得以完成摧毁秦王朝的使命，但这种复仇观念也是可怕的、恐怖的，甚至是惨绝人寰的。项羽一句“击杀之”，于是楚军夜击坑秦卒二十万人于新安城南。鸿门宴后，项羽率各路诸侯浩浩荡荡开进咸阳的时候，不分青红皂白，大肆屠戮抢劫，连秦王子婴也不能幸免，许多无辜的百姓更是无辜受难，城中被抢劫一空。最后，他仍意犹未尽，干脆一把火烧了阿房宫。转瞬间三百里阿房宫化为一片火海，大火烧了 3 个月仍未熄灭。项羽的这种极端复仇行为不仅给社会造成了极大的破坏，导致百姓遭受灾难，而且为自己日后的失败和惨剧埋下了祸根。

2. 心胸狭窄、目空一切　项羽自身有多种多样的人格缺陷，如妄自尊大、自以为是、刚愎自用等，而心胸狭窄、容不得人这个缺陷尤其突出。对于普通人来说，这也是很大的缺点，更何况是对一个政治家。项羽有妇人之仁，他虽然爱护部下，却妒贤嫉能，别人立了大功就不满，遇到能力强的人他就怀疑难以驾驭，别人打了胜仗他也不愿给人记功，夺了城池后还怕别人得到好处。只有范增一个人辅佐项羽，却得不到他的信任，最终老先生拂袖而去。韩信也曾拜于项羽门下，最终背楚向汉。韩信对刘邦说，项羽力能举鼎，怒吼一声吓得千万人马不敢动弹，但他不能任用贤才和大将，该封官赐爵时，刻好的大印在他的手中磨得棱角都平了，也舍不得封赏。项羽背义帝之约，将自己的亲信封为王，坑杀秦军俘虏 20 万，残害地方，蹂躏百姓，导致百姓怨声载道，对其恨之入骨。他失去了民心，必然导致最后的失败。

第一节　认识人格

人格是一个人特有的、稳定的心理特征及品质的总和。积极的人格对个体的发展具有极大的推动作用，而消极的人格则阻碍个体的发展，使个体无法达到自己想要的高度。具有不同人格的个体就像戴着不同颜色的眼镜，他们看待生活的思维方式、行为反应的风格是不同的。具有积极人格的个体往往能看到生活环境中的积极面，并表现出积极的行为，而具有消极人格的个体则往往会看到生活环境中的消极面，并表现出消极的行为。

一、人格的定义

人格是指一个人精神状态和特征的总和，是个体具有一定倾向性的、稳定的心理特征的总和。个体的各种心理特征不是孤立存在的，而是在需要、动机、兴趣、信念和世界观等倾向性的制约下构成的，是包括能力、气质及性格等成分的稳定的有机整体。

人格包括人格倾向性、人格特征、自我调节系统三个主要结构。其中，人格倾向性是决定个体对客观事物的态度和行为的内部动力，是人格心理结构中最活跃的因素，主要包含需要、动机、兴趣、理想、信念和世界观等。人格特征则是指个体在心理活动中所表现出的比较稳定的心理特点，它集中反映了个体心理活动的独特性，主要包含能力、气质和性格。自我调节系统的核心是自我意识，是指个体对自己作为客体存在的各方面的意识，通过自我感知、自我评价、自我分析和自我控制等对人格的各种心理成分进行调节和控制，使人格的各种心理成分整合成一个完整的结构系统（详见第四章）。

二、人格的类型

虽然人格被分为多种心理成分和特质，但它们并不是孤立存在的，而是密切联系的，并且

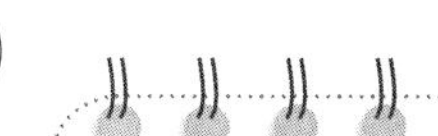

整合成为一个有机整体。虽然每个个体在心理与行为上具有共性，但由于遗传、家庭环境及社会文化环境的不同，每个个体的人格更具有自身的独特性。例如，个体在需要、爱好、认知方式、情绪、意志和价值观等方面可能存在较大的差异。常见的几种主要人格类型的分类方法有：

1. 根据心理活动主要对象的不同分类人格分为内倾型与外倾型。内倾型个体的心理活动倾向于指向心理活动的内部主观世界（如思维活动），而外倾型个体的心理活动则倾向于指向社会环境中的外部活动（如社会交往活动）。

2. 根据人格对疾病的影响分类　人格可分为A型人格、B型人格和C型人格。A型人格的个体具有高水平的竞争意识和强烈的时间紧迫感，希望获得更多的成就感，易于紧张。B型人格的个体与A型人格的特质相反，没有较强的时间紧迫感，追求成就感的动机较弱，与世无争，对任何事皆泰然处之，并较少产生敌意。C型人格的个体情绪容易受到压抑，表现为被动接受和自我牺牲、尽量回避各种冲突。

3. 根据人格类型的差异分类　可分为九种人格类型（九型人格）。①完美型：追求不断地进步，主张“我应该是最完美的”。这种类型的个体有极强的原则性，不易妥协，常说“应该”及“不应该”，黑白分明，对自己和他人要求很高，追求完美，不断改进，感情世界薄弱，希望把每件事都做得尽善尽美，希望自己以及这个世界都更进步，并时时刻刻反省自己是否犯错，也会纠正他人的错误。②全爱型、助人型：追求服务于他人，主张“我应该不断地帮助他人”。这种类型的个体渴望得到他人的爱或形成良好的人际关系，甘愿迁就他人，以人为本，希望他人觉得需要自己，所以常忽略自己。他们很在意他人的情感和需要，十分热心，愿意付出爱给他人，看到他人满足地接受他们的爱才会觉得自己活得有价值。③成就型：追求成果，主张“我应该取得最大的成就”。这种类型的个体有强烈的好胜心，喜欢权威，常与他人比较，以成就衡量自己的价值高低，注重形象，常是“工作狂”，惧怕表达内心的感受，希望能够得到大家的肯定。这种类型的个体还是野心家，不断地追求成就，希望与众不同，希望被他人关注、羡慕，成为众人的焦点。④艺术型：追求独特，主张“我是最独特的”。这种类型的个体易于情绪化，追求浪漫，害怕被他人拒绝，觉得别人不明白自己，占有欲强，生活风格我行我素，总是谈论不开心的事，易抑郁、妒忌，追求生活上的感觉。他们很珍惜自己的爱和情感，所以想好好地滋养它们，并用最美、最特殊的方式来表达。他们想创造出独一无二、与众不同的形象和作品，所以不停地自我察觉、自我反省以及自我探索。⑤智慧型：追求知识，主张“我应该是博学的”。这种类型的个体看待世界比较冷漠，会抽离情感，喜欢思考、分析，想法很多，但缺乏行动，对物质生活要求不高，注重精神生活，不善于表达内心的感受。他们想要努力获取更多的知识来了解环境，当面对周围的事物时，他们想找出事情的脉络与原理，作为行动的准则。获得知识，他们才敢行动，也才会有安全感。⑥忠诚型：追求忠心，主张自己应该忠实。这种类型的个体做事小心谨慎，不轻易相信他人，多疑虑，喜欢群体生活，为他人做事时尽心尽力，不喜欢受人注视，安于现状，不喜欢变换环境。他们相信权威，跟随权威的引导行事，然而又容易反权威，性格上充满矛盾。他们的团队意识很强，需要亲密感，需要被喜爱、被接纳并得到安全的保障。⑦活跃型：追求快乐，主张生活就是需要快乐。这种类型的个体比较乐观，喜欢新鲜感和追逐潮流，不喜欢承受压力，害怕负面情绪。他们想过愉快的生活，想创新、自娱且娱人，渴望过比较享受的生活，把人间的不美好化为乌有。他们总是不断地寻找快乐、体验快乐。⑧领袖型：追求权力，认为人生就是追求权力。这种类型的个体乐于追求权力，讲究实力，不靠他人，有正义感。他们想要有话语权，喜欢做大事，是绝对的行动派，一碰到问题便马上采取行动加以解决，想要独立自主，一切靠自己，依靠自己的能力做事，在建设前不惜先破坏，希望带领大家追求公平和正义。⑨和平型：追求和平，认为应该以和为贵。这种类型的个体需要花很长时间做决定，难以拒绝他人，不懂宣泄愤怒而显得十分温

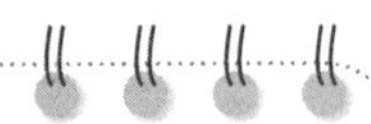

和，不喜欢与人起冲突，不自夸，不爱出风头，个性淡薄。他们想要与人和谐相处，避开所有的冲突与紧张，希望事物能维持美好的现状。他们还会忽视使自己感到不愉快的事物，并尽可能使自己保持稳定和平静。

三、人格的特征

人格特征是指在个体心理活动过程中表现出来的比较稳定的心理和行为特征，包括能力、气质和性格三个方面。这三个方面人格特征之间的关系错综复杂，相互影响、相互制约。这三种特征的独特结合就形成各种不同的个性特征。

（一）能力

能力是个体顺利地完成某种活动所必备的内在心理特征。个体要顺利、成功地完成任何一种活动，总要有一定的心理和行为方面的条件作为保证，而这种心理和行为方面的保证就是其具有的能力。根据不同的分类方法可以将能力分为一般能力和特殊能力。一般能力是指完成各种活动都需要的共同能力，如观察力、思维能力、记忆力、想象力、言语能力以及操作能力等。特殊能力是指从事某种特殊活动或专业活动所必需的能力，如听觉能力、曲调感和节奏感等。不同个体的能力存在种类及强弱的差异，同时，能力得到体现的时间也存在早晚的不同，有的“人才早熟”，有的“大器晚成”。能力是个性心理特征的重要方面，在一定程度上决定着一个人的成就。承认能力的差别并对其进行鉴别，才能使个体各尽其能，对不同的个体也能因材施教。但是也应该看到，能力并不能决定一切。人作为一个整体，心理各方面特征之间也存在相互影响。同时，心理因素也与生物及社会因素相互制约。一个人能否取得成就，一些非智力因素（如意志、性格、动机等）也具有很大的作用，因此，不能片面地理解能力的作用。

（二）气质

心理学中所指的气质与日常生活中所指的气质有较大差异。心理学上的气质是指不依赖于活动目的和活动内容，在心理活动中表现出的典型、稳定的动力特性，它与个体的生物学素质有关，并使每个个体有其独特的色彩，主要表现为个人心理活动过程的速度和灵活性（如感觉的速度、思维的灵敏度、注意力集中时间的长短等）等。气质与性格、能力等其他人格特征相比，更具有稳定性，俗语所说的“江山易改，禀性难移”即指气质具有稳定、不易改变的特点。但气质在生活环境和教育的影响下，也会在一定程度上发生某些变化。

为了更好地根据不同的气质类型对个体进行不同的教育或选择适合的不同的工作，心理学上通常把气质分为四种类型：①胆汁质，此类个体情绪体验强烈、爆发迅猛、平息快速、思维灵活，同时又有敏感易怒、精力旺盛、争强好斗、勇敢果断的特点。他们为人直率、朴实真诚、表里如一、行动敏捷、生机勃勃、刚毅顽强，但遇事时常欠考虑、鲁莽冒失，易激动，易感情用事、刚愎自用。②多血质，此类个体情感丰富、外露但不稳定，常抱有希望，思维敏捷但不求甚解，活泼好动、热情大方、善于交往，但与人交情浅薄，并且行动敏捷、适应力强。他们的弱点是缺乏耐心和毅力，稳定性差，易见异思迁。③黏液质，此类个体情绪平稳、表情平淡，思维灵活性略差，但细致周到、稳重忠实、沉默寡言、喜欢沉思、自制力强、耐受力高、内刚外柔，与人交往适度且易交情深厚。但此类个体的行为主动性较差，行动迟缓。④抑郁质，此类个体情绪体验深刻、细腻持久，情绪抑郁、多愁善感，思维敏锐、想象丰富，不善交际、孤僻离群，踏实稳重、自制力强。他们的行为举止缓慢，且软弱胆小、优柔寡断。

（三）性格

性格是个体对待客观现实稳定的态度及与之相适应的习惯化行为方式。也就是说，性格主要包括个体对事物稳定的态度和相应的行为方式。性格是人格特征中的核心内容，受意识倾向性的制约，能反映个体的生活经历及本质属性。性格的稳定性是由个体的态度与人格结构的稳定性决定的。通常，个体的性格主要包括四个方面的基本特征：①性格具有态度的特性，性格

的主要内容是人们对待客观事物的态度，如勤奋与懒惰、认真与马虎、自信或自卑等。②性格包含情绪的内容，不同性格的个体其情绪活动的强度、稳定性、持久性及主导心境等都存在较大的差异。③性格包含意志的成分，不同性格的个体在行为的自觉程度、自我控制能力和行为的坚持能力等方面都存在较大的差异。④性格中含有理智的成分，不同性格的个体在思维能力、理解能力、记忆力等方面都存在明显的不同。以上四个方面的基本特征是相互联系、相互作用的，并且构成统一的性格整体。

四、人格倾向性

在个体的心理活动过程中，都会或多或少地涉及相应的对象。针对不同的对象，不同的个体会表现出不同的行为，而这些心理活动内容是个体进行活动的基本动力，也是人格中最活跃的因素。它可使人们积极地选择外界对象、追求外界事物，并制约着个体的全部心理活动，这就是人格倾向性，主要包括需要、动机、兴趣、理想、信念和世界观等。

1. 需要　需要是指个体对内部环境或外部生活条件的稳定的要求，是为了获得某一生理功能或社会事物而在大脑中的反映，是个体活动的源泉。需要促使个体不断地调整行动，直到得到这一事物。社会中的每个个体都有很多的需要，在不同的时间、不同的场合，个体也会产生不同的需要。个体的需要有很多不同的分类方法，通常把需要分为自然需要和社会需要、物质需要和精神需要等。马斯洛的需要层次理论将需要分为生理的需要、安全的需要、归属与爱的需要、尊重的需要、自我实现的需要。

2. 动机　动机是一种驱使个体进行活动以满足需要、达到目标的内部动力，动机是个体表现出某一行为的直接内部动力，可激发个体开始进行某种活动，使行为朝着预定的目标进行，并对行为产生激励作用。当然，动机的产生必须以需要作为基础，只有产生了某种需要，动机才有产生的可能。根据动机的内容、性质、作用和产生原因，可以将其分为不同的种类：生理性动机和心理性动机、正确动机和错误动机、主导动机和辅助动机、短暂动机和长远动机、内部动机和外部动机等。在日常生活中，每个个体都会产生不同的动机，而在某一时间又不可能同时实现所有的动机，所以必然会体验不同动机间的冲突和动机间的斗争。动机的冲突和斗争存在四种基本形式：双趋冲突、双避冲突、趋避冲突和双重趋避冲突。

第二节　人格形成与发展

一、健全人格的特点

人格是否健全将直接影响个体能否适应社会及其工作效率。健全的人格是指各种良好人格特征在个体身上的集中体现，培养健全的人格对于大学生来说极为重要。

著名的人本主义心理学家罗杰斯（C.R. Rogers）提出了“潜能充分发挥型”人格特征的四条标准：①接受自身体验的意愿。②自我信任。③自我依赖。④有作为人而继续成长的意愿。人格心理学家阿尔伯特（H.C. Albert）提出人格健康的六条标准：①力争自我成长。②能客观地看待自己。③有统一的人生观。④有与他人建立和谐关系的能力。⑤具有人生所需的能力、知识和技能。⑥具有同情心和对一切有生命的事物的爱。这些阐述都是人格健全者的标志，为健全人格的培养提供了一种范式。

对于当代大学生来说，人格健康的相关内容包括：①自我悦纳，接纳他人。人格健全的大学生能够积极地开放自我，正确地认识自己，坦率地接受自己的局限并对生活保持乐观向上的态度。②人际关系和谐，人格健全者心胸开阔、善解人意、宽容他人，尊重自己，也尊重他人，对不同的人际交往对象表现出合适的态度，既不狂妄自大，也不妄自菲薄，在人际关系中具有吸引力，深受他人的喜欢。③独立自尊，人格健全者的人生态度乐观向上，生活态度积极、热情，有正确的人生观与价值观，人格独立、自信、自尊，能够理性分析生活事件，非理性观念较少。④能够发挥自己的潜能，人格健全者具有自我发展、自我塑造与自我完善的能力，能够充分开发自身的创造力，发现生命的意义并选择有意义的生活。

部分大学生也存在一定的消极人格特征，具体表现为：①缺乏崇高的理想和信念，随着社会多元化进程的加快，现实刺激和诱惑增多，大学生在人生观和价值观上产生了较多困惑，并形成一种功利性的价值观，追求个人享乐，不太关注政治时局和整体社会，整体意识、整体观念淡薄。②以自我为中心，由于家庭结构、父母的养育方式及社会文化的影响，一些大学生还存在比较明显的以自我为中心的现象，做任何事情都以自己的需求、目标及处境为主，较少考虑其他人的需要与观点。③较为浮躁，缺乏求真务实、严谨执著的精神。在现代复杂的社会文化氛围下，有相当一部分大学生心态浮躁。他们只注重最终的结果，而较少注意学习的过程；不注重学习能力的锻炼，只关心最后是否考试过关。有这种态度的大学生较难静下心来学习。④意志较为薄弱，抗挫折能力较差。许多大学生遇到困难会退缩不前，产生矛盾时，会不知所措，受到外界刺激时容易激动。⑤不注重诚信，不能正确控制自我需求。在社会多样化利益的诱惑下，大学生在进行价值选择时，往往只注重眼前自己的利益，不太关心他人或集体的利益，并采用双重标准对待自己与他人。有的大学生不能控制对名牌、时尚等的不恰当的需求。

二、人格发展的历程

人生的每一个阶段都有其主要的发展任务，发展的情况好坏将直接导致个体心理向不同的方向发展，从而获得不同的人格品质，而这些品质又将影响个体目前心理发展的好坏及心理健康的程度。为了更好地认清自己的心理发展过程，解决好发展中还没有解决的问题，维护和促进心理健康，有必要全面地认识个体一生的心理发展过程。

根据埃里克森的人格理论，个体的一生要经过八个发展阶段。这八个阶段对应着不同的发展任务，如果任务完成得好，则会获得良好的人格品质；如果完成得不顺利，则会发展成为不良的人格品质。这八个阶段的具体内容如下。

1. 第一阶段　是从出生到一岁半左右。这个阶段主要的任务是与哺养者建立安全的依恋关系，从而可以较好地满足婴儿的生存需要。如果婴儿得到周围人的精心照顾与关爱，就会产生信任感，否则就会对外界特别是周围的人产生害怕与怀疑的心理。

2. 第二阶段　是从一岁半到三四岁。这个阶段主要的发展任务是学会自我控制。这一时期，儿童开始有独立自主的要求，如想要自己穿衣、吃饭、走路、拿玩具等，他们开始去探索周围的世界。这时，如果父母及其他照顾幼儿的成人允许他们独立地去做一些力所能及的事情，并且表扬他们完成的工作，就能培养他们的意志力，使他们获得一种自主性，能够自己控制自己。相反，如果成人过分爱护他们，处处包办代替，什么也不需要他们动手，或过分严厉，这也不准、那也不许，稍有差错就粗暴地斥责，甚至采用体罚，则会使儿童经历许多失败的体验，从而产生自我怀疑与羞耻感。

3. 第三阶段　一般是从三岁到六岁。这个阶段主要的发展任务是主动地探索外部世界。这个阶段儿童的肢体运动与言语能力发展很快，能参加跑、跳、骑车等运动，能说一些连贯的句子，还能把自己的活动扩展到超出家庭的范围。这时，如果成人对于孩子的好奇心以及探索行为不横加阻挠，让他们有更多的机会去自由地参加各种活动，耐心地解答他们提出的各种问题，那么儿童的主动性就会得到进一步发展，表现出很大的积极性与进取心。反之，如果父母对儿童采取否定与压制的态度，他们就会认为自己的表现是不好的，自己提出的问题是愚笨的，自己在父母面前是让人讨厌的，从而导致儿童产生内疚感与失败感，这种内疚感与失败感还会影响下一阶段的发展。

4. 第四阶段　是从六岁到十一二岁。这个阶段主要的发展任务是学习。这一时期的儿童和青少年很关心物品的构造、用途与性质，对工具和某些技术也很感兴趣。这些方面的兴趣和需要如果能得到成人的支持、帮助与赞扬，则能进一步加强他们的主动性，使他们进一步对这些方面产生兴趣，并且相信自己是有能力的、聪明的。任何事情都能做得很好，他们就会拥有一种成就感。相反，如果父母采用过分批评、责备的教育方式，那么儿童和青少年就会否定自己的能力而产生自卑感。

5. 第五阶段　是从十一二岁到十七八岁。这个阶段主要的发展任务是形成稳定的、统一的自我认识。青少年对周围世界有了新的观察与思考方法，他们经常考虑自己到底是怎样的一个人，他们从他人对自己的态度和自己扮演的各种社会角色中逐渐认清自己。此时，他们逐渐疏远父母，从对父母的依赖关系中解脱出来，而与同伴们建立了亲密的友谊，从而进一步认识自己，对自己的过去、现在和将来产生一种内在的连续感，也认识到自己与他人在外表与性格上的相同与差别。认识自己的现在与未来在社会生活中的关系，这就是同一性，即心理社会同一性。同一性可以帮助青少年了解自己以及了解自己与各种人、事、物的关系，以便能顺利地进入成年期，否则就会产生同一性混乱。如，怀疑自我认识与他人对自己认识之间的一致性；做事马虎，看不到努力工作与获得成就之间的关系；对领导与被领导之间的共同点与差异看不清，要么持对立态度，要么盲目顺从。在两性问题上也会发生同一性混乱，认识不到两性之间的相同点与差异。

6. 第六阶段　是从十七八岁至二十五岁。这个阶段主要的发展任务是学会与异性和他人交往与相处。这一时期，如果个体不能与他人分享快乐与痛苦，不能与他人进行思想和情感的交流，不能相互关心与帮助，就会陷入孤独、寂寞的苦恼情境中。反之，如果能与他人建立较好的关系，能顺利地与他人进行思想和情感的交流，个体就会获得亲密感。

7. 第七阶段　是从二十五岁到成年中期。这个阶段主要的发展任务是成家立业。这一阶段有两种发展的可能性，一种可能是向积极方面发展，个体除了关心家庭成员外，还会扩展到关心社会上的其他人，关心下一代甚至子孙后代的幸福。他们在工作上勇于创造，追求事业的成功，个体获得成就感；另一种可能性是向消极方面发展，就是只顾自己以及自己家庭的幸福，而不顾及他人的困难和痛苦，即使有创造，其目的也完全是为了自己的利益，个体易产生停滞感。

8. 第八阶段　主要是指老年期，这个阶段主要的任务是进行人生的总结。如果前面七个阶段中的积极成分多于消极成分，就会在老年期形成完美感。个体回顾一生，会觉得这一辈子过得很有价值，生活很有意义。相反，如果消极成分多于积极成分，就会产生失望，感到自己的一生失去了许多机会，走错了方向，想要重新开始却又感到为时已晚，痛苦不堪，甚至产生绝望的感觉，精神萎靡不振。

三、人格发展的影响因素

（一）遗传对人格发展的影响

1. 原始本能的影响　弗洛伊德认为，在个体的心理活动中，起决定作用的是个体的遗传本能和潜意识中的冲动（本我），因为这些遗传本能和潜意识冲动是按照快乐的原则进行活动，所以必然会与现实环境及社会道德和法律发生冲突。为了管理这些冲突，个体必须要正常地发展人格的现实成分（自我）和道德成分（超我），从而很好地适应现实生活和社会生活。

因此，对于一个完整的人格来说，本我的本能冲动、现实自我和道德超我之间应当是相对均衡、协调的。本我在于体现自我的生存，追求本能欲望的满足，是必要的原动力。超我在于监督、控制和约束自己的行为，使自己不至于违反社会道德标准，以维持正常的人际关系和社会秩序。自我对上要符合超我的要求，对下要吸取本我的力量，并处理、调整本我的欲望；对

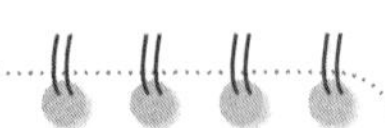

外要适应现实环境，对内要保持心理平衡。人格的动力学就在于本我、自我和超我三者之间的交互作用。无论是正常人还是有心理疾病的患者，内心世界总是存在着冲突和斗争。本我的冲动随时受到超我指导下的自我压制，它要想得到满足和表现，往往需要在潜意识领域通过各种玄妙的潜意识的精神过程进行乔装打扮，以求蒙混过关。如果个体的本我、自我、超我三者彼此交互调节、和谐运行，就会形成一个发展正常、适应良好的个体；如果三者调节失衡，或者彼此长期冲突，就难免导致个体出现社会适应困难，甚至演变成异常心理。

2. 个体潜能和自我实现本能的影响　马斯洛认为，人的本性是积极的，有能力意识到自己的问题，解决自己的问题。因此，心理学应把重点放在健康人的个性和生活方式上，关心个体的需要，重视个体的价值和尊严，注重个体的自我和自我意识，并研究如何发挥个体的潜力。自我实现是指个体在成长过程中，其身心各方面的潜能获得充分发展的过程和结果，就是指个体本身生来就有，但是潜藏未露的良好品质得以在现实生活环境中充分展现出来。这包括两层含义：一是完满人性的实现和个人潜能的实现，二是超越型自我实现，即经常意识到内在价值、生活在存在水平或目的水平而具有丰富的超越体验。

马斯洛对希望能成为自我实现的个体提出了 7 条建议：①把自己的情感出口放宽，要有宽广的心胸。②在任何情境中都尝试从积极、乐观的角度看问题，从长远的利益考虑做决定。③对生活环境中的一切要多欣赏、少抱怨，如有不如意之处，应设法改善。④设定积极而可行的生活目标，然后全力以赴去实现自己的目标，但是也绝对不能期望未来的结果一定不会失败。⑤对是非的争辩，只要自己认清真理和正义之所在，就算违反多数人的意愿，也应该挺身而出，站在正义的一方，坚持到底。⑥不要使自己的生活僵化，要为自己在思想上和行动上留一些弹性空间，偶尔放松一下身心将有助于潜力的发挥。⑦与人真诚相处，使他人看见自己的长处与缺点，也与他人分享快乐、共担痛苦。

（二）环境对人格发展的影响

环境包括家庭、社会环境及同伴环境等，它是影响人格发展最主要的因素。

要分析个体人格的主要特征，就需要更多地从其所处环境入手。要改善人格的发展状况，最主要的方法也是改变个体所处的各种环境。那么，环境是如何影响个体心理与行为的发展呢？

首先，环境刺激分为两类，一类是由先天遗传因素所决定的能自然地引发反射的刺激，称为非条件刺激。由非条件刺激所引发的反射称为非条件反射。另一类是伴随非条件刺激而施加的，最终也能单独引发反射的刺激。这类刺激本身并不能直接引发特定的反射活动，它要单独激发反射必须具备一定的条件，即必须与非条件刺激反复结合才可能单独引发反射活动。在人类复杂的社会生活中，言语、情境也可以成为条件刺激，引起情绪、行为的条件反射。每个个体都有其特殊的社会生活情境，所以每个个体会习得自己独特的情绪、行为反应模式（即独特的人格特征）。如果这种模式可以较好地适应社会生活，那么个体就会正常地生存。如果这种模式不符合个体的文化背景或社会行为规范，那么，个体的情绪或行为反应就是适应不良性的或是病态的。

其次，当外界环境刺激被个体赋予一定意义后，个体就会对其产生喜欢、讨厌或中性的情感，而选择性利用这些刺激又可以反作用于行为，通过给予个体一定的使其喜欢或讨厌的刺激，可以使个体的行为增多或减少，也就是所谓的操作性条件反射。操作性条件反射是指人们运用环境刺激及行为的后果来控制个体行为的过程。控制行为的过程分为：①强化，行为结果使积极刺激增加或消极刺激减少，进而使该行为反应逐渐加强。②惩罚，是指通过厌恶刺激的增加使动物或人的某一行为发生减少的过程。个体所处的环境中都会因为父母、老师及同伴的因素，接受一些由其行为带来的奖励或惩罚，是先接受奖励还是先接受惩罚会在无形中影响个体的情绪或行为，从而使人格特征向着外界环境所要求的方向发展。当然，这样的过程可以使

个体更容易适应社会环境，但这种适应的方式可能会因为环境变化而使个体产生新的不适应，从而使个体出现问题甚至发生疾病。

最后，社会环境的刺激不一定都需要通过直接刺激个体才使其获得某一行为。在社会生活中，人们大多数的心理行为都是通过观察而习得的。在个体的行为获得过程中，观察学习非常重要，这是现代社会学习的主要方式之一。观察既可以是直接的，也可以借助于语言或文字符号间接进行。在观察学习的过程中，个体自身具有主观能动性，可以根据自身的具体情况调节学习的过程。人类的行为主要是通过直接或间接观察他人的行为及其后果再进行模仿而获得的，这是在社会交往和实践的过程中不知不觉地被人们采用的一种更为高级的学习方式。通过这种方式，人们能够学会使用复杂的工具或器械，掌握许多生产和生活技能，但也能学会许多不健康或适应不良的行为方式，如吸烟、酗酒、吸毒、攻击和行为。

总之，社会环境是对人格发展产生重要作用的因素，特别是社会文化环境。社会文化环境包含了人类文明的所有成果，通过习得社会文化中的相应思维方式、行为模式及情绪等，可以使个体的心理不断向高级发展，使个体心理的随意性、概括性、抽象性及主动性不断增强，从而使个体更高效地适应社会环境。但由于个体所处环境的不同，其习得的人格品质也会产生较大的差异，并表现为不同的思维方式和行为模式。

案例导读

衙役的儿子读书

古时候有一个衙役，通过收取原告和被告的贿赂这个办法挣了不少钱。后来他想，儿子长大了，也该多读书，以后当个官儿，也换一下门面。于是，他请了一位先生来家里给儿子教书。儿子从小在衙门里，随父亲长大，已经沾染了很多衙门里的习气，始终都改不了。有一天，老父亲摇着鹅毛扇走进来，要考一考儿子，看看他有没有进步。先生看到这个情形，马上说了一句“大伯手中摇羽扇”，要学生对下句。学生想了想，对道：“家君头上戴鹅毛”。先生又出一题“读书作文写字”，学生对道：“传呈放告排衙”。先生一听急得不行，又出一题“读书宜朗诵”，学生马上接着说道：“喝道要高声”。先生又出四字对“七篇古文”，学生对道：“四十大板”。先生气得要命，说：“胡说”，学生说：“跪下”。先生说：“放屁！”学生说：“退堂！”先生说：“哼！”学生说：“呸！”

这个故事生动地展现了环境对人格发展的重要性。

（三）自我认识对人格发展的影响

自我是人格的核心内容，它统摄人格的其他内容。个体对自我认识的评价情况直接影响着心理健康状况，影响个体的心理发展过程。心理学家贝克（A.T. Beck）认为，认知思维是情感和行为的中介，情绪和行为障碍主要与适应不良的认知有关，而不是外部事件的直接后果。适应不良的认知是指个体忽略积极的信息而总是注意消极的信息。这样，个体通过夸大消极的方面而歪曲事实，把事件看成非黑即白。从信念到图式，再通过关键事件的影响，最后就产生情绪、行为和生理反应，这就是贝克所说的认知发展模式。另外，贝克还认为，情绪障碍通常伴有消极的认知，两者互相加强，形成恶性循环，从而导致情绪障碍经久不愈。他还认为具有情绪障碍的患者的认知常蕴含着大量曲解，如果这些曲解得到识别和修正，则患者的情绪和行为也会随之改善。贝克认为，常见的认知歪曲有以下几种形式：任意推断、过度引申、夸大或缩小、“全或无”思维。心理学家艾利斯（A. Ellis）也认为，个体绝对不应该放弃自己，不应该使自己成为早期经验或生物本能的受害者，应该善于利用自己所拥有的巨大的、未经发挥的潜能来进一步改变自己的行为。当然，艾利斯并不否认个体在很小的时候就有某种特别的倾向，如果坚持，那么自己所希望和所需要的都能得到满足，否则他们就会谴责自己或怪罪他人，但是艾利斯相信这种倾向是个体所处文化背景和家庭环境强化的结果。这是一种非理性的观念，它会导致出现伤害自己的习惯或其他不适应的行为方式。他提出了认知的ABC理论，A是诱发事件，诱发事件可以分成两部分，一部分是发生了什么，另一部分是个体感觉发生了什么；B是个体对事件产生的某些信念或对情境的评价；C是这些信念和评价使个体出现某些情绪或行为后果；这个过程就是采用积极的、说教的、指导性语言，指出个体认知系统中的非理性成分，促使个体领悟到三个内容：造成情绪不良的原因不是外界，而是自己的非理性信念；目前的情绪障碍是因为自己仍在沿用过去的非理性信念；只有改变自己的非理性信念才能消除情绪和行为障碍。

知识链接

自我实现的人格

自我实现是指个体需要发挥自身的潜能，展现自己的才能。只有当个体的潜能充分发挥并展现出来时，才会感到最大程度地满足。充分发挥自身的潜能，并体验最大满足的状态即为自我实现。自我实现的人格则是指要达到自我实现所应具有的人格特征。这些概念最初是由著名心理学家马斯洛通过研究杰出人物的人格特征时提出的。虽然在日常生活中具有这一人格特征的个体非常少，但他们为人格完善提供了一个重要的参照系。尽管这个参照系不尽全面，但其积极的意义仍然是显而易见的，它使人们认识到个人和人类进步的阶梯性、阶段性和方向性，这样就给个人和人类的进步以充分的信心和希望。人们可以参照自我实现者的人格特征，发掘自身的潜能，积极完善人格。自我实现者人格特征的具体内容包括以下几方面：

1. 认识和正视现实。对现实有较强的洞察力，能够辨别人格中的虚伪、欺骗、不诚实，具有正确而有效地识别他人或事物的不寻常的能力。

2. 对自我、他人和自然的接受。能够坦然接受自己，悦纳自我，同时毫不懊悔、抱怨，尽管自己的人性有弱点，与理想有差距，但仍然可以从本质上接受而不感到忧虑。

3. 自然地表达自己。他们的生活在数量与质量上与普通人有所不同，不仅是一般意义上的自我奋斗，而且是发展的、日臻完美的和日益全面的。

4. 以问题为中心。他们一般都强烈地将注意力集中在自身以外的问题上，以问题为中心，而非以自我为中心。

5. 具有超然独立的特性和离群独处的需要。自我实现者可以离群独处而不会使自己感到不舒适。他们常可以超然于物外，泰然自若地保持平静。

6. 意志自由。他们对于文化和环境具有独立性。对于自然条件和社会环境的相对独立性是贯穿于自我实现者的始终的，他们的自我发展和持续成长是依赖于自身的潜能以及潜在的资源所实现的。

7. 日常生活的欣赏和审美体验。自我实现者具有奇妙的反复欣赏的能力，他们带着敬畏、兴奋、好奇甚至狂喜，精神饱满、天真无邪地体验人生的乐趣。

8. 高峰体验。自我实现者有一种极为奇特的主观体验，这是一种漫无边际、视野无垠的神秘体验。

9. 同情与关心他人。他们有较强的同情、宽容和理解能力，虽然常会感到没有人能真正地理解他们，但仍然能够表现出宽容与理解。

10. 有理想的人际关系。自我实现者具有更深刻和深厚的人际关系，拥有更崇高的

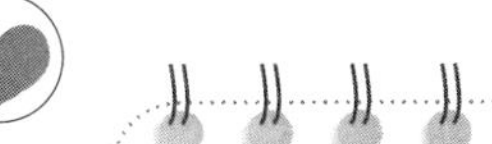

爱、更完美的认同以及更多的摆脱自我限制的能力。

11. 民主的性格结构。自我实现者具有明显的民主特点，他们不愿意超越某种最低限度去降低、贬损或侮辱他人的人格。

12. 能够区分手段和目的。自我实现者能够很好地区别手段和目的，他们更专注目的，手段则相当明确地从属于目的。

13. 富有哲理的、善意的幽默感。自我实现者的幽默感是更加紧密地与哲理相连的。

14. 富有创造力。自我实现者具有非常强的创造力，并能给人以启发。

15. 不随波逐流。他们能够与文化和谐相处，但从某种深刻的意义上说，他们抵制文化，并在某种程度上超脱于他们所处的文化环境。

当然，自我实现者是现实的人，因此他们也有着世俗的欲望与人性的弱点。他们也会不时地暴露出易怒、暴躁、乏味、自私、沮丧等弱点，也会因自身的坚强而显得有些无情，也会有罪恶感、焦虑、悲伤、自责以及内心的矛盾和冲突。自我实现者也会犯错，但重要的是他们能够恰当地加以纠正。

第三节 人格完善

一、常见的人格缺陷

人格缺陷是介于正常人格与人格障碍之间的一种状态，是人格发展的不良倾向。所谓“人无完人”，绝大多数人或多或少都会存在这样或那样的人格缺陷。无论是从遗传还是环境的角度来说，个体都可能存在一些缺陷与不足。例如，抑郁质的个体敏感、细致，但易于形成抑郁、自卑、孤僻、固执、多疑等人格缺陷；胆汁质的个体有活力和毅力，但易形成冲动、狂躁、具有攻击性等人格缺陷。同时，每个人的成长环境、受教育方式也存在较大差异，从而使个体在人生观、价值观、道德观上存在很大差异，导致人格上的独特性。但独特的人格并不是完善的人格，都可能存在不成熟和偏差的方面，而这些不成熟和偏差就可能会影响个体的活动效率，妨碍正常的人际关系。以下是一些常见的人格缺陷及应对策略。

1. 悲观 莎士比亚（W. Shakespeare）说：“明智的人绝不会坐下来为失败而哀号，他们一定会乐观地寻找办法来加以挽救。”人生不如意者十有八九，有些人遇到挫折、失败时便垂头丧气、怨天尤人，对前途失去信心、心灰意冷，而有些人则能够迅速重新振作精神，在失败中吸取教训，并会看到失败对将来成功的好处，不断坚持，直到取得最后的胜利。之所以会出现如此大的区别，就是因为不同人格的个体对外部事物有不同的认识倾向。悲观的人会更多地看到事物的消极方面，更多地用消极的认知指导消极的行为，从而导致其特征性的行为模式。但如果长期运用这种模式去适应社会，则会使个体的行为、思维观念及社会交往等越来越消极，并危害个体的身心健康。那么，怎样才能改变悲观状态，走出情绪低谷呢？

悲观的应对策略有：①保持积极、乐观的态度，越担惊受怕就越容易遭受灾祸，因此，一定要懂得积极的态度能带来力量，要坚信希望和乐观能引导自己走向胜利。②即使处于危难中也要寻找积极因素。这样，个体就不会放弃争取微小胜利以寻求转机的努力，克服困难的勇气就会倍增。③以幽默的态度接受现实中的失败。有幽默感的个体更有能力轻松地克服挫折，也不会接受现实的摆布。④既不要受到逆境的困扰，也不要幻想出现奇迹，而要脚踏实地、坚持不懈、全力以赴地去争取胜利。⑤即使失败，也要想到自己曾经获得过多次成功，这才是值得庆幸的，凡事要多往好处想。⑥闲暇时努力接近乐观的人，观察他们的行为，通过观察培养自己的乐观态度。⑦要知道，悲观不是天生的。像人类的其他态度一样，悲观不但可以减轻，而且通过努力还能将其转化成一种新的态度，这就是乐观。⑧如果保持乐观态度使个体成功了，那么就应该相信这样的结论：乐观是成功之源。此外，培养多方面的兴趣、爱好，多参加集体活动，加强体育锻炼，多看幽默剧、相声等能给人带来欢笑的节目，都有助于培养乐观的性格。

2. 羞怯　羞怯在大学生中并不少见。羞怯的大学生不敢在公众场合发表意见，害怕与陌生人打交道，在路上见到异性同学会手足无措，见到老师便会感到难为情，说话时会感到紧张等。羞怯心理的产生与遗传、家庭教育环境及个人的社会经历有关。一般而言，害羞之心人皆有之，但过分地害羞会阻碍人际交往，影响个体正常才能的发挥，还会导致压抑、孤独、焦虑等不良心态。通常，羞怯是自我防御心理过强的结果，其特点为：①过于胆小被动，过于谨小慎微。②过于关注自己。羞怯者特别注意自己在他人心目中的形象，总觉得自己时刻处于众目睽睽之下，于是敏感并且感到拘束。③自信心不足，羞怯者对自己的社交能力、表达能力、做事能力甚至自我形象缺乏信心，因而使原本可以做到、做好的事难以如愿。

羞怯的应对策略有：①要对自己进行具体分析，找到自己的长处和不足，发扬长处可增强信心并弥补不足，特别是要多看到自己的长处，以增强信心。②放下思想包袱，事实上每个人都有害羞心理，只是有些人善于调节而已。金无足赤，人无完人。一个人说错话、办错事没有什么可怕的，也不必感到难为情，知错能改，则善莫大焉。③不要太在意他人的议论，总是把他人说的话放心上，便会寸步难行，什么也不敢做、不敢说。只要自己认准的事就大胆地去做，但要明白，无论做得多好，也不可能得到每个人的称赞。④有意识地锻炼自己，胆量和能力都是锻炼的结果。要敢于说出第一句话，敢于迈出第一步，一旦这样做了，就会发现自己不仅有能力把事情做好，而且有潜力做得更好。

3. 猜疑　哲学家培根（F. Bacon）说："猜疑之心犹如蝙蝠，它总是在黄昏中起飞。这种心情是迷惑人的，又是乱人心智的。它能使人迷惘，混淆敌友，从而破坏个人的事业。"所谓猜疑，是建立在猜测的基础上，因而往往缺乏事实根据，也缺乏合理的思维逻辑。猜疑是一种不良的认知方式，它就像夜空中飞过的一抹阴云，遮住人们欣赏星星和月亮的眼睛，使人眼前只是一片朦胧，影响了本应清亮的心情。在日常生活中，个体或多或少地都会运用这种方式去处理自己遇到的事情。但是在正常情况下，个体会很快地根据实际情况调整思维方式，改变原来错误的认知。但部分人由于受到人格其他方面的影响，较少进行事实检验，并一直运用这种错误的认知去指导其行为，从而表现为猜疑的人格特征。猜疑会导致人际关系紧张、伤害他人情感、无事生非等，而自己则会陷入庸人自扰、苦闷、惶惑的不良心境中。

猜疑的应对策略有：①当产生猜疑时，先不要外露，可留心观察所怀疑的人和事，若猜疑被证实，也不必因此感到震惊；若猜疑不成立，则应打消疑虑，不使疑心外露时也不会伤害他人。②加强沟通，猜疑常是由于误会或他人搬弄口舌引起的，碰到这种情况时应主动地和被猜疑者沟通交流，这有助于消除误会，改善、增进彼此的信任感。③抛弃成见和克服自我暗示，学会全面、发展地看问题，改变封闭的思维方式。④"心底无私天地宽"，无私则无畏，坦坦荡荡地做人，与同学、朋友坦诚相待，不要过分在意他人如何看自己，要相信"日久见人心"。

4. 急躁　急躁是大学生中常见的不良人格品质，表现为遇到不顺心的事便会马上激动不安，没有做好充分准备就盲目行动，缺乏耐心、细心和恒心。性情急躁的人说话和办事的速度快、竞争意识强、容易冲动，做事时常处于紧张状态。日常生活中性情急躁的人为数不少，他们常什么想都学，而且想在短时间内学会，生怕比他人落后，急于求成，但实际上常达不到期望的目标，从而容易泄气、发怒，既影响自己的健康和工作效率，又妨碍人际关系。

急躁的应对策略有：①协调思维与行为，首先要加强自我修养，自觉地养成冷静、沉着的习惯。在学习、生活中，对于非原则性问题，尽量避免与人发生冲突，甚至激化矛盾，要把精

力用到积极思考中。②改变行为，养成细心、认真做事的习惯，吃饭时间不得少于20分钟，要细嚼慢咽；说话时控制语速，考虑清楚再说，不随意打断他人的谈话；看书时要逐字逐句细读，边读边想；走路、骑车时有意不超过他人；在工作中改掉冲锋陷阵的习惯，要按部就班、有条不紊。③控制发怒，性格急躁的人容易发怒，应铭记“能忍则自安，退一步则海阔天空”，时常提醒自己遇事要冷静。④采用放松疗法，坚持静养训练，在工作和学习之余，常听轻松、恬静的音乐，赏花观草，打太极拳，练气功，闭目冥想等，使肌肉、神经处于放松状态。

二、人格的自我管理

（一）自我意识的管理

自我意识是人格的核心内容，对人格的发展具有极其重要的作用，所以进行人格管理的首要内容就是加强自我意识的管理。

1. 善于接纳自我　自我接纳是指个体对自身以及自身特征所持的一种积极的态度，不因自身优点而骄傲，也不因缺点而自卑，即能够坦然接受现实中的自己。要做到自我接纳，就必须在肯定自己优势的同时正视自己的缺点，在认同自己积极情绪的同时更多地理解自己的负性情绪，并且学会无条件地接纳自己，接纳自己的外在与内心、优点与缺点、美丽与丑陋，并在此基础上积极进取，接纳可能的挫折。

2. 培养积极心态　积极心态主要是指积极的心理态度或状态，是个体对待自身、他人或事物的积极、正向、稳定的心理倾向，是一种良性、建设性的状态。积极心态是个体获得希望和自信品质的基础，只有学会积极地思考、处理及应对所面临的问题，才能更幸福地生活，并得到良好的发展。

3. 学会自我平衡　无论是个体的内心，还是社会生活的外部世界，都会使个体体验到矛盾、冲突及困惑。内心的多种需求、外在条件的差异及环境的变化都会使自我处于失衡状态，从而使个体产生焦虑、烦闷及抑郁等。要解决这些问题，就应该学会知足、量力而行，并且不过分追求名利，学会减轻心理负担，重新获得心理平衡。

（二）自我目标的管理

人生目标是在个体人生观和价值观的指导下，在学习、工作和生活方面制订想要追求的内容。

1. 确立并实现目标　首先，要设定科学合理的总体目标。总体目标的确定是目标管理的起点。然后，由总体目标再分解成每年、每学期、每个月的具体目标。具体目标是构成和实现总体目标的充分而必要的条件。另外，还必须制订周密的计划。详细、严密的计划既包括目标的制订，也包括实施目标的方针、政策、方法和程序，使各项工作有所依据，循序渐进。计划是目标管理的基础，可以使各方面的行动集中于目标。它规定了每个目标完成的期限，否则，目标管理就难以实现。

2. 获得成就感　成就感是前进的动力。保持每天创造和感受成就感的要点有：①要事当先，最先做喜欢的事、为自己做的事、满足自己的事、能获得成就感的事。个体只有先满足自己，才有能力帮到他人。先利己，才能做到利他。自己的能量值高，才有可能帮助他人提升能量。②量化任务，个体是以完成任务和计划获得成就感的，所以对于当天的计划要有一个量的标准。对自己要宽容，制订没有压力的下限。每天超额完成比每天完不成任务要让人开心得多。③排序与取舍，个体越放松，就越容易高效、高质量地完成任务。越是对自己宽容，得到的回报就越多。取舍的方法是，把要在一段时间内想做、要做的事都列出来，每天逐个审视，感受自己完成时能够带来的成就感和满足感，然后把明天想做、要做的事挑出来，放在明天的计划表上。④保证休息，每周末留出1～2天休息，做自己想做的事情，这对于蓄积下一周的能量和激情有至关重要的作用。

3. 脚踏实地，提高综合能力　对于大学生来说，培养和锻炼学习能力、创新能力、就业能力、创业能力等各种能力是促进人格完善的重要方面。要完成各种能力的培养，就需要有持续的动力，而核心的动力就在于理想和信念。理想和目标可以持续地促进大学生的发展。但理想与目标应落实到学习和工作的具体内容上，不能空谈。既要仰望星空树立理想，也要脚踏实地培养能力，这样既可以在遇到任何困难的时候都能够坚守，也能在学习和工作上明确方向，不至于感到迷茫。

（三）自我情绪的管理

面对复杂多变的社会生活，大学生很有必要建立和完善自我情绪管理体系。

1. 保持理智　即树立正确的世界观、人生观和价值观，拓宽知识视野，积累经验，以冷静、理智和科学的态度去分析与化解挫折和心理冲突，确立正确的态度，并选择最佳的处理方案。这是最重要的心理防御机制，也是最有效的解决挫折和心理冲突的方法。

2. 适当宣泄　是指个体在不能用理智的行为消除不良情绪时，改用语言宣泄，以取得心理平衡的一种方法。可以向家人或关系要好的同学或亲密朋友尽情地诉说自己的烦恼、委屈和愤怒，将积蓄在内心的破坏性能量尽可能地释放出来，然后再冷静地处理问题。

3. 升华行为　是指被压抑的欲望或冲动不以社会所反对的形式表现出来，而是升华为符合社会要求的高级行为，如从事科学研究、勤奋工作、参加文娱活动、运动等，将内心被压抑的欲望或冲动转变为从事健康活动的动力，既有益于社会和他人，也使自我需要获得满足。

4. 转移情境　是指当一时排解不了心理冲突时，通过转移大脑兴奋中心去缓解不良情绪的方法。不良情绪在大脑形成一个兴奋灶，而转移刺激物或情境又可在大脑中建立一个新的兴奋灶，用以抵消和削弱不良情绪兴奋灶。可以选择做自己喜欢的并可能有所成就的事，也可以脱离挫折情境，进入新环境。

5. 合理补偿　是指个体在生理或心理上有某种缺陷时，主动通过一定的方法弥补，以减轻心理压力和不适感。补偿活动应适可而止，并选择正确的方向，否则会导致心理异常。如一个自惭形秽的人可能发展为自高自大、好斗和富于攻击性的个性，称为过度补偿。

思考题

1. 请简要地分析自己的人格状况及形成的可能原因。
2. 结合自己的人格特点，论述大学生如何进行自我人格完善和调适。
3. 人格完善途径有哪些？

（王加好）

第六章　大学生涯规划与能力发展

人生重要的事情是确立一个伟大的目标，并决心实现它。

——歌德

“大学生活是怎样的？”

“我将如何度过我的大学生活？”

“我要为我的将来做好哪些准备呢？”

……

大学是人生的重要发展时期，是大学生走向社会的预备期，大学生未来的发展需要大学期间的铺垫。大学生要明确自我现实状况，了解未来世界的能力需求，确立自己未来的发展目标，明确大学期间的阶段性目标，发展自我适应的能力，为自己的大学生涯做出规划并做好时间管理，制订和实施生涯规划，不断地提高和发展自我，在未来的社会竞争中形成自己的核心竞争力。

知识链接

初入大学的迷茫

从中学到大学，大学生的生活发生了很大的变化：由一个见识、交往、活动范围较为狭窄的天地进入一个见识较为广博、交往活动范围较为广阔的天地；从上课、做作业、考试及活动均由老师和家长安排的状态，转变为需要自己来设计和安排学习和生活等。初入大学的新生们会产生各种彷徨和无奈。以下归纳了几种使大学新生感到迷茫的情况。

1. 目标实现后的迷茫　对于大一新生而言，入学前最重要的事就是为踏进大学校门做准备，而这个目标一旦实现，又没有树立新的切合实际的目标时，他们也就失去了内在动力和方向。在高中时期，他们对大学生活的了解主要是通过书本或其他传播媒介，这样难免会对大学生活的期望值过高，并且可能抱有各种不切实际的幻想。进入大学后，理想与现实的差距不可避免地会使新生们产生失落感。

2. 教学方式的不适应　高中时期的学习方式主要是“老师带着”，每天的学习时间都被上课和课后作业填满，学生们只要依照老师的安排做就行。进入大学后，在学习上更多的是靠自己，没有很多强制性的作业和学习计划，一切都由自己来支配。加之一些课程本身难以激发学生学习的兴趣，于是有些学生就开始出现逃课现象，只是为了期末考试能及格而在考前几天临时突击学习。

3. 人际关系的失衡　首先，与大学里的新同学接触时，他们常会不自觉地以高中时的好友为标准来加以对比衡量。由于有老朋友作为参照，他们可能会觉得新面孔不太合意，因此，宁愿采取被动接受的态度，从而阻碍学生间的相互沟通和交流。其次，在高中阶段，上大学几乎是所有高中生最迫切想要实现的目标，在这个共同的目标下，找到志同道合的朋友是很容易的。而进入大学后，每个人的目标和志向会有很大的差别，要找到一个有共同追求的朋友就需要较长时间的努力了。最后，大学里的绝大部分学生都是住校的，大家的学习和生活都在一起，与来自不同地方、有着不同生活背景和习惯的同学在一起时，不可避免地会有一些摩擦和不适应，容易产生各种矛盾，需要同学之间更多的体谅和理解。

4. 自我同一的矛盾　很多考上大学，尤其是考入一流大学的学生，在高中阶段应该说都是学习方面的佼佼者。老师的青睐、同学们的羡慕使他们成为同龄人的中心，无形中可能会产生过高的自我评价。然而进入大学后，全国各地成绩优异的同学汇聚一堂，相比之下，很多新生会发现自己显得比较普通，因为各方面比自己更优秀的同学比比皆是。这种突然发生的转变会使很多新生一时难以接受。

第一节　大学生涯规划

一、认识生涯及生涯规划

（一）生涯

“生涯”一词源自《庄子·养生主》:“吾生也有涯，而知也无涯。”这里，“生”为生命，“涯”为边际的意思。这句话可以理解为“我的生命是有限的，但我的学习和探索却是无边无际的”。“生涯”的英文为“career”，在牛津辞典（*Oxford Dictionary*）上解释为“职业、事业”（profession or occupation with opportunities for advancement or promotion）和“生命的历程”（progress through life）。在古希腊原意为两轮马车，引申为道路，也就是人生的发展道路。狭义的生涯是指与个人终生所从事的工作或职业有关的过程，即指职业生涯。广义的生涯则扩展到包含非职业的活动，也就是除了终生的事业外，还包括生活的其他方面。生涯发展大师舒伯将生涯定义为一个人一生中所经历的一系列职业与角色的总称，即个人终生发展历程。他认为一个人在一生中要扮演各种角色，就如同一条彩虹同时具有许多色带。这些角色，包括儿童、学生、休闲者、公民、工作者、夫妻、家长、父母、退休者九项，分别在家庭、社区、学校及工作场所这四个主要场所中扮演。

“生涯”一词原指生命有边际、限度，后引申为人生。个体终其一生的过程，是指个体从蹒跚学步到步履艰难，从年幼无知到洞悉天命的持续一生的过程。生涯在本质上是持续一生的过程。在这个过程中，每一个个体都承担着不同的角色和责任。在走向社会前，个体需要经历一个逐渐成熟的过程。在成熟之前，社会不会对个体有更多的要求，而个体一旦走向社会，情况就会大不一样。

（二）生涯规划

1. 生涯规划的定义　生涯规划是指个人发展与组织发展相结合，在对影响个体生涯的主观和客观条件进行评估、分析、总结和研究的基础上，对自己的兴趣、爱好、能力、特长、经历及不足等各方面进行综合分析与权衡，并结合时代特点，根据自己的个人倾向，确定最佳的奋斗目标，并为实现这一目标做出行之有效的计划和安排。基于“生涯”广义涵义来看，生涯规划就是一个人从生到死的规划。它不仅是指工作和职业生涯规划，还包含职业之外人生中更多方面的规划，如家庭生涯规划、社会生涯规划、生活生涯规划、休闲生涯规划等。

2. 生涯规划的三要素　对生涯规划的一个直观理解就是回答三个方面的问题：“我是谁”“我的生涯目标是什么”“我怎样实现我的生涯目标”。这三个问题生动而又具体地概括了

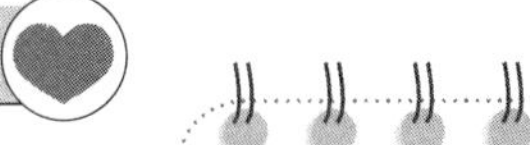

生涯规划的三个要素：自我评价、目标设定和实现目标。自我评价主要是指了解自己，对影响自己生涯发展的兴趣、能力、性格特征、身体条件、价值观、情绪、智力、家庭条件等自身因素进行评估、分析和总结。制订生涯规划的前提就是要了解自己。如果不了解自己，那么最终可能会导致要么眼高手低，一事无成；要么妄自菲薄，抱憾终身。目标设定是在自我评价和环境分析的基础上，选择自己未来的发展方向和发展目标。目标设定是生涯规划的核心。分析自我、了解自己，分析环境、了解世界，找到与自己的性格、兴趣和特长相吻合的生涯目标对大学生来说非常重要。如果个体没有明确的目标，就无法实现自己的愿望。生涯规划就像一个项目设计，要为实现目标制订翔实、具体的行动计划，逐步实现阶段性目标，以缩小与长远目标之间的差距。但是，实现目标是一个相对长期的过程，其中的诸多条件有可能发生变化，因此，要审时度势、因势利导、与时俱进，对自己的行动计划做出相应的调整和修正。

知识链接

确立目标的重要性

哈佛大学研究者对一群智力、学历、环境等条件都相近的年轻人进行了长达 25 年的关于目标对成功影响的跟踪调查。调查结果显示：① 3% 的人有清晰且长期的目标，25 年来他们从未改变过目标，总是朝着同一个目标不懈努力。25 年后，他们几乎都成为社会各界的顶尖成功人士。他们中不乏白手创业者、行业领袖和社会精英。② 10% 的人有清晰的短期目标，他们绝大多数生活在社会的中上层。他们的共同特点是，不断地完成预定的短期目标，生活状态逐步提升。25 年后，他们成为各行各业不可或缺的专业人士，如医生、律师、工程师、高级主管等。③ 60% 的人目标模糊，他们能安稳地生活与工作，但都没有什么特别的工作。④ 27% 的人 25 年来都没有目标。他们几乎都生活在社会的最底层，过得很不如意，经常失业，需要靠社会救济，并且时常都在抱怨他人、抱怨社会、抱怨世界。

---

3. 大学生涯规划　大学是人生发展的重要阶段，大学生涯规划主要针对这一特殊时期，根据学校的教学计划和自己的专业特长、知识结构以及对未来的设想和认知，在对个人生涯的主观条件和客观条件进行评估、分析、总结的基础上，对自己的兴趣、爱好、能力、特点进行综合分析与权衡，制订出大学期间个人在学习、思想、择业、就业等方面知识、素质、能力等培养的总体目标和阶段性目标，并通过逐步实施、考核、反馈、调整的行动方案，顺利、充实地度过大学生涯，为实现人生生涯目标和人生的持续发展奠定坚实基础的过程。大学期间的生涯规划与通常所说的学习计划有些相似，但并不完全等同。大学期间的生涯规划是对自己的一个整体规划和综合规划，而不仅仅是学习计划。学习计划只是其中很重要的一个部分，而大学期间的生涯规划立足于对未来的定位和展望，以大学之后的人生阶段为主要的参照系和落脚点，从整体上来安排自己的整个大学学习和生活。制订大学期间生涯规划的目的是提高自己的综合素质，为未来的发展做好知识和能力方面的准备。大学期间的生涯规划应该与人生规划互为一体、前后呼应。

大学生涯规划是大学生为自己成才和发展订立的心理契约，是自己对未来美好的承诺。大学生为了实现自己的规划目标，就需要制订大学阶段的学习、素质和能力培养计划，并根据自己的爱好、实际能力和社会需求制订有效的实施步骤，如某个时间达到什么目标等。最后，根据目标和进程不断总结并完善自己的计划，对不合理之处进行修正。人作为社会的主体，其职业活动、社会关系、人的需要、潜能素质等是一个永恒的追求和发展过程。

生涯规划诠释的正是以人为本的原则，并以人的自由、全面发展为终极目标。大学期间做好生涯规划有助于大学生在校期间知识、技能和经验的积累。重视大学期间的生涯规划有助于给自己准确定位，找准自己的发展目标，寻找理想与现实之间差距，并充分利用大学期间的学习机会，积累知识、技能和经验，为将来的发展做好铺垫，从而实现自己的人生价值。只有做好大学期间的生涯规划，了解自己的兴趣、能力、气质、性格等，充分发挥自身的能力与优势，才能实现自己的人生价值。

二、制订生涯规划

知识链接

规划生涯，从现在开始

大学，是梦开始的地方。大一是大学的开端，进入大学的第一步要走好。只有做到步步为营，才能步步高升。

一、大一时期可能遇到的问题

1. 过多地与高中同学保持友情，反而忽略了大学同学关系的维护。
2. 拥有太多自由，导致出现无人引导的迷茫和目标的缺失。
3. 拼命挤进院校学生会，进入后却无所事事。
4. 盲目参加各种社团，但参与活动时只有3分钟热度。
5. 困扰于专业与自己的兴趣矛盾，自暴自弃、不思进取。
6. 过度娱乐放纵自己，耽误了基础课程的学习。
7. 沉迷于游戏等难以自控的活动，浪费了大好时光。
8. 过早涉足爱河，贪恋一时之快而葬送更多的时间与机会。

二、大一时期不同的阶段与任务

1. 校园环境熟悉期　熟悉校园环境，摆脱陌生感；明确校园资源，充分利用；了解城市资源，利用校外资源；借助互联网，获得全面支持。

2. 个人反思定位期　认识自我，正确定位，培养能力和素质；树立职业理想，制订圆梦计划。

3. 大学关系建立期　熟悉本班、本系同学，建立良好关系；了解更多校友，寻找有益朋友；增强师生交流，寻找、发掘良师；拓展校外关系，寻找人生机会。

4. 学校生活适应期　学好基础课程，掌握必备能力；养成良好习惯，高效利用时间。

5. 专业了解期　细问专业老师，确定专业方向；咨询相关人士，了解来龙去脉；学习专业课程，培养兴趣、能力。

6. 专业体验确定期　大学生在老师的指导下从事相关的专业实践活动，如理科学生去实验室做大量的科研实验，文科学生开始撰写专业论文或进行社会调查等。

（一）制订生涯规划的原则

我们在制订生涯规划时应符合以下十项原则：

1. 清晰性原则　考虑目标、措施是否清晰、明确？实现目标的步骤是否直截了当？
2. 挑战性原则　目标或措施是否具有挑战性，还是仅保持其原来状况而已？
3. 变动性原则　目标或措施是否有弹性或缓冲性？是否能依循环境的变化而作调整？

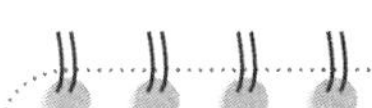

4. 一致性原则　主要目标与分目标是否一致？目标与措施是否一致？个人目标与组织发展目标是否一致？

5. 激励性原则　目标是否符合自己的性格、兴趣和特长？是否能对自己产生内在激励作用？

6. 合作性原则　个人的目标与他人的目标是否具有合作性与协调性？

7. 全程原则　拟订生涯规划时必须考虑到生涯发展的整个历程，做全程的考虑。

8. 具体原则　生涯规划各阶段的路线划分与安排，必须具体可行。

9. 实际原则　实现生涯目标的途径很多，在作规划时必须要考虑到自己的特质、社会环境、组织环境以及其他相关的因素，选择确实可行的途径。

10. 可评量原则　规划的设计应有明确的时间限制或标准，以便评量检查，使自己随时掌握执行状况，并为规划的修正提供参考依据。

（二）制订生涯规划的基本步骤

1. 自我评估　是对自己做出全面的评估，主要包括对个人的价值观、需求、能力、兴趣、性格、气质等的分析，目的是充分认识自己，以确定比较适合自己的目标，以及自己所具备的潜力。

2. 环境评估　对自己所处的环境进行分析，充分了解所处环境的特点、发展变化情况，环境给自己提供的条件和提出的要求等，评估各种环境因素对自己生涯发展的影响。只有对环境有了充分的了解和把握，才能在环境中趋利避害，适应环境，使生涯规划更有实际意义。环境评估包括：家庭环境、学校环境、职业环境、社会环境。

3. 确定大学生涯发展的目标　生涯规划设定的目标包括人生目标、长期目标、中期目标和短期目标，它们分别与人生规划、长期规划、中期规划和短期规划相对应。一般来说，大学生首先要根据个人的专业、性格、气质和价值观，以及社会的发展趋势确定自己的人生目标和长期目标，然后再把人生目标和长期目标进行细化和分解，根据个人经历和所处的组织环境制订相应的中期目标和短期目标。

4. 制订并实施行动方案　在确定以上各种类型的发展目标后，需要制订相应的行动方案以实现目标，把目标转化成具体的方案和措施。这一过程中比较重要的行动方案有生涯发展路线选择、职业选择以及相应教育和培训计划的制订。行动方案要确切，包括年度计划、月计划、周计划和日计划。

5. 评估与反馈　在人生的发展阶段，由于社会环境的变化和一些不确定因素的存在，会使原来制订的生涯目标与规划有所偏差，这就需要对生涯目标与规划进行评估，做出适当的调整，以更好地符合自身发展和社会的需要。生涯规划的评估与反馈是个体不断认识自我的过程，也是不断认识社会的过程，是使生涯规划的实施更加有效的手段。

（三）制订生涯规划的常用方法

1. 六“What”法

（1）What are you？首先问自己——你是什么样的人？这是自我分析的过程。分析的内容包括个人的兴趣爱好、性格倾向、身体状况、教育背景、专长、过往经历和思维能力。这样就能对自己有全面的了解。

（2）What do you want？你想要什么？这是目标展望过程，包括人生目标、职业目标、学习目标、名望期望和成就感等。特别要注意的是学习目标，只有不断地确立学习目标，才能不被激烈的竞争淘汰，才能不断超越自我，迈向更高的人生高峰。

（3）What can you do？你能做什么？自己的优势、技能有哪些？最好能学以致用，发挥自己的专长，在学习过程中积累与专业有关的知识和技能。同时，个人工作经历也是一个重要的经验积累，能够帮个体判断自己能做什么。

（4）What can support you？什么是你的支撑点？你具有哪些社会竞争能力？你的各种资源和社会关系如何？个人、家庭、学校、社会的各种关系也许都能影响你的选择。

（5）What do you fit most？什么是最适合你的？每一种工作的待遇、名望、成就感、压力及劳累程度都不一样，这就要看个人选择了。选择最好的并不一定是合适的，选择合适的才是最好的。这就要根据上述 4 个问题来回答这个问题。

（6）What can you choose in the end？最后你能选择什么？通过回答上述问题，已经能够制订一个简单的生涯规划。机会偏爱有准备的人，做好生涯规划，为未来的生活做好准备，当然比没有准备的人机会更多。

2. SWOT 分析法　即优劣势分析法，S 代表 strength（优势），W 代表 weakness（劣势），O 代表 opportunity（机遇），T 代表 threat（威胁），常用于职业规划与就业选择。其中，S、W 是内部因素，O、T 是外部因素。大学生可以采用这一分析法对自己进行全面评价，同时对外部环境进行认真的洞察和分析，进而评估自己获得该职位的可能性，并制订相应的生涯规划实施方案。一般来说，在进行 SWOT 分析时，应遵循以下四个步骤：

（1）评估自己的长处和短处：每个人都有自己独特的价值观、性格、兴趣和能力，在当今分工非常细的市场经济里每个人擅长于某一领域，而不是样样精通。有些人不喜欢整天坐在办公桌旁，而有些人则一想到不得不与陌生人打交道时，心里就惴惴不安。可以列表写出你自己喜欢做的事情和你的长处所在。同样，通过列表，你可以找出自己不是很喜欢做的事情和你的弱势。找出你的短处与发现你的长处同等重要，因为你可以基于自己的长处和短处做两种选择：一是努力去改正你常犯的错误，提高你的技能；二是放弃那些对你不擅长的技能要求很高的职业。列出你认为自己所具备的很重要的强项和对你的职业选择产生影响的弱势，然后再标出那些你认为对你很重要的强项、弱势。

（2）找出你的职业机会和威胁：不同的行业（包括这些行业里不同的公司）都面临不同的外部机会和威胁，所以，找出这些外界因素对于成功地找到一份适合自己的工作是非常重要的，因为这些机会和威胁会影响你的第一份工作和今后的职业发展。请列出你感兴趣的一两个行业，然后认真地评估这些行业所面临的机会和威胁。

（3）提纲式地列出今后 5 年内你的职业目标：仔细对自己做一个 SWOT 分析评估，列出你从学校毕业后 5 年内最想实现的三个职业目标。这些目标可以包括：你想从事哪一种职业，或者你希望自己拿到的薪水属于哪一级别。请时刻记住：你必须竭尽所能地发挥出自己的优势，使之与行业提供的工作机会完全匹配。

（4）提纲式地列出一份今后 5 年的职业行动计划：这一步主要涉及一些具体的东西。请你拟出一份实现上述第三步列出的每个目标的行动计划，并且详细地说明为实现每一目标，你要做的每一件事，何时完成这些事。如果你觉得你需要一些外界帮助，请说明你需要何种帮助和你如何获取这种帮助。举个例子，你的个人 SWOT 分析可能表明，为了实现你理想中的职业目标，你需要进修更多的管理课程，那么，你的职业行动计划应说明你何时进修这些课程。你拟订的详尽的行动计划将帮助你做决策。

（四）编制生涯规划书

1. 生涯规划书的结构　生涯规划书的主要内容通常包括：①标题，包括姓名、年龄跨度、起止日期。②引言，包括规划的目的以及自己对规划意义的认识。③自身条件及潜力测评结果。④发展环境分析，包括对政治环境、经济环境、学校环境、家庭环境的分析，另外还包括专业发展前景分析、相关的职业与行业环境分析，以及所在班级与院系的情况分析。⑤生涯发展方向及总体目标。⑥目标分解及目标组合。⑦目标评估，听取老师、亲人、同学、朋友以及其他可能了解或帮助自己的人的意见，征询他们对自己生涯目标的建设性意见。⑧目标与现实的差距分析，是指评估自身现实状况与实现目标要求之间的差距。⑨确定目标实现或成功的标

准。⑩寻找缩小差距的方法及实施方案。

2. 生涯规划书的类型　撰写生涯规划书没有固定的格式，它只不过是人生和生活理想的文字化和条理化体现，常用的类型有文字型和表格型。

（1）文字型：文字型生涯规划书主要以叙述的方式按照某种逻辑编写。

示例

我的大学生涯规划

1. 引言　步入大学生活，我第一次感到了迷茫，不知道该往哪里走。直到接触了大学生涯规划，我才重新找回了方向。通过对自己兴趣及能力的了解，我明确了现实性的奋斗目标，从此我将有目标地生活、有目标地学习，使每一天都能有意义。

2. 自我分析　我对研究型和社会型工作都比较感兴趣，对富有创造性、分析性的定向任务性质的职业比较感兴趣，这一点也在霍兰德职业兴趣测量中得到证实。我的社交水平一般，但有一定的分析能力，创造能力较强。我比较安静，在同一时间一般只专注于一件事情。我重感情，忠于自己的价值观，但有时候会过于追求完美和固执，容易走极端，做一些不切实际的事。我有时也很敏感，因为太在乎他人的看法及感受而容易改变自己的行为和看法。

3. 未来发展目标　我的专业是计算机技术。根据自己的兴趣和所学专业，未来我希望向管理和技术两个方面发展，最终能成为技术型的管理者。

4. 大学期间的发展目标　为了成为成功的技术型管理者，我在大学期间需要做到的是：

（1）在政治思想和道德素质方面：树立正确的人生观、价值观和道德观，坚持正确的人生价值取向。积极向党组织靠拢，定期递交对党的章程的学习、认识及实践的体会，以及自己言行感受的材料，积极参加党、团活动，争取早日加入中国共产党。

（2）在学业方面：上课不迟到、不早退，绝对不旷课，注意预习和复习，保证学习和听课的时间和质量。安心、专注地攻读职业方向类和专业类书籍。毕业前通过全国计算机等级考试和大学英语四、六级考试。

（3）在技能培训方面：积极参加多种社会实践活动，锻炼自己的人际交往能力，辅修管理和经济类课程，拓宽知识面，提高管理能力。关注计算机科学领域的更多新知识，考取微软认证考试的部分资格证书。

（4）在身心发展方面：积极参加校内和校外的各项活动，锻炼自己的胆量和能力。积极参加体育锻炼，保持良好的身体素质。

5. 大学期间的行动计划

（1）一年级：每天抽出1个小时来提高英语听说能力，每天背诵20个单词，增加词汇量。每周一至周五上晚自习，完成当天的作业并预习第二天的课程，确保每门课程期末考试达到85分以上，争取获得一等奖学金。参加学生会竞选，提升自己的服务意识，锻炼自己的能力。参加兴趣协会，尝试开展科技创新。

（2）二年级：确保上学期顺利通过大学英语四级考试，之后坚持学习，争取下学期通过大学英语六级考试。如果没有通过，确保在三年级上学期通过大学英语六级考试。开始辅修经济学和管理学课程。积极准备，力争通过计算机三级考试。不放松专业课程的学习，保证成绩在80分以上。参加数学建模大赛和电子科技大赛，培养自己的合作精神和创新能力。

（3）三年级：确保通过大学英语六级考试。考取微软认证考试资格证书，为将来求职增加砝码。积极参加社会实践和实习。

（4）四年级 / 五年级：广泛了解招聘信息，掌握求职技巧，积极参加招聘会，力争尽早获得工作岗位。保持优异的专业成绩，完成毕业设计和毕业论文，顺利通过毕业答辩，获取毕业证书和学位证书。

6. 结束语　任何目标只说不做到头来都会是一场空。我愿意朝着自己的理想和目标努力奋斗，不怕困难和失败，为自己的大学生涯交上令自己和所有关爱我的人满意的答卷。

（2）表格型：表格型生涯规划书主要以表格的方式按照某种逻辑编写（见表 6-1）。

示例

表 6-1　我的大学生涯规划

我的 SWOT 分析	内部因素	优势因素（S）	劣势因素（W）
		分析能力、策划能力较强，对工作有耐心，认真、负责，积极、主动，富有进取精神	不太会处理人际关系，英语能力有限，较为固执
	外部因素	机遇因素（O）	威胁因素（T）
		学校提供的就业机会较多，所读专业未来市场前景巨大	社会环境不断变化，就业竞争激烈，就业形势日益严峻，所读专业定位不明
我的职业路径	职业目标	根据职业兴趣和个人能力，我希望能成为一名出色的电子商务师	
	职业发展策略	进入网络营销行业	
	职业发展路径	先走技术路线，再转向行政主管路线	
	具体路径	电子商务平台开发人员——电子商务平台管理人员——电子商务高级管理人员	
我的大学规划	一年级	养成早起习惯，每天坚持背单词，不断提高英语水平，学好各门课程，多参加学校组织的各项活动，增强人际交往能力	
	二年级	在保证各门学科成绩优异的情况下，自学并掌握本专业所需的网络技术；对整个市场宏观与微观环境有全面的认识，并了解企业的管理和运作	
	三年级	参加社会实践，寻找更多的实习机会，拓宽视野；利用周末学习专业技能，考取助理电子商务师	
	四 / 五年级	收集、了解工作信息，积极参加招聘活动，提高求职技巧	

三、实施生涯规划

（一）适应与了解阶段

大学生涯的初始阶段是从大一开学起至大一下学期。大学生在这一阶段的主要任务是了解有关生涯规划的理论知识，适应刚开始的大学生活。通过学校的教育和自身的思考，大学生意识到生涯规划的重要性和必要性，并对自己的未来有了一个初步设想。在这个基础上，大学生

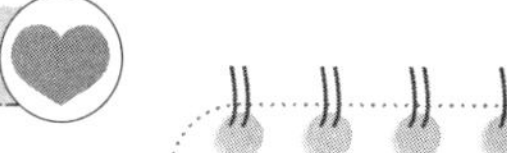

应进行自我认识，具体应做到以下几点。

1. 认识自己的人格倾向性和心理特征　包括兴趣、价值观、气质、性格、能力等，以及与自己的个性特点相适应的职业及发展方向。

2. 掌握自我认识及有关自我概念与价值的知识　确认个性品质，找出影响个人自我概念的重大事件；明确个人的兴趣与能力，尤其是自我的优势与不足。

3. 理解和掌握交际技能　了解不同个体看待问题的方法；认识和描述同学的性格特征；学习有感召力的同学的交际技能；学会尊重他人的情感与利益；学会处理自己或他人的心理冲突、缓解心理压力、应对情感问题的方法。

（二）选择与定向阶段

是大学生涯的第二个阶段，大概从大一下学期至大二上学期。大学生了解生涯规划之后，应当对自身情况有一个较为全面、客观的认识，此时可以进一步明确自己的发展方向。这一阶段大学生需要进行的是环境评估及职业探索。要评估环境因素对自己生涯发展的影响，分析环境条件的特点、发展变化情况，把握环境因素的优势与限制。要充分了解本专业、本行业的地位、形势以及发展趋势，分析内部和外部组织环境、政治环境、社会环境、经济环境、政策法律、人力资源需求、行业特性、发展前景、工作内容、所需能力、薪资待遇等因素对自己未来生涯发展的影响，以利于在复杂的环境中趋利避害。经过这一阶段，大学生在获得的大量信息中进行整合和筛选，并对专业和职业环境有了一定程度的了解，因此，能够逐渐明确自己的生涯目标，找准自己的定位。接下来就可以针对既定目标，有所选择地对某些所需能力进行集中培养。

（三）能力强化阶段

是大学生涯的第三个阶段，主要是从大二下学期至大三或大四。确定发展方向之后，在既定目标的指引下，便进入了生涯规划的实战阶段。这一阶段大学生要为 1 年或 2 年后的就业准备阶段积累相关的技能。这里所指的技能不仅包括专业课程的学习和吸收，而且包括在成果方面有所收获，如通过英语四、六级及计算机等级考试，获得各类奖励，积极参与社会实践，发表论文等。能力强化阶段的主要任务是明确规划的方法和技巧，获得确立目标和做出适当决策所需要的认识与技能。具体包括储备知识、培养实践能力及调整心理状态。同时，大学生还要注重培养改革意识和应对生活变迁的技能。

（四）就业准备阶段

从大四或大五开始，就进入了大学生涯的最后一个阶段——就业准备阶段。经过 3～4 年的努力，此时应是展示成果的时期。大学生将通过实际行动，完成大学生涯规划第四个阶段的任务，为就业做好充足的准备。

在制订生涯规划时，由于对自身及外界环境的了解并不全面，最初确定的生涯目标往往是比较模糊或抽象的，有时甚至是错误的。在选定生涯方向和路线、积极行动培养职业能力、做好就业准备后，由于外界环境和自身素质有所改变，所以有必要重新对自我进行剖析和评估，并对自己的生涯目标进行修正。

知识链接

成功生涯规划十诀

1. 生涯规划就是规划人生的远景，描绘生命的蓝图，发挥才能，写出自己的剧本。

2. 生涯包括如何成长、学习、谋生，是思考、选择、计划、打拼、发展的终身历程。

3. 人生像演戏，不同的场合扮演不同的角色，重要的是，演什么，就要像什么。

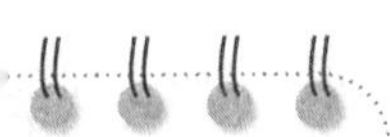

4. 人生最重要的事，不是你现在站在何处，而是今后要朝哪个方向走，只要方向对，就不怕路远。

5. 生涯规划的步骤是先觉知、有意愿、量己力、衡外情、定目标、找策略、重实践、善反省、再调整、重出发的循环历程。

6. 幸福生活路　事业有成、婚姻美满、家庭和睦、生活健康、人际关系和谐、时间管理高效等。

7. 快乐工作路　尽职尽责、纾解压力、精益求精、寻找乐趣、追求创新等。

8. 丰富学习路　修身养性、自我进修、短期进修、在职进修、网络学习等。

9. 职业生涯成功路　终身受雇、职位晋升、发展专长、绩效创高等。

10. 人生的地图画满了各式各样的关卡，每过一关都是成长，能够过关便是幸运，经历各种关卡所积累的教训及经验更是人生的财富。

第二节　发展适应能力

一、适应能力

适应能力是指个体随内在和外在因素变化而不断调整并逐步适应新的环境条件的能力。社会适应能力是一种社会实践能力，其特征不仅包括个体改变自己以适应环境，也包括个体改变环境使之适合自身的需要。适应能力主要包括以下几个方面的内容：①生活方面，包括日常生活技能和习惯，如自理能力、饮食、穿戴等。②人际沟通方面，包括表达和理解他人的能力，如人际交往能力、语言表达能力等。③社会技能方面，包括与他人共同生活及合作必需的技能、顺应社会行为规范的能力以及实践能力等。

大学生的适应包括大学生在校学习和生活期间的各种适应，如学校生活环境的适应、学校学习环境的适应、学校人际环境的适应等，以及在大学期间找到与社会的衔接点。大学生适应能力是大学生在学校和社会生活中为达到与所处环境的和谐状态而必须具备的一种综合能力。大学校园环境是社会环境的一部分，如果把大学作为进入社会的最后一个缓冲带，那么，大学生在校期间培养的各种能力和适应大学校园环境的程度，将对大学生将来适应社会大环境产生一定的影响。在大学校园环境中，大学生除了学习方面的适应外，还要在生活习惯、行为方式上做出相应的改变，以适应大学生活的特点。这种适应的范围越广泛，对大学生的影响就越明显。这些改变不仅是大学生所需要的，而且还是任何一个处于这一年龄阶段的个体在新环境下必需的，因为这是个体发展不可缺少的。大学生在应对校园生活中一系列问题的挑战时，其社会认知能力、独立生活能力、人际交往能力以及实践能力都会得到相应的提高。这些能力在处理现实问题时，又是相互制约、相互促进的。对大学校园生活环境的适应可以看成是大学生进入社会前的一次模拟演练，它最大的好处是使大学生开始独立解决生活中出现的重大问题，并进行自我教育和自我管理，因此，培养大学生的适应能力是现代社会的需要，也是教育改革和为社会培养人才的趋势。

知识链接

新生活，新适应

由于学习和生活等方面发生了变化，大学新生会面临诸多问题。如何处理好这些问

题，尽快理顺各种关系，愉快地开始新的征程呢？以下建议可供参考。

1. 多一点自信，少一点自卑　中学时期你可能是班里和学校的佼佼者，但大学里人才济济，你突然发现自己有不少不如他人的地方，心理上会产生较大的失落感。这时要多看自己的长处，保持信心，不要一味地自卑而看不起自己。多学他人的长处，迎头赶上就好。

2. 多一点自主，少一点依赖　离开父母独自生活，好多事情要自己处理。要对自己说“我能，我行”。不要总有等、靠、要的思想。老生的经验值得借鉴，但不能事事问他人、事事照样子去做。况且每个人的情况也不同，重要的是靠自己。

3. 多一点主动，少一点被动　在与老师和同学交往、对待班级里的事或参加活动时，应该主动，不要凡事总让他人推着你，总让他人照顾你。要时刻想到你能为别人做什么，你该为这件事出什么力。

4. 多一点和气，少一点脾气　同学们来自五湖四海，方言、习惯、思维等多有不同，免不了产生误会。这时，与人说话时要和气，心平气和地商量着解决问题，不要动不动就发脾气，并要使用普通话。

5. 多一点好行为，少一点坏习惯　不能不分场合大叫大嚷、乱吐乱倒、乱扔乱放、不遵守作息时间、便后不冲干净、不值日等，只图自己方便而不顾他人，既不文明又容易引发矛盾，搞得自己和他人都不愉快，也影响了自己的学习。所以，要多讲一点道德，不做不文明的事情。

6. 多一点自制，少一点放纵　读高中时很刻苦，进了大学后适当放松一下是可以理解的，但要自制。通宵上网玩游戏、没完没了地聚餐、逃课去旅游玩耍、觉得迟到早退无所谓等，是不可取的。如果有时间可以去做许多有意义的事，要严格要求自己。

7. 多想一点父母工作不易，花钱不要大手大脚　上大学的开销比上中学时大，因此，该花的花，不该花的尽量不花。不能为了所谓面子而攀比，增加父母的负担。

8. 多一点清醒，少一点糊涂　外面的世界有很多诱惑，自己要有脑子。要清醒一点，不要糊糊涂涂陷入传销，避免因急于在双休日打工而上当受骗，避免自己的好心被人利用而失去金钱甚至受到伤害。

9. 多一点坚强，少一点软弱　新的矛盾、新的挫折、新的委屈、新的打击等随时会发生，随时会遇到，不要唉声叹气，不要痛哭流涕，不要心灰意冷，要坚强，要放眼未来，要态度积极。不钻牛角尖，做人要学会坚强。

10. 多一点时间观念，少一点浪费生命　有的大一新生不知道自己的目标是什么，不知道上完几门课后该干什么，不知道业余时间该做点什么。那样，就浪费了生命，因此，要珍惜时间，心中有目标，不断地为美好的未来奋斗。

二、大学生活的特点

与中学阶段相比，大学生活在学习内容、学习方法、生活方式、生活习惯、课外生活等方面有较大的变化，并具有鲜明的特点，主要表现在以下几个方面。

（一）学习上的主动性与创造性并存

学习是大学生活的主要内容，也是首要任务。大学阶段的学习，要求知识的广度和深度普遍增加，专业方向基本确定，学习方法由“学什么”转变为“怎么学”，学习态度由“要我学”转变为“我要学”，因此，培养自学能力就成为其中的关键问题。这就需要积极发挥学习的主动性和创造性，由被动学习转向为主动学习。此外，大学实行的是学分制，除了公共科目、基础课和专业课属于必修课之外，各专业还会开设选修课。大学生可以根据个人兴趣和能力选修

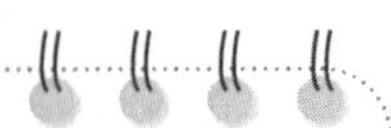

相关课程。自由支配学习的机会增多，使得学习的自主性也显著增强。大学的图书资料和各种信息非常丰富，获取知识和信息的渠道更加多样化，熟悉并利用图书馆与互联网搜索学习资料和掌握信息成为必备的学习技能。广泛涉猎相关领域知识，掌握科学的学习方法，培养独立思考问题、分析问题和解决问题的能力，是大学阶段学习的重要特点。

（二）生活上的集体性与自理性并存

大学的生活环境与中学时期相比发生了很大的变化。中学生大多不住校，学习方式主要是走读，基本是从家门到校门，接触的对象一般局限于老师、同学、家庭成员，生活空间比较狭小。而进入大学之后，生活空间扩大，生活方式开始由封闭型转向松散型。来自不同地区、不同民族的大学生共同在一起学习和生活。由于大家来自不同的地域，生活方式和生活习惯难免会有所不同，兴趣、爱好也会存在差异，这就需要大学生学会适应集体生活，融入集体中去；学会如何与他人共处，不要总是以自我为中心，要学会严于律己、宽以待人。大学是一个全新的环境，学习、生活方面的变化要求大学生尽快适应新的环境。他们既要学会适应集体生活，又要学会独立处理学习和生活中遇到的问题。大学里不再有固定的教室，不再有统一的作息时间，很少有统一的集体活动，个人自由支配的范围和程度增大，衣、食、住、行、经济开支等都要靠自己安排和料理。生活自理能力反映了一种对生活的态度和对他人的尊重。自理能力强的学生能很快适应新的环境，并且应对自如；自理能力弱的学生则可能会遇到各种困难。因此，大学生应该学习和掌握一些必需的生活自理能力，逐渐从依赖他人的生活方式转变为独立的生活方式。

（三）课外活动的丰富性与多样性并存

大学阶段的课外活动是丰富多彩的，因为大学教育更注重对学生个人能力的锻炼和培养。课外活动的开展可以培养学生的组织能力、协调能力和管理能力，这也可以解释为什么现在很多用人单位都会优先录用大学时期担任过学生干部的毕业生。大学期间，课堂上是学习，课外也是学习。在课堂上要学习理论知识，在课外要学习和掌握实践知识。大学经常会举办各种各样的课外活动，如文艺晚会、演讲比赛、辩论赛、运动会，以及各种学生社团活动等。大学生通过参加这些活动，可以在各方面锻炼自己。因此，大学生要积极参加各种课外活动，但是需要注意不能因此而耽误正常的学习，否则就会得不偿失。

（四）人际关系的重要性与广泛性并存

在中学时期，由于生活基本上由父母帮忙料理，所以个体人际关系的重要性并没有突显出来。而到了大学以后，远离了父母，一切都要靠自己，这时人际关系就显得十分重要。大学生的人际交往方式由“一元化”转向“多元化”。所谓“一元化”，是指中学阶段人际交往的重点是在学业上互帮互助、相互指教。而进入大学后，大学生的视野和活动范围拓宽了，参加各种社会活动的机会显著增加，使得他们能够广泛结交与自己志趣相似或利益、需求相近的人，形成开放的人际交往圈。党团组织、学生会、班委会等组织活动增多，由爱好相同的学生自愿组织的各种学生社团活动也丰富多彩，人际交往（如同学交往和师生交往等）活动也随之增加，因此，大学生可以根据自己的性格特点和爱好、时间和精力等情况积极参加各种适合的活动，合理安排课余生活，锻炼自己的组织与交往能力，在相互交往中增进与同学间的情谊。

（五）情绪反应的强烈性与不稳定性并存

情绪是个体对环境刺激的一种态度体验以及相应的行为和身体反应，表现为快乐、愤怒、悲哀、恐惧等形式。在日常生活中，大学生热情奔放，情绪体验来得快而强烈，感染性强，可因一件小事而高兴，也可为一件小事而失落，甚至能从高度兴奋状态立刻陷入沉默和抑郁状态。不仅如此，情绪体验与行为的联系也很密切，既可能具有极大的建设性，也有可能具有极大的破坏性。如看到打架斗殴或欺侮妇女事件，有正义感的大学生常会上前制止，这种行为具有良性的社会效应，但有的大学生也可能会因为“哥们儿义气”“朋友之情”而大打出手，或

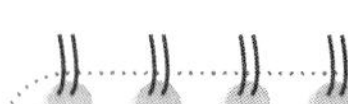

寻衅报复、打架斗殴，这样的行为极具有破坏性。

三、与适应相关的问题

大学生适应不良的问题不仅涉及面广，而且不同年级的学生表现不同，侧重点也不同。其中，适应不良在大学新生和毕业生中表现得尤为突出。

（一）大学低年级学生的心理适应问题

通过调查分析，有相当一部分大学新生认为最烦恼的问题主要有：对环境不适应，感到孤独和寂寞；在学习上不适应，心理压力大；人际关系不适应，感到同学之间、师生之间没有中学时期那么融洽。大学新生的心理适应问题主要可以归纳为以下几个方面。

1. 环境的适应性问题　入学前，许多学生为了应付高考，全身心地投入到学习中，父母也给予他们无微不至的关怀。特别是作为独生子女的大多数当代大学生，从小就受到父母的宠爱，对家庭有较强的依赖性，缺乏必要的生活经验与处理问题的能力，自理能力较差。面对生疏的人群和陌生的环境时，他们不知该如何去应对与处理，从而容易产生孤独、焦虑、不安和沮丧等心理问题。

2. 学习的适应性问题　中学教育为基础教育，教学内容基本上是围绕高考展开的，在教学方式上以课堂灌输为主，整个学习过程主要取决于学校和老师的安排，学生处于被动的学习状态。大学教育则强调自主学习，注重学生独立思考与创新能力的培养。从中学进入大学，面对这种学习方式的转变，由于缺乏必要的过渡，一些大学新生不能很快地适应变化，也不知该怎么学习，久而久之就会产生一定程度的心理压力，表现出厌学、紧张、自卑等消极的心理状态。

3. 自我认知的矛盾问题　大多数大学生在中学时期是学习方面的优秀者，常受到老师的关爱和同学的敬佩，自我感觉良好。进入大学后，面对从四面八方汇集而来的优秀学子，有的学生会发现周围同学在学习及其他能力方面都比自己强，明显觉察到自己的不足，以致之前所有优越感都荡然无存。面对理想与现实的冲突，有些学生开始怀疑自己的能力，并产生了某种程度的失落感与自卑感。当学习和生活中遇到一些小的挫折时，他们往往不能正视现实矛盾，而是采取逃避或对抗等消极态度，如悲观、失望、怨天尤人、嫉妒等。

4. 人际交往中的困惑　远离父母和接触陌生的环境使大一新生对人际交往产生了前所未有的期望。面对来自五湖四海的同学、朝夕相处的室友、不同年级的老乡、不同院系学生组织的校内社团组织，学生们人际交往的内容更为丰富，对人际交往中的细节也更为在意。由于各种原因，使得人际交往引发的心理适应不良在大一新生中表现得特别明显。

5. 期望与现实不相符的困惑　每个人都有自己的梦想和追求，特别是对于大学生而言，大学是实现理想至关重要的一环。然而在高考选择专业时，由于家庭、社会、就业等各种因素的影响，导致某些大学生所选择的专业与他们的兴趣、性格和能力优势并不相符，经过一段时间的学习后，依然无法培养兴趣或适应学习。有的大学生只是被动地应付考试，表现出厌学、空虚、无聊、烦躁等消极心理状态；有的大学生对未来丧失信心，缺乏学习动力，表现为怠学或逃避学习等现象，甚至放任自流，沉迷于网络游戏中。

（二）大学中年级学生的心理适应问题

大学中年级学生一般是指大学二、三年级的学生。此时的大学生经历了入学之后的各种不适应和困惑，经过调整，心态会发生较大的改变。入学时的各种不适应已基本消除，各方面的关系已趋于稳定，开始形成良好的生活和学习秩序，并正在建立新的心理平衡。但在这个看似平静的阶段，大学生依然会遇到一些新问题，出现一些新情况。

1. 学习和生活上的再适应问题　随着知识的增长和眼界的开阔，大学生与社会现实不断贴近，他们会逐渐发现，自己原有理想中不切实际的幻想成分太多，需要调整和重新确立人生理想与奋斗目标。有的学生需要在发展方向上重新进行定位；有的学生需要在时间安排上科学、合理地计划；有的学生则需要在学习内容的选择上严格把握；有的学生需要提高自身的判断力、鉴别力和抵抗诱惑的能力。

2. 性和情感的心理适应问题　在大学这一阶段，性的欲望已经明显有所表现，恋爱已经成为常见的现象。许多中年级大学生在情感方面会感到一些说不清、道不明的心理困惑。有的学生会错误地认为恋爱就是性、性就是恋爱，甚至把握不住自己，酿成恶果，给自己和他人的身心健康造成伤害；有的学生会因为自己还没有恋人而感到自卑，认为自己对异性没有吸引力，或者是他人瞧不起自己，不敢坦然地与异性交往，更害怕在异性面前出现失误，只好用回避与异性接触的办法保护自己的自尊心，并极力掩盖内心深处的痛苦与失落；有的学生会因为追求未果而产生极端情绪、失去理智，甚至酿成悲剧。

（三）大学高年级学生的心理适应问题

所谓大学高年级学生，是指临近毕业的大学生。对于即将毕业的大学生而言，他们当中大多数人会面临适应不良的问题，这将阻碍他们顺利就业及就业后的发展，也会影响国家对人才的培养和使用。每一个大学生在大学生涯中都会考虑自己未来的职业和前途。他们在求职与择业的过程中必然会产生各种各样的心理压力与冲突，出现消极的情绪反应和心理失衡，产生求职适应性障碍，这是对社会环境适应不良的表现。部分大学生毕业后因不能顺利地完成从大学生到社会人的角色转换，以致不能很快地适应社会。大学毕业生的适应问题主要有以下几点。

1. 知识结构与社会需求不符的矛盾　一方面，进入大学以后，在学习压力明显减轻的情况下，大学生普遍只注重完成学校培养要求的必修课，只注重知识的增长和学历的提高，而忽视了个人能力的培养，以致出现社会交往能力欠佳、应变能力不足、动手能力不强等问题。另一方面，随着社会发展和科技进步，要求劳动者不仅成为智能型、复合型人才，而且要成为社会型和创造型人才。这使大学生的学习和交往环境变得复杂多样，成绩已经不再是唯一的追求目标，更重要的是成为社会型、创造型劳动者，但事实上是大学生的知识结构与社会需求不符的矛盾日渐突出。其中一个突出的表现就是面临择业难的问题时，大学生往往处于高不成、低不就的尴尬境地。

2. 实践操作能力与社会需求不符的适应问题　有的大学生从小缺乏实践锻炼的机会，在成长过程中又长期受“成绩至上”观念的影响，特别是从小就有优秀成绩的大学生，他们总以为自己是能人，但往往眼高手低，有的甚至除了学习就不知道自己想干什么、能干什么，总以为自己志向远大，往往瞧不起没有名气的部门和单位。很多大学生想找一家比较理想的用人单位，但是他们自己的要求也很高，收入少了不会去，福利差了不愿去，没有住房不能去，不允许考研不敢去，甚至单位所在的城市规模小、位置偏僻的也不考虑去。在高要求的同时，一部分大学生其实并不具备高能力。突出表现在有的毕业生错误地估计自己，把自己的目标定位过高，不愿意从底层做起。

3. 盲目求职与用人单位要求的矛盾　在就业形势非常严峻的当今社会，大学毕业生常会出现普遍撒网、盲目就业的情况。有的毕业生只要看到企业或单位招聘相关专业毕业生的信息就会投递简历、发送信函，有的毕业生索性把关注点放在“大专业”范围上，只要招聘岗位与自己的专业沾边的都要试一试，还有一些毕业生甚至不了解自己的性格、兴趣和能力，不清楚自己的职业发展面临的优势与劣势，不了解用人单位的具体情况，不知道自己是否喜欢这一职业，只要有招聘信息就盲目投递简历，最后却石沉大海。

4. 就业意识、就业方式与发展趋势的不适应　面对当前严峻的就业形势，许多学生在多次碰壁之后，索性采取推迟就业或不就业的态度，以父母不能为其安排工作为由，顺理成章地加入“啃老族”行列。在许多人感慨就业难的情况下，“推迟就业族”也在悄然增多。他们并非找不到工作，而是主动放弃了一些机会。除了出国、考研之外，自主择业、个人创业也是

“推迟就业族”为自己规划的出路。另外还有一些大学生心理承受力日益增强，他们对自己的专业水平很有信心，对自己的未来有全面的考虑，因而不急于就业。近年来有少部分女大学生选择毕业后就结婚，婚后成为全职太太，加入“不就业族”。还有一个不就业的原因是部分毕业生潜意识里不愿面对职场上严格的体制和复杂的人际关系，选择要么继续待在相对单纯的校园环境里，要么游离于传统的就业体制之外。这种逃避的态度也反映出当代大学毕业生社会适应能力方面存在的问题。

5. 不良心理反应　对处于求职与择业阶段的大学毕业生来说，过度焦虑是一种比较突出的适应性障碍。引起焦虑的主要问题有：担心不能找到理想的单位，或到单位后不能胜任工作，或者不能和恋人一起分配到同一个城市等。尤其是一些冷门专业学生，或来自边远地区、性格内向或成绩不佳的大学毕业生，不良心理反应表现得尤为严重。过度焦虑往往会使大学毕业生精神紧张、心神不宁、无所适从、心悸、失眠、不思饮食，进而演变成为心理障碍。此外，在职业方向尚未最终确定之前，大学毕业生还可能会出现急躁情绪，有的匆匆签约，事后又追悔莫及；有的盲目攀比，择业时没有明确目标。很显然，这些都是我们适应不良的表现。因此，大学生应准确把控自己，尽快地适应从校园生活到社会生活的重大转变，踏入新的征程。

四、有效的心理适应策略

当面对新的生活环境、新的教学风格、新的学习方式，以及严峻的就业形势、激烈的竞争机制和不良的社会现象时，有的大学生会感到极度不适应，他们会表现出烦躁、气愤、失望、悲观、消沉、郁闷等，这些本是正常的心理反应。但如果无视这些反应而一味地任其蔓延，必将影响大学生的学习和生活，甚至会导致心理问题。

大学生应从自身实际出发，充分挖掘自身的潜力，发挥主观能动性，努力调整自己的心态，从而更快、更好地适应社会需求，进入角色，处理好学习和交往，顺利就业和生活。具体来说，在不同的学业阶段应当掌握不同的适应策略。

（一）低年级大学生的心理适应策略

从中学进入大学，会给大学新生带来一些压力。能否尽快适应这一重要的转变时期，不仅直接影响到大学生当前的心智活动和学习效果，还会影响他们成年期人格的发展。很多大学新生由于进入新的环境后不能很快地转换角色，出现了心理不适应的现象。心理上表现为失望、孤独、郁闷、苦恼、焦虑、困惑、烦恼等，生理上表现为头晕、失眠、肠胃不适、消化不良等症状。如果此时缺乏成熟的应对策略，就有可能产生心理困惑，出现心理障碍。作为大学新生，要想尽快适应大学生活，身心健康地投入学习，并成功地迈向未来的人生发展之路，需要注意以下几点。

1. 找准角色定位，树立明确的目标　有的大学新生入学后往往会有意放纵自己，导致目标、理想模糊和方向迷失，这是诱发心理问题的根本原因。大学新生要尽快认清自己的角色，树立明确的目标，可以经常问自己“我来大学干什么”“我在今后应该成为一个什么样的人”“我是一个什么样的人”“我有什么样的优势和不足”“我有什么样的能力和潜能”等。大学生既要确立近期的具体目标，也要确立长期的远大目标。有了明确而现实的目标，会使心理指向集中，可以消除大学新生内心的迷茫感，从而有利于各种心理问题的解决和心理障碍的消除。另外，大学新生还可以向高年级同学咨询或向老师请教，结合自身情况制订一个科学、合理的总体计划，以利于学业的完成和自身的成长。

2. 正确地认识自我、悦纳自我　心理健康的标志之一是正确地认识自我、悦纳自我。承认、接受和肯定自我也是大学生重要的心理追求。在人生长途中，每个人都会遇到困难和逆境，如家庭条件不好、考场失意、人际关系不融洽等。在同样的困难面前，有的人能积极面对，在克服困难的过程中得到锻炼和提高；有的人却悲观失望、怨天尤人，甚至出现精神问题。如果选择积极面对，就必须正确地认识自我、悦纳自我，看到自己的优势和长处，努力发掘自己的潜能。认识自己，可以在自我分析之后把自己的优点说出来、写出来甚至是喊出来，也可以向朋友、老师和父母寻求帮助，听取他们的分析和评价。

3. 学会与人交往，建立良好的人际关系　良好的人际关系有利于大学生顺利完成学业，有利于大学生综合能力的增强和人格的完善。只有建立良好的人际关系，才能获得支持的力量，才会有归属感和安全感，心情才会愉快，学习效率才会提高。大学生在人际交往中应坚持真诚、宽容和平等的待人原则，应学习和掌握人际交往的技巧，还应当把握交往的度。人际交往中的“度”就是指交往的方向、深度和广度等。另外，丰富的课外活动也能为大学生提供更多与人交流的机会，锻炼大学生的人际交往能力。

4. 积极参加社会实践活动，增强自身综合素质　当代大学生很少经受挫折的磨炼，抗压能力较差。通过积极参加社会实践活动，如公益活动、勤工助学活动等，能够使大学生丰富阅历、了解人生、经受磨炼、体会挫折和困难，从而培养良好的意志品质。大学生只有具备良好的意志品质，才能承受挫折、克服困难，才能排除因挫折而造成的不良心理影响，减轻和排除精神压力，有效地防止心理失调，才能在外部环境发生剧变时胸怀坦荡、从容应对。

（二）中年级大学生的心理适应策略

1. 科学地把握和利用时间　就业是大学生踏入社会的重要一步，合理地利用和安排时间是其能否实现大学职业目标的关键。要做好时间管理，需要注意以下几点：①要做好大学生涯的总体规划，避免校内的课程安排与自己的课外活动安排冲突。②要分清事情的轻重缓急，做到有的放矢，力求事半功倍。③要合理安排时间，如清晨起床时背诵外语单词，在去教室的路上听外语，课间休息时阅读时事新闻，午休前看一些课外读物，周末参加社会实践活动或体育锻炼等都是不错的安排。④充分利用寒假和暑假，每年寒假和暑假的时间加在一起有 3 个月，4 年的假期一共有 12 个月。如果能合理安排、充分利用假期时间，必定会受益匪浅。

2. 培养健康的恋爱心理行为　恋爱的过程时常会伴随各种矛盾和冲突。这些矛盾和冲突的解决取决于人格的成熟和心理的健全。同样，矛盾和冲突的解决情况又会促进或阻碍人格的发展和心理的健全。具体来说，需要注意以下几点：①要认识恋爱的本质和特征，把握恋爱的原则，正确处理恋爱与学业和事业的关系。②要培养爱的能力。成熟的爱情应当以自爱为基础，知道自己需要怎样的爱，并且具有给予爱的能力和拒绝爱的能力。③要树立积极的人生观和价值观，培养独立的人格，确立恰当的择偶标准。④要学习和掌握性生理和性心理卫生知识，把握健康的恋爱观念和恋爱行为。

（三）高年级大学生的心理适应策略

就业、走向社会是大学生学习和生活的目标。但是，大学毕业生的数量呈现逐年递增的趋势，导致择业难度和就业压力增大。双向选择、自主择业的就业方式对大学毕业生来说既是压力，也是动力，大学毕业生能否适应社会及其适应程度如何，无论对于个体的成长，还是对于社会的需要和社会发展都具有重要的意义。面临毕业、走向社会的大学生应掌握以下适应策略。

1. 正确评价自己，树立良好心态　在求职过程中，主观评价过高可能会导致处处碰壁、求职无路、就业无门，而主观评价过低可能导致信心不足、犹豫不决，甚至错失良机。因此，大学毕业生应该了解自己的气质、性格和能力。正所谓，“尺有所短，寸有所长”。每个毕业生对自身能力都应该有客观和正确的认识，做到“自知”和“自明”。只有这样，才能保持良好的心态，在求职过程中抓住机遇，避免盲目，减少失败。

2. 努力转变求职与择业观念，适应当前的就业形势　大学毕业生应该主动适应社会主义市场经济的要求，努力克服自身的心理障碍，进一步解放思想，转变观念，勇敢地面对社会的

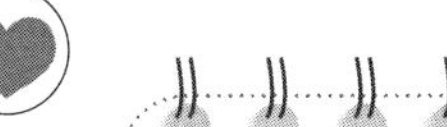
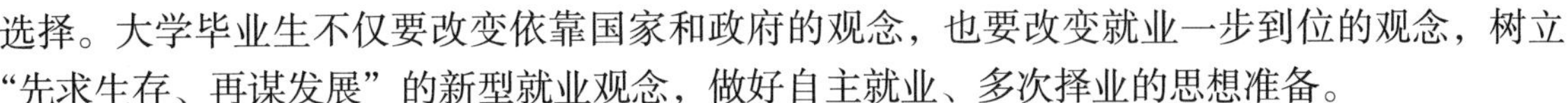

选择。大学毕业生不仅要改变依靠国家和政府的观念，也要改变就业一步到位的观念，树立“先求生存、再谋发展”的新型就业观念，做好自主就业、多次择业的思想准备。

3. 克服求职与择业中的心理障碍　择业是大学生人生中的一次重大选择，这会给他们造成很大的思想和心理压力，背上沉重的精神负担，也会导致部分大学生出现多种心理障碍，如焦虑、怯懦、自卑、幻想等，这既不利于就业，也会影响大学生的学习和生活。因此，大学生要学会开导自己，择业时只要尽自己最大的努力，那么即使失败，也不会觉得遗憾。如果抱有这样的心态，各种心理问题也就容易迎刃而解。

4. 积极参加社会实践活动　大学生毕业前心态复杂、情绪激动，很容易受他人或环境的影响，情感上具有明显的两极性和爆发性，容易出现心理问题。如果能够有目的地参加一些积极、健康的社会实践活动，则有助于调整心态，保持心理健康。社会实践活动的积极作用主要表现在：①可以有效地帮助大学生转移消极的思想、松弛紧张的神经、调整心态、稳定情绪。②通过形式多样的活动可以抒发情感、展示才华，修正和重塑自己在老师和同学心目中的形象。③通过丰富多彩的社会实践活动可以营造一种积极向上的良好心理氛围，使自己置身其中，获得情感上的交流和共鸣，增进与老师、同学之间的相互理解和沟通，以一种积极、健康的心态迎接各种挑战，进而成功地走向社会。

第三节　培养时间管理能力

知识链接

碎石、细沙和水的故事

有一天，一位时间管理专家给商学院的学生演讲。他在讲桌上放了一个 4 L 的宽口玻璃罐，然后拿出十几个拳头大的石块，把它们一颗颗小心地放进罐子里。当罐子装满，再也不能放进任何石块后，他问：“这个罐子满了吗？”课堂上的学生齐声说：“满了！”然后他问：“真的吗？”接下来他从桌下拿出一篮碎石，把这些碎石倒进罐子里，再摇一摇，让一些小碎石能进入石块与石块之间的空隙。

他再次问学生：“现在罐子满了吗？”这一次，全场学生都了解他的意思了。“可能还没有满。”有一位学生这么回答。“很好！”他大声说。于是他再从桌子下拿出一篮细沙，把细沙倒进罐子中，让细沙滑入碎石间剩余的空间。他再次问：“罐子满了吗？”“没有！”全班一起喊。“很好！”他回应。此时他再拿出一瓶水，把水倒入罐子中，直至水满到罐口。

他看着全班同学问：“我要表达的是什么意思？”有一位学生举手回答说：“您的意思是，无论时间安排多么紧凑，只要努力找，就一定能挤出时间做更多的事情。”“不对，”这位专家说，“重点不是在此。刚才这个演示要告诉大家的是，如果不先放进大石块，你永远没有办法把它们都放进去。”这个罐子的最大容量代表在一段时间内一个人的最大工作量；碎石代表既重要又紧急的事务；石块代表重要但不紧急的事务；细沙代表紧急但不重要的事务；水则代表不紧急也不重要的事务。

1. 碎石型事务　对于危急、紧迫的任务，有期限压力，应该立即处理，不要拖延。

2. 石块型事务　处理石块型事务可发掘新的机会，防患于未然。应该分阶段处理，计划好从什么时候开始做，需要花费大量时间。

3. 细沙型事务　对于某些信件、电话的处理，或某些必要而不重要的会议、活动，应该马上就做，但应在尽可能短的时间内完成。

4. 水型事务　对于一些可做可不做的杂事，或者一些不必要的应酬或有趣的活动，应该灵活处理，尽量控制时间，在完成所有重要的事情之后再酌情考虑。

一、时间管理的内涵

时间管理学者弗纳（J. Venner）对时间管理的定义是：有效地应用时间资源，以便有效地达成个人的重要目标。也就是说，一个人要实现自己的目标，时间管理是非常重要的因素。时间管理就是在同样的时间消耗情况下，为提高时间利用率和有效性，合理地计划和控制、有效地安排与运用时间的管理过程。时间管理的内容包括：增强时间观念，自觉珍惜时间；确定目标，制订计划；利用多种方式和方法，合理时间安排，并尽量节约时间；分析时间利用情况，总结时间消耗经验，找出并克服浪费时间的原因；利用现代系统科学和定量方法来控制自己的时间。总之，时间管理就是要使人们对于时间从被动且随意地使用，转为系统、集中、有计划、有目的地主动分配和利用，进行高效能的富有创造性的活动。

二、大学生时间管理不良的表现

大学生在校期间的时间主要由日常生活、上课、学习和娱乐四部分组成，另外有部分时间用于兼职和社团活动等。大学生时间管理不良常有以下表现：①具有一定的时间意识，但不能够很好地利用时间，时间浪费现象很普遍。②时间的计划性普遍偏弱，对时间没有计划或有计划但实施困难。③时间安排不合理，时间分配存在问题。④做事目标不明确。⑤行事作风拖拉。⑥缺乏优先顺序，抓不住重点。⑦过于注重细节。⑧做事有头无尾。⑨没有条理，将简单的事情复杂化。⑩事必躬亲，不懂得授权。不会拒绝他人的请求，消极思考。

知识链接

一组关于时间的数据

人们一般每 8 分钟就会受到 1 次打扰，如果每小时大约有 7 次，那么每天有 50～60 次。如果平均每次打扰用时大约是 5 分钟，总共大约是 4 小时。有 50%～60% 的打扰是没有意义或者极少有价值的。如果每天自学 1 小时，一周 7 小时，一年共 365 小时，一个人可以像全日制学生一样学习，3～5 年就可以成为专家。一个人如果桌上、衣柜里乱七八糟，他平均每天会为找各种物品花费 1.5 小时，每周要花费 10.5 小时。善于利用时间的人不会把时间花费在不需要的事情上。时间管理中最有用的字是“不”。做一件事情实际花费的时间往往会比预期的时间多 1 倍。如果你让自己一天做 1 件事情，你会花费一整天去做；如果你让自己一天做 2 件事情，你也会完成它们；如果你让自己一天做 12 件事情，那么你会完成 7～8 件……数字往往会揭示一些人们意想不到的真相。这些数据是否令你吃惊？我们可以找出一些和自己有关的时间数字，使自己始终保持危机感，警惕时间的流逝，抓紧利用好每一分、每一秒。

三、有效利用时间

（一）大块时间

大学生每天都要用大部分时间来面对当天重要的事情——学习。他们至少需要 3～4 小时的大块时间学习当天课堂上讲的内容，课后利用 2～3 小时理解、吸收，还要阅读与自己专业有关的书籍并查阅相关资料，所以这部分大块时间是可以灵活、分散地安排的。除了上课时

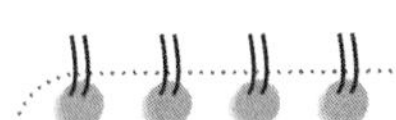

间，如果把自习的时间分配到早上、下午和晚上，这样会觉得能够更好地完成学习，而且会产生一种成就感。

（二）首要时间

首要时间是指每天早晨的那段时间。“一日之计在于晨”。清晨时段，思维处于兴奋、清醒的状态，所以把这段时间用来学习、运动或做一些重要的思考十分适宜。

（三）过渡时间

大块时间之间的短间隙或许做不了什么大事，但是可以用来做一些小事情。如在课间及时复习一下听课笔记，巩固所学到的内容，加深理解，理清思路，或者整理一下笔记，回忆老师讲过的内容，与同学探讨，或向老师请教问题。

（四）零碎时间

零碎时间看起来好像不太重要，但是如果能够把那些小块时间充分利用起来，以很少的时间来做一些学习中的小事，如背诵英文单词，练习英语听力、口语等，并且坚持下来，收效也是非常可观的。另外，在公交车或地铁等交通工具上也可以看书、看新闻、听音乐等，以扩充知识量，充实、提升自己。

（五）固定时间

可以根据自己的学习习惯或生物钟制订时间计划，如果觉得在某个时段内学习或做一些感兴趣的活动最合适，那就把它固定下来，长此以往，就能形成自己的规律。如清晨时读英语、下午打篮球、晚上学习等。

（六）弹性时间

时间安排最好留有余地，即安排的预估时间应稍微充裕些。在任务解决之后，安排一个弹性时间，一方面能用来做以前还没有做完的事情，或是作为中途被干扰、打断以后的调节时间，另一方面能用来休息，使自己张弛有度。弹性时间不能太长，10～20 分钟比较适宜。

（七）个人时间

个人时间是用来修身养性、充实自我，完全属于个人独自支配的时间。每个人都需要一段不允许被侵占的个人时间，可以利用这个时间充实和调整自己。

（八）思考时间

思考时间可着重用于规划自己未来的发展，也可用于反省自己以前所做的事情是否正确、是否值得、如何改进、如何调整、如何让自己变得更好等，也可以天马行空地想象或胡思乱想。如果有一些好的想法，就立刻记下来。

（九）运动时间

体育锻炼应当以有氧运动的形式为主，运动强度也不要过大。一般来说，以一天为时间单位，运动时间宜选在清晨、下午和傍晚，每次运动持续时间以 0.5～2 小时为宜。如果学习较忙，每天无法挤出整段时间来进行锻炼，则可以采取化整为零的办法，即每次 10 分钟，每天锻炼若干次，也能取得较好的锻炼效果。可以根据自己身体素质的实际情况、生活习惯及生理周期等来安排运动次数。建议在周末或假期再进行运动量较大的体育活动。

（十）休闲时间

休闲时间是生命和生活的一部分。要懂得放松，安排好自己的休息时间，才能把自己的身体状况调整到最佳状态。每天可安排 1～2 小时，如午餐、晚餐、下午课后及晚自习结束后的时间段作为休闲时间。周末、法定节假日可安排得多一些，如一整天或几天的时间，用来全身心地放松，做一些自己喜欢的事情。

知识链接

巧用生物钟

生物钟是生物体内的一种无形的“时钟”，实际上是生物体生命活动的内在节律性。个体在体力、情绪及智力上存在着节律性变化，这三者的周期性变化会影响个体在不同时期的学习和工作效率。了解人体生物钟的运行情况后，按照生物钟的节律来安排相应的工作与学习，按“点”行事，就可做到事半功倍。通常，大多数人在一天中的生物性变化规律为：

8 时开始：机体逐渐开始进入兴奋状态。

9～11 时：精力充沛，注意力和记忆力达到高峰。

12～13 时：开始午餐，午饭后感到困倦。这是主要的消化时间。

14 时：这是一天 24 h 中的第二个状态最低点，反应迟钝。

15 时：情况开始好转，学习能力逐渐恢复，运动最为灵敏，是较好的动手制作时间。

16～17 时：学习和工作效率提升，思路比较清晰，运动的训练量可以加倍。

18～19 时：神经活性降低，精神最不稳定，甚至一些小事都有可能引起口角，需要注意调整情绪。

20～21 时：记忆力增强，此时最适于学生背诵，可以记住不少白天没有记住的内容。

22 时开始：机体多种功能均处于最低潮，激素分泌最少，学习效率最低。

根据上述一天中个体的体力、情绪及智力变化，可以有效地安排一天的学习与工作：

清晨起床后：大脑经过一夜的休息，消除了前一天的疲劳，脑神经处于活动状态，并且没有新的记忆干扰，学习一些难记忆的内容较为适宜，如语言、定律等。

8～10 时：这是第二个学习高效期，体内肾上腺素等激素分泌旺盛，精力充沛，大脑具有严谨而周密的思考能力、认知能力和处理能力，这个时段是攻克难题的大好时机。

18～20 时：这是用脑的较佳时段，利用这段时间来回顾、复习全天学习过的内容或者整理笔记，可以加深印象。另外，还可以进行物品分类、收纳、整理。

入睡前 1 小时：这是学习和记忆的第四个高效期，可利用这段时间来加深印象，特别是对一些难以记忆的内容加以复习，则不容易忘记。

四、时间管理技巧

（一）设立明确的目标

成功需要首先设定目标。时间管理的目的是在最短的时间内实现更多的预期目标，所以必须把规定期限内需要实现的若干目标列出来，确定一个核心目标，并按照重要程度，把目标依次排列，进而制订详细的计划，其中的关键是要严格执行既定计划。

（二）列出事务清单

把自己要做的每一件事情都写下来，这样能随时明确手头上的任务。不要轻信可以凭借记忆把每件事情都记住，况且在看到长长的清单时，也会使人产生紧迫感。列好清单后，要进行目标分解。首先，将年度目标分解成学期目标，列出学期目标清单，即每一学期要做的事情。

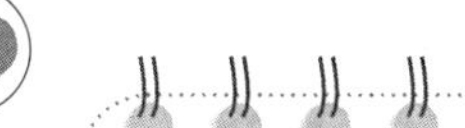

然后，将学期目标分解成月度目标，并在每月初重新罗列一遍，以便遇到突发事件需要更改目标时能及时进行调整。最后，每周日把下周要完成的事情罗列出来，每天晚上把第二天要做的事情罗列出来。把一周、一个月、一年的时间安排好十分重要，这些阶段性安排能保证整体计划不偏离主要方向，使自己能够比较清晰地看到远期目标，从而有助于合理、有效地利用和管理时间。把每天的时间安排好更是关键的核心要素，这有助于每时每刻都集中精力处理要做的事情，同时也是实现远期目标的基础和保障。

（三）运用二八定律

二八定律即帕累托法则，又称 80/20 法则，是指 80% 的价值通常由组成部分中的 20% 产生，即 80% 的成就感来自 20% 的成功事件，而人们经常将时间耗费在 80% 的低价值事件上。这一定律应用于时间管理方面，对个人的自身发展有重要的现实意义：学会避免将时间和精力花费在琐事上，要学会抓住主要矛盾。一个人的时间和精力都是非常有限的，要想真正“做好每一件事情”几乎是不可能的，要学会合理地分配时间和精力。把 80% 的资源投入在能产出关键效益的 20% 方面，这 20% 的方面又能带动其余 80% 的发展。生活中必定会有一些突发情况和迫切需要解决的问题，如果发现自己每天都在处理这些事情，那么表示时间管理并不理想，应该用 80% 的时间来做最重要的事情。因此，一定要了解，就个体而言，哪些事情是最重要的。成功者一般花最多的时间做最重要但不紧急的事情，然而一般人都是做紧急但不重要的事。

知识链接

80/20 法则

1897 年，意大利经济学家帕累托（V. Pareto）在研究英国人的财富和收益模式时发现，大部分的财富流向少数人手中，某一部分人口占总人口的比例与这一部分人所拥有的财富的份额具有比较确定的不平衡的数量关系。帕累托的研究结果显示：社会上 20% 的人口占有 80% 的财富，因此，80/20 法则成为这种不平衡关系的简称。习惯上，80/20 法则讨论的是顶端的 20%，而非底部的 80%。经济学家把这一发现称为帕累托法则。后人对于帕累托的这项发现进行了不同的命名，如帕累托定律、80/20 定律、二八原理、二八定律、最省力法则、不平衡原则等。

80/20 法则的典型表现是：80% 的产出来自 20% 的投入，80% 的成绩归功于 20% 的努力，80% 的结果归结于 20% 的起因。它告诉人们这样一个道理，即在投入与产出、努力与收获、原因与结果之间普遍存在着不平衡关系。较少的投入可以获得较多的产出，较小的努力可以获得较大的成就，关键的少数往往是决定整个组织的效率、产出、盈亏和成败的主要因素。这实际上有悖于“一分耕耘一分收获”的道理，强调的是“一分耕耘多分收获”。80/20 法则同样适用于个人生活，如一个人应该选择在几件事上追求卓越，而不必强求在每件事上都有好的表现；锁定少数能完成的人生目标，而不必追求所有的机会。

（四）四象限法

由著名的管理学家艾森豪威尔提出时间管理的理论，他把任务按照重要和紧急两个不同程度进行了划分，基本上可以分为四个象限（见图 6-1）：

第一象限：重要又紧急的任务，是必须以高优先级去完成的事情，比如上课，需要提交的作业、考试等，有时间要求的重要任务，无法回避，不能拖延，需要马上执行。

第二象限：重要不紧急的任务，是需要每天用固定的时间坚持去完成的事情。比如阅读、写作、运动、学英语等。花时间去培养相关的习惯和技能，日积月累，在大学期间为自己的人生打下扎实的基础。

第三象限：紧急但不重要的任务，虽不重要，但处理这一类事情也必须花费一定的时间，却不会带来太大的收益。比如接电话、参加会议、选择生活必需品等，可以提前纳入日程系统，统筹规划，有些可委托他人。

第四象限：不紧急也不重要的任务，属于消磨、打发时间的事，比如看电视剧、熬夜打游戏等。时间资源有限，有舍才有得，把所有不重要不紧急的事情规避掉，留出时间来培养自己感兴趣的技能，养成良好的生活习惯。

因此，每天的事情，我们需要区分轻重缓急，设定优先顺序，及时完成重要且紧急的事情，积极坚持重要但不紧急的事情，减少紧急但不重要的事情，舍弃不紧急也不重要的事情。

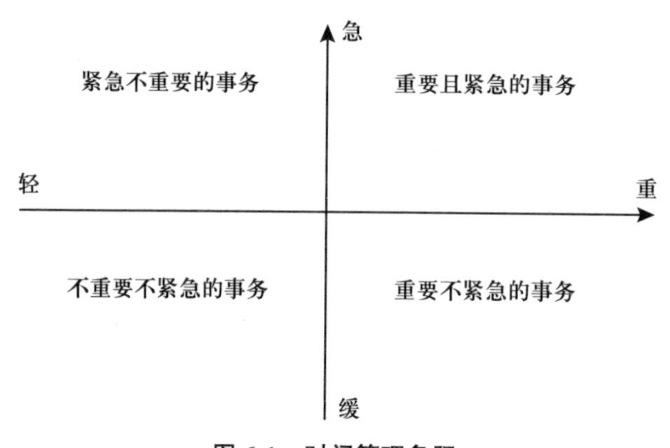

图 6-1　时间管理象限

（五）番茄工作法

番茄工作法是弗朗西斯科·西里洛在 1992 年创立的。他提出，一个完整的番茄时间包含 30 min（每 25 min 工作时间中间加入 5 min 的休息时间）。工具是利用计时器计时，个体抛弃脑中的焦虑，全身心地投入到当下的学习或工作中 25 min，直到闹钟响起，停止工作，算一个番茄的工作时间。然后，用 5 min 进行休息，劳逸结合，这样反而可以激发个体在下一个周期拥有足够的动力。

每 4 个番茄钟周期结束后可以进行长时段休息，时间一般为 15 ~ 20 min。值得注意的是，一个番茄时间内是不可分割的。没有所谓的半个番茄时间或 1 /4 个番茄时间，一个周期内的番茄时间必须有始有终。

番茄工作法，既有记录的功能，同时也可以做预测。不仅可以帮助我们计算活动所耗费的时间，减少外部干扰，同时，还可以预测类似活动的具体耗时，能够帮助我们实现目标和提升自我。

（六）安排不被干扰的时间

假如能有 1 h 完全不受任何人干扰，让自己待在房间里或找个安静的地方思考一些事情或是做一些重要的事情，那么这 1 h 也许可以超过数小时的工作效率。

（七）每一分、每一秒都做最有效率的事情

个体必须要思考，做好一件事情分为哪几个步骤会最有效率，然后把它们罗列出来，再合理地分配时间。这里需要注意，以学习为例，学习时要精神饱满、全神贯注、心无杂念，能 1 h 学完的绝不拖延至 2 h，学会把精力最充沛的时间用在最需要付出的课程学习中。

（八）严格规定完成时限

帕金森（C.N. Parkinson）在其提出的帕金森法则中有这样一段话：“你有多少时间完成工作，工作就会自动变成需要的那么多时间。”如果有一整天的时间可以做某项工作或作业，人们就会花 1 天的时间去做它。而如果只有 1 h 的时间可以做这项工作或作业，人们就会更迅速、高效地在 1 h 内做完它。

（九）最好一次做完同一类事情

如果是在做纸质作业，就应坚持在那段时间里都做纸质作业；如果是在思考，就用这段时间只做思考。重复做一件事情时，效率会有所提高。

案例导读

分身有术——一个大学生的时间管理

小李是班级学习委员，又是校学生会的干部，还是文学社的骨干，平时总是需要面对许多学习与工作任务。一个周二的早晨，小李刚走进校门，便碰到几个邻班的好朋友。他们对小李说：“今天吃完午饭，12：15 我们一起去图书馆看体育杂志吧，听说新的一期又到了。”可进入班里之后，小李看到教室黑板上通知“今天中午 12：20—13：10 学校进行英语百词竞赛”。他这才想起自己是班里推荐的 10 位参赛选手之一。

这时，教室外突然有一个学生会的干部来找小李，他说：“小李，团委温老师让你今天中午 12：30 召集大一全体学习委员开会，商量明天演讲比赛的事情，他也要来参加的。”

刚坐到座位上，文学社的社长又跑过来对他说：“今天中午 12：35 我们文学社成员碰个头，商量一下周六外出采访的事，你可有主要采访写作任务啊。”

文学社的社长刚走，老师就走进教室，对同学们说：“今天中午 12：25 我们集中讲一下上节课的作业，做错的同学很多，只有小李等几个同学做得不错。”

小李一听，今天怎么这么多事情都凑到一起了呀，于是小李进行了信息提炼。

信息提炼——今天中午要做的事情：① 12：15 看体育杂志。② 12：20 参加学校英语百词竞赛，自己是班级 10 位推荐选手之一。③ 12：25 作业讲评，自己做得不错。④ 12：30 召集学习委员开会，商量明天的演讲比赛。⑤ 12：35 文学社商量周六的采访事宜，有主要任务。

问题：如果你是小李，那天中午你会选择去做哪件事情呢？为什么？有什么办法可以把这五件事情中的内容都安排好？

方法：①我必须要做，且不能耽误的事情——重要且紧急的事件。②可以请他人帮助做，但不能耽误的事情——紧急的事件。③我必须要做，但有充足时间的事情——重要的事件。④可做可不做的事情——不重要、不紧急的事件。⑤重复、价值不高的事情——可以放弃的事件。用计划“超越”时间，需要掌握的原则是：首先考虑做好重要且紧急的事情；其次是安排好紧急的事情，自己做好重要的事情，放弃重复、价值不高的事情；最后再考虑不重要、不紧急的事情。需要争分夺秒，重视事件的目标。

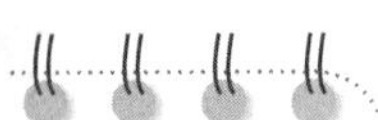

思考题

1. 什么是生涯规划？生涯规划的步骤有哪些？
2. 大学生应当如何适应大学生活？
3. 请列举一些大学生在时间管理上的不良表现。

（周洪媛）

第三篇　大学生优势潜能与心理健康

第七章　大学生的学习心理

在历史的长河中，人类创造的知识财富如同浩瀚的海洋一样博大精深。如何使自己的希望之舟在知识的海洋上乘风破浪，顺利地到达理想的彼岸，这是当今每一个立志成才的大学生都必须认真思考的问题。著名的未来学家托夫勒（A. Toffler）曾说过："未来的文盲将不再是不识字的人，而是没有学会学习的人。"随着社会的进步、知识的不断更新和新技术的不断涌现，我们所面临的学习情境日益复杂，学习任务日益繁重，我们不得不树立终身学习的理念，自主学习，高效学习，研究学习。为此，对步入象牙塔的大学生来说，未来 4～5 年的主要任务依然是学习，所以大学生都有必要重新认识不一样的大学学习，了解大学学习活动的基本特点，探索并掌握一套适合自己的学习方法，从而能够快乐而卓有成效地徜徉于大学的知识海洋中。

第一节　科学地理解学习

一、学习的概念和特征

个体从出生起，就开始了学习。从小学开始，学习就成为学生的主要活动。在 10 余年的学校学习生涯中，几乎每天都要学习，那么什么是学习呢?

（一）学习的概念

"学习"一词最早见于《礼记・月令》："鹰乃学习"。学，是仿效、效法、模仿的意思。习，是反复、练习、强化的意思。学习的本意是指鸟类反复学习飞翔，后来泛指所有其他动物及人类的学习行为。孔子说："学而时习之，不亦说乎。"就是说，学到的内容要经常复习和练习。"学习"的概念可以从狭义和广义两个不同的层次来理解。

从广义上说，学习的范围非常宽泛，包括人和动物后天获得一切经验的过程，是动物界和人类生活中的普遍现象。白鼠走迷津、导盲犬为盲人行走做安全引导、人类语言的获得等，诸如此类以个体经验的方式发生的个体的适应过程即是个体学习的过程，包括了动物的习得行为，还包含人从婴儿到老年的整个生命历程中，获得个体的经验与掌握人类长期积累下来的社会历史经验或科学文化知识。此外，学习是通过练习、经验而获得新的、相对持久的信息、行为模式或能力的过程，在动物和人类生活过程中普遍存在。

狭义的学习指的是学生的学习，即在各类学校环境中，在教师的指导下，有目的、有计划、有组织地进行的学习活动，是在较短的时间内系统地接受前人积累的文化经验，掌握某一具体知识或技能，形成符合社会期望的道德品质的过程。我们对学习的理解都是属于这个层面。本章主要从这个角度讨论学习。

（二）学习的特征

学生的学习是整个人类的重要活动，也是人类学习的一种特殊形式，除了具有人类学习的社会性、以语言为中介、积极主动和意识性外，还具有以下特征：

1. 计划性　教育是有目的、有计划地培养人的活动，因此，学生的学习就要根据培养目标的要求，按照教育计划的具体要求来进行。这就提示我们在日常学习中，要重视学习计划的制订和执行，如大学期间的学习计划，每学年、每学期，甚至每天最好都有所规划。

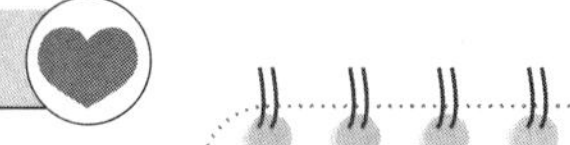

2. 间接性　人的认识可以分为直接认识和间接认识两大类。间接认识是指人们虽然没有亲身参加某种现实的实践活动，但却可以通过某些中间环节（如书刊、网络媒体、他人讲授等）获得有关这种现实的认识。根据学校教育的特点，学生要在有限的时间内掌握最基本、最主要的知识、技能和技巧，因此，学生的学习活动，既没有必要也不可能时时事事都直接参加实践，而是以间接学习知识为主。

3. 高效性　学生的学习活动是在教师的指导下进行的。教师按照一定的教育目的和要求，根据一定的计划，有系统、有组织地进行教育工作，这样就使学生的学习比在日常生活中的学习有效得多。教师的指导和传授可以使学生的学习避免走弯路，并且能够在较短的时间内取得更多的学习成果。

知识链接

加涅的学习层次分类

心理学家加涅提出了学习层次分类，认为按照从简单到复杂的学习情境以及由低到高的学习水平划分，可以将学习分为八大类，分别为：

1. 信号学习　信号学习即学习对某种信号做出某种反应。这是最低层次的学习，其过程是：刺激－强化－反应。例如，巴甫洛夫的实验中，狗听到铃声分泌唾液就是信号学习的表现。

2. 刺激－反应学习　刺激－反应学习即操作性条件作用，指学习使一定的情境或刺激与一定的反应相结合，并得到加强；学会以某种反应获得某种结果。例如，学生由于正确回答问题受到表扬，次数多了以后增加了喜欢回答问题的行为。

3. 连锁学习　连锁学习是一系列刺激－反应的联合。例如，看到篮板，就会想投篮；篮板太远，就会运球前进等一系列的反应。

4. 语言联合　语言联合也是一系列刺激－反应的联合，但它是由言语单位所联结的连锁化，如将英语单词组合为合乎语法规则的句子。

5. 多重辨别学习　多重辨别学习即学会识别多种刺激的异同并对之做出不同的反应。例如，简单的多重辨别包括分辨不同形状、颜色的物体等；复杂的多重辨别包括对相似的、易混淆的单词分别做出正确的反应，如“confirm”和“conform”。

6. 概念学习　概念学习指对刺激进行分类时，学会对一类刺激做出同样的反应，也就是对事物的抽象特征的反应。概念可分为具体概念和定义概念两类，具体概念的学习可通过直接观察、归纳得到，可用具体对象来表示，如纸巾、保温杯等；而定义概念一般是抽象的，如学习定义概念要学习定义的组成部分和语法规则。

7. 规则学习　规则学习又称原理学习，规则指两个或两个以上概念的联合。规则学习即了解两个或两个以上概念之间的关系，如学习等边三角形的角都是 60°这一规则。

8. 解决问题的学习　这是一种高级规则的学习，指在各种条件下应用规则或者规则组合去解决问题。

二、大学生的学习

案例导读

被遗忘的学习

小璐高中时学习成绩不错，刚升入大学时，她想着继续按照高中的学习方法一定能取得好成绩。没想到入学后不久，小璐就发现大学的学习生活和高中的有很大的差异：一是课程排列不均，有些课程一周只上一次；二是大学的学习压力远没有高中的大，上完课后，学习自由度很高；三是大学期间考试的次数也少，主要是期中考试和期末考试，没有模拟考和月考等，老师也不会经常布置作业。

在逐渐熟悉了大学课程的节奏之后，小璐开始松懈。由于作业比较简单，她随随便便就对付了，开始花更多的时间来休闲娱乐。没想到在期末考试时，入学时第三名的她竟变成了倒数。这样的结果使小璐深受打击，而对比她的朋友，对方不仅学习轻松，而且各方面都很出众。

回顾自己大一上学期的经历，小璐发觉自己这学期几乎荒废了，学习不仅没有获得进步反而倒退了，生活上也马马虎虎，干什么都提不起太大的兴趣。于是小璐下定决心改变，然而下学期开始之后，小璐发现自己还是改不了上一学期养成的一些陋习，如上课玩手机、开小差。针对这样的情况，杨露心里总会不时地产生一丝负罪感。

上述例子表明，大学生的学习任务、学习方式和学习环境等方面都与高中生有很大不同，如果不重视学习，不掌握好的学习方法，将会对学生的心理健康造成不利影响。因此，学习仍然是大学生的主业和重心，如果大学生在学习上出现心理障碍，将影响其心理的健康发展。大学阶段的学习没有家长和老师的监督，更需要自己加以重视和自律。一分耕耘一分收获，只有坚持付出，才能在毕业时得到丰硕的回报。

（一）大学生的学习任务

大学生的学习主要是为了培养职业能力做准备，主要包括两个方面：一是获得知识，二是培养获取知识的能力。

一般来说，大学生的知识需求包括事实知识、原理知识、技能知识和人际知识四个部分。事实知识是关于事物是什么和怎么样的知识，是有关事实方面的知识，如临床医学专业的学生需要了解人体的解剖结构等。原理知识是关于自然原理和客观规律的知识，包括自然发展、社会运作以及人类的思维法则和活动规律的知识。技能知识是关于怎样做事情的知识，包括技艺、技巧、诀窍、方法、流程等，通常主要指从事某些专业方面的工作和能力的知识，大部分技能知识属于隐性知识的范畴。人际知识是有关人际交往的知识，能为个体获得其他方面的知识提供捷径。

能力是指人们顺利完成某种活动所必备的个性心理特征。任何一种活动都要求参与者具备一定的能力，而且能力直接影响着活动的效率。知识不等同于能力，如不注意培养能力，即使掌握的知识再多，也不一定能成为有用的人。培养与学习相关的能力对大学生而言非常重要，这些能力包括思维能力、研究能力、表达能力、自学能力、组织管理能力等。大学生要勤于思考、勇于实践、活学活用、开拓创新，这样才能在获得知识的同时培养自己获取知识的能力，继而成为受社会欢迎的实用型人才。

（二）大学生的学习特点

与基础教育阶段相比而言，大学生所处的高等教育阶段的学习具有明显不同特点。大学生只有真正领悟到其中的不同，才能更好地投入到大学学习中去。大学生的学习特点主要包括以下几个方面：

1. 自主性　在大学阶段，学习方式已经发生极大变化，老师也从“监督人”转变为“引路人”，这就要求大学生养成主动学习的习惯，主动争取进步和学习的机会，化被动为主动，调动学习的积极性，从而增强学习的能力。在学习时间方面，大学生有更多的自由支配时间。据调查，除上课外，大学生约有 45% 的时间可以由自己安排。在学习内容方面，大学生具有

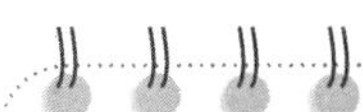

更多的选择性，可以根据自己的专业需要、兴趣、爱好等选择选修课程。这一切都要求大学生必须具有自主学习的精神，而具有自主性的人，通常在学习活动中会有以下某些表现：

"我会努力找出我仍没有真正理解的学习内容。"

"我学习从不需要别人督促。"

"我每天都能安排好学习时间。"

"即使遇到很难的学习内容，我也会坚持下去。"

"如果我决心学好某些内容，我就能够学好。"

"不论是平时作业还是考试，我都有信心取得好成绩。"

"当我通过自己的努力解决学习问题时我感到很有成就感。"

"我会努力把学校里学到的知识应用到现实生活中。"

2. 专业性　大学教育的目标是培养高层次的专业人才，因此，大学学习的专业性十分明显。大学生的学习实际上是专业学习，学校的课程设置是围绕培养目标和专业特点进行的。在进入大学之前，要根据自己的兴趣、爱好、特长选择不同专业的学习方向。步入大学后，每个大学生都要在专业定向的基础上学习基础课程和专业课程，努力把自己培养成未来社会的教师、医生、建筑师、工程师等各种专业人才。

3. 多样性　大学生的学习不像中学生那样单一、机械地从课堂教学中获取知识。除课堂学习外，为了完成实验作业和论文设计任务，他们还需要到图书馆、资料室查阅并收集大量资料，到实验室进行各种实验，积极参加有关的学术报告、专题讲座和社会调查。大学生应该从图书馆、资料室、报告厅以及社会实践中获得大量信息，吸取人类的文明成果，从而拓宽自己的知识面。

4. 探索性和研究性　高等教育学校既是教育中心，又是科研基地。无数事例证明，科研工作开展好的大学，其培养的学生专业水平也更高，在未来工作中取得的成就也更大。大学的教学内容由结论确定的论述逐步转向介绍各派别理论观点和最新学术发展动向，而人文学科的内容变化更大，知识更新更快。这就要求大学生的学习观念从正确再现教学内容向汇集百家之长并形成个人见解的方向转变。尤其是，毕业论文设计要求大学生不仅要在学习中理解、巩固并掌握知识，还要在学习中培养独立思考、探索创新的精神。

5. 多元化　在大学阶段，虽然大学生的主要任务仍然是专业知识点的学习，但是学习成绩已经不再是评判学习成果的唯一标准，并且有更加多元的评价体系。例如：学校会将学生的平时成绩和期末成绩共同纳入总成绩的计算，而平时成绩将考核大学生的表达能力、思维能力、创新能力等。而大学宽松的学习氛围，多样化的评价体系，使得学生知识的获取、个人能力的提升已经不仅限于教学课堂、书本知识。学生可以通过参加各种学术活动，文体活动、竞赛活动等，锻炼和发展个人的人际交往能力、思维能力、管理能力、沟通协调能力等。

知识链接

医学生的学习特点

1. 基础理论知识学习贯穿全程　医学课程体系通常由公共基础课、专业基础课和专业课三大模块组成。专业基础知识贯穿于各专业课之中，掌握好专业基础知识才能学好专业课，因此，在后期专业课的学习中也要坚持学习基础理论知识，不断学习、不断巩固，坚持不间断学习专业基础理论知识。

2. 团结协作精神的培养　医疗工作是一种特殊的技术服务性工作，能否顺利完成医疗工作取决于医生、护士、患者三方之间的密切配合，因此，要学会协调医护关系、医患关系和护患关系。相互协作、理解包容是做好医疗工作的前提，因此，医学生要在大学期间自觉培养良好的团结协作精神，避免我行我素、一意孤行。

3. 注重实践动手能力　医学知识强调实践操作，需要学生亲自动手，如实验操作、各项检查、手术等。医疗服务的对象是人，在临床诊疗过程中的诊断性、治疗性操作都不允许有丝毫马虎，因此，医学生必须具备较强的实践动手能力。对于学校安排的相关的培养学生实践操作能力的教学环节，医学生应该充分关注和积极参与。

4. 见习、实习机会较多　与理工科和文科教学相比，医学教学的见习、实习时间较多，一般有1/3以上的学习时间用于见习和实习。见习一般安排在课间，主要任务是在教师的指导下，医学生到医院熟悉医疗环境，理论联系实际，以观察学习为主。实习时间一般为1年，医学生在带教老师的指导下开展医疗工作，进行各临床科室的轮转，这是理论联系实际、学习各科临床诊疗技术、形成良好医德和医风的重要阶段。

第二节　积极、有效学习

案例导读

大学里到底教什么？

20世纪90年代末，某位著名华裔企业家在美国纽约哥伦比亚大学任助理教授时，曾有一位中国学生的家长向他抱怨："你们大学里到底在教些什么？我的孩子在计算机系读完了大二，居然连一款商用电子表格办公软件都不会用。"

他回答道："电脑技术的发展日新月异。我们不能保证大学里所教的任何一项技术在5年以后仍然有用，我们也不能保证学生可以学会每一种技术。我们能保证的是，您的孩子将学会思考，并掌握学习的方法，这样，无论5年以后出现什么样的新技术或新工具，您的孩子都能游刃有余。"

那位家长接着问："学习最新的软件不是教育，那么教育的本质究竟是什么呢？"他借用心理学家斯金纳（B.F. Skinner）的名言回答道："当我们将学过的东西忘得一干二净时，最后剩下来的就是教育的本质了。"他在给学生的信中解释道，所谓"剩下来的"，其实就是自学的能力，也就是举一反三或无师自通的能力。大学不是职业培训班，而是一个让学生学会适应社会、适应不同工作岗位的平台。

在大学期间，学习专业知识固然重要，但更重要的还是要学习独立思考的方法，培养举一反三的能力，只有这样，大学毕业生才能适应瞬息万变的未来世界。上中学时，老师会一次又一次地重复每一节课的关键内容。但进入大学以后，老师只会充当引路人的角色，学生必须学会自主学习、探索和实践。走上工作岗位后，自学能力就显得更为重要了。

微软公司曾做过一个调查统计，结果显示：在每一名微软员工所掌握的知识内容里，只有约10%是员工在过去的学习和工作中积累得到的，其他知识都是在加入微软后重新学习获得的。这表明，一个缺乏自学能力的人是难以在现代社会中立足的。

大学生必须在大学期间培养好自学能力。许多学生总是抱怨老师教得不好、懂得不多，学校的课程安排得也不合理。教育家通常会这样劝导这些学生："与其诅咒黑暗，不如点亮蜡烛。"大学生不应该只会跟在老师的身后亦步亦趋，而应当主动走在老师的前面，善于举一反三，学会无师自通，这是大学生涯中送给自己最好的礼物。

一、学会学习的重要性

学会学习是时代的要求。据专家们估计，人类知识的总量每隔 7 ~ 10 年就要翻上一番，新理论、新技术、新成果不断涌现，对于未来社会经济发展起主要推动作用的主体人群——大学生来说，学习先进的技术、掌握新知识尤为重要。著名的未来学家奈斯比特（J. Naisbitt）曾说过，“在一个不断变化的世界里，没有一个学科或一组学科能够为你的将来服务一生。现在需要学会的最重要的技能是学会怎样学习。懂得怎样学习的人，无论发生什么样的技术、经济和社会变革，他都可以适应并随之改变。”因此，当代大学生必须学会学习，即学会正确、高效地学习，这样才不会被时代所淘汰。

学会学习是现代人素质和能力的体现，也是未来最具有价值的能力，它已经成为现代教育追求的最高目标之一。大学生必须深刻地认识到，大学期间的学习不只是为成绩、知识或文凭，更重要的是为了学会学习。大学生不仅要掌握知识、发展技能，而且要在新问题或新情境中应用知识，在掌握学习技巧和学习策略的基础上能自学。因为在现代社会生活中，如果不具备学习的能力，终将成为固守一隅、无力应变的“现代文盲”。

因此，当今的大学生不仅要努力学习，而且要学会如何学习。不只是要获取“黄金”，更重要的是学会“点金术”。学会学习不仅对顺利完成大学学业有帮助，而且对未来的事业和发展也将产生深远的影响，使人终身受益。

二、大学的学习方法

“工欲善其事，必先利其器。”为了更好地适应大学学习生活，让自己在大学期间快乐地徜徉学海、学有所成，就必须掌握一套行之有效、事半功倍的学习方法。

（一）了解自己的学习风格

“学习风格”指的是个人收集、理解、组织和思考信息时所偏好的方式和特点，是学习者持续一贯的、带有个性特征和偏好的学习方式。例如，有些学生偏好独立学习，而有些学生则在团队学习中更得心应手。有些学生习惯于通过阅读吸收知识，而些学生则擅长通过主动的实践活动进行学习。下文介绍了学习风格的几种主要类型。

1. 环境独立型与环境敏感型　环境独立型的学习者倾向于通过对完整的或典型的要领想法进行分析来达到学习目的，他们更喜欢独立学习。环境敏感型的学习者倾向于通过文本查阅来完成学习任务，更喜欢小组学习。

2. 感知型　一般认为，学习者有四种基本的学习感知模式：视觉学习模式、听觉学习模式、动手操作学习模式和体验学习模式。学习者往往在某一种学习模式方面表现得最为突出：通过视觉刺激手段来获取信息使学习更为有效的学习者可以称为视觉型学习者；以听觉刺激手段为最有效的学习方式的学习者可以称之为听觉型学习者；动手操作型学习者通过可触及的实物，通过动手操作获得最有效的学习成果；体验型学习者通过亲身体验才能获得最有效的学习成果，需要全身心投入。后两种感知学习模式的学习者被有的研究者合二为一，称为触觉型学习者。没有哪一种学习风格被证明优于其他的学习风格，也不是单独采取某一种风格就能够取得更好的学习效果，但大学生都应当了解自己的学习风格，以便找到更适合自己的学习方法。

知识链接

费曼学习法

费曼学习法的灵感源于诺贝尔物理奖获得者理查德·费曼（Richard Feynman）。他的学习法可以简化为四个单词：concept（概念）、teach（教给别人）、review（回顾）、

simplify（简化）。该技巧包含四个步骤：

第一步：选择一个概念。选择一个你想要理解的概念，然后拿出一张白纸，把这个概念写在白纸上。

第二步：讲授这个概念（费曼技巧的灵魂）。设想，你面对一个8岁的孩童，试图解释清楚这个概念，并让对方完全听懂。那么你便迫使自己在更深层次上理解这个概念，并简化观点之间的关系和联系。这样，一方面加深你的理解，另一方面，找到不明白的节点或卡点。

第三步：查漏补缺，重新学习。在第二步中，你不可避免地会卡壳，忘记重要的节点，不能解释，或者不能将重要的概念联系起来。那么就回到原始材料，重新学习，直到你可以用基本的术语或简单的词语解释这一概念。

第四步：简化语言表达。用你自己的语言，而不是学习资料中的语言来解释概念。如果你的解释很冗长或者令人迷惑，那就说明你对概念的理解可能并没有你自己想象得那么顺畅。这意味着你还需要进一步理解这个概念。你要努力简化语言表达，或者与已有的知识建立一种类比关系，以便更好地理解它。

（二）确立目标、合理计划

案例导读

爱迪生读书

著名的发明家和物理学家爱迪生童年时被视为“低能儿”，仅3个月的时间，他便离开了学校。12岁那年，他找到在火车上售报的工作。火车每天辗转于休伦港和底特律之间，他只要一有空就会抓紧时间到图书馆去看书。无论刮风下雨，他都从不间断。那时候，他随着兴致所至，任意在书海里漫游，拿到一本书就看一本，既没有方向，也没有目标。有一天，爱迪生正在埋头读书，一位先生走过来问：“你已经看了多少本书啦？”爱迪生回答：“我读了4米多高的书了。”那位先生听后笑道：“哪有这样计算读书量的？你刚才读的那本书，和现在这本完全不同，你是根据什么原则选择书籍的呢？”爱迪生老老实实地回答：“我是按书架上图书摆放的顺序读的。我想把这个图书馆里所有的书一本接着一本都读完。”先生认真地说：“你的志向很远大。不过如果没有具体的目标，学习效果是不会很好的！”这番话对爱迪生的触动很大，成为他确立学习方向的一个转机。于是他根据自己的爱好、兴趣和专业目标，把读书的范围逐步集中到自然科学方面，特别是电学和机械学，进行定向阅读，使自己掌握了系统、扎实的知识，最后成为一名伟大的发明家、物理学家。

可见，学习要有方向，有目标。有计划地学习是成绩优秀的学生的共同特点，因为一个科学、合理的目标能有效地刺激学习者的热情，从而提高学习效率，使成功的概率增大。而那种凡事无计划，做事凭感觉，随性的学习态度往往不能对个人的学习活动起到统领、监督和调整作用，所以此类学生的成绩往往不理想。那么大学生应当如何制订合理的学习计划呢？可以从以下几方面着手进行：

1. 从实际出发，切实可行　制订计划时不要脱离实际，要从自己的实际情况出发，在正确估计自己的知识与能力、可供自己支配的时间，以及认清自己知识缺漏的基础上，制订切实

可行的学习计划。学习的难度、深度要适中，学习的量要适当，例如想用半个小时去看30页比较难懂的书，就不切合实际了。另外，还要考虑老师的教学安排，这样才能收到好的学习效果。

2. 要长短结合　就是要做到长计划短安排。长计划可以使具体任务有明确的目的，短安排是为了使长计划的任务逐步实现。为了实现总体目标要求，在一段较长的时间内应当有一个大致安排，对于每周、每天需要做的事情，也应当有一个详细、具体的计划。要在晚上睡前安排好第二天的学习和生活计划。

3. 要突出重点　所谓重点是指自己的弱势学科、弱项和知识体系中的重点内容。每个人学习时间和内容都是有限的，因此，制订计划时不要考虑平均力量，必须要有重点，做到保证重点、兼顾一般。

4. 任务要具体　任务要尽可能量化，不能过于宽泛。例如，晚自习要复习哪几门学科、看多少页书本，或者背多少个英语单词等。一开始就要计划好，以便监督执行。

5. 要留有余地　一方面，不仅要安排好课内、外学习的时间，而且要安排好休息、锻炼和娱乐等的时间，把绝大部分时间都用来学习往往会得不偿失，做到劳逸结合才能更高效。另一方面，把计划变成现实还要经过一个努力的过程，在这个过程中可能会遇到各种意料不到的情况。所以，计划不要安排得太满、太紧凑、太机械，要留出机动时间。如果情况发生改变，那么对计划也要进行相应的调整。

（三）灵活记忆

在学习的过程中，学生常希望能记住更多的知识，遗忘得越少越好，但每个学生的记忆能力是有限的，记忆效果也是不同的，例如，有的人善于机械记忆，有的人善于理解记忆，有的人更容易记住英语单词，而有的人则更擅长某些专业知识（如物理、化学等）的记忆。那么如何尽可能地避免遗忘呢？以下介绍一些提高记忆能力的方法。

1. 提高对记忆内容的兴趣　实践表明，人们对感兴趣的内容记得快、记得牢，对不感兴趣的内容总也记不清，就是一时记住了，也会很快忘记。这是因为带着兴趣去学习时，大脑皮质常处于兴奋状态，能使人全神贯注、精力集中，甚至达到废寝忘食的境地，因而学习内容就会在大脑中留下深刻的印象。反之，被强迫学习时，个体会产生一种“苦役”的感觉，大脑皮质处于抑制状态，所以，学生要努力培养对记忆内容的兴趣。

2. 树立“我能记住”的信心　一些学生对自己缺乏信心，往往还没开始学习就消极地暗示自己“我没有这个天分”“记单词太困难了”等，这是不可取的。心理学研究表明，消极的自我暗示可误导个体的判断，并降低自信，使个体对外界事物的认知形成某种心理定势，为人处世容易偏听误信，凭直觉办事。相反，如果个体反复告诉自己“这个学习任务比较简单”“我一定能记住老师讲的所有重点内容”“这次考试我一定能考出好成绩”等，那么在努力程度相同的条件下，有信心的同学往往收效更大。

3. 明确记忆的目的和任务　无论做任何事情，如果目的和任务明确，积极性就高，效果就好，记忆也是如此。如果老师在讲课前告诉学生，这堂课讲的某些知识课后要提问，或者要测验，或者是今后考试的必考点，那么学生对这些知识记忆的效果就特别好，就如上述案例一样。所以，要提高记忆效果，必须在记忆前有明确的记忆目的。

4. 善于抓住规律记忆　一位初中数学老师在课堂上要求同学们在1分钟内记住如下数字：112358132134。结果大部分同学都记不住或记得不完整，只有一个同学记住了。因为这个同学发现了这组数字的组成规律。就是从第三项开始，每一项都等于前两项之和，原来这就是著名的斐波那契数列。这个事实说明，有规律的知识容易记忆。

5. 理解的基础上记忆　理解就是要懂得记忆内容的实际意义，即对某些知识不仅要“知其然”，而且要“知其所以然”，不仅能回答“是什么”，而且能回答“为什么”。理解是记忆的前提，只有在理解的基础上抓住实质，才能将知识记准、记牢。反过来，记忆又有助于对知识的理解，博学多才的人也往往是理解能力强的人，所以，在学习中不能只流于表面，而是要尽量深化。

6. 及时复习　复习就是通过重复学习，使得信息在头脑中留存得更加牢固和长久。复习一般是为了避免遗忘，因此，大学生需要了解遗忘的规律。心理学家艾宾浩斯（H. Ebbinghaus）通过研究遗忘的规律后发现，识记后最初一段时间遗忘较快，以后逐渐减慢，并稳定在一个水平上，即遗忘发展具有先快后慢的规律。他发现，遗忘在学习结束后立即开始，每次记忆后，约有 70% 的内容会被迅速遗忘，只有约 30% 的内容能以缓慢的方式被逐渐遗忘。也就是说，每次记忆时，实际上只能记住 20% ~ 30%。例如，当你在晚上记忆，第二天早上醒来时，会觉得大部分都已经忘记了，就是由于遗忘规律所致。因此，要想提高记忆效果，就需要每隔一段时间复习一次，而且复习的频率要先密后疏。通过及时复习、反复记忆，才能使被遗忘的内容得到巩固，使记忆的内容保存得更长久，记忆效果更好。大学生要善于利用遗忘规律进行复习：在学习结束的 5 ~ 10 min 内要及时进行第一次复习；当天晚上或第二天要进行第二次复习，在此过程中要注意查漏补缺；之后的复习时间按照一周、一个月、半年进行安排，以此来加深记忆的印象。

7. 善于分类和归纳记忆　个体的记忆容量是有限的，如果想要在短时间内记住课本上的所有内容，显然难以实现，也没有必要。因此，学生在学习中要善于把握重点，抓住每个学科、每一章节的重点内容进行记忆。记住这些重点内容，对其他的内容就可以按照知识结构一并进行梳理。因此，在学习中，对于学到的知识要不断地进行分类、归纳和整理，使学到的知识有序、有结构，以便于记忆。另外，平时的学习一般是零散的，所以要把它们组织起来，形成知识单元和体系，这样就不会造成散乱，也更便于巩固和记忆。

知识链接

科学记忆六法

1. 联想记忆法　联想记忆法是指利用知识单元之间的联系通过联想进行记忆的方法。例如，运用联想的方法记忆老舍先生的作品时，可以这样想：把他的房舍改成了《茶馆》，并告诉《骆驼祥子》不要去《龙须沟》，要回老家过《四世同堂》的日子。这样，这四篇作品的名称就比较容易记住了。

2. 口诀记忆法　运用口诀记忆法能把没有内在联系的知识用合辙押韵的口诀组织起来，形成“顺口溜”，使人轻松、愉快地记住很多难记的知识。例如，我国黄河流域流行的数九歌是这样唱的：“一九二九不出手，三九四九冰上走，五九六九沿河看柳，七九河开八九雁来，九九加一九，耕牛遍地走。”数九歌朗朗上口，易背易记。

3. 形象记忆法　记忆时一般会涉及人体的五种感觉通道，尤其是视觉。图论学者哈拉里（F. Harary）说过：“千言万语不及一张图。”在大脑中以事物形象出现的图形内容对记忆具有重要作用。人们总是能很容易地记住一个人的面貌，而不是其名字，就是这个原因。如果尽可能多用图解的形式来帮助记忆，就会使枯燥、困难的记忆过程变得有趣而简单。例如，学习人体解剖学时，结合人体解剖学图谱记忆肌肉的分布、神经的走行会更加容易。

4. 比较记忆法　通过对相似而又不相同的识记内容进行对比分析，把握它们的差异点和共同点，既有助于准确地辨别识记对象，又可以通过事物之间的联系来把握记忆对象，从而提高记忆效率。例如，英语单词 answer、reply、respond、retort 这几个动词均有“回答”之意。但 answer 更为常用，是指用书面、口头或行动对他人的请求、询问、

质问等做出反应。Reply较少用于口语，是侧重于经过考虑的较正式的答复。Respond是正式用词，指即刻的以口头或行动对外来的请求或刺激等做出响应。Retort是指对不同意见、批评或控诉做出迅速、有力的反驳。通过这样的比较，我们就能分清和记住这4个单词了。

5. 分解记忆法　分解记忆法对记忆内容较多的、较复杂的事物非常有用。在记忆英语单词时，就可以使用这种方法，从词根比较法入手，可以快速记住一连串的词。还可以从前缀、后缀入手，记住同义词和反义词等。这样，记忆起来就非常省力，而且也不容易遗忘。

6. 回忆法　在复习当天学过的知识时，先不急于看书，而是合上书本，尝试回忆老师讲的内容，记不起来时，再翻开书本看一看，然后继续回忆，这就叫尝试回忆记忆法。这种方法实际上就是自己考验自己，有助于自己检查掌握知识的程度，了解记忆的难点，从而集中精力攻克难关。

（四）培养创造性思维

案例导读

法拉第发现电磁感应现象

1820年，丹麦物理学家奥斯特（H. Oersted）就已发现通电导线能使旁边的磁针发生偏转，说明通电导线周围能产生磁场（电流的磁效应）。法拉第（M. Faraday）从中得到了启发，认为既然电可以产生磁，那么反过来，磁也应该可以产生电。这就是逆向思维、求异思维、创造性思维。正是在这种思维的指引下，法拉第经过11年不断的实验，终于证实了这一假设，并且发现电磁感应现象。

创造性思维是指思维主体独到而新颖的思维活动，即通过思维不仅能揭示事物的本质及内在联系，而且还能在此基础上产生新颖的、前所未有的思维成果，提出新的、有建树性的想法和意见，其特点是思维方向的求异性、思维结构的灵活性、思维进程的飞跃性、思维效果的整体性、思维表达的新颖性等。大学阶段是培养创新能力的重要时期。脑科学和心理学研究表明，年龄在18～25岁的青年，大脑内部结构和技能复杂化的过程在急速发展，大脑皮质的发育在一定程度上呈现一种类似“飞跃”的状态，为思维发展提供了有利的生理条件。加之，大学生的个性心理进入相对稳定的状态，为培养创造性思维提供了良好的条件。因此，大学生要在这一时期加强创新能力的培养。具体方法有：

1. 强化创新意识　有的人总是认为创造只会发生在少数杰出的科学家和艺术家身上，与自己无关。其实不然，心理学家通过大量的实验和研究证明，每个人都有创造性思维的“闪光点”。事实也证明，只要肯动脑，即使是没有接受过良好教育的人，也同样能有所创造和发明。所以，培养创造性思维首先要强化创新意识，树立坚定的信念，勇于自我肯定，结合自身不断地刻苦、努力，创造性思维的水平就会不断提高。

2. 扩大知识领域　学习是创造的前提。在任何领域的创造活动中，要有所创新，就必须以该领域已有的知识和成果为起点，拓宽知识范围。涉猎的知识范围越广，思路越开阔，思维越灵活敏锐，越容易形成创新思维。因此，大学生要养成良好的学习习惯，拓宽知识面，助力创新思维的形成。除此以外，良好的知识体系是创新思维形成的基础，有了良好的知识体系，并与实践相结合，才可从中提炼出闪光点、创新点，创新思维也就随之形成了。因此，大学生在校期间，除了要学好基础知识外，还应努力扩大知识面，多学习、学好习，努力掌握与自己专业有关、甚至无关但有用的知识，力求形成一个合理的知识结构体系。这样才有助于大学生开阔眼界和思路，有助于从新的角度去看待熟悉的问题，从而产生创造性设想。

3. 学会创造技法　创造技法既是创造性思维的表现形式，也是激发创造性思维的有效手段。常见的创造技法有头脑风暴法、列举法和设问法等。“头脑风暴”的概念源于医学，原指精神病患者头脑中短时间内出现的思维紊乱及产生各种各样奇怪想法的现象。创造学中借用这个概念来比喻思维高度活跃、打破常规的思维方式而产生大量创造性设想的情况。其原理是通过强化信息刺激，促使思维者展开想象，引起思维扩散，在短期内产生大量设想，并进一步诱发创造性设想。列举法是遵循一定的规则，罗列研究对象有关方面的各种性质，进而诱发创造性设想的创造技法，有特性列举法、缺点列举法等。设问法是通过多角度提出问题，从问题中寻找思路，进而做出选择并深入开发创造性设想的一种创造技法，主要类型有检核表法、5W2H（why、what、who、when、where、how、how much）分析法等。通过创造技法的训练，可以提高思维速度，拓宽思维的广度和深度，达到提高创造性思维水平的目的。

4. 及早进入创造角色　大学生要在学习的过程中及早进入创造角色，进行创造实践，增强创造性思维能力。首先，在学习中，要不满足于书本上的标准答案，尝试一题多解，训练创造技能。同时，还应当多参加专业相关的学术会议、科技知识普及活动、大学生科技创新活动等，例如线上、线下开展的学术沙龙，科技三下乡活动，教育部实施的国家级大学生创新创业训练计划或各省、市、校级大学生创业创新项目，以及教师组织的各种现场调查或实验室科研实验等。其次，大学生要时刻保持科学好奇心，即大学生对于科学领域的知识和信息表现出的强烈的兴趣，并予以关注和探究的行为倾向。好奇心是激发创新思维和创造力的条件之一，在好奇心的驱动下，大学生才会不断探索，发现新的未知领域，进而推动人类的发展和进步。

（五）高效阅读

知识链接

世界读书日

每年4月23日是世界读书日，其设立目的是推动更多的人去阅读和写作，希望所有人都能尊重和感谢为人类文明做出过巨大贡献的文学、文化、科学、思想大师们，保护知识产权。这一天，全世界有100多个国家都会举办各种各样的庆祝和图书宣传活动。

读书为何如此重要？人们读书的目的又是什么呢？你是否喜欢读书？你都读些什么类型的书呢？书籍是人类知识和文化的载体，它能够突破时间和空间的限制，实现不同时代、不同地域的知识和文化的传播、交流和融合。读书是人们获取知识和信息的重要手段，是人类吸取精神能量的重要途径。让我们一起行动起来吧！

大学生处在一个多信息渠道的时代，一个多媒体的时代，每个人都变得迫切地需要汲取知识。但是，随着知识获取途径越来越便捷，信息量和知识量越来越大，很多知识变得碎片化或缺乏科学性，使得大学生无法在短时间内进行甄别和凝练，所以使用什么方法来提高个人的阅读水平对大学生来说是非常重要的。

阅读有方法问题和技巧问题，这与个人的知识水平、知识结构、能力、文化修养等有关。每一部著作、每一篇文章都有阅读重点，所以要正确分配注意力，聚焦在重点的实质问题，不

要将注意力过多地花费在感知文章结构上，这样可以使理解系数提高 30%～40%。高效阅读的方法有很多，如预读法、略读法、跳读法、错序读法、前后交叉读法、倒读法等。以下主要介绍 SQ3R 阅读法，以及克服快速阅读障碍的方法。

SQ3R 阅读法是一种提升研习能力的方法，由心理学家罗宾逊（F. Robinson）提出，旨在帮助学生获得把握重点的技巧以及掌握减轻遗忘的方法学。SQ3R 阅读法的具体步骤包括：

第一步：Survey（浏览），迅速浏览图书标题，通过快速预习或浏览掌握该书内容大意。有几个浏览重点：①绪言，有助于有效地利用该书。②扉页，可以了解该书的时效性。③目录，能从中快速了解该书的主要内容，以及作者的编写思路。④正文，通读标题和副标题，阅读每章末尾的总结，查看图表，阅读特殊的句子。通过上述信息了解文章的风格和结构层次。

第二步：Question（提问），在浏览时，对值得仔细阅读的内容提出问题。从而使阅读带有目的性，使阅读者变得更为积极、主动，有更多的目标，更具有批判性和警觉性，成为该书深层含义的积极探寻者而不是被动吸收者。

第三步：Read（阅读），带着提出的问题仔细阅读全书。寻求语句背后蕴藏的主题思想，并把作者的思想与自己的体验和逻辑观念进行对比和验证。在阅读阶段尽量不做笔记，把笔记留到复述阶段去做。

第四步：Retell（复述），读完该书后，尽量复述出书中的主要论点。不时地暂停一下，合上书本，告诉自己到目前为止书中所讲述的主要思想。记录要点能使自己更为有效地掌握内容。

第五步：Review（复习），通过复习全书检查自己对该书的掌握程度。重复一遍上述四个步骤，即浏览每个章节的总体结构，回忆提出的问题，重读全书，以检查是否复述了所有重点，补充了笔记中的遗漏，并校正了错误。

知识链接

克服快速阅读障碍的方法

1. 改正指读的阅读习惯　因为用手指、铅笔或尺子指着逐字逐句地读这种单纯的机械运动会减慢阅读速度。

2. 避免阅读时头部摆动　因为眼睛不需要借助颈部肌肉的运动就可以灵活地从一个字移到另一个字。

3. 避免读出声音　言语听觉系统的灵敏度比视觉分析系统的灵敏度要低得多。正常成人每分钟能说出的词汇量约为 100 个，但却能以 2～3 倍的速度进行阅读。可通过将舌头抵在唇间或口含物品等方法来机械地控制发声，提高阅读速度。

4. 避免心读　心读是指把文字符号转换成声音来理解，是一种最难察觉出的出声阅读形式，会严重影响阅读速度。

5. 避免或减少回读　回读是阅读者的双眼在以一系列停顿方式进行移动时，间或折回去重读已经读过的词句，是一种不自觉的机械运动，也是一种无效劳动。但如果回读是有目的、有意识地再获取信息并产生新的想法，那就另当别论了。

6. 增加词汇量　尽可能在阅读过程中减少生词的数量将会有效地提高阅读速度。

7. 集中注意力阅读　注意力高度集中，阅读效率自然也就会提升。

（六）注重实践

案例导读

年轻人要敢问敢做

中国青年报社社会调查中心对2007名大学生开展了一项调查，70.9%的受访大学生感觉近年来大学生实习越来越早了。66.3%的受访大学生实习是为了提升对专业的了解，摸清未来方向。

应不应该早点儿实习？实习中不敢与同事和上级沟通，怎么办？从校园过渡到职场，怎样调整心态？面对职场困惑，00后有什么看法，过来人又给出了什么建议？

李某曦是一名就读于医科类大学的大二学生，虽然进入大学只有两年时间，但她早已在医院、科研所实习过。她觉得，选择一份实习工作最重要的是需要结合自身兴趣和未来发展方向，“不必纠结于何时开始实习，只要这个时间段对自己合适就好”。她认为：“实习开始时间的早晚没有标准定义，关键要结合自身的情况。”

李某宁在实习过程中，培养出了“观察前辈”的习惯，通过不断去观察身边的前辈以及同辈的工作方式、处事方式，认识和修正自己原有的知识体系和能力的薄弱点。他认为：“实习给予了我不断试错的机会，帮助我判断现有的职业规划是否符合个人预期，如果符合那就坚定地走下去，如果不符合也可以尽快调整方向。”

肖某静在实习过程中，发现很多学生往往把姿态放得很低，很容易出现“害怕出错”的心态。“我也担心过自己能力不足，面对陌生环境充满不适，不知如何开口与同事沟通，但只要积极主动，不要害怕犯错，大胆去试错，就能够更加清楚地认识自己”。而黄某某在实习前，就收到过来自学长学姐们的“暖心攻略”，了解公司业务领域、针对性修改简历、笔试面试准备、实习协议和待遇……在她看来，实习是突破自己舒适圈的必经之路，“不要惧怕，也许我们会比自己想象的优秀”。

互联网上有人喜欢用“躺平”来形容00后，但李某曦并不认可，在她看来，从校园进入社会的过程中，年轻的00后会遇到各种各样的困难迷茫，但每一个人都在努力去面对、去解决，“每个人都在尝试中寻找方向，年轻的我们要敢问敢做”。

从以上案例可以看出，当代大学生已经逐渐意识到实践对于个人成长与发展的重要作用。

大学生的实践活动可以促进知识的转化和拓展，有利于增强社会意识和社会技能，发展创造才能和组织才能，提升修养，完善个性品质，以及加速社会化进程。高等教育的一个重要特征就是强化实践环节，而且实践环节几乎占总课时的一半。如何利用好实习、实训环节以提高专业技能是十分重要的。在技能训练过程中，应注意以下几点：

1. 复习理论知识　要把课堂教学中学到的理论知识在实践中进行验证，经过理解和总结，彻底转化为自己的知识。

2. 运用综合性思维　综合运用有关学科的知识，分析和思考观察到的现象。

3. 注意关键细节　关键细节往往反映了现象或事物的特点，是实践教学的精华。

4. 提高观察能力　在现场教学中，导致某个现象出现的因素很多，要自觉、主动地分析各种因素，抓住主要因素，提高自己的观察能力。

5. 撰写好实习报告　实习报告不仅是对实习过程的总结，同时也应该是一篇好的调查报告。另外，撰写实习报告也是训练文字表达能力的手段。

（七）积极参与科学研究

诺贝尔化学奖获得者李远哲曾说："最好的学习是研究，真正的学问是经过研究得来的学问，而做研究真正需要的是独立思考，是独立地解决问题，学会自己去探求"。

大学生从事科学研究是培养和提高创造力的重要学习形式。在当今的大学校园里，学生进行科研活动已经越来越普遍。我国高校一般都设有大学生科技协会，主要举办各种学生科技活动和学术讲座，开展一年一度的科技文化月活动。许多学校还设立了大学生科研基金，对学生的科研项目进行资助，建立学生科研导师制度，为高年级的学生配备科研指导教师，指导学生查找资料、阅读文献、观察和思考问题。同时，也鼓励学生参加教师的科研项目，通过研究实践的锻炼，使学生了解科学研究的思路，熟悉实验操作技术，培养学生的思维能力、动手能力和创新意识。大学生进行科学研究的步骤和重点包括：

1. 选择科研课题　这是进行科学研究的起始环节，也是一个困难的环节。爱因斯坦说过，"提出一个问题往往比解决一个问题更重要"。特别是对在校大学生而言，更是如此。大学生选择科研课题时可以考虑以下几个来源：从专业理论学习中选择课题，在研究大量文献后选择课题，根据自己知识结构的优势选择课题，在已有研究课题的基础上进行引申、扩展研究，或选择自己感兴趣的课题。创新可以异想天开，不要受老师思维的局限。

2. 查阅大量文献资料　在短时间内查阅、分析、整理并消化大量文献资料，寻找更多的灵感和创新的方法，同时了解国、内外相关研究的进展情况，与他人的研究内容进行对比，把自己的创新设想体现出来。

3. 设计与计划科研课题　在选定科研课题、收集好资料后，就可以根据已有的理论、自己的知识经验、所掌握的材料来计划和设计自己的课题了。课题研究设计与计划的质量直接关系到整个课题研究的质量，是科研课题顺利进行的保证。因此，每个研究者都必须知道如何科学地设计和计划一个课题的研究。需要明确围绕核心的主要工作（即研究内容），思考具体如何做，并有清晰的思路和技术路线。

4. 进行科学验证　根据之前的课题设计，需要进行实验室实验、现场实验或文献分析等。通过这些方法收集、整理数据，然后进行科学分析，以便得出结论，形成科学事实。

5. 撰写科研论文　科研论文是研究成果的真实记录。科研论文的撰写不同于一般的文章。一篇完整的科研论文通常应包括题目、摘要、关键词、前言、正文、结论、引文注释、附录等。论文或研究报告以文字的形式保存下来，可供他人学习、借鉴和探讨。

知识链接

网络环境下大学生的学习

随着互联网的迅猛发展，一种新的学习方式在大学生群体中悄然而起。网络环境下大学生学习方式特指大学生在网络环境中开展学习活动时具体采取的策略和方法。网络环境下的学习方式主要有移动学习、微学习和无缝学习。移动学习是指在网络环境下，学习者不再受教师、学习时间、学习地点和学习内容等因素的影响和限制，学生可以自由选择学习内容，自主选择学习进度。微学习是通过网络媒体对定制内容进行推送，具有短、小、精、便等特点。而无缝学习是我国台湾学者陈德怀在移动学习的基础上提出的，它指学生在有求知欲时，能够随时在不同情境下学习，且在移动设备辅助下，快速且容易地在不同学习情景间切换。

网络环境下的学习发展势头迅猛且不可逆。大学生已普遍实现了"上网自由"，网络阅读已经成为大学生阅读的主要方式。已有研究显示，网络环境中的学习效率很低，大部分大学生并不能够发挥网络的优势和长处，反而极易在信息爆炸的虚拟世界中迷失自己。此外，网络环境下的学习缺乏师生之间的实时沟通与互动，学习过程中遇到的问题不能及时解决。因此，不管是校方、教师还是学生都要警惕这种新兴的学习方式，合理利用网络，合理选择学习方式。

三、学习心理问题及其调适

学习是大学生活的主要内容。众多研究表明，在影响大学生学习的各种因素中，心理的健康状况对学习影响较大。

大学生的学习对心理健康具有积极的影响。第一，学习能够开发个体的智力和潜力。每个人都有与生俱来的智力和潜力，通过学习才能得到最大限度的发挥。第二，学习能够提高大学生的各种能力。随着社会的发展，竞争越来越激烈，需要大学生同时具备人际交往、动手操作、创新、语言表达、组织协调等多种能力，而这些能力只有在各种活动中不断学习才能得以提高。第三，学习能够带来满足感和快乐。大学生在学习过程中从事智力活动，感受到成功的喜悦，体验到自己的价值，自我实现的需要得到了充分满足，就会带来很多快乐。第四，学习能使心理健康的水平不断提高。心理健康水平是在不断学习和实践的过程中得以提高的。另外，大学生还可以通过学习有关心理学和心理健康方面的知识，调节自己的心理状态，从而提高心理健康水平。

但学习也是一项艰苦的脑力劳动，需要消耗大量能量。如果处理不当，则会产生一些消极的影响。例如，学习压力过大、学习负担过重，会使学生产生紧张和焦虑情绪；学习内容不健康，易使学生的心理健康受到影响；学习难度过大，易使学生产生畏难情绪；学习方法不当，学习效率不高，易使学生产生自卑心理等。

（一）学习动机不当

学习动机是激发个体启动、维持学习活动，并使其行为朝向特定的学习目标发展的一种内在心理过程或内部动力机制。学习动机受内外部多种因素的影响，内部因素包括情绪、需求、归因方式、自我效能感等，外部因素包括学习成果、奖励、惩罚等。

学习动机相当于学习的原动力，能推动大学生的学习，支撑大学生的整体学习行为。动机在学习中的作用，是个不断引起争论的问题。一般来说，学习动机越强，学习的积极性越高，则越能发挥学习的潜能，学习效率也越高。但事实并非如此，已有的研究表明：在各种学习活动中存在一个最佳的学习动机水平。但最佳的动机水平并不是固定不变的，它会随着课题性质的不同而不同。学习动机在大学生的学习过程中具有重要的作用。那么，学习动机处于何种强度才能使学习效率达到最佳水平呢？

根据心理学家耶基斯（R.M. Yerkes）和多德森（J.D. Dodson）的研究，学习动机的强弱与学习效率有很大的关系，最佳动机水平会随着任务难度的不同而变化。首先，在一定范围内，学习动机的增强有利于学习效率的提高，特别是在学习力所能及的范围内的课题时，这种效应尤为明显。其次，学习动机处于适宜强度时，学习效率最高。在比较容易完成的任务中，中等偏高的动机水平学习效率最好；在比较困难的任务中，学习效率反而会由于学习动机强度的增加而下降，这样的情境下中等偏低的动机水平学习效率最好；在中等难度的任务中，学习动机强度的增强有利于学习效率的提高，这种情境下的学习动机水平在中等时学习效果最好。最后，学习动机的强度超过一定限度时，学习效率会下降。

美国教育心理学家奥苏贝尔明确指出："动机与学习之间的关系是典型的相辅相成的关系，绝非一种单向性的关系。"因此，学习动机的恰当与否直接影响到学习的结果。大学生的学习动机不当主要表现为学习动机不足和学习动机过强两种情况。

1. 学习动机不足　学习动机不足是指学习没有内在驱动力，没有明确的学习方向，无知

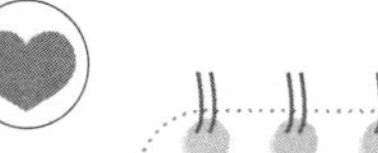

识欲求，厌倦学习。众所周知，大学生的主要任务是学习，大学期间没有升学压力，同学间的竞争也较小，学习主要依靠主动和自觉，这使得部分学生感到学习没有了动力，失去了目标，也失去了乐趣，从而不想学习，也不确定学什么。同时，家庭因素、经济因素等外部原因的影响也会导致学习动机不足。学习动机不足主要表现为：学习目标模糊，缺乏理想，纪律观念淡薄，自制力差；上课时对教师讲授的知识毫无兴趣或看手机、打瞌睡，甚至逃课，一旦离开课堂就精神焕发；体会不到学习的快乐。

案例导读

荒废了学业的小伟

小伟是一位来自山区的家庭经济困难的大学生，学业成绩一直非常优异。进入大学后，他忽然感到心中茫然，学习没有动力，生活也没有了目标。小伟有时候想到辍学在家的妹妹和年迈的父母也恨自己不争气，可他的确找不到奋斗的目标与学习的动力，学习上得过且过，生活上漫无目的，上课时打不起精神……小伟不是因为沉迷于网络而荒废了学业，而是因为实在觉得没劲才去上网、聊天、打游戏。他不知如何才能摆脱这种状态。

缺乏学习动机的大学生很容易受到其他因素的干扰，因此，要重视学习动机不足的问题，并采取一定的措施进行调试。大学生学习动机不足的调适方法主要包括：①强化学习动机，学生学习的自觉性是与动机分不开的。事实上，有正确学习动机的学生会产生学习的自觉性，激发起强烈的求知欲、稳定的兴趣和高度的社会责任感，因而能专心致志、勤奋学习。而动机不正确的学生，对待学习往往是投机取巧，甚至出现抄袭、考试作弊等现象。②培养学习兴趣，兴趣和爱好是最好的老师。大学生要想在学习中发挥积极性和创造性，只有对自己所学的知识培养浓厚的兴趣，才会心向神往，保持积极的学习态度。学习兴趣是可以在学习过程中逐步培养的。可以通过多种方式，如通过具体事例或克服困难唤起好奇心等，从而可以改变由于“没兴趣”而缺乏学习动机的状况。③端正学习态度，学习态度是影响学习效果的一个重要因素。端正学习态度的根本方法是要有正确的学习目标。在确立奋斗目标时，不妨站得高一些，看得远一些，从而全力以赴。这样的学习才能显示出强有力的动力。④改善学习的外部条件，针对学生学习动机不足的外部原因，应通过多方面的努力改善外部环境和条件。除了学校创造良好的学习氛围、提高教学质量、注意更新知识、严肃学校纪律和运用奖惩机制以外，大学生还应主动寻找改善学习的外部条件的方法。

2. 学习动机过强　学习动机过强同样不利于学习。研究早已表明，学习动机并不是越强越好，学习动机过强也会导致出现情绪障碍，也会对学习造成很大影响。例如，有些大学生由于自我评价不恰当，个性追求完美、好强、固执等内部原因，以及学校评价体系不完善、过于重视成绩等外部原因，使得学习动机过强导致了以下表现：①自我期望过高，一旦遇到挫折或失败，自尊和自信就会严重受挫。②学习焦虑，精神上长期处于紧张状态的学生，在学习过程中可出现注意力减弱、记忆力减退、思维迟缓，严重时可出现头痛、头晕、耳鸣、心悸、失眠等身体不适反应。③考试作弊，学习动机过强可导致部分学生过于担心考试成绩不理想而丢面子，或者为了能拿到奖学金及各种荣誉称号而铤而走险，在考试中作弊。作弊后深深的自责和成功后的沾沾自喜又会使他们产生心理压力，久而久之便造成沉重的心理负担，会对学习产生怀疑。另外，一旦在作弊时被发现，则作弊者的自尊心将会严重受挫，进而引发学习情绪波动。

案例导读

冬茵的失败

微电影《雨荞》中有这么一个片段：冬茵是一个学习刻苦、成绩优秀的学生，这天，她终于在父母朋友期待的目光中踏进了高考的考场。人们都认为她“十拿九稳"。谁知，她进了考场，打开试卷时，耳边突然响起了她爸爸的声音：“只许考好，它关系着你一生的命运。”此声音一再在耳边围绕，挥之不去，冬茵禁不住额头冒汗、手脚冰凉。最终，她因过度紧张，高考失败而名落孙山。

因此，大学生发现自己要求过高，过度关注成绩而导致情绪不稳定时，就要注意采取有效措施改变自己的心态。大学生学习动机过强的调适方法主要包括：①加强自我认识，大学生应通过各种途径（如自我反思，搜集家人、老师和同学对自己的评价等）对自己的能力和水平进行客观的认识，制订符合自己实际情况的目标，以避免好高骛远。②多参加社会活动，大学生应积极参加校园里多种多样的活动。这些活动既能丰富大学生活，为大学生提供自我发展的平台，又能让大学生在学习以外体验成功的愉悦，弱化过度的学习期望。③注重过程，一味强调学习的结果，会诱发比较、攀比心理，因此，大学生要多关注过程，重视对学习活动的主动参与和亲身体验，关注学习经验的形成、积累和知识建构，慢慢就会形成积极的学习态度。这时的学习动机往往是合理的、持久的，同时也会带来良好的学习效果。

知识链接

学习动机功利化

学习动机功利化是指大学生学习心理与学习目标的功利化。受时代变革、社会思潮、家庭观念以及学校教育等多种因素的影响，当下大学生学习动机的功利化的倾向明显。许多大学生出于试图通过大学学习改变人生命运，提高人生地位，或者只是不挂科、不让父母失望等原因作为自己学习的动力，看重考试成绩，将成绩作为检验学习成果的唯一标准，只有少部分大学生是出于理想或对于知识的渴望，这便与应用型本科高校培育创新型、高层次应用型人才的需要产生矛盾。因为功利动机只能支撑一时，难以真正推动大学生的长久学习活动，片面追求眼前个人利益与社会需求的快速结合，并不能真正为当前的社会提供源源不断的新生力量。

另外，有些大学生的功利性学习还会引发其他不正之风。例如有些大学生为了炫耀学识或出于虚荣，盲目申报科研课题，却重立项，轻科研，还有的去抄袭、剽窃学术论文或购买版面发表自己的研究成果等。这都与高校育人、培养专业型人才的观念相悖，也是对教育资源的一种浪费。对于这种情况，一方面高校应当将理想教育与素质教育结合，提升大学生的综合素质水平，鼓励大学生提高专业素养。另一方面，大学生应当重新定义“成功”，正确认识社会不良风气，如名权观念、拜金主义等的不良影响，寻找自己的人生价值，培养自己的使命感。同时大学生还要培养自己的学习兴趣，认清自己想学什么，想做什么，真正热爱学习，优于学习，以促进综合素质和学习能力的提升，早日实现或超越理想自我。

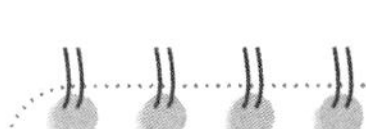

（二）学习主动性不强

案例导读

只要弯弯腰

夜深了，一位商人走在黑漆漆的山路上。突然，有一个神秘的声音传来："弯下腰，请多捡些小石子，明天会有用的！"商人决定执行这一指令，便弯腰捡了几颗石子。到了第二天，当商人从口袋中掏出石子时，才发现那所谓的"石子"原来是一块块亮晶晶的宝石！然而，也正是这些宝石，使他立即后悔不已："昨晚怎么就没有多捡一些呢？"

上述案例是心理学家巴甫洛夫讲的一个故事。他在讲完故事后说："教育就是这么一回事——当我们长大成人之后，才会发现以前学的科学知识是珍贵的宝石，但同时，我们也会觉得可惜，因为我们学到的毕竟太少了！"的确，教育送给人们的明明是瑰丽的"宝石"，可总有人因为嫌弯腰太累而对其视而不见，结果白白地错过了许多机会。

所谓学习的主动性，是指学生在主体意识的支配下，有目的地自觉自愿地学习。进入大学后，由于离开了父母的监管，没有了老师的严格要求，也暂时没有了升学、毕业的压力，使得不少学生变得不再用功好学了。他们认为获得毕业证书就完成了大学生涯的任务。学习对他们而言已不再重要，与社会"接轨"才是当务之急。所以他们学习时十分被动，有的学生几乎不预习，也很少复习课本知识，只是在考试前才临时抱佛脚，突击应付一下考试。然而，大学时期恰恰是培养学生自主学习能力的关键时期，对学习的主动性有非常高的要求。在大学期间，学生是自我学习的实践者。因此，提高学习的主动性，对自己的学习负责是大学生需要正视和解决的问题。可以通过以下方式来提高学习的主动性：

1. 增强主体意识　主体意识是指作为认识和实践活动主体的人对于自身的主体地位、主体能力和主体价值的一种自觉意识，是主体的自主性、能动性和创造性的观念表现。增强主体意识是大学生主动学习的关键。大学生主体意识的强弱在某种意义上决定了他们对自己身心发展的自知、自控和自主程度，从而决定着其身心发展水平。大学生的主体意识越强，参与自身发展、在学习活动中发挥自己的潜在力量的自觉性就越高，从而就越能在教育活动中充分发挥自身力量，不断地调整、改变自己的知识结构、心理状态和行为方式，所以，大学生要培养自己的独立学习能力，具有学习主动性，而不仅是应付课程安排和教师布置的作业。

2. 培养良好的学习习惯　作为当代大学生，要紧紧地抓住大学就读的机会，学会学习，善于学习。在课堂学习、记录课堂笔记、阅读、自学能力、学习动力等方面养成良好的习惯。充分利用外部条件去发展自我，让自己成为学习的主人，在课程和教学活动中充分发挥、发展自己的主体性，积极探索周围的世界，在探索中不断发现和提高，并进而感到自信。

（三）学习自卑

案例导读

一位同学的来信

我感觉自己很自卑，主要体现在我的学习方面。从初中开始，我的成绩就一直处于中上水平，可是我觉得自己很差，总感觉自己在别人面前低人一等。每次和那些成绩比我好的同学在一起玩，总是玩得很不开心。进入大学后，这种自卑感更加强烈了，因为身边都是来自全国各地的精英同学。看见他们上课时积极、正确地回答问题，用流利的英语对话，我就觉得自己的成绩很差，总感觉别人认为我很笨。也不知道这是不是我的错觉。我知道自信对一个人来说是很重要的，因为如果没有自信，做事的成效与自信的人相比肯定是差很远的，但我就是没办法自信起来。我该怎样才能不自卑？请老师帮我摆脱这个心理障碍！

自卑是一种轻视、怀疑自我能力与价值的心理，在学习中的表现就是学习自卑。从心理学的角度分析，自卑是一种心理防御机制，只是这种“防御”是消极的，是一种对自我的负面的情感。上述案例中这种学习自卑的情况在不少大学生中存在，对大学生的学习会产生不利的影响。拿破仑说：“默认自己无能，无疑是给失败制造机会。”因此，大学生必须克服学习自卑，超越自卑。

1. 学习自卑的表现　①自我评价过低，总认为自己的智力或能力不如他人，处处低人一等。②不自信，对自己的学习能力持怀疑态度，患得患失，遇到困难就找借口掩饰，不认真对待，随便敷衍。③孤僻、敏感、多疑，十分在意他人对自己学习方面的评价，往往他人的一句玩笑也能长时间地影响自己的情绪。④消极暗示，关键时刻总是容易气馁。⑤逃避、退缩，喜欢坐在教室后排或角落里，双眼不敢正视前方，尤其是不敢和老师对视。老师提问时，自己明明知道答案却不敢举手回答。课堂讨论时不敢发言，不愿参加各种学习竞赛活动。

2. 学习自卑的原因　①这是长期的成长和学习环境所导致的自卑心理在学习中的继续和延伸：有的学生在中小学阶段受到老师过多的指责和惩罚，或遭到父母的压制，或者在中小学阶段因学习成绩不好，长期得不到重视甚至受到歧视，从而产生自卑心理。进入大学以后，由于优秀人才更加集中，竞争更加激烈，从而加剧了这种自卑心理。②通常由挫折和失败所致：多次失败的体验容易导致学习自卑。如有的学生英语考试屡次不及格，就认为自己不是学英语的料；有的同学经常考试总成绩排在倒数几名，就容易产生自己不如他人的想法。③目标和期望值过高：有的同学对自己的学习能力和水平缺乏正确的认识，知识基础薄弱，学习目标又过高，即使经过努力也很难达到，这样会使自己常陷入“失败”的境地。多次自我否认后，就容易丧失进取心，产生自卑心理。

3. 学习自卑的自我调适　①正确认识自己的学习能力和水平，善于发现自己的优势和长处，并加以珍视，不能妄自菲薄。②制订合理的学习目标，稳扎稳打，逐渐进步。大学里精英云集，想要出类拔萃是有一定难度的。所以要根据自己的情况，制订可行的中长期目标，再把目标细化、分解，逐个实现。③正确对待困难和挫折，树立战胜困难的勇气和信心，面对学习中的困难和挫折，不要畏惧和退缩，而是要冷静分析，寻找对策。每战胜一次困难就多一分信心，长此以往就能逐步消除自卑心理。④虚心向其他同学学习，不断改进学习方法，提高学习效率，增强信心。自卑的学生往往内心比较封闭，因此，要勇于与其他同学交流，探讨好的学习技巧，摸索适合自己的学习方法，也有利于人际关系的建立。

（四）考试焦虑

案例导读

考试焦虑的吴良

吴良从小就被父母教导一定要考上好的大学，这样才能有更好的职业发展、过上更好的生活。吴良也算争气，他从小在学习上就有天赋，再加上刻苦努力，后来也考上了自己心仪的大学。只是他没能读自己想读的专业，而是被调剂了到另一个专业。吴良虽然有些失落，但并不气馁，他想着自己上大学后多加努力，找机会换专业。

上了大学之后，吴良了解到换专业在一个学期结束之后开始，且成绩排在年级前15%才行。也就是说，吴良大一上学期期末的成绩非常重要。吴良刚开始并不担心，他觉得自己的学习条件挺好，考出好的成绩没有问题。他给自己定的小目标是争取在每次学习竞赛或活动中都表现出色，最好名列前茅。但后来他发现自己班里的同学非常优秀，大家不仅成绩很好，而且多才多艺；在课下的专业实践活动中，也有不少人表现亮眼，老师、同学对他们赞誉有加。相比之下，他的表现不算出彩。

吴良有些沮丧，他认为"人外有人，天外有天"，相比之下，自己似乎十分平庸，领悟力也略逊一筹。一段时间下来，吴良的学习劲头便有点儿不足了，上课也时常恍惚。他总是担心自己的考试成绩，认为一些同学的平时成绩很不错，从偶尔的随堂测验来看，他们在期末考试也能拿高分，两种成绩综合，他们的总成绩很可能高于自己的成绩。为此，他感到十分紧张，学习更加努力，经常熬夜苦读，白天吃饭也没什么胃口，将较多的心思都放在了学习上。但坚持了一段时间后，他就觉得睡眠质量不好，非常劳累，注意力也不太集中。他觉得自己的学习策略可能有误，于是略微降低了学习强度，并调整学习状态，怀着紧张的心情完成了第一学期的期末考试。结果吴良的成绩虽然很好，但距离年级前15%稍差几分。

吴良反思了自己上学期的表现，重新制订了学习计划。他做足了准备，对自己很有信心。虽然有心理准备，他在考试前仍然十分忐忑，担心自己发挥不好，尤其是上次的期末考试只差几分就能挤进年级前15%，更是给了他很大的压力。琢磨得多了，他忍不住回想自己高考就是因为没考出平时的水平，才被调剂到现在的专业。于是他越想越焦虑，整个人显得十分紧张，上课也有些心不在焉，学习效率低，晚上入睡困难，白天感觉精力不济。他知道自己有些过于紧张了，担心长此以往考试会受影响，想控制自己不要多想但又控制不住，一时不知该怎么办，觉得非常苦恼。

考试焦虑是一种比较复杂的情绪反应。曼德勒（G. Mandler）指出，考试焦虑是处于无助和心理紊乱状态下的一种情绪。沃尔普（J. Wolpe）强调，考试焦虑是一种习得的、条件性的情绪反应。考试焦虑产生的原因是多方面的，有学校因素、家庭因素、社会因素和学生自身的因素。就学生自身而言，身体的健康状况和成熟水平、遗传素质、学习水平、考试动机等都与考试焦虑的发生有关。一般来说，大学生产生考试焦虑在于不能克服障碍，担心不能完成考试目标而导致自尊心、自信心受挫等。对大学生来说，考试成功的标准应该是以诚实的态度对待考试，正常发挥，考出真实水平。

需要注意的是，适当的焦虑可以增强学习效果，但过度焦虑势必会引起反作用。很多大学生就因考试心理的异常而影响了考试的正常发挥，因此，调整好考试心理，使自己在考试中发挥出实际水平是十分重要的。考试心理的调适可以从以下几个方面着手：

1. 端正考试态度　大学生需要认识到，考试只是对知识掌握程度的一种检验，远不是对学生全面素质的评价。它与未来的就业、人生的成就没有完全一致的必然联系。因此，大学生在校期间要正确认识考试的意义，不必把考试成绩看得太重，而是要把注意力放在知识的学习、理解、掌握和巩固上，树立良好的学风和诚实守信的人格品质。

2. 确定恰当的目标　要实事求是地根据自己的原有基础及现有潜力制订适当的考试目标，千万不可眼高手低、好高骛远、脱离实际，盲目制订过高的考试目标，否则一旦遇到困难，就会导致情绪紧张、压力过大，从而影响考试的正常发挥。

3. 系统、全面地复习　复习巩固、深化所学知识，是顺利完成考试的保证。在具体复习时，要根据教学大纲重点和自己的薄弱环节，有的放矢地进行复习，要学会合理地安排时间，善于寻找良好的复习方法和科学的记忆方法，勤于总结、归纳，理清知识体系，高效地掌握知识。只有做到胸有成竹，才能自信、从容地面对考试。

4. 掌握必要的考试技巧　学生应该在考前对考试的基本模式有所了解，以便做到心中有数。如在大学英语四、六级考试等重要考试前，应该熟悉考试题型，通过自我模拟测试把控考试时间，通过背诵高频词汇以减少生词量等。另外，掌握一些必要的答题技巧可以使大学生在能力相同的情况下获得更高的分数，也有利于减轻考试焦虑。

5. 学会处理考试怯场的技巧　如果考试时出现怯场，要尽量保持冷静，不要为此过分担心而加重焦虑程度。应暂时停止答题，并通过闭眼、放松、做深呼吸、反复自我暗示、适当地舒展身体等进行自我调节，待情绪恢复稳定后再继续考试。

6. 保持健康的体魄　在考试期间，大学生要加强营养，保证充足的睡眠，劳逸结合，根据天气变化增减衣物，保持乐观的态度、充沛的体力、清醒的头脑以及良好的身体状态。适当参加一些户外的文娱体育活动，劳逸结合，有助于考前放松、稳定情绪，保持良好的考试状态。

（五）专业抗拒

案例导读

源自专业的苦恼

小李在进入大学前填写高考志愿时，由父母和老师做主帮他填报了现在的专业，可进入大学后，他发现虽然这是一个热门专业，但自己既不擅长这方面的学习，也对它提不起兴趣。于是，他考虑转专业，却又达不到学校要求的学业条件。因此，他感到非常郁闷，学习时总是提不起精神，整天唉声叹气。后来他经常逃课，期末时甚至不想参加考试，结果有的学科考试成绩不及格。对此，小李感到非常苦恼……

经过高考的选拔后，并不是所有的学生都能顺利如愿选择自己喜欢并且适合自己的专业，有相当一部分人像上述案例中的小李一样，对自己所学的专业并不感兴趣，于是便产生矛盾心理，感到前途一片茫然，不知道自己该何去何从，并时常表现出紧张和焦虑，这就是专业抗拒。专业抗拒是大学生学业失败的主要预警因素之一，对大学生能否按时完成学业目标有重要影响。

引发学生产生专业抗拒的原因主要有：①因专业错位而感到苦恼，专业错位有两种情况：一是由于考试成绩或其他方面的原因，未能如愿地选择自己想学的专业。二是所学的专业正是自己所报考的专业，但是当真正接触该专业时，却发现与自己想象中的差距很大。这样就会产生沮丧、懊悔等消极情绪。②对专业前景持悲观态度，有一些专业，如一些基础学科被称为“冷门”专业，报考的人数不多。这主要是因为人们对这些专业的就业前景不看好，或者这些专业的就业市场已接近饱和，将来不好找工作。有了这种消极心理，选择“冷门”专业的学生自然不会对本专业产生兴趣。③追求热门专业，有的大学生觉得自己的专业课太陈旧，所讲的理论都已过时，因而花更多的时间去学英语、电脑、金融等“热门”专业知识。为了开阔视野，跨专业学习其他方面的知识是好事，但为此而放弃本专业学科知识的学习则是一种损失。④忽视学习方式的调整，在学习上，大学对学生的要求与中学不同，中学要求的是服从性学习，而大学要求的是学生怀抱质疑精神、培养创造力。有一部分大学生由于未能及时适应，而导致学习成绩不理想，但同时又没有及时调整学习方法，从而造成被动学习，以致失去学习兴趣。

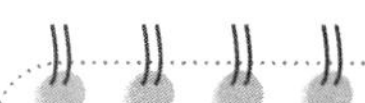

那么该如何解决专业抗拒问题呢？心理学家建议从以下几个方面来进行调适：

1. 正确看待专业学习的意义 大学本科阶段学习的目的主要是提高综合素质。本科生教育更多的是注重基础知识和能力的培养，如研究方法、思维习惯、基本技能等，后期的可塑性还非常强，跨专业参加研究生入学考试或就业的机会非常多。就参加实际工作而言，很多专业知识和能力还要通过研究生阶段或实际工作去学习和提高，所学专业不一定能成为终生的职业。因此，从长远的角度来看，暂时的专业不对口并不能决定大学生今后工作成就的大小。

2. 自觉培养专业兴趣 大学生要有意识地了解本专业的发展历程和前沿科学知识。要想对某一专业感兴趣，首先要对该专业有所了解。可以参加各种知识应用性活动，运用自己所学的理论知识解决几个实际问题，这样就能够体验到专业知识的价值和趣味所在。每个专业之所以能独立设置，就是因为有其独特的重要性，深入了解就会发现它们独特的魅力。

3. 正确处理专业与兴趣的关系 专业错位实际上是专业选择与个人兴趣不符的表现。当专业与兴趣相冲突时，可以在不放弃自己专业的同时，再选修自己喜欢的专业，甚至在学有余力的情况下修读第二专业。要保持清醒，要想赢得以后的机会，必须先适应好当前的现实生活。

4. 做好蓄势待发的准备 大学生应该明白一个道理，即一切事物的发展规律都是曲折上升的。专业不理想时，不妨把大学的学习看成是一个曲折上升的过程，只要能一直坚守自己的理想，奋发努力，总有达到自己目标的时候。不同的成功路之间是相通的，今天的准备是为以后的成功奠定基础。

知识链接

大学生学习动机自我诊断量表

请根据自己的实际情况，逐一对每个问题做“是”或“否”的回答，在赞同的句子前面画“√”。为了保证量表测验的准确性，请认真作答。

(　　) 1. 一看书就觉得疲惫、厌烦，极少主动学习。

(　　) 2. 除了老师指定的作业外，不想再多看书。

(　　) 3. 如果他人不督促的话，极少主动学习。

(　　) 4. 看书时，需要很长时间才能进入状态。

(　　) 5. 在学习中遇到不懂的地方时，根本不想设法弄懂它。

(　　) 6. 心里常激励自己：自己不用花太多时间，成绩也会超过他人。

(　　) 7. 迫切希望在短时间内大幅度提高自己的学习成绩。

(　　) 8. 为了及时完成某项作业，宁愿废寝忘食、通宵达旦。

(　　) 9. 为了学好功课，放弃了许多感兴趣的活动，如体育锻炼、看电影与郊游等。

(　　) 10. 常为短时间内成绩没能提高而烦恼不已。

(　　) 11. 课本上的基础知识有学习的意义和价值，只有看高深的理论、阅读晦涩难懂的作品才具有挑战性。

(　　) 12. 花在课外读物上的时间比花在教科书上的时间要多得多。

(　　) 13. 把自己的时间平均分配在各科上。

(　　) 14. 觉得读书没意思，想去找个工作。

(　　) 15. 平时只对自己喜欢的科目下功夫，对不喜欢的科目则放任自流。

(　　) 16. 给自己设定的学习目标，多数因做不到而不得不放弃。

(　　) 17. 总是为同时实现好几个学习目标而忙得焦头烂额。

(　　) 18. 几乎毫不费力地就实现了自己的学习目标。

(　　) 19. 为了实现一个大目标，不再给自己制订循序渐进的小目标。

(　　) 20. 为了应付每天的学习任务，已经感到力不从心。

评分标准：

将上述 20 道题目分成组，分别测查自己在四个方面的困扰程度：1～5 题测查学习动机是否太弱；6～10 题测查学习动机是否太强；11～15 题测查学习兴趣是否存在困扰；16～20 题测查在设定学习目标时是否存在困扰。

假如你对某组中大多数题目持认同的态度，则说明在相应的学习欲望上存在一些不够正确的认识，或存在一定程度的困扰。从总体来看，选“是”记 1 分，选“否”记 0 分。最终将各题得分相加，算出总分。总分为 14～20 分：说明在学习动机上有很严重的问题和困扰，必须加以调整。总分为 11～13 分：说明在学习动机上有较严重的问题和困扰，需要调整。总分为 6～10 分：说明在学习动机上有一定的问题和困扰，可加以调整。总分为 0～5 分：说明在学习动机上有少量问题，必要时可加以调整。

思考题

1. 大学生的学习任务和学习特点是什么？
2. 大学生常见的学习心理问题有哪些？
3. 请反思自己的学习方法，找出其中的优点和不足，并总结适合自己的学习策略。

（罗　娜）

第八章　大学生的人际交往

教育学家斯普兰格（E. Spranger）曾说："在人的一生中，再也没有什么时候像青年时期那样有一种强烈的被理解的愿望。没有任何人会像青年那样感受到自己处在孤独之中，渴望被人接近与理解，也没有任何人会像青年那样站在遥远的地方呼唤。"

青年大学生刚从紧张、繁忙的高中学习生活走过来，但迈进大学校园后才发现，大学生活是一种完全不同于高中的生活。面对这既新鲜又陌生、既清新又茫然的校园生活，该如何调整自己？大学生思维活跃、精力充沛、爱好广泛，力图通过人际交往去认识世界、获得友谊，满足自己物质和精神上的各种需要；因此，要学会与人交往，搭建心灵纽带。

案例导读

我跟同学相处为什么这么难？

小王，女，19 岁，某大学一年级学生，性格好强。入学已快一年了，但她和同学的关系总是处理不好。她自诉："刚和新同学认识时，觉得还算合得来。但不久就发现，放学去食堂吃饭、晚自习时，同学们好像故意找借口不和我在一起，感觉同学们都不喜欢我。看到同学们三三两两、有说有笑，我心里挺难受的，也感觉很委屈，可我觉得自己没有做错什么呀，为什么和她们相处这么难呀？"

上述案例中的小王显然是在为人际关系问题而烦恼。人际关系是大学生活中的一个重要组成部分，如果人际关系不好，对学生的学习、生活、工作甚至健康都会有不良的影响。小王有与同学友好相处的愿望，但又缺乏人际交往相关的知识。学习一些人际交往的基本原则和必要知识，掌握与人交流的基本技巧，是大学生活的重要主题之一。

第一节　大学生人际关系特点

一、人际交往的本质

社会性是人类最本质的属性。从原始人围猎、种植、语言产生这些活动中可以看出人类的群体性和社会性。为了更好地生存和繁衍，人类学会了群体合作，彼此互通信息。早在公元前 328 年，亚里士多德（Aristotle）就指出："人在本质上是社会性的动物。那些生来就缺乏社会性的个体，要么是比人低级，要么是超人。社会实际上是先于个体而存在的。不能在社会中生活的个体，或者因为自我满足而无须参与社会生活的个体，不是兽类，就是天神。"马克思说："人的本质不是单个人所固有的抽象物，在其现实性上是一切社会关系的总和。"

社会性的核心特征可归纳为关系性。关系性可理解为，任何个体只要存在于社会环境中，就必然受制于各种社会关系，任何行为都要受到各种关系的限制，受到调整关系的各种规范的制约，如血缘关系、人际关系、角色地位、责任、权利与义务，并且人的价值也只有处于社会关系中才能体现。关系是人的社会属性的结构性表现，而合作是人的社会性的过程，其目的是实现发展的最优化和利益最大化。人际关系是社会关系，这意味着要想在社会上更好地生存或取得成功，就离不开他人的帮助与合作，良好的人际关系是一生中永恒的资本。

人际交往是形成和建立人际关系的过程，是人与人之间相互联系、沟通、作用的一种特有的行为方式。人们在日常生活、学习和工作中，无时无刻不在与他人发生联系。没有人际交往，人也就失去了社会属性。同时，人际交往总是呈现出双向、相互的特点，所谓“来而不往非礼也”。只有在相互的交流中，人际关系才能健康地发展下去。马克思曾说，“交往是人类的必然伴侣”。交往使人类产生了语言，发展了思维，启迪了智慧；交往使人们结成了一定的关系，共同从事物质生产与交流，推动了生产力的发展；交往使人与人之间相互认识、理解和合作，推动了社会的进步。人的一生几乎都是在与他人的交往中度过的。交往使人学习知识，掌握技能，成家立业，建功立业。积极的社会交往有助于个体的人格形成和社会适应，消极的社会交往会导致心理冲突、人格变异，阻碍个体适应社会，影响人格发展。人是社会的人，是社会的主体，社会交往是人们的一种本质需要。

二、大学生人际交往的重要性

人际交往具有沟通信息、交流情感、协调行为、提高人际知觉准确性的作用。从人生发展的角度看，人际交往对大学生个体成长和发展具有直接的影响，与大学生素质的提高、人格的完善有密切的关系。对大学生进行的生活状况调查发现，大学生普遍反映最难以处理、最让人头痛的就是人际关系。的确是这样，人们常说“和人打交道太难了。”许多大学生在大一时都有怀念高中生活的现象，他们会说：“高中多好啊！我有那么多知心朋友。”

然而，高中学习生活的目标很明确，基本上就是考入理想的大学，所以许多人并没有刻意地关注和处理人际关系。进入大学后，个体才真正独立起来，有了自己的生活圈，开始学习各个方面的技能，其中也包括人际交往。战国时期的思想家荀子曾精辟地指出：“人生不能无群。”人际关系大师卡耐基说：“一个成功的企业家只有 15% 是靠他的专业知识，而 85% 是要靠他的人际关系。”由此可见，良好的人际交往具有重要的作用。

（一）人际交往有利于大学生的社会化

大学生正处于青年中期向成年期转变的阶段，处于走向成熟而又未真正成熟的阶段，也正处于社会化的初级阶段。这个时期，大学生的交往性质和交往水平直接影响着大学生的社会化水平。在用人单位对求职者的各项能力的考察中，与人际交往相关的能力就有人际交往能力、口头表达能力、文字表达能力等。许多调查研究已充分证实，人际交往能力对个体的成长和发展具有重要的作用，而个体的文化修养、合作精神等方面的不足，尤其是人际交往能力以及与之相关的写作能力和语言表达能力的不足，是制约个体发展的重要因素。

青年大学生社会化的主要内容是：掌握作为社会成员应具备的生活基本知识和技能，掌握与社会关系有关的行为规范和准则，确立生活目标，培养社会角色，明确社会责任。大学生要使自己的社会化程度不断提高，就必须进行人际交往，在人际交往过程中发展自我、完善自我，使自己成为社会所需要的合格人才。

（二）人际交往有利于完善大学生的自我意识

歌德说：“人只有在人们中间才能认识自己。人对自己的认识总是在与他人的交往中完成的，总是需要通过与他人进行比较，把自己的形象反射出来加以认识。离开了交往对象或供比较的对象，就失去了衡量自己的尺子和明鉴自己的镜子。”正所谓，“夫以铜为镜，可以正衣冠；以史为镜，可以知兴替；以人为镜，可以明得失。”正确对待他人的评价，虚心接受他人的批评，“择其善者而从之，其不善者而改之”，是自我认识的重要方法和有效途径。

大学生的自我意识对于个体的人格发展起着非常重要的作用，是大学生责任感形成的前提

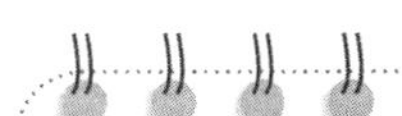

条件和升华责任感的内在动力。自我意识使人们对外界事物进行一定的选择。进入大学后，随着生活和学习环境的改变，结合自身扎实的知识基础和良好的教育背景，大学生自我意识的发展会发生很大的变化，并形成自己的特点。与人交往能使大学生从他人的个性中找到自己的相似之处，发现他人身上优良的品质，以人为镜，并在现实中不断进行反思、调整自己，朝着对自己有益的方向发展，从而完善自我。

（三）人际交往有利于大学生的心理健康

心理健康是大学生必备的素质之一，也是大学生更好地适应社会、发展自我、完善自我的重要条件和保证。心理健康是随着个体的生理发展、社会化程度和人际交往的发展而逐渐发展和提高的，它不是一种固定的状态，需要不断调适、发展和完善。

大学生正处在个人发展的重要阶段，这个阶段是心理矛盾、冲突和需要最多、最强烈的阶段，大学生可能会出现孤独感、自卑感、归宿感、认同感，并且需要面对友谊、爱情、成才等问题。大学生要保持心理健康，就必须不断调适心理矛盾和冲突，不断满足心理需要，而良好的人际交往、和谐的人际关系正是大学生心理健康的重要条件。在良好的人际交往中，大学生可以获得他人的信任、尊重、理解和认同，建立真诚的友谊和爱情，从而减少或消除孤独感。通过交往与他人建立起平等、融洽的人际关系，大学生才能进一步认识自我、完善个性、健全人格，从而获得精神上的升华，体会到人生的快乐和幸福。

（四）人际交往有利于大学生获取新信息

当今社会是一个以现代科学技术为核心，并建立在知识和信息的形成、存储、使用及消费之上的社会。为了适应社会，大学生的成长一方面需要大量的书本知识作为积淀，另一方面需要大量新的知识和信息来充实自己。书本上的知识毕竟是有限的，而人际交往是获取新知识和信息的有效途径，在与老师、同学的交往中，畅所欲言，进行思维碰撞，就会产生新的思想火花，使自己茅塞顿开。同时，人际交往中的信息交流也有利于启迪思维、开发智能。

大学生在交往的过程中，都在自觉或不自觉地传递、接受来自不同载体的知识和信息，信息含量高、传播速度快已成为当代大学生人际交往的一个新特点。因此，大学生在交往中应该很好地利用和把握这一特点，不断拓宽自己的知识面，丰富自己的人文内涵，与他人相互学习、相互补充，使自己成为一个全面发展的人。

知识链接

我们为何彼此亲近？

著名的人本主义哲学家、精神分析心理学家弗洛姆（E. Fromm）在《爱的艺术》（*The Art of Love*）一书中指出："如果人不能从他的监狱中解放出来，如果他不能以这种或那种方式同他人或周围世界结合在一起，他就会疯狂。"为了证实人能否与世隔绝地生活，社会心理学家沙赫特（S. Schachter）于1959年进行了一项实验。他设计了一个没有窗户的封闭房间，里面有一张桌子、一把椅子、一个马桶、一盏灯，除此之外什么也没有了。一日三餐由专人送到房门底下的一个小洞口，关在屋里的人伸手即可拿到食物。如果有谁能在这样的房间里待1年，他就可以得到一笔可观的报酬。有5名大学生被吸引来充当被试者。结果，其中一个人只待了20分钟就受不了，要求放弃实验，有2个人待了2天，最长的待了8天。这个实验表明，一个人很难无止境地孤立下去。那么个体为什么会有这种与人亲近的需求呢？

从古至今，许多学者都对此问题进行了探索。以古希腊哲学家柏拉图（Plato）为代表的

生存论者认为，亲近以求生存；以古希腊哲学家亚里士多德（Aristotle）和近代美国心理学家麦独孤（W. McDougall）为主要代表的本能论者认为，人类生而相互亲近；美国社会学家霍曼斯（G. C. Homans）提出了社会交换理论，认为人们通过亲近可以获得社会酬赏；美国社会心理学家菲斯汀格（L. Festinger）提出的社会比较理论认为，通过亲近可以进行自我评价；社会心理学家沙赫特的实验则表明，恐惧引发了亲近需求。

三、大学生人际交往的特点及原则

（一）大学生人际交往的特点

1. 交往愿望强烈　与中学相比，在具有人文精神和科学精神熏陶的大学校园里，大学生的人际交往具有更显著的广泛性、互动性和多样性。大学生对人际交往的愿望比中小学生更为迫切，他们十分关心自己所扮演的社会角色以及在集体中的位置，关心自己的情感，更加渴望真挚的友谊与他人的理解。在进入大学后，远离了家乡、父母及中学同学，大学生们迫切地需要走出去。大学生通过结交更多的新朋友，接受更多的新思想，从而开阔视野、丰富知识、学会为人处世以及表现自己各方面的才能，同时也迫切地希望与同龄人分享和交流自己在学业、成长和情感方面的体验，以获得稳定的情绪，保持足够的自尊心和自信心。

2. 交往时注重自立　大学生的性格日趋成熟与稳定，对于家庭往往已不再依赖，而是以成人的眼光参与和处理家庭事务，其价值观、世界观基本成型。这一时期，他们在很多问题上都表现出以独立的人格和态度处事，表现为一定程度的坚持，不仅理性地思考、判断和处理自身的问题，也关心社会，批判地接受知识和看待其他事物，具有强烈的体现个性的见解和疑问，这使得大学生更容易接受新事物和新观点，也更容易受社会思潮的影响。

3. 交往范围扩大　随着社会的发展，大学生人际间的交往由与亲戚、邻居、成长伙伴交往转向与大学同学和在社交场合认识的其他人交往，其中又以同学交往为主。大学生过着朝夕相处的集体生活，众多的交流机会、相似的人生经历、共同的学习任务使得大学生的交往对象主要选择在同寝室、同班级、同乡的同学之间，围绕学习、娱乐、思想交流和情感交流而展开。交往能力强的大学生的交往范围不局限于同班同学，而是发展到同级、同系甚至是同校、外校的同学及社会上的朋友。大学生之间的交往不仅包括同性，也包括异性。另外，电子网络的发展为大学生的交往提供了更加广阔的空间，使大学生的人际交往变得更方便、更快捷，交往距离更远，交往范围更广。

4. 交往内容多元化　从交往方式看，大学生虽然主动追求开放式的人际关系，但由于时间、精力、生活环境、经济条件等方面的限制，人际交往的主要场所仍然在校园内，以学生寝室为中心，形式以社会工作和网络社交（如微信、QQ 聊天）占主导。从交往的目的看，情感交往与功利交往并重。随着社会的发展变化，大学生的社交目的趋于“理性化”，选择什么样的人交朋友并不纯粹是出于情感和志同道合，交往的动机也变得很复杂。可以说，大学生的人际交往在注重情感交流的同时，也越来越注重与自身社会利益相关的务实性，从而呈现出情感交往与功利交往并重的趋势。

（二）大学生人际交往的基本原则

只有进行积极的人际交往，才能在交往中收到良好的效果，从而建立良好的人际关系。“欲知平直，则必准绳”。大学生的人际交往也需要遵循一定的交往原则。

1. 平等交往的原则　“君子上交不谄，下交不渎”。每个个体都有自己独立的人格、做人的尊严和法律上的权利与义务，人与人之间的关系是平等的。在交往过程中，如果一方居高临下、盛气凌人、发号施令，那么很快便会遭到孤立。大学生往往个性很强，互不服输，这种精神是值得提倡的，但绝不能高人一头，更不能因同学的出身、家庭、经历、长相等方面的客观差异而对人“另眼相看”。

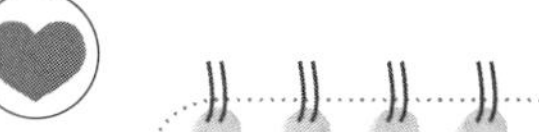

2. 尊重他人的原则　一般来说，大学生的自尊心都比较强，因此，大学生在人际交往中尤其要注意尊重的原则，不要损害他人的名誉和自尊，而应该承认或肯定他人的能力与成绩，否则容易导致人际关系紧张和引发冲突。在人际交往中，有的大学生往往要求他人尊重自己，自己却不懂得尊重他人。如老师在讲台上讲课，自己却头戴耳机听音乐或英语；同学在课堂上讲演，自己却在下面高声说笑等。这样做既会伤害他人的自尊，也是不尊重自己的表现。

3. 真诚待人的原则　俗话说“将心比心，以心换心”。只有以诚相待，才能相互理解、相互接纳、相互信任，所谓“精诚所至，金石为开”。真诚是成功交往的基础，知心朋友和牢固的友谊是通过真诚相处获得的。那么怎样才能做到真诚待人呢？简单地说，一要正直、无私；二要说老实话，办老实事，做老实人；三要表里如一，言行一致。

4. 互助、互惠的原则　互助就是当一方需要帮助时，另一方要力所能及地给对方提供帮助。这种帮助可以是物质方面的，也可以是精神方面的；可以是脑力的，也可以是体力的。互惠是指交往双方相互满足需要的过程，用一个词来表达就是“礼尚往来”。作为助人者，不应以获得他人回报为目的。作为受助者，应当对他人“投之以桃，报之以李”。现实生活中，人们都在自觉不自觉地利用这种互酬心理来平衡彼此间的情感，调节人际关系。只有交往双方的心理需要都能获得满足，双方的关系才会继续发展，因此，大学生在人际交往中要遵循互助、互惠的原则，努力建立与维护彼此之间良好的人际关系。

四、影响大学生人际关系的心理因素

在生活中，人们总是要与形形色色的人接触，某些个体特别容易让人产生亲切的好感。人们更愿意与吸引自己的人成为朋友，更愿意帮助他们，与他们分享自己的利益。某些人魅力较高，能吸引更多的人，从而在社交上有显著的优势。这其中是否有规律可循？大学生应了解影响人际关系的相关因素，以便更好地完善自我条件，掌握一定的与人交往的技巧，促进良好的人际交往。

（一）个体的认知因素

个体的成长和发展离不开有效的人际交往。人际交往中的认知偏差往往不容易被人所觉察，但它可能会严重地影响人际交往的顺利进行和人际关系的良好建立；因此，了解人际交往中的认知偏差既可以规范自己在人际交往中的行为，同时也能更好地了解他人、减少误会，与他人建立良好的人际关系。

1. 首因效应　亦称第一印象效应，是指个体在与他人首次接触时，根据对方的仪表、打扮、言语等所做出的综合性判断。个体在与他人交往的过程中，最先接收到的信息比后续信息对形成印象的影响更大。对某人的第一印象一旦形成，通常会影响到人们对其以后一系列行为的解释，而且对以后的人际知觉具有指导性的作用。初次与他人见面时，通常是没有其他的有关信息可以参照的，但在以后的交往中，人们就会自觉地按照最初得到的有关信息，尤其是用初次印象来解释当前的信息。可以看出，首因效应反映了个体对他人的一种外部认识，而不是本质的认识。首因效应的产生与个体的社会经历、社交经验的丰富程度有关。如果个体的社会经历和社会知识丰富，则会充分利用首因效应。但需要注意的是，“路遥知马力，日久见人心”。仅凭第一印象来评价他人的行为和人格，并将此作为进一步交往的基础是不全面的，应当在实践活动中对此进行检验，纠正因第一印象而形成的错觉与偏见，以避免造成不可弥补的错误。

2. 近因效应　近因效应就是在交往过程中，个体对他人最近或最新的认识占据主要地位，即人们对于一个人最后所留下的印象记忆比较深刻，最后的印象会冲淡或盖过以往的印象并对行为产生重大的影响。个体在与他人交往的过程中，最近接收到的信息对形成印象影响更大。近因效应主要发生于熟识的人之间，又称“新颖效应”。关于曾国藩的一个有趣故事可以作为近因效应的典型例子。曾国藩在最初和太平军的交锋中一直处于劣势，于是在奏折中称自己

“屡战屡败”，但他麾下的一位师爷看了奏折后，将这四个字的位置调动了一下，变成了“屡败屡战”，曾国藩恍然大悟。结果一个“常败将军”的形象变成了败而不馁、坚忍不拔的形象。生活中也有类似的现象：某人偶尔犯了一个错误，人们会改变对这个人的一贯看法；某人偶尔做了一件有意义的好事，人们就认为他是浪子回头金不换，以前对他的不良印象也都随之而去，从此对他刮目相看；在朋友交往中，多年的友谊有时会因为一次小别扭或误会而告终；夫妻之间吵架，可能一气之下就会全然忘记对方的好处和过去的恩爱，而是只想着离婚。在生活中，人们总是会谴责喜新厌旧的人，认为他们的行为是不道德的。然而，在人际交往中，很多人都有“喜新厌旧”的习性，重视“新”的信息而忽视了旧的信息……这些都是心理学上的近因效应在起作用。

那么近因效应是否和第一印象效应互相矛盾呢？其实，两者各自都有其适用范围。心理学研究发现，在与陌生人交往时，首因效应（第一印象）的影响较大；而在与熟人交往时，近因效应则有较大影响。因此，在人际交往中，个体要时刻注意保持自己已经树立起来的形象。

3. 晕轮效应　亦称月晕效应或光环效应，是指在人际交往中对一个人的某种人格特征形成印象后，以此推测此人其他方面的特征，从而导致高估或者低估对方，即知觉对象的某个积极特征被泛化并影响对其整体印象的人际知觉偏差。例如，对某人有好印象时，便感到他一切都好，甚至达到“爱屋及乌”的程度；而对某人印象不好时，则认为他一无是处。正如鲁迅先生所说：“红肿之处，艳若桃花；溃烂之时，美如乳酪。”

心理学家做过一个有趣的实验：向两组受试者分别出示同一张照片，告知第一组受试者，“这是一名罪犯”；告知第二组受试者，“这是一位伟大的科学家”；然后请他们描述这个人的人格特点。结果，第一组受试者认为，这个人深陷的眼窝反映了其内心的仇恨，突出的下颌表明其死不悔改的决心；而第二组受试者则认为，这个人深陷的眼窝表明其思想深邃，突出的下颌反映了其在求知路上的坚韧意志力。一般来说，外貌上的魅力很容易导致晕轮效应，即便是在强调个人意识的今天，晕轮效应也没有因为人们追求个性化的行动而减弱。青少年追星族就是一个很典型的例子。很多青少年因为喜欢某个歌星或影星而在服装、发型以及说话、做事的方式上极力模仿。广告片也是如此，虽然歌星、影星与这些商品的质量并没有太直接的关系，但由于晕轮效应，明星做过广告的商品很显然会更容易得到人们的认同。

晕轮效应的成因与个体知觉上的整体性有关。个体在知觉客观事物时，并不是对知觉对象的个别属性或部分孤立地进行感知，而是倾向于把具有不同属性、不同部分的对象知觉为一个统一的整体。晕轮效应的缺点就在于以点盖面、以偏概全。因为有时事物的个别特征并不能反映事物的本质，但个体却习惯于以个别推及一般，由部分推及整体，这样势必会牵强附会地推导出其他特征。晕轮效应常见于所获得的信息较少，又要进行判断的情况。只有多方面地了解一个人以后再进行判断，才能克服看待他人时以偏概全的缺点。

4. 投射效应　是指个体在交往中总是假设他人与自己有相同的倾向，即把自己的思想、价值观与情感、态度等投射到外界的事物或他人的一种心理现象。心理学家罗斯（E. A. Ross）做过一个研究投射效应的实验。他在 80 名参加实验的大学生中征求意见，问他们是否愿意背着一块大牌子在校园里走动。结果有 48 名大学生同意了，并且认为大部分学生都会乐意参加。而拒绝背牌的学生则普遍认为，只有少数学生愿意背。可见，这些学生将自己的态度投射到其他同学身上。“以小人之心，度君子之腹”就是一种典型的投射效应。

当他人的行为与个体不同时，个体习惯于用自己的标准去衡量他人的行为，认为他人的行为违反了常规。例如，喜欢嫉妒的人常将他人行为的动机归结为嫉妒，如果他人对自己稍有不恭敬，便会觉得他人是在嫉妒自己。这也许是指个体往往会高估或夸大自己的信念及判断能力，总是把自己的行为和观点特征赋予他人，总是倾向于假设他人会做出与自己一样的反应。这种认知偏差往往会给人际交往带来许多困惑。因此，在与他人交往时，应当多从对方的立场

去考虑，多从交往对象的角度去思考，不能仅凭自己的主观信念来处理事情，否则会让对方觉得自己是一个只顾自己愿望的人，甚至是自私自利的人。

5. 定型化效应　又称刻板印象，是指人们把在头脑中形成的对某类知觉对象的形象固定下来，形成对某类社会群体或事物的比较固定、概括而笼统的看法，并且这些看法会对以后有关该类对象的知觉产生强烈影响，即指人们在社会生活实践中不断地感知某类对象而对该类对象逐渐形成的固定化印象。刻板印象是基于一定的事实，可能产生正确的判断，但很多刻板印象会导致判断歪曲。举一个很明显的例子，一般人认为东北人豪爽大方、不拘小节，上海人机灵聪明却有较重的排外思想。如果人们不具体问题具体分析，就会很容易产生认知偏差。例如，某人的生活中出现了一个上海人，他凭借刻板印象而不与其交往，这样不仅会影响他的人际关系，他还有可能失去一个很好的朋友。

刻板印象的产生与个体知觉的选择性有关。当个体面对纷繁多样的客观事物时，他不是同时接受所有的信息，而是有选择地以少数事物作为知觉的对象，并且会抓住事物最明显或最典型的特征。同样，在人际知觉中，选择性可使人们很快就对某个人进行分类，判断出其典型特征。但是应该看到，这种认识有时仅是出于偏见。人们往往把好的特征归为好人所特有，而把坏的特征归为坏人所特有。应当承认，刻板印象有时是人们认识交往对象时的一种捷径，节省了认知时间，可以快捷地对认知对象做出判断。因为“物以类聚，人以群分”，处于大致相同的社会生活背景、经济和文化条件下的个体普遍具有许多共同特征，但他们并不是完全相同的，总会存在个体差异，有时这种个体差异甚至很大，所以不能以刻板印象来看待同一类群体中的所有个体。

个体在与他人交往时，其大脑会自动收集大量信息并做出一个基本的判断。可能即使了解了人际交往中认知偏差的五大效应，也会不可避免地做出错误的判断，因为大脑早已经形成了处理问题的模式。这样的好处是个体在出现危机的情况下可以快速做出有利于自己的行动，而缺点是会形成固有的思维模式。因此，大学生在交往中要充分利用这五大效应，例如，给他人留下一个好的第一印象，并避免做一些错事等。当然，也要提醒自己牢记上述避免认知偏差的方法，以便完善自我。同时，也应当意识到，当自己被他人误解时，可能仅是人际交往中的五大效应作用的结果。

（二）个体的情绪和情感因素

个体总是带着某种情绪和在某种情感状态下参与人际沟通活动的。在某些状态下，个体容易吸收外界的信息，而在另一些状态下又会非常排斥外界信息。如果个体不能有效地驾驭自己的情绪和情感，就会有碍其正常的人际沟通。人际交往中的情绪表现应该是适时、适度的，应当与引起情绪的原因及情境相称，并随客观情况的变化而变化。如果个体情绪反应过分强烈，不分场合和对象，恣意纵情，就会给人一种轻浮的感觉；如果个体情绪变化激烈，则会让人觉得其过于感情用事；如果个体情绪反应过于冷漠，对于本可引起喜怒哀乐的事情无动于衷，则其会被认为是麻木和无情的。这些不良情绪反应都会影响人际交往。情绪是具有感染力的心理因素，一般而言，轻松、愉快的情绪可增强沟通者沟通的兴趣和能力；而焦虑、烦躁的情绪则会干扰沟通者传递、接受信息的能力。

（三）个体的态度及能力因素

态度是指个体对他人和周围的事物所持的持久性、一致性且相对稳定的评价和行为倾向，是一种对待特定的人、团体、思想、问题的比较持久而一致的情感、认知和行为倾向。人们常说，态度决定一切，在学习、工作或者生活中都是如此。同样，态度的好坏也能够决定个体人际关系的好坏。

态度是人际交往的重要变量，直接影响着人际关系的建立、形成与发展。凡以恰当的认知、健康的情感支配行为的心理倾向就是科学的态度；反之，则是非科学的不端正的态度。态度不正确，则难以取得理想的沟通效果。例如，迷信权威会造成沟通和判断失误，好面子也会造成判断失误，偏见、歧视等也会直接影响大学生的人际交往。

对于某些大学生来说，人际交往能力的欠缺是影响人际交往的重要原因。这些同学想关心他人，但不知从何做起；想赞美他人，可怎么也开不了口或词不达意；交友的愿望强烈，却总是觉得没有机会；想调解他人的矛盾，但没想到会好心办了坏事；在交往中想表现自己，却总是出尽洋相；内心想表现出温柔，但言语总是冷酷、强硬。人际交往的能力可以通过有意识的锻炼来提高，关键是要多思考、多与人交往。

（四）个体的人格因素

人格是个体的思维、情感和行为模式所表现出来的心理特征，是影响人际沟通的重要因素之一。它是个体经由社会化而获得的具有内在统一性和相对稳定性的个性特质结构，也是个体固有的、稳定的、特有的各种心理内容的综合体。社会心理学家经过深入而细致的调查研究发现，个体的气质、性格、能力、品德等人格特征能够对人际吸引产生持久的影响，最受人欢迎的六种人格品质依次是真诚、坦率、理解、忠诚、真实、可靠。

调查表明，在人际交往中选择朋友时，人们首先考虑的标准是品德好坏，其次才是水平高低、能力强弱等。真诚坦率、热情友好、幽默开朗、谈吐不俗、潇洒自如等人格特征往往具有强烈的吸引力，形成所谓的人格魅力。孔子曰："德不孤，必有邻。"其意思是有道德的人必有芳邻，必有朋友，是不会孤独的。某些个体的人际关系总是处于紧张状态，和他人格格不入，搞得自己很孤独，这往往与其具有自私自利、心胸狭隘、虚伪奸诈、冷酷无情、行为怪异、自我封闭等人格特征有关。

心理健康与人际关系状况有直接的联系。人格健康的个体总是乐意与他人交往，相处时积极、肯定的态度（如主动、尊重、信任、友爱等）总是多于消极、否定的态度（如被动、怀疑、恐惧、自卑等），因而易于被他人所接纳和肯定，较容易建立良好、和谐的人际关系。

知识链接

人际交往中的常见不良心理

1. 自卑心理　某些大学生有自卑感，甚至看不起自己，只知己短、不知己长，缺乏应有的自信心，无法发挥自己的优势和特长。有自卑感的个体在社会交往中办事无胆量，习惯于随声附和，没有主见。如不改变这种心理，久而久之则可能逐渐磨灭自身的胆识、魄力和个性。

2. 猜疑心理　有猜疑心理的个体习惯于用不信任的眼光去审视他人和看待外界事物，每每看到他人议论什么，就认为是在讲自己的坏话。猜忌成癖的个体往往容易捕风捉影、节外生枝、说三道四甚至挑起事端，结果只能是自寻烦恼，害人害己。

3. 逆反心理　某些大学生总是与同学、老师抬杠，以此表明自己的标新立异。对任何事情，无论是非曲直，都会与他人持相反的观点。逆反心理容易模糊是非曲直的界限，使人反感。

4. 排他心理　人类已有的知识、经验以及思维方式等需要不断地更新，否则就会失去活力，甚至产生负面效应。排他心理恰好忽视了这一点，表现为抱残守缺，拒绝拓展思维，只是在自我封闭的狭小空间内原地打转。

5. 贪财心理　有的大学生认为交友的目的就是为了"互相利用"，因此，他们只结交对自己有用、能给自己带来好处的人，而且常会"过河拆桥"。这种人际交往中的占便宜心理会使自己的人格受到损害。

6. 冷漠心理　某些大学生对与自己无关的人和事一概冷漠对待，甚至错误地认为言语尖酸刻薄、态度孤傲、高视阔步就是自己的个性，导致他人不敢接近，从而失去很多朋友。

7. 嫉妒心理　有的大学生总是不愿看到他人的进步和成功，而自己又不肯付出艰苦的努力，总是希望通过他人的失误甚至伤害他人来达到自己的目的，因此，怀有嫉妒心理的个体表面上看起来很平静，而内心却十分忌恨。嫉妒心理是人际关系中一种隐秘的不安定因素，常由此引发许多矛盾和是非。它不仅会给自己带来困扰和烦恼，还会给人际关系蒙上一层不和谐、不协调的阴影，有时甚至会导致伤害他人的严重事故。

案例导读

不被室友喜欢的她

王某，女，19 岁，某大学一年级学生，喜欢在安静的氛围中看书。入学已有半个学期，但她和寝室同学的关系总是不融洽。当同学们谈论服饰、网络、明星时，她很想加入一起聊，但由于对这些话题不了解，所以无法融入与同学们交流。时间一长，同学们就都不愿和她聊天了，甚至看到她来就会立刻停止交谈。她从小养成了规律做事的习惯，喜欢早睡，爱整洁。寝室同学有时聊天到深夜或把物品乱扔乱放都会令她感到心里很烦躁，她偶尔也因为看不顺眼一些事而与同学发生争执。现在她感觉自己被孤立了，不知道如何才能与同学交流，也不知道周围的人为什么不喜欢她。

上述案例中，王某的苦恼主要表现在人际关系方面，处理不好与同学之间的关系，不被他人接纳，认为大家都不喜欢自己并为此而困扰。一方面她有与同学搞好关系、被他人信任和尊重和被他人喜欢的愿望，但另一方面又缺乏必要的方法和经验。因此，了解大学人际关系的性质，学习和掌握一些人际交往的基本原则和必要知识是极为重要的。

家是冬日的阳光，在失望时带来温暖；家是坚固的小船，在困难时驶向彼岸；家是拂面的春风，在懦弱时带来希望；家在每个人的心中永远占有重要的位置。为了求学，大学生们远离温暖的家，来到学校为他们营造的另一个新家——大学生集体宿舍。

不同于传统意义上的由亲人组成的家庭，大学宿舍是一个由一群同龄的、有共同理想和目标的年轻人一起居住、生活的环境。某高校 6 位姑娘这样描述她们的宿舍：“我们的宿舍如同一张小型化学元素表，仅有的 6 个元素，各有各的位置，各自有极易反应的元素，也有惰性元素。大学生活的每件事都好比催化剂，我们 6 个元素在不同的催化剂作用下，在 1000 多个日日夜夜，根据不同的温度、气压，风风火火、热热烈烈地发生反应。这 1000 多个日夜的生成物将是我们 6 个人心中最深刻、最珍贵的记忆。”一个宿舍的同学们朝夕相处，共同度过几年大学生活，宿舍成为他们最重要的生活、学习和休闲场所，因此，宿舍人际关系是大学人际关系的基本元素。

第二节　掌握人际交往技巧

一、宿舍人际关系的类型

宿舍人际关系是指宿舍成员在共同学习、生活的过程中以心理关系为主要内容，以言语、思想、知识、情感为媒介所建立和形成的人际交往关系。大学生宿舍成员之间由于频繁的交往和长期的互动，往往表现出微妙而复杂的整体关系结构，既有整体的倾向性，又有个别的特殊性；既有多样性，又有复杂性。根据大学生宿舍人际关系的特点，可将其分为三种典型类型。

（一）融洽型

融洽型的宿舍人际关系是一种宿舍成员之间互相尊重、彼此理解、互帮互助的交往关系。在这种宿舍人际关系中，全体成员彼此尊重、互相信赖、相互体谅，成员之间彼此友好，宿舍气氛融洽、和谐，成员之间能正确处理好各种关系，彼此都感到较为满意。宿舍中的大多数成员都有较好的道德品质和心理素质，在相互的接触中表现出正直、坦率、诚实、宽容、豁达、无私的品格，整体宿舍风气良好，进取心强。宿舍成员有较好的生活习惯，不会无端地去妨碍他人的生活，能够互相体谅，注重维护集体的和谐。当集体中有成员遇到困难和挫折时，其他成员能够给予主动的甚至无私的帮助。

（二）冲突型

冲突型的宿舍人际关系是指宿舍中的个别成员或部分成员之间表现为情绪对立，甚至彼此仇视的人际关系类型。在这种宿舍人际关系中，各成员神情沮丧，表现得谨小慎微，他们常为一些小事而发生口角、冲突，宿舍笼罩在非常紧张、沉闷的氛围中。部分成员之间，或个别成员与其他成员之间常互不往来，或是相互排斥，或是采取逃避的方式。宿舍中的大多数成员一般不愿意在宿舍内活动，或是相互疏离，或是早出晚归。成员之间彼此感到不满意甚至反感，这种不满意感促使双方产生排斥，形成疏离、忽视、冲突、否定的人际关系。宿舍中的部分或个别成员戒备心理特别严重，常怀有一种无意识的敌视和猜疑，自觉或不自觉地在情感上筑起一道围墙，在情绪上互相产生消极的影响。还有的成员表现为自我观念较强、以自我为中心、自私、缺乏同情心、嫉妒心理严重，对他人在态度上表现为冷漠、多疑、抗拒，集体观念淡漠，心理素质较差，不能很好地适应宿舍环境。

（三）封闭型

封闭型的宿舍人际关系是指大学生彼此之间比较冷漠，相互之间缺乏情感交流和信息沟通的人际交往类型。在这种宿舍人际关系中，成员之间从表面上看彼此能和睦相处，不会表现出明显的矛盾或冲突。但实际上，成员之间在心灵上缺乏沟通和理解，彼此之间互不交流思想，情感交流较少，每个人都将自己的思想和情感深深地隐藏在心里。宿舍成员偶尔也会有常见的“卧谈会”，但多是泛泛之谈，有的宿舍成员之间甚至完全没有交流，整个宿舍沉浸在一种冷淡的氛围中。此型宿舍人际关系中的成员多数是由于心理上曾经遭受过挫折或伤害，或存在心理上的不平衡，或者具有不良的人格，因此，在宿舍中更多地体验到消极的情绪，在情感上表现为忽视、冷淡、疏远。

二、宿舍人际关系的重要性

如果大学生的宿舍人际关系比较和谐，那么他们在生活中就会有心理上的安全感，这对大学生的学习和心理发展能产生积极的影响。当宿舍人际关系处于对立、冲突等不和谐状态时，不仅会影响大学生的情绪稳定，使他们产生不安全感，而且对大学生的心理健康发展也会产生负面的影响。建立融洽的宿舍人际关系的意义主要表现在以下几个方面。

（一）满足大学生的归属感

人本主义心理学家马斯洛认为，归属的需要是人类的基本需要之一。大学生进入高校后，开始从对父母的从属和依赖关系中解脱出来，自主、独立的要求日益强烈，他们一方面试图通过自己的努力解决遇到的各种新问题，同时，他们又急于寻找新的依存对象，形成新的依存关系，渴望找到新的知己以满足心理上的需要，使自己能够有新的归属感，以达到内心的平衡。宿舍是大学生进入高校后面对的最具有空间稳定性、最重要的休息和生活环境。显然，和谐的宿舍人际关系最能够给予他们心理上的归属感。当宿舍关系不和谐，同学之间存在矛盾、冲突或者相互之间非常冷漠时，也最容易造成大学生的孤独感和无助感。

（二）满足大学生的情感交流需要

和谐的宿舍人际关系不仅可以使大学生产生归属感，而且也具有满足情感交流的作用。人际关系具有满足个体情感需要、包容需要和控制需要的作用。情感需要是指在情感上与他人建立并维持良好关系的欲望，其行为特征是爱慕、亲密、同情、友善、热心、照顾等。当人际关系不和谐时，个体就会产生憎恨、厌恶、淡漠等情感。包容需要是指在人际交往过程中与他人建立并维持和谐关系的欲望，在此动机上产生的行为特征是交往、沟通、融洽和参与等，而与此动机相反的行为特征则是孤立、退缩、疏离、排斥和忽视等。控制需要即运用权威以超越、影响、控制支配他人的需要。在和谐的大学生宿舍人际关系中，大学生相互之间会表现得亲密、关爱、友善、热心、照顾，而这些恰恰是远离父母的大学生特别渴望获得的重要的情感。

（三）促进大学生的社会性发展

宿舍是大学生脱离父母、家庭以后建立的新家庭。大学生往往会在宿舍成员中寻找依存对象。在这个新家庭中，成员之间通过频繁的接触，往往会从对方身上学到社会需要的价值规范和道德准则，使自己习得社会生活所需要的道德品质，如诚信、勇气、忍耐等。大学生在处理问题的态度上也常以同伴为参照，因此，和谐的宿舍人际关系也有助于大学生培养正确的社会态度和人际态度。可以说，宿舍成员良好的思想品德和素质对于其他成员的社会性发展都会产生深远的影响，对于其他成员的社会态度、交往心理、社交能力等具有积极的影响。

（四）提高大学生学习的积极性

宿舍是班级群体的一个附属小集体。在宿舍里，大学生彼此之间通过言语、思想、情感、行为、服饰等有形或无形的交往方式，在成员中产生接纳和排斥、亲密或疏离的关系，从而也直接或间接地影响整个宿舍的风气，甚至关系到能否构建良好的班集体。在和谐的宿舍环境中，大学生具有进取心，学习积极性比较高，乐于学习。相应地，在宿舍里也能形成勤奋好学的“室风”。“室风”作为一种稳定的宿舍学习氛围，极大地影响着大学生的学习态度和学习习惯，能够给予大学生以持续的学习动力。和谐的宿舍人际关系不仅可以满足大学生社会心理需要，而且对于大学生的社会性发展和形成良好的学习态度具有积极意义。

三、构建和谐的宿舍人际关系

和谐的宿舍人际关系能给大学生带来归属感和幸福感，这需要大学生自身、学校、家长和社会等多方的共同努力与协作，形成合力。大学生可从以下几个方面不断完善自己，掌握人际交往的知识与技能，促进和谐宿舍人际关系的构建。

（一）努力克服自身不足，学会与人愉快相处

1. 尊重室友、真诚待人　马克思曾说过：“你希望别人怎样对待你自己，你就应该怎样对待别人。”真诚与尊重是交往的前提，是建立和发展真挚友情的基础。一方面，大学生在与宿舍成员交往的过程中，应尊重室友的人格和个人所特有的一些生活习惯等，只有尊重他人的人，才能赢得他人的尊重。另一方面，大学生在与室友交往的过程中，应克服表里不一、自私自利等不良心理，应以诚待人、以诚感人。心理学家安德森曾列出了多个描述人的个性品质的形容词，让大学生指出哪些个性品质是他们最喜欢的。结果表明，大学生评价最高的品质就是真诚，而评价最低的是说谎和虚伪。可见，待人真诚、言而有信的个性品质可产生人际吸引，有利于良好宿舍人际关系的建立、维系和发展。

2. 懂得包容、学会感恩　包容就是在心理上能容纳各种不同特征的个体。具体讲，一要“容言”，即能倾听、容纳各种不同的意见；二要“容过”，即不苛求于人，允许他人犯错误和改正错误；三要“容才”，即不嫉贤妒能。在宿舍集体生活中，难免会发生一些磕磕碰碰的事，这就需要大学生具有豁达的心胸，不斤斤计较，能够站在他人的角度思考问题，理解室友，包容室友的缺点和不足。包容室友有意或无意的过错不仅会使自己感到轻松和快乐，还会赢得室

友的尊重与欣赏，最终与室友建立融洽的人际关系。正如恩格斯所说："没有相互间的让步，我们就永远什么事情也做不成。"一个能够包容他人的人也必然是一个懂得感恩的人。学会感恩是大学生建立良好宿舍人际关系的重要品质之一。古人云："滴水之恩，当涌泉相报。"常怀感恩之心，常为感恩之行，会让爱和幸福传递。

3. 严于律己、善于自省　当与他人发生摩擦和矛盾时，严于律己的人能够首先从自身出发寻找原因，而不是责怪他人。自省是通过自我意识来省察自己言行的过程，是孔子提出的一种自我道德修养的方法，孔子曰："见贤思齐焉，见不贤而内自省也。"其目的正如朱熹所说："日省其身，有则改之，无则加勉。"在宿舍人际交往中，大学生若能严于律己，善于自我反省，将有助于与室友建立良好的人际关系。

（二）重视宿舍人际关系，注重人际交流技巧

大学生应把宿舍当成自己的"家"，珍惜室友之间的缘分与友谊，为营造良好的宿舍氛围而努力，并掌握一定的人际交往知识与技巧。

1. 学会赞美　每个人都希望得到他人的赞美与尊重，渴望被人赏识是人类最基本的天性。在《孩子，我并不完美，我只是真实的我》这本书里，著名的心理学家杰丝·雷尔说："称赞对人类的灵魂而言，就像温暖的阳光一样，没有它，我们就无法成长开花。我们大多数人只是敏于躲避别人的冷言冷语，而我们自己却吝于把赞许的温暖阳光给予别人。"在宿舍人际交往中，大学生应该学会真诚、恰如其分地赞美室友。所谓真诚地赞美室友，就是大学生对室友的赞美应该具体而有针对性，是针对室友的某一具体言行予以恰当、真诚的称赞。所谓恰如其分地赞美室友，就是大学生对室友的赞美应把握一个"度"，不要过分夸大，否则不仅不会达到赞美的本意，反而可能引起室友的反感与质疑，失去赞美的真诚与真实。

2. 讲究批评的艺术　大学生在与室友朝夕相处的过程中，难免有向他人提出某些建议或意见之时，如何使室友能够乐意接受自己的建议或意见，讲究批评的艺术很重要。韦辛格（H. Weisinger）认为，人们在批评他人之前应该弄清楚以下几个问题：第一，我要批评的是哪一件事？第二，这件事可能改进吗？第三，我的批评有益吗？第四，我期望对方改成什么样？第五，我的意思他懂了没有？由此可见，大学生在给室友提意见时，应针对具体的某一件事，避免抽象、笼统地批评室友，所提的意见与批评应是室友可能改进的并有助于室友更好地完善自己；同时，应向室友表明自己的期望与真实意思。此外，大学生在给室友提意见或批评室友时，应先想想自己是不是以最易于让对方接受的方式表达意见和提出批评的，在向室友提出意见和批评时应尽可能地表现出善意与友好。正确的批评方式应是表明自己所说的内容只是个人的看法，并不代表一定是对的，这样对方也会更容易接纳。

3. 学会求同存异　孔子曰："君子和而不同。"大学生在与室友的交往过程中，应学会求同存异，要善于找到彼此之间的"同"，以增进情谊；而对于彼此之间的"异"，应相互尊重与理解，做到海纳百川，尽量避免无谓的争论。卡耐基认为，"不论对方聪明才智如何，也不可能靠辩论改变他的想法"。本杰明·富兰克林同样诚恳地指出："如果你总是抬杠、反驳，也许偶尔你能获胜，但那是空洞的胜利，因为你永远得不到对方的好感。"可见，从争论中获胜的唯一秘诀是避免争论。大学生在与室友交往时，应尽可能寻找双方能够产生共鸣的方面，如某种共同的需要、认识、态度、行为等，并尊重室友的选择和不同意见。

知识链接

宿舍人际关系8句箴言

1. 宿舍问题，理解为先；
2. 出现问题，注意沟通；

3. 指出问题，态度要好；
4. 不怨不骂，别踢别打；
5. 宿舍活动，一起做伴；
6. 建立制度，人人遵守；
7. 学会适应，共同成长；
8. 彼此领情，人人受益。

四、了解人际交往技巧

每个大学生都希望自己能够与他人和睦相处。了解和掌握一些人际交往的技巧是非常有必要的，这是因为一个人的成功不仅来自他的知识与专业技能、良好的公众形象，而且与利益相关者建立良好的关系非常重要。如果个体想要在未来的学业、事业和生活中有所成就，就需要有一个良好的人际关系环境。人际交往的基本技能主要包括以下几方面。

（一）言语沟通技巧

在大学校园里，有很多人际矛盾源于言语冲突。大家有时觉得彼此是同学，想怎么说就怎么说，甚至出言讽刺、嘲笑、谩骂，很少顾及他人的感受。说话很简单，但要把话说好，就大有学问。“良言一句三冬暖，恶语伤人六月寒。”这告诉人们，在交往时要注意运用语言的艺术。作家萨菲尔（W. Sapphire）说：“与人沟通时，必须先理清自己的思路，说话要言之有物，以此说服、引导、感染对方。”在人际交往时，要注意应该说的、禁止说的以及可以说的事。应该说的必须说，如文明礼貌用语等，“请”“谢谢”“对不起”要常挂在嘴边，请求同学帮忙时都要带“请”字。否定、蔑视、烦躁、斗气的言辞要尽量少说。语言艺术运用得好，就能促进人际交往；相反，如果不注意语言艺术，往往就会在无意间出口伤人，引发矛盾。良好的语言艺术必须要做到适时、适度和适量。

知识链接

说话的技巧

着急的事，慢慢地说；大事要事，想清楚说；小事琐事，幽默地说；做不到的事，不随便说；伤人的事，坚决不说；没有的事，不要胡说；他人的事，谨慎地说；自己的事，坦诚直说；该做的事，做好再说；将来的事，到时再说。

（二）非言语沟通技巧

人们在沟通过程中要全方位地发出信息，既要有言语的，也要有非言语的。非言语沟通是指用语言以外的非语言符号系统进行的信息交流，如面部表情，目光接触，身体接触，身体的位置、距离、姿势、动作，以及声调、音量、仪表、绘画、音乐、舞蹈等。非言语沟通学家梅拉比恩（A. Mehrabian）认为，一次口头沟通的全部含义是：语言占 7%，声音占 38%，面部表情占 55%。言语在沟通中只起到方向性或规定性作用，而非言语行为才能准确地反映出话语的真正思想和情感。大学生在与他人交流时，可通过观察对方的表情、动作、手势等了解对方的心理需求和心理变化，满足对方的生理及心理需要，促进双方沟通，提高交流质量。

（三）礼仪沟通技巧

从古至今，知礼、守礼、行礼是一个人在社会中立足、立事、立人的重要条件和基本前提。孔子曰：“礼者，敬人也。”这是强调在人际交往中，每个人都不能失去敬人之意。荀子曰："礼者，养也。"这是强调礼仪是每个人都需具备的为人处世的基本素养。大学生礼仪也是大学生的一种交往和沟通技巧。随着人际交往的日益增多，人们比以往更加重视自己的穿着打扮和言行举止，这些看上去是小事一桩，却能真实地反映一个人的精神状态及内在素质。

五、人际交往技巧自我训练

（一）学会保持微笑——增加自己的亲和力

呆板的表情就像一块挂在路中的木牌，告诉人们"此路不通"，而微笑就等于说："我喜欢你，是你让我快乐，我很高兴见到你"。微笑能够传达善意和友好，可以照亮他人的生活。对于一个看过许多皱着眉头、愁容满面或者把脸转向一边的人来说，一个微笑就像透过乌云的阳光一样温暖。那么如何学会保持微笑呢？可通过照镜子进行人际交往技巧训练，可以试着每天照三次镜子，每次照镜子时都要面带微笑并保持，然后自我暗示："我的心情好，很好，非常好，我要微笑着面对今天遇到的每一个人，我要和他们友好相处，和他们成为好朋友"。这样或许真的会增加很多好朋友。

（二）会听才会说——学会积极倾听

在生活中，人们都渴望倾诉，所以常会忽略倾听。其实，听比说更重要，在人际交往中尤其如此。有一句谚语，"用十秒钟时间讲，用十分钟时间听"。中国也有一句老话："说三分，听七分。"可见，在语言沟通中，倾听甚至比表达更重要。研究发现，良好的倾听技巧与工作效率之间存在着直接联系，接受过倾听能力训练的员工比没有受过这项训练的员工在工作效率上表现得要好很多。

莎士比亚说过："最完美的说话艺术不仅是一味地说，还要善于倾听他人的内在声音。"倾听是接收个体口头信息和非语言信息、确定其含义和对此做出反应的过程。说到"听"，人们往往想到的是人体的听觉器官对声音的生理反应，认为只要能听到对方的话音，就达到了"听"的目的。其实，倾听的内涵非常丰富。在古汉语中，听的写法为"聽"。从字面上分析，首先，偏旁中的"耳"指的是语言中的信息大多是用耳倾听获取的，语速、语气、语调的变化都能传达一定的信息，捕捉这些微小的变化都要依靠耳朵。但是，仅用耳倾听是远远不够的，还需要全身的积极配合，共同来捕捉和解读对方传达的信息。其次，在偏旁"耳"的下面有一个"王"字，指的是在倾听的过程中，要关注对方，以对方为主。在部首右边，有个"四"字，这是"目"的异体写法，代表眼睛，指的是在倾听的过程中，一定要用眼注视对方，通过双眼可以和对方保持目光接触和交流，传达一些微妙的思想和情感。另外，观察对方的身体姿势也能分析出一些有用的谈话信息。同时，在字的右下方还有一个"心"字，指的是倾听不仅是外在器官的参与，更是内心的关注，要用心体察对方的真实意图，才能明白对方的想法。

知识链接

最有价值的小金人

古代曾有一个小国的使者到中国，进贡了三个一模一样的小金人，每一个都光彩夺目，这令皇帝非常高兴。可是这个小国的使者不厚道，出了一道题目："这三个小金人中的哪一个最有价值？"大臣们左看右看，看了很长时间，也没能看出来。皇帝和大臣们又想出许多办法，他们请珠宝工匠来检查，称重量、研究做工，结果都是一模一样的。

那该怎么办才好呢？使者还等着回去汇报呢。泱泱大国，不会连这个小问题都不懂吧？最后，有一位退休的老大臣说他有办法。皇帝将使者请到大殿。老大臣胸有成竹地拿来了三根稻草。当把稻草插入第一个小金人的一边耳朵里时，稻草从另一边耳朵出来了；把稻草插入第二个小金人的耳朵里时，稻草从小金人的嘴里直接掉了出来；而把稻草插入

第三个小金人的耳朵里时，稻草进去后掉进了小金人的肚子里，什么响动也没有。

老大臣对皇帝说："第三个小金人最有价值！"皇帝赞许地点了点头，使者也默默无语，点头表示答案正确。为什么会这样呢？把稻草插入第一个小金人的一边耳朵里，稻草立刻从另一边耳朵出来了，说明第一个小金人是忽视信息的人。一个让信息左耳进、右耳出的人，根本不会去关注别人说的话。这样的人，在组织中常表现出心不在焉的样子，沉迷于自我的世界，不关注外界事物。把稻草插入第二个小金人的耳朵里，稻草从小金人的嘴里掉了出来，说明第二个小金人是那种对信息不加判断的人。这样的人，长了个大嘴巴，对听来的事情不加判断就进行传播，不知道什么事该传播，什么事不该传播；任何组织中都会有这样的人，甚至会在四处散布过程中添油加醋，有时候会引来很多是非。把稻草插入第三个小金人的耳朵里，稻草进去后就掉进了小金人的肚子里，什么响动也没有，说明第三个小金人是那种善于倾听、能分辨是非并消化在心的人，这才是最有价值的人。

（三）语言用心——培养良好的语言习惯

在人际交往中，培养良好的语言习惯是至关重要的。要做到这一点，就要多读书、读好书，多反思、多动脑，少一些冲动和随意。做到不信口开河、不随便乱讲、不盲目轻信、不轻易允诺、不随波逐流。只要平时多积累、多练习，就一定能养成好的语言习惯。长期坚持，就能逐步提高自己的语言修养，达到言之有理、言之有物、言而有信、言行一致，说出的话就能寓情于理，且恰到好处，易于被他人接受。

（四）学会幽默——积极化解人际矛盾

人际交往离不开诙谐与幽默。每个人在生活中不应该总是一本正经与严肃认真。心理学家凯瑟琳说过："如果你能使一个人对你有好感，那么你也就可能使你周围的每一个人甚至是全世界的人都对你有好感。只要你不是到处与人握手，而是以你的友善、机智、幽默去传播你的信息，那么时空距离就会消失。"幽默是以轻松、风趣的方式使他人获得精神上的愉悦感的一种语言方式，是最富有喜剧性和审美价值的一种艺术性的交际语言。幽默的特点是"智"和"乐"。大学生可以通过多看书，多读报纸和杂志，记住一些幽默故事和富有哲理的小笑话，在恰当的时间、地点和环境制造愉悦的氛围，或达到缓解紧张气氛、消除工作压力、打破人际僵局、改善彼此关系的效果。制造幽默的方法很多，如极度夸张、反常比喻、反语、对比、拟人、双关、对偶等手法。另外，选词的俏皮、句式的奇特也能使语言富有特殊的幽默感。

（五）学会换位思考——理解他人

在人际交往中有一个重要法则：每个人都是按照自己的意志行事，而不是依照他人的意志行事。因此，要在人际交往中取得成功，就必须学会换位思考，站在对方的角度去考虑问题。换位思考就是按照逻辑推理的原则，将自己置于他人的社会位置，从而更好地理解他人的观点和角色，并更好地理解自己原有的角色。换位思考要求个体以爱己之心对待周围的人，无论做什么事，都用自己的感受去体会他人的感受，以自己的处境去设想他人的处境，将心比心，把自己当成他人看待，合情合理地为对方着想。例如，如果不愿意有声音干扰自己读书和学习，那么在他人读书和学习时，自己就要注意不能发出较大的声响；如果不喜欢被他人挑三拣四，那么就应该随遇而安；如果不喜欢他人说大话，自己就要做到言行一致。如果能够从他人的角度着想，那么就不难进行有效的沟通，他人也会乐意与自己常来常往。

随着社会的进步，张扬的个性越来越为人们所接受。崇尚个性、培养个性已经成为现代教育的内涵之一。与此同时，个性的凸显也会给人际交往带来摩擦。因此，在现代人际交往中，学会包容不同的个性，接受不同的价值观念，容忍不同情绪的表达与流露，就显得十分重要。

大学生要培养自己的包容心态，学会凡事报以平常心。面对不同的个性与情绪变化都能够泰然处之，一笑了之，就能在人际交往中建立和谐的人际关系。

（六）主动关心他人——赢得朋友的有效方法

孟子曰："君子莫大乎与人为善。"那些慷慨付出、不求回报的人往往容易获得成功；而那些自私、吝啬、斤斤计较的人不仅会找不到合作伙伴，甚至还有可能成为孤家寡人。"人们在知道你是否关心他们之后，才会在乎你是否了解他们。"这句话总结了良好人际关系和人生成功的关键：无论你有什么本领或特长，受教育程度有多高，都不如真诚的关心更能给人以深刻的印象。在现实生活中，个人的力量总是有限的，每个人都需要他人的帮助。然而，有些大学生忽略了这样一个简单的事实，他们在抱怨他人缺少友情的同时，自己也没有付出友情。对此，你仍然要时刻提醒自己："你希望别人怎样对待自己，你就应该怎样对待别人。"

（七）学会凡事感恩——唤起彼此内心的共鸣

羊有跪乳之恩，乌鸦有反哺之情，更何况是人类。感恩不仅是一种美好的情感，而且是一种对责任的承担，对道义的坚守。你如果有一颗感恩的心，就会明白是谁给了自己生命，是谁把自己养大成人，就会想到回报，想到奉献。人们会感恩父母起早贪黑，不辞辛劳，供自己上学；感恩老师挑灯批改一张张试卷、一本本作业；感恩朋友在自己困难时伸出友爱和援助之手；感恩生命中出现的困难荆棘，教会自己坚强、忍耐、乐观和承受。一个人只有学会感恩，才会懂得尊敬长者，才会体贴、关心亲人和朋友，理解他们的喜悦和哀愁，才会珍惜眼前大好的学习时光，才会发现世界是多么需要和平与友爱，才会去热爱生活，回报社会。人是有感情的高级动物，在人际交往中讲感情就是要有人情味，有人情味有时比理性更有力量，满载情感的谢意与表达更容易让人性得到回归，使人感动。

（八）学会宽容——开启沟通的绿灯

"宽""容"二字都是宝盖头，可见都是珍贵的宝贝。"宽"字下面是草字头和"见"字，也就是说允许存在像杂草一样的看法。可是人们有时连一种意见都无法包容，更何况多种不同的意见。"容"字的结构中有"人"字和"口"字，就是各人有自己的道理。因此，不妨学会求同存异。雨果有一句名言："世界上最宽阔的是海洋，比海洋更宽阔的是天空，比天空更宽阔的是人的胸怀。"宽容是成功型人才的个性。如果一个人总是在对他人付出，关心、体谅他人，凡事首先考虑到他人，那么这样的人也会得到对方真诚的心。"人非圣贤，孰能无过"，一个宽容的人必然能得到他人的尊敬，必然能在人际交往中获得很高的赞誉。

人际交往中产生误解和矛盾是不可避免的。大学生个性较强，相互间接触密切，不可避免地会产生矛盾。这就要求大学生在交往中不要斤斤计较，而要谦让、大度、克制、忍让，不计较对方的态度和言辞。宽容和克制并不意味着软弱、怯懦。相反，这是有度量的表现，是建立良好人际关系的润滑剂，能化干戈为玉帛，赢得更多的朋友。在宽容他人的缺点时，也应该看到他人的优点，这样才能赢得他人的尊重和信任。同时，也要清楚地认识到自身的缺点和不足。古语说得好："水至清则无鱼，人至察则无徒。"明白了其中的道理，就会多一些宽容，多一些真诚，从而获得更多真挚的友谊。

知识链接

人际交往的10条准则

1. 要充满自信　在充满自信的状态下行动，就会受到他人的信任。你要让他人喜欢你，就要让对方知道你是一个会成功、有强烈成功意图和行动力的人。

2. 保持轻松的微笑　容易使人接近的人都经常面带微笑。

3. 保持冷静的态度　"静静地回答能够赶走愤怒"，指的是理智地驱散敌意，远离是非。

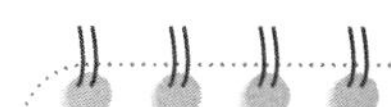

4. 树立良好的形象　如果你像一个伟大而有成就的人那样去行动，作为一个进取者，他人也会认可你的形象和价值。

5. 关心对方　如果一个人被他人瞩目，就像得到了非常大的赞赏。同样，如果你能关心他人，对方也能够感受到他的重要性得到了承认，这更会增进相互间的友好关系。

6. 适当地表现自己　使用“我也……”的技巧，在谈话中插进自己的事，可以得到对方的赞同。

7. 向他人请教　如果你问：“有关这事，你有何高见？”“如果你碰到了这事，你会怎么办？”对方会因为你尊敬他而愿意和你成为朋友。

8. 学会说“谢谢”　如果人们得到真诚的感谢和称赞，会觉得精神兴奋。

9. 倾听　如果不了解对方的需求和情感，就无法说服对方，也就无法与对方达成一致。

10. 暗示　采用引而不发、委婉曲折的暗示方法来说服他人，比直截了当地提出要求要高明、有效得多。

思考题

1. 影响人际交往的心理效应有哪些？
2. 影响大学生人际关系的因素有哪些？
3. 分析自己在人际交往方面的成功与不足，并对自己的不足提出实践练习计划。

（王　凤）

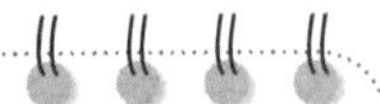

第九章　大学生的恋爱心理

案例导读

我是怎么了？

3个月前，小明和一个女孩感情迅速升温。小明单身，他知道自己想要每天有一位相处很好的异性在身边。但是，小明觉得如果恋爱的话，可能结局不会很好，不愿意在大学期间恋爱。

最近小明和女孩一起上自习，女孩挽了小明的胳膊，牵了小明的手。小明很开心，但是也很忐忑，因为一方面和女孩在一起他感受到温暖，但另一方面他的想法是不能在大学期间谈恋爱。

一天晚上，小明无意中以很平和的语气和女孩说："我确实不想在大学期间恋爱。"说完以后，小明很后悔，女孩的态度变冷淡了，自己也觉得有一点心痛。他认为，如果女孩爱自己的话，这句话必定会伤害到她，也会破坏他们之间的关系。

小明很苦恼："我是怎么了？我该怎么办？"

爱情无疑是大学生最为关注的话题之一，它是那样地具有魅力，拨动人的心弦，令人寻觅和向往。同时，恋爱问题恰恰又是莘莘学子最为困惑的问题之一，如果恋爱问题处理不当，则会影响他们的学习、生活，甚至人格的健康发展。因此，关注大学生恋爱心理、培养正确的恋爱观显得尤为重要。

第一节　概　　述

一、爱情的真谛

毫不夸张地说，爱情是世界上最复杂的情感现象。几乎在所有的文化中，最美丽的故事、传说都与爱情有关。爱情是哲学的，爱情的进行就是生命的进行，爱情诠释了生命；爱情又是文学的，文学中如果没有爱情，就是乏味的、空洞的。爱情是人际吸引最强烈的形式，是生理和心理成熟到一定程度的个体对异性产生的有浪漫色彩的高级情感。

爱情的特点包括：①相异性，爱情在异性之间产生，狭义的爱情专指异性恋。②成熟性，爱情是在个体生理和心理发展到相对成熟的阶段时所产生的情感体验，幼儿是没有爱情体验的。③高级性，爱情是一种高级情感。④生理性，爱情有生理基础（包括性爱因素），不是纯粹精神上的依恋。⑤利他性，爱情的基本倾向是奉献，是衡量一个人对异性有无爱情及强度如何的标准，可以通过"是否发自内心，帮助所爱的人做其期待的事情"这个指标来衡量。

爱情是男女双方对彼此最真挚的仰慕，并渴望对方成为自己终身伴侣的最强烈的、稳定的、专一的情感。爱情的本质是人的自然属性与社会属性相结合的异性间的崇高情感。在人类文化发展史上，许多不朽的文艺作品都是描写爱情的。在我国的《诗经》、古希腊《荷马史

诗》、罗马神话及基督教的《圣经》中，都有许多动人的爱情故事。许多哲学家、心理学家也对爱情有独特的见解。德国哲学家黑格尔（G. W. F. Hegel）认为，爱情里确实有一种高尚的品质，因为它不只停留在性欲上，而是显示出一种自身高尚的心灵，要求以生动、活泼的方式以及勇敢和牺牲的精神与另一个人达到统一。奥地利心理学家弗洛伊德认为，性本能是一切本能中最基本的内容，爱情不过是性本能的一种表达或升华。马克思主义认为，男女之间建立在性爱基础上的情感之所以成为爱情，是由人的社会属性决定的，因此，男女之间真挚的爱情不仅是生理需求和相互需要，更是志趣相投和心灵相通，而这一切都是以一定的社会历史条件为背景的，受制于特定的社会关系、经济地位和文化背景等。

知识链接

爱情三角理论

关于爱情的心理学理论模型有很多，其中，斯腾伯格（R. J. Sternberg）提出的爱情三角理论是比较典型的。斯腾伯格认为，人类爱情的结构包括三种成分，即亲密、激情和承诺，并将这三种成分形象地比喻为爱情三角的顶点（图 9-1）。亲密是指在爱情中能促进亲近、归属、结合等体验的情感。换句话说，它能引起温暖的体验。激情是指内驱力，这些内驱力能引起浪漫恋爱、体态吸引、性完美等有关现象。或者说，激情成分就是在爱情关系中能引起激情体验的各种动机性唤醒以及其他形式的唤醒源。承诺有两层含义：①在短期方面，一个人做出了爱另一个人的决定；②在长期方面，是指能维持爱情关系的关注、义务感或责任心。

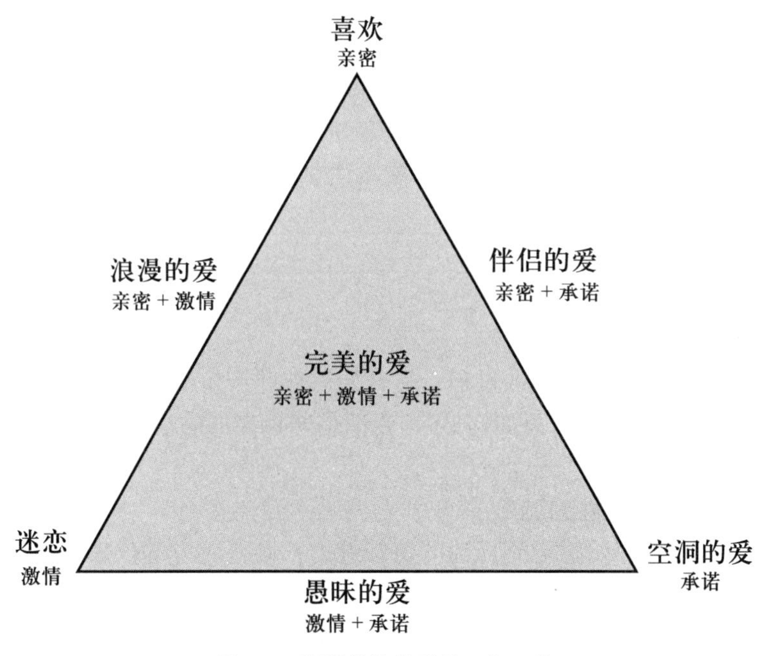

图 9-1　斯腾伯格的爱情三角理论

爱情是一种复杂、圣洁、崇高的情感活动，它是由两颗心弹拨出来的和弦，是男女双方彼此互相倾慕、情投意合。在爱情的发展中，男女双方始终处于平等、互爱的地位。男女双方一旦相爱，就会要求相互忠贞，并且排斥任何第三者亲近其中的一方。教育家陶行知曾经很形象地说过："爱情之酒甜而苦，两人喝是甘露，三人喝是酸醋，随便喝要中毒。"爱情是一棵苍松

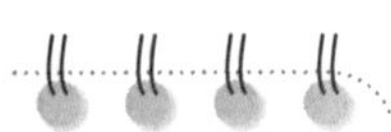

而不是一枝昙花，爱情所包含的感情因素和义务因素不仅会存在于婚前整个恋爱过程中，而且会延续到婚后夫妻生活和家庭生活中。爱情的持久性表现为爱情的不断升华、充实和提高。恰如莎士比亚所说："真正的爱，非环境所能改变；真正的爱，非时间所能磨灭；真正的爱，给我们带来欢乐和生命"。爱情的持久性正是建立和保持婚姻关系的基础。真正的爱情不会随着年龄的增长而减弱，但在人生的不同年龄阶段，爱情的表现会有所不同。

爱情与事业是人生的两大支柱。从社会哲学方面看，爱情具有自然与社会的双重属性，是人的自然属性和社会属性的统一。人们对待爱情的态度和行为方式是与其世界观、人生观和价值观相联系的。人生中应该包含爱情，二者是整体与部分、一般和个别的关系。爱情对于人生，就好像润滑剂对于发动机，没有了爱情，人生的发动机将会启动艰难，难以高速运转并可能会提前报废。有了爱情，人们就有更多的动力去努力拼搏。人生离开了爱情就是不完整的，有的人会因为爱情的远离而结束人生，有的人则会奋起直追，同样的原因可能会导致完全相反的结果。对于大学生而言，如果与爱情相逢，就需要用心呵护、倍加珍惜，处理好爱情与人生的关系，接受爱情与人生的洗礼和祝福。

知识链接

举案齐眉

梁鸿，字伯鸾，扶风平陵人也。势家慕其高节，多欲女之，鸿并绝不娶。同县孟氏有女，状肥丑而黑，力举石臼，择对不嫁，至年三十。父母问其故，女曰："欲得贤如梁伯鸾者。"鸿闻而聘之。女求作布衣、麻屦，织作筐、缉绩之具。及嫁，始以装饰入门，七日而鸿不答。妻乃跪床下，请曰："窃闻夫子高义，简斥数妇。妾亦偃蹇数夫矣，今而见择，敢不请罪。"鸿曰："吾欲裘褐之人，可与俱隐深山者尔。今乃衣绮缟，傅粉墨，岂鸿所愿哉！"妻曰："以观夫子之志耳。妾亦有隐居之服。"乃更为椎髻，著布衣，操作而前。鸿大喜曰："此真梁鸿妻也，能奉我矣。"字之曰德曜，名孟光。……遂至吴，依大家皋伯通，居庑下，为人赁舂。每归，妻为具食，不敢于鸿前仰视，举案齐眉。

二、爱情的"成长"

爱情的发生与发展是一个复杂的过程，从开始对彼此产生兴趣到投入情感的递进过程中，男女双方都充满了希望。"人生若只如初见"，爱情是悲喜交加的动态发展过程。一般来说，爱情的发展包括以下几个阶段。

（一）始恋——体验到异性的魅力

这一阶段，男女双方开始感觉到异性的特殊魅力，倾慕对方的仪表、风度、气质、言谈、品格、才能等，被深深吸引而迷醉，总有一种从未有过的捉摸不透的亲近欲望和冲动，想接近对方却又不敢贸然采取行动。这一阶段，男女双方会把对方的整体形象美化，产生光环效应，"情人眼里出西施"，常认为对方的一切都是优点。

（二）依恋——朦胧的相互吸引

个体一旦被某个有魅力的异性所吸引，就会想象对方的一切，并把想象逐渐与自己的理想形象拉近，开始寻找接近对方的办法，找机会向对方表白自己的心思。同时，常会反复揣测对方的心理，不断评估双方情感的持续性与成功的可能性。

（三）爱恋——产生爱的冲动

经过前一阶段的想象和揣测，终于鼓足勇气向对方表白自己的爱慕之心，才真正意味着进

入了恋爱心理状态。主动表白的一方常会神色紧张、心绪不宁，接受表白的一方通常也会不知所措，这是恋爱心理发展最关键的一个阶段。有的年轻人会因担心遭到对方拒绝而失去信心，有的年轻人则有可能找不到适当的机会表白或表白的方式不当，这都有可能导致即将产生或已经产生的爱情悄悄地溜走。这一阶段比较短暂，却具有很强的震撼力。

（四）相恋——建立恋爱关系

男女双方经过表白并接受对方的爱慕，恋爱关系便正式建立了，双方会立即亲密起来。在形式上，两人形影相随，"一日不见，如隔三秋"。在心理上，双方都把各自的灵魂和世界纳入合二而一的轨道。双方都会尽量美化对方，甚至赞赏对方身上在他人看来是缺点的"优点"，并将对方的赞赏视为珍藏在心里成为永久的回忆。随着恋爱情感的发展，双方都会产生一种独占欲，认为对方只属于自己。但随着彼此的了解越来越全面、深入，恋爱的热情就有所下降，并且会越来越多地发现对方身上存在的缺点，甚至感到这些缺点令人难以忍受。有的人会后悔当初的选择，往往会伴随较多的争吵，情绪忽高忽低、波动较大。这是一个需要双方坚持和努力的阶段，也是恋爱进程中的一个大考验。

（五）结婚或失恋——爱情的归宿

进入这一阶段，恋爱双方经过相互磨合，对彼此已经比较熟识，相互之间也有了一定的默契，情侣关系也逐步成熟、稳定。恋爱初期那些过于理想化、非理性的期望已被平和与温情所代替，到了平淡、从容的时期。当恋爱双方把情感推向最高潮时，自然便会产生结婚的愿望。一旦客观条件成熟，结婚就会成为现实，恋爱心理就发展到一个崭新的阶段，婚姻关系也会受到法律的保护。但恋爱双方因各种客观原因，也有可能导致爱情的破裂，结果便是失恋。结婚是幸福的，但也埋藏着痛苦；失恋是痛苦的，但也许会因祸得福。尽管有多种多样的恋爱方式，但从爱情萌发的心理条件来看，真挚的爱情往往会经历一个由产生好感到钟情、由友谊到爱情的发展过程。

第二节　恋爱的困惑与应对

案例导读

青年男女的恋爱往事

小龙和小洁是大学二年级的学生，两人通过社团活动认识。当时，小洁正与前男友小刚（高中同学）相隔两地，而且小洁由于与室友关系紧张，加重了她的孤独感，也迫切地渴望他人的关怀。此时，能言善道、善于体贴的小龙及时给予了小洁无微不至的关心和照顾，很快就博得了小洁的好感。两人恋爱之后，小洁与前男友仍保持好朋友的关系。随着对小龙的深入了解，小洁发现小龙性格上有诸多缺陷。小洁的心又重新托付给了小刚。但由于小龙的古怪性格，小洁从来都不敢提出分手。直到暑假，小洁回家后才敢在电话里提出分手，说明与小刚已经恢复了恋人关系，这些话深深地伤害了小龙。小龙在电话里暴跳如雷，时而对小洁威逼，时而苦苦哀求，让小洁害怕不已，并把所有事情经过对小刚全盘托出。小刚则给小龙打电话、发短信，要求他不要再继续纠缠小洁，结果引发了争吵，小龙对此怀恨在心。开学后，小龙找到小洁，说自己已经想明白了，只想和小洁做一对好朋友。小洁也相信他了，并于当天与小龙一同去市区。途中小洁感到身体不适，小龙借机哄骗小洁到附近的宾馆开了房间，声称把她安顿好就离开。可是小洁在昏睡中醒来却发现，小龙在侵犯她，撕扯她的衣服。小龙声称并不想强奸她，只想拍小洁的裸照，以此来要挟她。小洁反抗无果，被拍摄了裸照和视频。小洁逃走后报案。

一般认为，恋爱是指男女双方建立的强烈且浓厚的情感，产生爱情的过程。具体而言，恋爱是异性之间在生理、心理和环境影响的交互作用下互相倾慕和培植爱情的过程。对恋爱的理解可以从几个方面入手：①恋爱的基本动力是人的性心理欲望。②恋爱的本质是满足男女双方的心理需要。③环境因素的影响是导致恋爱的外部条件。④恋爱的目的是培育彼此之间的爱情。

一、大学生恋爱行为的特点

大学环境有其独特性，大学生作为一个特殊的群体，具有较高的文化素质，较强的心理自主性，同时也存在不成熟和不稳定性，缺乏必要的社会阅历和经济条件，因而他们往往不能正确对待恋爱中的各种问题。另外，心理发展和生理发育的不平衡也会使大学生由于恋爱问题而产生困惑。

在恋爱问题上，大学生具有与其他群体不同的特点：

1. 浪漫色彩浓厚　大学生的恋爱更多的是互相欣赏、爱慕、依恋及讨论人生，但很少考虑结婚、家庭等具体问题，这是由大学生所处的客观环境决定的。大学生恋爱的这种浪漫色彩掩盖了理想和现实之间的矛盾，因此，这种爱情缺乏挫折的磨炼和必要的现实基础，比较脆弱，一旦遇到问题就很容易破裂，这是导致大学生恋爱成功率较低的重要原因之一。

2. 自主性较强　大学生的恋爱都是自己做主，个性特点鲜明，没有统一的模式。社会上的青年在明确恋爱关系前，一般要征求家人的意见，在明确恋爱关系后，双方家人来往密切，会对各个环节予以指引。大学生因离家住校、独立生活，常自己还没看准对象就去追求，甚至确定恋爱关系后家长都不知道。

3. 具有一定的盲目性　有的大学生把在大学期间的恋爱作为一种积累生活经验的实践活动，或者作为一种消遣，千方百计地想跟异性交往，但在与对方的恋爱过程中对于究竟什么是爱、为什么要爱都没有弄清楚。有的大学生则会同时结交多个对象，并且互相攀比，看谁的对象更多、更漂亮。

4. 公开性　随着生活方式的不断转变，传统观念下的两性关系意识也发生了变化。过去，许多高校禁止大学生谈恋爱，谈恋爱属于“地下活动”，恋爱双方不会让其他同学知道，更不希望老师知道。现在，大部分高校对此虽然没有明确赞同，但态度较过去宽松，大学生的恋爱行为较为公开。

5. 情感随意性　与传统的以含蓄、内敛、深沉为美的恋爱形式不同，当代大学生恋人常在公开场合手牵手、肩并肩，整天形影不离，甚至亲密地搂抱。有的大学生甚至对婚前性行为不甚在意，过早发生性行为的现象并不罕见。这在一定程度上影响了在校大学生的群体行为规范，同时也对自身的正常学习甚至身心健康造成了一定的影响。

二、大学生恋爱的心理特征

总体而言，大学生恋爱过程中表现出的心理特征主要包括以下几个方面：

1. 恋爱心态健康，择偶标准以个性为先　调查表明，在现代大学生的择偶标准中，他们最看重的既不是经济能力，也不是社会地位，而是个性和能力。大学生心目中的“白马王子”和“白雪公主”是什么样子？在他（她）们的眼中，学历、外貌、金钱、能力哪一个最重要？针对“选择男（女）朋友时的条件”的调查结果显示，在外表、个性、学历、经济条件、能力等多项条件中，无论是男生还是女生，绝大部分的人都认为，个性是择偶的最重要标准，其次则是能力。经济和学历因素反而没有受到青睐。在个性要求中，女生对男生的性格要求首选专一，而男生则最喜欢温柔、体贴和乐观的女生。对大学生的调查显示，“两情相悦”仍然是80% 以上大学生对爱情的选择，说明大学生的恋爱心态基本是健康的。

2. 重视恋爱过程，轻视恋爱结果　大学校园里曾流传着一句经典台词：“不求天长地久，只求曾经拥有。”一部分大学生把恋爱当成一种情感体验，借此寻求刺激，满足精神享受。恋爱只是获得经验的这种观念在校园中虽然并非占主导，但已开始被越来越多的学生提及。为了获得经验而爱，这份代价是否太大？“好聚好散”可以成为爱情的开场白，但是应当思考，分手时是否可以从容地对对方说一声“谢谢你给予我的成长”。一部分大学生恋爱的目的是满足与异性交往的欲望，寻求刺激或填补精神上的空白，把恋爱当成一种游离于婚姻之外的享受。另外，还有一部分大学生恋爱则是为了充实课余生活、排解寂寞，把恋爱当成一种消遣文化。甚至有极少数大学生为了显示自己的魅力，同时和几位异性同学交往、周旋，搞多角恋爱，但和谁都不确立恋爱关系。

3. 恋爱行为失范，恋爱承受力弱　青年个体谈恋爱本无可厚非，适当的亲近行为也并非不可。但有部分大学生摒弃了对自我道德方面的约束，带来了一些社会问题，如未婚先孕。另外，大学生中失恋者也为数不少。失恋时，不少大学生对彼此都能采取宽容的态度，尊重对方的选择；但也有一部分大学生摆脱不了感情危机，失去信心，甚至立下誓言不再恋爱，从此放弃对爱情的追求。还有少数大学生因为失恋而采取自伤、自杀等行为。尽管大学里因失恋而失志甚至失德者为数不多，但仍然需要予以关注。

三、大学生的恋爱观

恋爱观是指个体关于恋爱问题的基本看法和观点。在不同的理想、信念以及人生观和心理素质的影响之下，个体可形成不同的恋爱观。正确地认识爱情的本质特征及爱情在人生中的位置是形成正确恋爱观的基础，也是大学生正确处理恋爱关系的前提。总体来看，大学生由于缺乏社会阅历和生活经验，人生观、价值观尚不完善，其恋爱观也表现出不稳定的特点。

有学者认为，大学生的恋爱观概括起来有以下几种：①慰藉型，处于成年早期的大学生正值“心理断乳”时期，他们渴求社会与他人的理解，常有一种莫名的惆怅和孤独感。当外界条件不能满足这种心理需要时，有的大学生往往会以恋爱的方式向异性伸出求助之手。在他人看来，他们是在谈情说爱，而实际上是彼此在寻求心理慰藉，以排解内心的孤独。②友情型，有的恋人原先是中学同学或同乡，本来就有感情基础，双方考上大学后，凭借天时地利的优势发展成为恋爱关系。这种恋爱关系一般比较稳定，成功率也较高。但也有男女双方虽然长期交往，但在感情上却缺乏共鸣，最终难以发展产生爱情。③理想型，某些同学缺乏冷静的思考，对爱情充满理想色彩，一旦认定某个异性与自己理想中的完美形象吻合，就会不顾一切地去追求，并甘愿为之牺牲一切。这类大学生把爱情理想化了，情感比较脆弱，一旦遭遇挫折，便会非常痛苦，易导致心理障碍。④志趣型，这种类型的大学生把感情融洽、志趣相投和事业成功作为爱情的基础。这种注重事业和精神生活的恋爱取向，会使恋爱双方道德高尚、互相尊重，行为端庄大方，感情热烈而举止文明，注重思想上的沟通，以和谐的精神生活和事业的共同追求为最高满足。这种类型的大学生通常都能处理好感情与学业的关系。⑤功利型，这是一种实用主义恋爱观。有的大学生恋爱时首先看重的是对方的物质条件，或者是毕业后留在城市的优势，甚至是对方父母的名利等。这类大学生往往基于利益关系而恋爱，在此之前已把对方算计得一清二楚，把爱情当成谋取功利的手段。⑥情欲型，某些大学生自控能力较弱，受本能驱使，或受到有性爱描写的文学或影视作品的影响，进行模仿尝试或追求性刺激，以满足性欲为目的与异性同学交往、恋爱，有的人甚至把恋爱当成一种娱乐，逢场作戏、玩弄异性，只注重异性的外表及追求感官上的愉悦，无视爱情中应有的道德伦理因素。这是一种不健康的恋爱类型。

知识链接

健康恋爱行为守则

1. 不过分痴情，不咄咄逼人，不显示自己的爱情占有欲，能够充分尊重对方。

2. 将爱情给予对方，而非一味地向对方索取，以对方的幸福作为自己的满足。

3. 恋爱是彼此独立的个性的结合。

4. 言谈要高雅，要诚恳、坦率、自然，不能有污言秽语或举止粗鲁，而使对方的自尊心受损。

5. 行为要大方，要注意行为举止检点，不过分亲昵而使对方反感，影响感情发展。

6. 恋人间要平等相待，不要拿自身优点与对方的不足做比较，炫耀或抬高自己，或者玩弄、贬低对方。

7. 善于控制情感、理智行事。要注意克制和调节恋爱中的心理冲动，把恋爱行为限制在社会规范内，使爱情沿着健康的道路发展。注意恰当转移和升华，促进彼此进步和提高。

四、恋爱的困惑与应对方式

爱情虽然甜蜜，但同时也是独特而微妙的情感体验，也是最容易产生心理困扰的来源之一。每个人都希望在经历甜蜜的恋爱之后有幸福的结果，但并不是所有的爱情都会有预期的收获。恋爱中难免会经历坎坷和挫折，大学生要学会应对和调适，提高爱的能力。

（一）恋爱选择的困惑

选择的困惑是大学生恋爱中最常见的问题之一，常见的情况有以下几种：

1. 不知道该不该谈恋爱　部分大学生没有树立正确的爱情观，不知道自己该不该谈恋爱，只是因为看到许多同学在谈恋爱，才产生了自己也想谈恋爱的想法。对于什么是真正的爱情，大学生应当有明确的判断。只有这样，才能知道是否应该去寻找真正的爱情。

2. 自己喜欢上他人，但不知道对方是否也同样喜欢自己，想表明心迹，又怕遭到拒绝，左右为难。这样的困惑比较常见，所以大学生要学会正确辨明对方的情感，尤其是对自己的情感反应。通过细致的观察或巧妙的考验，不难确定对方的意愿。

3. 不知道该如何拒绝对方的表白　一般来说，面对他人的求爱，当自己不准备接受时，应当在不伤害对方自尊心的情况下委婉拒绝。如果对方进一步追求，而自己确实无论如何也不可能接受对方的爱情时，那就需要明确地拒绝。但应当注意，不要因为担心会伤害对方或是为了自己的虚荣心而盲目接受对方，这无论是对他人还是对自己都是一种伤害。

4. 在恋爱中发现对方不适合自己，不知道如何提出分手　在这种情况下，彼此要明确爱情是不能强求的。发现对方不适合自己而准备结束恋爱关系也是在情理之中，应该予以尊重。当然，最好是在对方有思想准备的情况下提出分手，对方才会感到好受一些，受到的伤害也会少一些。

5. 难以找到能做恋人的异性朋友　这种情况主要是由于大学生对友情和恋爱关系的认识还比较粗浅，缺乏对社会中人际关系的科学认识。因此，大学生应该认真审视并调整自己的择偶标准，在追求爱情的过程中，既要有主观上的用心和努力，又要顺其自然，不可强求。

（二）单相思与爱情错觉

单相思是指一方倾心于另一方，却得不到对方回应的单方面的“爱情”。爱情错觉是单相思的另一种形式，是指在彼此接触过程中，一方错误地认为对方对自己有好感，或者把双方正

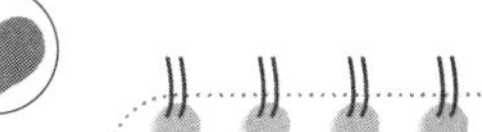

常的交往和友谊误认为是爱情的来临，当事人常想入非非、自作多情。单相思与爱情错觉都是恋爱心理偏差，如果处理不好，则会对学习和生活产生消极的影响。

1. 形成原因　①爱幻想：这是造成单相思或爱情错觉的主观因素。如果在现实生活中难以适应正常的恋爱生活，爱幻想者往往会凭借丰富的想象力，在幻想中感受得到异性的爱并获得满足。②信念误区：单相思者往往会认为爱仅是投入，不要承诺、不要回报，不顾一切的恋爱才是世界上最伟大的恋爱。③认知偏差：有的大学生产生单相思或爱情错觉是由于认知偏差造成，不能正确对待被拒绝的事实，仅为了自己的自尊心和虚荣心就强迫自己追求到底。

2. 调适方法　主要是认知领悟和心理分析。在具体的心理调适过程中，应根据不同的情况采用不同的方法。①如果是自己有意而对方并不知情，并且觉得对方有很大的可能性也对自己有好感，就可以大胆地向对方表达自己的情感。当然，也应做好对方不接受自己的心理准备。②如果觉得对方没有可能爱上自己，就没有必要表白，因为这种表白可能给对方造成心理压力，也会使两个人在以后的相处中感到不自然。在某些情况下，适当控制自己的情感还是有必要的，并且应当学会尽快从单相思或爱情错觉中解脱出来。

（三）失恋的调适

失恋是指恋爱过程的中断。当恋人因为社会现实、他人干预、性格不合等因素而情感破裂时，失恋的挫折就会出现，会严重影响大学生的心理、生活和学习。热恋关系中断，突然失去自己最亲密的人，对大多数大学生来说是痛苦的。失恋带来的悲伤、痛苦、绝望、抑郁、焦虑等情绪会使当事人受到伤害，常表现为逃避现实、缩小人际交往圈，在精神生活上既折磨自己又会影响他人的情绪，有的人甚至向恋人施以行为或心理上的报复。失恋的创伤有时会造成严重的后果，如自杀、伤害他人等。失恋者可以尝试采用以下方法进行自我调适：

1. 适当运用酸葡萄心理机制　大学生失恋之后如果难以从失恋的阴影中走出来，那么不妨运用酸葡萄心理机制。所谓酸葡萄心理，就是降低对自己无法得到的事物的好感及其对自己的重要性，吃不到葡萄就说葡萄是酸的。大学生失恋之后，要少想或者不想过去恋人的优点，而是想一想其缺点，以寻求心理上的平衡。当然，酸葡萄心理机制毕竟是一种心理防御机制，如运用过度，则很容易形成一种不符合实际的观念，久而久之容易导致一些非理性的思维方式，不利于自身的心理健康。因此，酸葡萄心理机制只适合短期应用。大学生要具有足够的心理强度，即使在失恋时，也能够客观地分析对方的优点和缺点，不贬低对方，并能够调控和调节自己的消极情绪。

2. 学会积极的自我暗示　大学生失恋之后，如果总是责备自己，觉得是因为自己不够好才导致了分手，则只会导致自己的情绪越来越压抑。因此，大学生应当学会积极的自我暗示。例如，可以告诉自己，“失恋并不说明我不可爱，只是说明我和对方的性格和观念不合”。积极的自我暗示能让人冷静地接受失恋的事实。

3. 转移注意力　如果失恋后很难从失恋的阴影中走出来，这时可以设法把自己的注意力从失恋这件事情上转移到自己比较感兴趣、能够分散注意力的事情上。如听音乐、看电影、跳舞、打球，以冲淡内心因失恋而造成的挫折感和压抑感。

4. 情感升华法　古今中外有不少著名人物恰恰是受到失恋的打击后发奋追求事业的，从而流芳百世、名垂青史。歌德失恋后，创作了著名的中篇小说《少年维特之烦恼》。将失恋产生的挫折感、压抑感转化或升华为奋斗的动力，对个体是十分有益的。一旦全身心地投入到一项更有意义的事业中去，个体就会觉得因失恋而痛苦不堪的往事已经过去了。

5. 失恋不失德、失恋不失志、失恋不失命　①失恋不失德：这是一个大学生应当有的态度和人格，也是恋爱的重要原则；要做到不报复、不打击、不伤害、不破坏对方的名誉和人格，不打扰对方的生活。②失恋不失志：大学生不能因为失恋而放弃自己的理想和志向。理想是个人进步的动力和目标，在为理想而奋斗的过程中，可逐渐平复由失恋造成的心理创伤。

③失恋不失命：爱情是人生的重要内容，但并非全部，因为失恋而结束自己的生命是愚蠢和不可取的行为。人生除了爱情之外，还有其他很多美好的人和事物。爱情虽然暂时离去，但家人和事业会永远陪自己，只要抱有希望和追求，爱情之花迟早还会再次开放。

知识链接

苏格拉底与失恋者的对话

苏格拉底："孩子，你为什么悲伤？"

失恋者："我失恋了。"

苏格拉底："哦，这很正常。如果失恋没有悲伤，恋爱大概也就没有什么滋味了。可是，年轻人，我怎么发现你对失恋的投入甚至比你对恋爱的投入还要更多呢？"

失恋者："到手的葡萄给丢了，这份遗憾，这份失落，您非当事人怎知其中的酸楚啊！"

苏格拉底："丢了就丢了，何不继续向前走去，鲜美的葡萄还有很多。"

失恋者："我要等到海枯石烂，直到她回心转意向我走来。"

苏格拉底："但这一天也许永远不会到来。"

失恋者："那我就用自杀来表达我的诚心。"

苏格拉底："如果这样，你不但失去了你的恋人，也失去了你自己，蒙受双倍的损失。"

失恋者："您说我该怎么办？我真的很爱她。"

苏格拉底："真的很爱她？那你当然希望你所爱的人幸福。"

失恋者："那是自然。"

苏格拉底："如果她认为离开你是一种幸福呢？"

失恋者："不会的！她曾经跟我说，只有跟我在一起的时候，她才感到幸福！"

苏格拉底："那是曾经，是过去，可她现在并不这么认为。"

失恋者："这就是说，她一直在骗我？"

苏格拉底："不，她一直对你很忠诚。当她爱你的时候，她和你在一起，现在她不爱你，她就离去了，世界上再也没有比这更大的忠诚。如果她不再爱你，却要装着对你很有感情，甚至跟你结婚、生子，那才是真正的欺骗呢。"

失恋者："可是，她现在不爱我了，我却还苦苦地爱着她，这是多么不公平啊！"

苏格拉底："的确不公平，我是说你对所爱的那个人不公平。爱她是你的权利，但爱不爱你则是她的权利，你在行使自己权利的时候却想要剥夺他人行使权利的自由，这是何等的不公！"

失恋者："依您的说法，这一切倒成了我的错？"

苏格拉底："是的，从一开始你就犯了错。如果你能给她带来幸福，她是不会从你的生活中离开的，要知道，没有人会逃避幸福。"

失恋者："可她连机会都不给我，您说可恶不可恶？"

苏格拉底："当然可恶。好在你现在已经摆脱了这个可恶的人，应该感到高兴，孩子。"

失恋者："高兴？怎么可能呢，不管怎么说，我是被人给抛弃了。"

苏格拉底："时间会抚平你心灵的创伤。"

失恋者："但愿我也有这一天，可我第一步应该从哪里做起呢？"

苏格拉底："去感谢那个抛弃你的人，祝她幸福。"

失恋者："为什么？"

苏格拉底："因为她给了你忠诚，给了你寻找幸福的新机会。"

（四）恋爱情感纠葛

爱情具有专一性和排他性，通常是发生在两个人之间的情感。在恋爱的过程中，双方都需要自觉地承担起相应的责任，同时都有相应的道德约束。但是，大学生在恋爱过程中会遇到很多问题，例如，自己并不爱对方，对方却不停地纠缠；双方很谈得来，但又经常发生争吵；有自己喜欢的异性却同时喜欢他人等。这些恋爱中的情感牵扯称为恋爱情感纠葛。恋爱情感纠葛是大学生恋爱中常见的一种挫折，可以尝试运用以下方法进行自我调适：

1. 学会拒绝　在恋爱的过程中，有时要学会拒绝。当被他人追求，而自己却觉得对方并非所爱的人时，要理智地拒绝。必须态度明确、果敢，不要含糊，不要使对方误解，但也应该注意拒绝的艺术，做到既能拒绝对方，又不伤害对方，也给对方留个台阶。当恋爱进入心理碰撞阶段后，如果发现对方并不是心目中合适的那个人，也应该理智地拒绝。但此时的分手是痛苦的，容易造成不良后果；因此，拒绝时更应慎重考虑，注意选择恰当的时机和方式，也要清醒地分析对方可能出现的情绪和行为并做好应对准备。

2. 理智地面对多角恋爱　多角恋爱从来都被认为是典型的爱情不专一、朝三暮四，视爱情为游戏，把自己的幸福建立在伤害他人情感的基础之上。无论是从哪个角度来讲，多角恋爱都被社会和道德所不容许，并且可能会导致各种不良后果。多角恋爱会使人陷入你争我斗的境地，给当事人带来众多的烦恼，耗费许多时间和精力，严重影响生活、学习和人际关系。从大学生成长和发展的角度来看，应尽量避免涉入多角恋爱的尴尬境地，以保护自己的情感不受伤害。

第三节　恋爱与性心理健康

案例导读

一段纠缠不清的恋情

军军和小雨是一所大学的同班同学。班上的男生寥寥无几，起初小雨也就是看军军比较顺眼，关注他也就相对多一点。后来知道军军喜欢班上另一个女生，小雨对此虽然不是很开心，但也并没有明显的感觉，只是从心底打消了深入了解军军念头。后来，军军和那位女同学并没有恋爱成功，小雨也没有任何想法。到了大二，军军和小雨的接触逐渐多了起来，加上朋友的撮合，两个人就走到了一起，谈起了恋爱。一切都很顺利地发展着，他们每天一起吃饭、一起散步、一起看书，也拥有着他们的梦想……

恋爱进行了一个月，两个人相处很好，并没有发生什么问题。他们每天简单而平凡地生活着，这是一段平凡的爱情，并不轰轰烈烈，也没有任何曲折。可是，后来出现了另一个男生。这是小雨在认识军军之前就认识的一个男生，因为各方面条件的限制，小雨从没想过和他有进一步发展的可能。可是现实往往在意料之外，这个男生因为她感到痛苦，他没想到小雨这么快就有了男朋友。他向小雨表明了他的真实想法——他喜欢她。小雨忽然之间也感觉很痛心，一切来得是那么偶然，那么不经意。小雨一直处于矛盾和纠结之中。她不知道自己的心里到底爱着谁，对两个男生都有感情，谁也放不下。她把事实告诉了军军，她第一次感觉到军军是这么爱她。军军哭了，哭得那么伤心。可是那个男生呢？他在远方，他的难受她看不到，她感到不知所措了。在经历两次选择后，她果断地选择了那个身在远方的男生。而军军承受不了这样的打击，他一直苦苦哀求她能回到他的身边，可是小雨想跟着自己的心走，不想听任何人的意见。她觉得自己懂得什么是爱，什么是喜欢，军军却说是小雨让他懂得了什么是爱，他一直不肯放手，也接受不了这个事实。那段时间，两个人一直没有心思学习，这样的状态持续了很久。军军说要等她回心转意，可是不久后开始觉得无望，受身边朋友的影响，军军最终放弃了等待。但是在这个过程中，军军因为冲动，不成熟地做出了一些过激的事。他开始恨小雨，说了好多狠话，说“自己看错了人”“曾经的爱已不在”“环境依旧、人心已变”……

一、健康的恋爱观

爱情是一种特殊的人际关系，是人类独有的强烈而美好的一种情感，是一对男女双方基于一定的客观物质条件和共同的人生理想，在心中形成的真挚爱慕，并渴望对方成为自己终身伴侣的一种最强烈的情感。作为当代青年大学生，应该努力树立正确的恋爱观。

1. 提倡志同道合的爱情　选择恋人时，最重要的条件应该是志同道合，思想品德、人生理想和生活情趣等大体一致，应该是理想、道德、义务、事业和性爱的有机结合。一般情况下，异性情感是沿着熟人、朋友、好朋友、知己、恋人这一线索发展的。当一个人成为对方心中任何人都不能代替的角色时，爱情就可能降临了。在分享快乐和痛苦、共同成长的过程中，爱情就会产生和发展。

2. 摆正爱情与事业的关系　大学生应该把奋斗与创业放在首位，因为这是大学生价值感的主要体现形式之一。当个体把爱情视为生命中的唯一时，爱情就是一株温室中的花朵，虽然娇艳、美丽，却经受不起任何打击。当爱情成为唯一存在的价值时，个体就会失去人格的独立和魅力，也会很容易失去被爱的理由。

3. 懂得爱情是相互理解和相互信任，是责任和奉献　在恋爱过程中，需要理解对方，为双方营造一种轻松和快乐的氛围，没有人是因为想要被约束而追寻爱情的。相互信任是恋爱双方拥有自信的表现。责任和奉献则可以反映个人的道德修养，它们是获得崇高、真挚的爱情的基础。

二、爱的能力与责任

爱是一种艺术，也是一种能力，大学生需要努力培养爱的能力与责任。

1. 要具备接受爱的能力　爱的能力包括给予爱的能力和接受爱的能力。一个人心中有爱，在理智分析之后，敢于表达、善于表达，这是一种爱的能力。一个人面对他人的爱时，能及时、准确地做出判断，并做出接受、谢绝或再观察的选择，这也是一种爱的能力。缺乏这种能力的人，或是匆忙行事，或是无从把握。大学生要具有接受爱的能力，应该懂得什么是爱，有健康的恋爱价值观，知道自己喜欢什么，需要什么，适合什么。当他人向自己表达爱时，能及时、准确地对爱的信息做出判断，坦然地做出选择，并能够承受拒绝求爱引起的心理困扰。

2. 要具备拒绝爱的能力　大学生对自己不愿意或不想要接受的爱，要有勇气加以拒绝。在并不希望得到的爱情到来时，要果断、勇敢地说“不”，因为爱情容不得勉强和将就。如果优柔寡断或屈服于对方的穷追不舍，甚至任其发展下去，那么对双方都是不利的。同时，大学生要掌握恰当的拒绝方式，虽然每个人都有拒绝爱的权利，但珍重每一份真挚的情感既是对他人的尊重，也是一种自我尊重，更是对一个人道德情操的检验。不顾情面，处理方法简单、轻率，甚至恶语相向，结果只能使对方的情感和自尊心受到伤害，这些做法是不可取的，要学会和掌握恰当地拒绝爱的能力和策略。

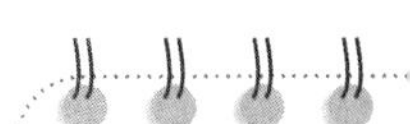

3. 发展爱的能力，培养爱的责任　前苏联教育家马卡连柯说：“爱的力量只能在人类非性欲的爱情素养中存在。他的非性欲的爱情范围越广，他的性爱也就越高尚。”发展爱的能力并不是具体到对某一个异性的爱，可以是更广泛意义上的爱，小到身边的亲人、同学、朋友，大到祖国和人民都值得人们去爱。发展爱的能力就是要培养无私的品格和奉献精神，要培养善于解决矛盾的能力，有效地化解和消除恋爱和家庭生活中的矛盾纠纷，为恋人负责，为社会负责，才能有幸福、美满的恋爱和婚姻。

4. 提高对恋爱挫折的承受能力　大学生的恋爱往往受到多种因素的制约，因此在追求爱情的过程中遇到各种挫折是在所难免的。上文提及的单相思、爱情错觉、失恋等恋爱心理挫折对大学生的心理承受能力就是一种考验。如果承受能力较强，就能较好地应对恋爱中的挫折，否则就有可能造成不良后果。因此，提高对恋爱挫折的承受能力对心理健康是非常重要的。当爱情受挫后，需要用理智来驾驭情感，分析原因，总结经验教训，寻找解决问题的方法和途径，在新的追求中确认和实现自己的价值，从而提高自己的心理承受能力和思想水平。

三、性心理健康的维护

作为大学生心理健康的重要组成部分，性心理健康对大学生的成长和发展同样具有重要的意义。大学生的性心理健康需要依靠内因和外因来实现。内因是指大学生的自身条件，除了要保持健康的生理状态外，还要掌握科学的性知识，以科学的态度对待性，以健全的人格控制性冲动。外因是指家庭、学校和社会为大学生的健康成长提供性文明的良好风尚。

（一）大学生常见的性心理反应

1. 性困惑、性紧张和性压抑　性困惑是指对性征发育出现的心理不适应。性紧张是指性欲能量逐渐积累而得不到释放的心理紧张状态。性压抑是指性冲动产生后无法缓解，强行以理智和意志去压制性冲动，久而久之产生了严重的心理负担。这些都是常见的性心理反应。

2. 性梦和性幻想　性梦是性的生理需求在梦中的反映，在睡梦中与异性亲昵，甚至与之发生性行为。心理学家认为，性梦是性生理和性心理正常的标志。从生理方面而言，熟睡之后，个体对性欲的自我压抑暂时消失，本能的性欲望得到释放。性梦与伦理无关，也是健康的性欲释放的方式之一。性幻想是潜意识的心理活动，情节多是跳跃的和不连贯的。性幻想的内容与异性交往有关，有情节和人物，当事人可以自编、自导、自演。性幻想在青春期是性冲动的一种发泄形式，是正常的心理现象，个体不应因此而感到自卑或自责，但是如果不能控制自己，过分沉溺于其中，则会损害身心健康。

3. 性羞涩、性羞耻感和性罪恶感　性羞涩是指个体与异性接触时表现出的胆怯、迟疑和退缩。性羞耻感是指个体害怕自己的性心理需求被他人知道的一种隐秘情感。性罪恶感是指个体认为自己的性心理和性行为是一种罪恶的心理感受。

4. 性吸引与性吸引缺乏　性吸引是指个体被异性（通过气质、外貌、人格等）所吸引，具有普遍性、反馈性、能动性和感召性等特征。性吸引缺乏是指个体认为自己很难被异性所吸引。

5. 不安全性行为　不负责任的婚前性行为会导致各种严重的不良后果，给男女双方造成极大的心理压力，影响正常的性心理和性功能。不安全的性行为，尤其是缺乏有效防护措施的性行为，可能会导致未婚先孕，对女生的身心健康造成无法挽回的伤害。未婚先孕难以得到伦理和道德的认同，女生一旦怀孕，就很难保持良好的心态。如果选择人工流产，对女性的身心伤害很大，多次流产还有可能造成女性终身不孕，人工流产失败更可能会导致母婴损伤。

案例导读

青春的苦果

案例 1

小 A：“大一时与男朋友初次发生性行为，那时候我们什么都不知道，根本没有采取什么保护措施。我疼得差点晕了过去，这给我留下了很大的阴影。由于没有采取保护措施，并且听同学说会怀孕，我开始整天过着提心吊胆的生活，并疑神疑鬼，生怕自己怀孕了。在很长一段时间里，我都没有什么精神，学习成绩开始下滑，生活也是一团糟。”

案例 2

小 B：“大二时我与男友发生了无保护的性行为，结果 2 个月后我怀孕了。发现怀孕后，我很害怕，根本不敢告诉同学、朋友和家人。最后是男朋友和我一起凑钱去小诊所做了人工流产手术。做完手术，我们就急急忙忙回学校了。做完手术后的一段时间里，我的身体很虚弱，但担心旷课会被记过，所以我还是每天坚持去上课，那段时间我觉得很痛苦。”

案例 3

小 C：“我对女朋友提出发生性行为的要求时，我猜想她一定会反对甚至跟我翻脸，但令我万万没想到的是她很爽快地就答应了，当时我很有成就感。事情发生以后，我开始胡思乱想：她对别人是否也这样？为什么她会这么开放呢？她对我是真心的吗？这些问题一直充斥在我的脑海中。我开始变得很烦躁，经常无缘无故地对她发脾气。我们的争吵不断增多，关系也逐渐恶化。我很后悔，很希望能没有发生过那件事，但这是不可能的。”

案例 4

女大学生小 D 与某外籍男友交往，并发生了多次婚前无保护的性行为。在男友艾滋病发病回国后，她很快就被查出感染了 HIV。小 D 很后悔，也很痛苦，她的父母也是痛不欲生。这个悲剧使一家人都陷入了无底的深渊。

（二）维护性心理健康的途径

1. 掌握科学的性知识　众多研究和案例表明，缺乏科学的性知识是大学生出现各类性心理障碍的主要原因。掌握科学的性知识可以帮助大学生以客观的态度面对性问题，正确地对待性心理发展过程中出现的各种现象，避免抑郁、焦虑、恐惧等不良情绪的长期困扰。作为当代大学生，应该对性行为有一个科学的认识。性学是一门综合性学科，包括性医学、性心理学、性社会学、性伦理学、性美学等。大学生应努力学习和掌握性科学知识，避免性无知，消除把性仅看成生物本能的片面认识。如果没有科学的性知识，大学生将会受到各种不健康性观念的影响。对于恋爱、性行为、婚姻，大部分大学生都充满好奇心，但是由于对社会、家庭和责任的认识还不成熟，当他们真正去面对一些相关的问题时，往往会不知所措。普及性科学知识可以帮助大学生通过科学的途径去了解恋爱、性行为和婚姻，培养爱的能力，更好地承担起恋爱的责任，为以后幸福的生活打下基础。

2. 培养健康的性心理　个体的自尊感以及对他人的尊重在两性关系中十分重要。大学生要培养健康的人格，正确处理爱情与学习、工作的关系，把握人生的航向。①有正确的性别自我认同：男性和女性在生理和心理上各有自身的特点和性别魅力。性别角色认同是现代人成功

适应和发展的重要心理基础。②培养对性行为的社会责任感：性行为涉及许多社会责任，不当的性行为可以给另一方造成心理和身体上的伤害。每一个成熟的大学生都应当了解性行为给自我、他人和社会带来的后果，并应该尊重他人、尊重自我，对自己的行为负责，增强自己的性道德和性法律意识，规范自己的性行为。③培养良好的意志品质：意志作为达到既定目标而自觉努力的一种心理状态，具有支配和控制行为的作用。尽管大学生具有较强的性心理冲动，但如果个体具有强大的意志力，就可以抑制和调整自我冲动，而那些放纵自己的人往往缺乏坚强的意志品质。鲁迅曾说过："不能只为了爱——盲目的爱，而将其他人生意义全盘忽略了。"说明良好的意志品质对人生发展极为重要。

3. 积极进行自我调节　性心理的发展是青年期的重要标志。对于性心理冲动，除了适度控制外，还可以采取一些积极的、符合社会规范的方式予以转移，如投入到学习、工作和文体活动中，以及进行正常的异性交往等，并注意陶冶个人情操。大学生要尽量避免影视、报刊、网络上过强的性信息刺激，抵制不健康信息的影响。对于性生理的变化，要克服遗精恐惧和月经焦虑。男生要正确对待遗精，保持个人卫生。女生要了解经期规律，减少经期的不良精神刺激，努力调控自己的情绪。另外，大学生还要正确对待自慰和性梦，通过丰富多彩的课外活动和适度的异性交往来平衡自己的性心理。

4. 与异性文明交往　文明、适度地与异性进行人际交往可以满足青年期性心理的需求，缓解性压抑。异性交往有益于完善自我，对个人的恋爱和婚姻以及个人成长和发展具有重要的作用，但与异性交往时要注意把握分寸，处理好友情与恋爱的关系。

5. 对性骚扰要学会自我保护　大学生应当维护自尊、自重、自爱的自我形象，做到举止大方、行为得体、作风正派、衣着打扮不轻浮。同时，大学生应当学会自我保护。女生尽量不要在晚上单独外出，不要穿过于暴露的衣服，更不要单独在男性家中或住所长时间停留，面对异性的非分要求要勇敢地说"不"，要以严厉的态度制止和反抗性骚扰，必要时应及时呼救或向公安部门寻求帮助。对于既往发生的性骚扰事件不要过分恐惧和自责。为了排解自己的心理困扰，可以向父母、老师、知心朋友宣泄情绪，也可以寻求心理咨询的帮助。

6. 主动寻求心理咨询　在心理咨询室中，性行为不再是一个难以启齿的问题，大学生可以尽情倾诉心中的疑虑和困惑。据统计，在大学生所咨询的问题中，异性交往问题占一半以上的比例，其中大部分在一定程度上涉及性行为困惑。

思考题

1. 怎样处理爱情与学业之间的关系？
2. 大学生恋爱观有哪些？
3. 维护性心理健康的途径有哪些？

（田　艳）

第四篇　大学生心理赋能与心理健康

第十章　大学生的情绪调适

案例导读

沙漠中的仙人掌

有一位叫塞尔玛的妇女，她的丈夫奉命在沙漠里参加军事演习，她不得不每天一个人待在屋子里。沙漠的干燥和炎热令她头晕目眩，语言不通和寂寞乏味令她烦躁不安。正在此时，她收到了她父亲的来信。她父亲在信中告诉她："两个犯人同时从牢房的铁窗口望出去，一个人看到的是荒凉的沙漠，另一个人看到的是闪烁动人的繁星。"她反复阅读了她父亲的信之后，恍然大悟，开始重新调整自己的情绪，改变心态。这时，她发现沙漠中顽强生长的仙人掌真是生命的奇迹，于是开始研究沙漠中植物的生长状况以及动物的生存法则，还交到了许多朋友。这些朋友送给了她很多精致的陶器和纺织品。之后，她写了一本书，叫《快乐的城堡》，她也终于寻找到属于自己的"繁星"。

这是一个小小的认知改变，是关于调节情绪后成功改变自己处境的故事。正确的认知决定着好的心态，好的心态则可对个人成功与否产生影响。

第一节　认识情绪

一、情绪的内涵

（一）情绪的概念

情绪是人对客观事物的态度体验及相应的行为反应。情绪是以个体的愿望和需要为中介的一种心理活动。当客观事物或情境符合主体的需要和愿望时，就能引起积极的、肯定的情绪体验。如你初到一个陌生的环境，内心渴望获得他人的关心和帮助时，遇到很多友好的人，这样你对新环境产生的就是积极的情绪。当客观事物或情境不符合主体的需要和愿望时，就会产生消极、否定的情绪和情感，如考试未取得预期的好成绩，易使你出现苦恼、懊悔等消极情绪。

情绪是由独特的主观体验、外部表现和生理唤醒等组成的。主观体验是个体对不同情绪状态的自我感受。每种情绪都有不同的主观体验，它们代表了人们不同的感受，构成了情绪的心理内容。人的主观体验与外部反应存在着固定的关系，即某种主观体验是和相应的表情模式联系在一起的。如愉快的体验必然伴随着欢快的面容或手舞足蹈的外显行为。情绪的外部表现，通常称为表情，是在情绪状态发生时身体各部分的动作量化形式，包括面部表情、姿态表情和语调表情。面部表情是所有面部肌肉变化所组成的模式，如高兴时额眉平展、面颊上提、嘴角上翘。面部表情模式能精细地表达不同性质的情绪和情感，因此是鉴别情绪的主要标志。姿态表情是指面部表情以外的身体其他部分的表情动作，包括手势、身体姿势等，如人在痛苦时捶胸顿足，愤怒时摩拳擦掌等。语调也是表达情绪的一种重要形式，语调表情是通过言语的声调、节奏和速度等方面的变化来表达的，如高兴时语调高昂，语速快，痛苦时泣不成声，语调低沉，语速

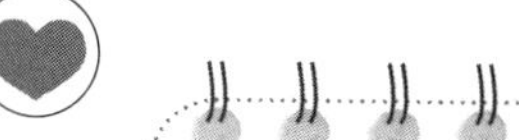

慢。生理唤醒是指情绪产生的生理反应。不同情绪的生理反应模式是不一样的，如满意、愉快时心跳节律正常；恐惧或暴怒时，心跳加速、血压升高、呼吸频率增加甚至间歇或停顿。

（二）情绪的作用

1. 有助于个体适应　情绪是个体适应生存和发展的一种重要方式，是人类早期赖以生存的手段。婴儿出生时，还不具备独立的维持生存的能力，主要依赖情绪来传递信息，与成人交流，得到抚养。成人也正是通过婴儿的情绪反应，及时为婴儿提供各种生活条件。在成人的生活中，情绪直接地反映着人们生存的状况，是人们心理活动的晴雨计，如通过愉快表示处境良好，通过痛苦表示处境困难；人们还通过情绪进行社会适应，如用微笑表示友好；通过移情维护人际关系；通过察言观色了解对方的情绪状况，以便采取适当的、相应的措施或对策等。也就是说，人们通过各种情绪，了解自身或他人的处境与状况，适应社会的需要，求得更好的生存和发展。

2. 可促发动机　情绪是动机的源泉之一，它能够激励人的活动，提高人的活动效率。适度的情绪兴奋，可以使身心处于活动的最佳状态，进而推动人们有效地完成工作任务。研究表明，适度的紧张和焦虑能促使人积极地思考和解决问题。

3. 对其他心理活动具有组织功能　这种功能是指情绪对其他心理过程的影响，表现为积极情绪的协调作用和消极情绪的破坏、瓦解作用。中等强度的愉快情绪有利于提高认知活动的效果，而消极的情绪如恐惧、痛苦等会对认知产生负面影响。情绪的组织功能还表现在个体行为方面，当个体处于积极、乐观的情绪状态时，易注意事物美好的一方面，其行为比较开放，愿意接纳外界的事物；而当个体处在消极的情绪状态时，容易失望、悲观，放弃自己的愿望，有时甚至产生攻击性行为。

4. 传递信息、沟通思想的功能　这种功能是通过情绪的外部表现，即表情来实现的。如用微笑表示赞赏，用点头表示默认等。同时，表情也是言语交流的重要补充，如手势、语调等能使言语信息表达得更加明确或确定。实际上，表情的交流比言语交流要早得多，如婴儿期孩子与成人相互交流的唯一手段就是表情，情绪的适应功能也正是通过信息传递来实现的。

（三）情绪的分类

人的情绪复杂多样，自古以来描写情绪的词汇有几百种之多，如愉快、恐惧、羞愧、内疚、忧郁等。情绪的分类方式有很多种。我国古人就把情绪分为“喜、怒、忧、思、悲、恐、惊”，所谓七情。比较常见的分类方法是，将情绪分为积极的情绪（又称正性情绪）和消极的情绪（又称负性情绪）两类。通常，能满足或符合人们需要的事物引起的是积极的情绪，如高兴、喜悦、满意等；相反，不符合或阻碍人们需要满足的事物引起的是消极的情绪，如烦躁、焦虑、郁闷等。

二、情绪的影响力

知识链接

愤怒的危害

美国生理学家埃尔默（R. G. Elmer）开展的“心理状态对健康的影响”的研究表明，愤怒是对人体健康最有危害的负性情绪，愤怒时，人体内会分泌毒素。他将人愤怒时呼出的气体收集起来，制作成“生气水”给大白鼠注入，没过几分钟大白鼠就死了。研究还表明，愤怒比其他任何情绪引起的生理反应都更为强烈和复杂，此时人体分泌物的成分比其他任何情绪反应时都更为复杂，也更具毒性。

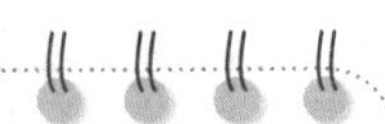

（一）情绪对健康的影响

情绪与人体健康有着密切关系。良好的情绪状态可以增强免疫力，使人健康、长寿；而消极的情绪状态则会对人体健康产生消极影响。“笑一笑，十年少；愁一愁，白了头。”这句谚语形象生动地说明了情绪与健康的关系。

中国古代有很多关于情绪影响健康的说法，比如“内伤七情”说，认为当人的“喜、怒、忧、思、悲、恐、惊”七种情绪过度时，就会产生生理疾病。《黄帝内经》中就有“怒伤肝”“思伤脾”“忧伤肺”“恐伤肾”的记载。现代医学研究发现，当个体的情绪状态不好时，机体的免疫力会下降，导致疾病发生。较长时间处在抑郁中的人，其食量会锐减，也难使营养素在体内消化吸收；由于体内营养素缺乏，其身体会发生种种生理不适，而这些生理不适又会加重其心理不适，使抑郁更为严重，从而也造成恶性循环。

（二）情绪对学习的影响

情绪不仅与身心健康有关，而且与学习、工作效率有关。良好情绪状态下的个体乐于行动，有兴趣学习、工作和活动，思路开阔、注意力集中、富有创造性。研究发现，精神愉快、心情舒畅、紧张而轻松是思考和创造的最佳状态，只有在这种状态下，个体才能有效地进行智力活动。

心理学家用实验方法研究了情绪与学习成绩的关系，结果表明，适度焦虑能使个体取得最佳学习效率，而焦虑程度过高或过低均难以取得优异的学习成绩。在生活中常有这种现象：有的学生在考试时过分紧张，结果出现“晕场”现象；而有的学生对考试不以为然，也难以取得好成绩。

（三）情绪对人际关系的影响

具有良好情绪特征的人，例如乐观、热情、自尊、自信是人与人之间产生相互吸引的重要条件，能促进彼此心理距离缩短、情感融洽。自卑、情绪压抑、爱发怒的人，往往不能与他人正常相处，难沟通、易疏远。

情绪具有感染性与传染性，具有良好的、积极而稳定的、适度的情绪即正性情绪大于负性情绪的人，在人群中更受欢迎，更容易获得别人的赞赏，容易形成良好的人际关系。一位大学生这样形容同宿舍的另一位同学：“他的情绪如六月的天，喜怒无常，无法把握；与他相处如履薄冰，我们时刻要受他情绪的支配与感染。我们认为，他没有用坏情绪影响我们好心情的权利，因而我们选择逃避，尽量少与他交往。”

由此可见，在人际交往中，学会适度控制与调适自己的情绪，做情绪的主人，才能拥有良好的人际关系。

（四）情绪对行为的影响

心理学家埃普斯顿（D. Epston）对大学生的情绪与行为变化之间关系进行的研究表明，当体验到积极情绪，如感到高兴、亲切、安全、平静，大学生的行为目标也往往是积极、生动的，对新经验的接受和开放、对周围人的尊重和理解、对价值和长远目标的献身精神等都明显增加或增强；当体验到的是痛苦、愤怒、紧张或受威胁等消极情绪时，部分大学生的社会兴趣下降，反社会行为增加，对新经验持审慎甚至闭锁的态度，另一些大学生的行为并没有向消极方面转化，而是吸取教训，准备再干。

可见积极的情绪体验与积极的行为变化总是有一致的关系，在大学生活中要尽可能多地建立起这种关系，培养为长远目标和价值献身的精神。

第二节　常见的情绪困扰与调适

案例导读

情绪与自救

几个矿工终日在地下极深的坑道中工作。有一天，矿灯突然熄灭了，他们顿时惊慌失措，开始胡乱寻找出路。在一阵混乱的摸索后，他们竟然迷失了方向。几个人走得精疲力竭，只好坐下来休息。大家谁也不说话，空气中弥漫着令人窒息的恐惧，让人觉得死亡即将来临。有的人坐不住，烦躁地走动着。这时，一个处事冷静的老矿工开口说："与其这样盲目乱找，不如坐在这里，看看是否能感觉到风的流动，因为风一定是从坑道口吹来的。"听了他的话，大家似乎看到了希望，都稳稳地坐了下来。刚开始时没有任何一点感觉，过了一段时间后，他们逐渐感受到阵阵微弱的风轻抚到脸上。他们顺着风吹来的方向，终于找到了出路。

一、大学生的情绪特点

（一）丰富性

大学生进入大学后，面临的学习和生活环境较高中阶段更多元化，大学生需要在学习、社交、实践能力等方面全面提升自己，产生了更多新的需要，这些新的需要使大学生的情绪日益丰富。从自我发展来看，大学生对自己的能力高低、性格特点等有了更深刻的自我认识和评价，易产生自卑、自负等各种情绪体验。从社交方面来看，大学生的交际范围日益扩大，与同学、朋友及师长之间的交往更细腻、更复杂；另外，由于大学生生理成熟和性心理的发展，他们的性心理活动也异常丰富，大学生中有性困扰的比率也非常高，他们强烈地希望了解异性，与异性交往，更向往美好的爱情体验。

（二）波动性

大学时期是人生面临多种选择的时期，社会、家庭、学校及生活事件，都会对大学生的情绪产生影响。由于大学生心理发展尚未成熟、生活经验不足等原因，大学生相对敏感，情绪带有明显的波动性，他们往往对符合自己信念、观点和理想的事件或行为产生积极情绪；对不符合自己信念、观点和理想的事件或行为则易出现否定情绪。成功时手舞足蹈，一旦遇到挫折就垂头丧气；喜欢时花草皆笑，悲伤时草木流泪；他们的情绪就像波动曲线一样，忽高忽低，忽愉快忽愁闷。

（三）强烈性

由于大学生处于迅速走向成熟而又未真正成熟的发展阶段，自尊心强，对外界事物较敏感，年轻气盛，情绪活动不稳定，情绪体验来得快而强烈，情绪容易被激发，激动起来犹如暴风骤雨，有时情绪一旦爆发就难以控制。当理想化的未来憧憬与客观现实之间发生矛盾冲突时，大学生往往容易产生焦急和浮躁情绪，时常表现为兴奋、焦虑之情。加上他们缺乏辨别能力和自制力，在难以抑制的情境中，他们的情绪易出现冲动性和爆发性，造成不良后果。因此，学会如何恰当控制、管理好自己的情绪，就成了大学生走向心理成熟的必修课程。

（四）层次性

大学生的情绪发展也呈现层次性的特点。从入学到毕业，大学生的情绪发展是一个由不稳定到稳定，由不成熟到成熟的渐进过程。对于新生而言，在新的环境中，面临多方面的适应问题，多数大学生都能很快适应大学生活，但也有一些学生适应较慢，遇到问题时情绪波动较大，容易出现孤独感、失落感等。进入大学二年级的学生，对大学生活一般都已基本适应，既没有新生的那种兴奋与轻松，也没有高年级学生那种面临毕业的紧张和忧虑，情绪相对稳定。对于即将毕业的学生而言，随着个人知识经验的增多，社交范围的扩大，更多地思考人生与社会，他们的情绪开始呈现出矛盾、复杂的一面，情绪表现更丰富、更含蓄。

二、大学生常见的情绪困扰

（一）焦虑

焦虑是一种源于内心的紧张、压力感，常表现为内心不安、心烦意乱，有莫名其妙的恐惧感和对未来不良的预期感。人们在面临潜在或真实的危险或威胁时，都有可能产生这种体验。过分焦虑会使人处于一种无所适从的状态，总是担心将要发生的事情，坐立不安，注意力分散，办事效率低下。

焦虑是大学生常见的情绪状态，当他们在学习、生活各方面遭遇挫折或担心需要付出巨大努力的事情来临时，他们便会产生这种体验。焦虑对大学生的影响是复杂的，既可以成为大学生成才的内驱力，起促进作用，也可以起阻碍作用。实验证明，中等焦虑能使学生维持适度的紧张状态，使注意力高度集中，促进学习；过度焦虑则会对学生带来不良的影响。如有的大学生在临考前夜的失眠或考试时“怯场”，在竞赛中不能发挥正常水平等，多是高度焦虑所致。被过度焦虑困扰的大学生常会感到内心极度紧张不安，惶恐害怕，注意力不能集中，甚至记忆力下降，同时还容易产生头痛、失眠、食欲缺乏、胃肠不适等不良生理反应。

大学生常见的焦虑有自我形象焦虑、学习焦虑与情感焦虑。一是自我形象焦虑，担心自己不够漂亮，没有吸引力，体态过胖或矮小等；也有的因为粉刺、雀斑等影响自我形象而引起焦虑。这类焦虑主要与自我认知有关，需要通过调整自我认知重新接纳自我；二是与学习有关的焦虑，如学习焦虑、考试焦虑，在学生情绪反应中最为强烈，需要引起重视；三是情感焦虑，多数是由于恋爱受挫而引发的自我否定，认为自己不具备爱人与被爱的能力，因过度担心而引起焦虑。

（二）自卑

自卑感是一种因自我评价偏低、过多地自我否定而产生的负性情绪体验，也可以表述为自我效能感低。自我效能感低是个体在特定情境中对自己能力的预期比较低。自卑的人不敢奢望自己能做成什么大事，对能力的预期总是很低，成就体验也较弱。

自卑的学生由于自我评价过低，导致行为畏缩，瞻前顾后，多愁善感，自尊心极强，过于敏感，严重影响各方面的正常发展。大学生自卑情绪容易使他们感到压抑、孤独，易使他们遭受挫折，严重影响学习与生活。理想自我与现实自我的差距是导致自卑的主要原因，由于学习环境、生活环境的改变，部分大学生由高中时期的佼佼者变成大学校园中的普通一员，这种改变是造成部分大学生自卑的重要原因；还有一些学生由于家庭条件差或在学习、交际、性格、文体活动等方面有差距而自卑。有自卑心理的大学生往往性格内向、不善言辞，对他人的评价过于敏感，自信心不足。事实上自卑者不一定能力低下，而是凡事期望过高，不切实际，在交往过程中总想使自己的形象理想完美，害怕丢丑。这种心境也使自卑者将自己的社交圈子局限在狭小的范围内，常因为与身边的人缺乏必要的交流导致社会适应困难。

大学生的自卑心理往往会有两种不同的表现：第一，逃避参加集体活动，在诸多竞争活动中退缩，甚至明明能成功也放弃机会；遇事害羞、胆怯，感到焦虑，害怕失败，甚至还有某些生理症状，如失眠、盗汗、心悸等。第二，不承认自己的不足并竭力掩饰，以使他人觉察不到自己的自卑，为此常夸张自己的作为，故作炫耀，总想一鸣惊人；有时还表现出较强的虚荣心，对自己的不足和别人的评价很敏感。

（三）抑郁

抑郁是一种持续时间较长的低落、消沉的情绪体验，它常与苦闷、不满、烦恼、困惑等情

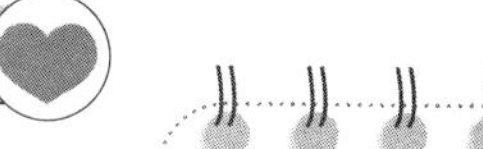

绪交织在一起。抑郁的个体往往对所有活动失去兴趣，离群独居；存在认知改变，消极地看待世界、自我和未来，很难唤起美好的记忆。此外，还伴随身体症状，如经常乏力，出现睡眠问题，睡得太多或者早晨醒得太早，并且再次入睡较难；还会出现食欲紊乱，吃得过多或过少，以及随之而来的体重激增或剧减。产生抑郁情绪的大学生多性格内向、敏感多疑、依赖性强、不爱交际，生活遭遇挫折；有人际关系处理不当、失恋等问题的大学生也会产生抑郁情绪。

心理学研究表明，运动是克服抑郁情绪较为理想的方式。此外，认知的调整，练习转变自身的消极认知模式也是重要的调整方法。

（四）嫉妒

嫉妒是由于别人胜过自己而引起抵触的消极的情绪体验。嫉妒在大学生中普遍存在，表现为当看到他人学识、能力、品行、荣誉甚至穿着打扮超过自己时内心产生不平、痛苦、愤怒等感觉；当别人身陷不幸或处于困境时则幸灾乐祸，甚至落井下石，在人后恶语中伤、诽谤。嫉妒扭曲人的心灵，妨碍人与人之间正常真诚地交往。

法国文学家巴尔扎克（H. Balzac）曾经说过："嫉妒者比任何不幸的人更为痛苦，因为别人的幸福和他自己的不幸都将使他痛苦万分。"嫉妒心强的人容易陷入嫉妒的消极情绪中而损害健康。《三国演义》中的周瑜，才华出众，但却在"既生瑜，何生亮"的嫉妒心理影响下被气死。嫉妒心影响大学生自我发展，这种不良情绪会大大降低学习效率。此外，嫉妒心强可能会使个体结交不到知心朋友。嫉妒心强的人往往事事好胜，常想方设法阻止别人发展，总想压倒别人，这会使别人不愿与嫉妒心强的人交往，从而造成不良的人际关系氛围。

要想克服嫉妒，首先，要开阔视野和心胸，懂得"天外有天，人外有人"。学会平静、客观地面对现实是克服嫉妒的目标。其次，要学会转移注意力，积极进取，使自己的生活充实起来，使自己变得优秀。培根（F. Bacon）说过："每一个埋头深入自己事业的人，是没有工夫去嫉妒别人的。"再次，要学习并欣赏别人的长处，化嫉妒为动力。一个人在嫉妒别人时，总是关注别人的优点，忽视自己的优点。一般而言，嫉妒心理较多地产生于周围熟悉的、年龄相仿、生活背景大致相同的人群中。要采取正确的比较方法，要有意识地想一想自己的优势，客观看待自己不如他人的方面；建立正确的自我意识，提高自我意识水平，正确地评价自己和别人；克服待人处事经常以自我为中心的思维，摆正自身位置，努力驱除嫉妒心，"心底无私天地宽"。

（五）愤怒

愤怒是客观事物与主观愿望不符合时，人们内心产生的一种激烈的情绪反应。处于愤怒情绪下，人的自制力会减弱甚至丧失，思维不清晰、行为冲动，甚至会导致个体血压升高、心跳加快、心律失常进而表现出躯体性疾病。

血气方刚的青年大学生在情绪上往往具有易激动、易动怒的特点。先天气质类型及个性方面的不足也是部分大学生易动怒的原因。如胆汁质的大学生就更具有冲动、易怒的情绪特征；自我评价偏高、鲁莽、冲动的大学生也容易发怒，会因为一句刺耳的话或一件不顺心的小事而暴跳如雷。愤怒情绪对大学生的影响极大，当出现引起不快的事情时，个体首先要有意识地克制自己，降低外界刺激在大脑中引起的兴奋程度；其次，要学会尊重、理解和包容他人的利益和需要，降低心理的不适；再次，即使遭受不公正待遇，也要学会主动控制自身情绪，避免出现冲动的行为。

（六）恐惧

恐惧是对某种特定事物和情境所产生的强烈惧怕或过度紧张不安以及主动回避的心理体验。一般而言，恐惧感可以引起个体对危险的警觉，调动机体能量来应对危险，这是人类自我保护的本能。但个体有时会表现出非理性、非现实的恐惧，即对一般人不害怕的事物感到恐惧，或者恐惧体验的强度和持续的时间远远超出常人的反应范围。具体表现为对某类特定的事物、活动或情境产生持续紧张、难以克服的不安等心理反应，并伴有出冷汗、心率加快、身体颤抖及逃避行为，例如，恐惧社交场合、害怕见陌生人或者异性、害怕看他人的眼睛等。恐惧会严重影响与他人的正常交往，不少人因此感到烦恼不堪。恐惧往往来自于内心，学会正视和克服恐惧，才能享受心理上开放、自由、愉悦的状态。

三、情绪困扰的原因

（一）客观因素

客观环境中存在多种诱发个体情绪反应的刺激物，那些个体意识到的且自身能力和经验不足难以克服的刺激会变成个体的心理压力，威胁情绪的稳定与身心健康。生活事件对情绪健康造成的影响取决于个体对生活事件的认知和觉察到的威胁与压力。在大学生活中，大学生面临着学业、人际交往、恋爱、未来严峻的就业问题等多种复杂的外界刺激，这些会使大学生压力倍增，如处理不好就容易产生巨大的情绪困扰。

（二）主观因素

1. 适应能力不足　大学生的独立意识日益增强，凡事想依靠自己的力量，处处彰显个性。一方面他们积极参加校内外各种活动，希望在各方面取得成功；另一方面，大学生还缺乏社会经验和独立生活能力，过强的自尊又驱使他们不愿意接受自己生活自理能力差、能力不如人的事实，对生活中的困难估计不足，缺乏必要的心理准备。这种矛盾会使部分学生对大学生活出现不适应，极易陷入孤独无助、悲伤和抑郁的情绪状态。

2. 认知偏差　很多大学生对自己缺乏正确客观的认识，往往习惯于过高或过低地估价自己，不能摆正自己的位置，对学习、工作、生活条件和环境及人际关系经常提出不恰当的要求，忽略客观条件的限制，一旦遇到挫折，容易导致情绪低落、萎靡不振、自暴自弃的心理或对他人的敌意情绪。

3. 性格特点　易产生情绪困扰的大学生常见的性格特点包括内向、自卑、自负、敏感、懦弱、孤僻或以自我为中心等。具有这些性格特点的大学生必然会比别人遭遇更多挫折体验，承受更多痛苦，还可能因长期积累的消极情绪，体验不到大学生活的美好，产生严重的心理问题。

四、情绪的调节与管理

案例导读

扇子与雨伞

从前，有一位老奶奶，她有两个儿子，大儿子卖雨伞，小儿子卖扇子。每逢下雨天，老奶奶就发愁地说：“哎！我儿子的扇子卖不出去了！”天晴了，老奶奶还是发愁：“哎！这大晴天，哪里还有人来买我儿子的雨伞呀！”老奶奶一天到晚愁眉不展，茶饭不思，睡不着觉。邻居见状，便对她说：“老奶奶，您好福气呀！ 一到下雨天，您大儿子的雨伞就卖得特别好；天一放晴，您小儿子的店里顾客盈门，真让人羡慕呀！”老奶奶一想：“对呀！”从此不再发愁。

情绪管理是指一个人对自己情绪的自我认知、自我控制、自我激励能力和对他人情绪的识别与适度的反应能力。它包括如何准确了解自己的真实情感；如何克服冲动、延迟满足；如何调适情绪，避免因过度沮丧而影响思考；如何设身处地地为他人着想，真诚地去理解别人；如何激励自己，使自己遇到困难时越挫越勇，对未来永怀期望等内容。一个善于管理情绪的人其情绪的基本基调应该是积极的、乐观的、愉快的；能够接纳自己与他人的情绪；能够表达自己

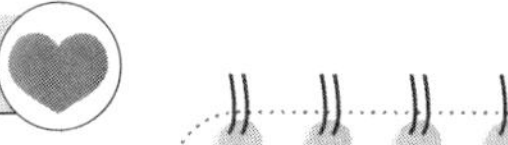

的情绪；能够较好地把握与调节自己的负性情绪，有效地管理自己的情绪；能够适时、适度作出情绪反应，而且情绪反应能够与周围的环境相协调、相适应。

情绪管理与我们能否适应社会、获得事业成功和更好地享受生活有着密切的联系。一个善于管理与调节情绪的人，面临困难和挫折时，往往能够及时地调整自己的情绪，合理地看待困难和挫折，从而使自己能够保持乐观、自信的心态，并最终战胜困难和挫折。

情绪对大学生心理成长和发展有着极大的影响。对大学生而言，管理与调节好自己的情绪，做情绪的主人，不仅是自我维护身心健康的需要，也是自我发展和人格成熟的条件。

（一）适度宣泄法

过分压抑会加重情绪困扰，而适度宣泄则可以把不良情绪释放出来，从而使紧张情绪得以缓解、放松。因此，遇到不良情绪时，最简单的办法就是“宣泄”，一般方式有：①哭泣法，哭是人的一种本能，是不愉快情绪的外在流露。人们常把哭当成懦弱的表现，也总是教育男孩子“男儿有泪不轻弹”，这不仅是一种错误认识，更是对心理健康的一种损害。爱哭的人不一定就是弱者，不哭的人也不一定坚强。人在激动时流出的泪会产生高浓度的蛋白质，可以减轻乃至消除人的压抑情绪。因此，短时间内的哭泣是释放不良情绪的最好方法，是心理保健的有效措施。不过哭泣也要把握“时”和“度”。如果不分轻重，遇事就哭，反而会加重不良情绪。②倾诉法，尽情地向至亲好友倾诉自己承受的不平和委屈等，一旦发泄完毕，心情也就随之平静下来。③运动法，体育运动能使不良情绪得到合理的宣泄，可以使人的注意力发生转移，使紧张情绪得到松弛，情绪趋向稳定，可以为消极情绪提供一个合理的发泄口，从而消除不良情绪，达到心理平衡。所以经常参加体育锻炼也是调节和控制情绪的一种良好方法。④喊叫法，当个体情绪不好时，可以选择一个相对安全适宜的场所（比如空旷的田野、大山、一望无际的大海边）大声地叫喊，喊出内心压抑的事情来，这样对调适不良情绪能起到较好的效果。⑤模拟宣泄法，将一些物件（如枕头、报纸等）假想成使你产生不良情绪的对象，通过打骂模拟对象而发泄怨气、消除愤怒。采取宣泄法来调节自己的不良情绪时，必须增强自制力，不要随便发泄不满或者不愉快的情绪，要采取正确的方式，选择适当的场合和对象，以免引起意想不到的不良后果。

（二）转移法

案例导读

智慧的庄稼汉

有个年轻的庄稼汉，每次与人生气时，便立刻冲出现场，跑回家绕着田地房舍跑，跑得气喘吁吁，然后一屁股坐在家门前静坐沉思。次数多了大家都很好奇，询问他这到底是怎么一回事，他每次都笑而不答，众人也理不出头绪。由于他很少与人结怨，或者对人大发脾气，因此人缘甚佳，样样事情都很顺利，房子一间一间地增建，田地一直不断扩充，不到几年，成为富甲一方的大亨。可他每次遇到不愉快的场合，他仍转身就走，跑回家绕着田地房舍一圈又一圈地跑，后来年纪一大把了，子孙们不忍见他如此劳累，纷纷劝阻，并一再请求他说明其中原因，拗不过大家的苦苦哀求，他终于揭开数十年来的秘密。

其实很简单，年轻时每次要发火时，不管谁是谁非，他总是跑回家，边跑边告诉自己：“我的房屋如此简陋，田地这么少，努力都还来不及，哪来闲工夫与人生气争吵？”等到有了点成就，他又这样告诉自己：“我的事业都这么大了，还为这么一点小事与人争斗，肚量也未免太小了吧！老天爷已对我这么宽厚，我还计较什么、气愤什么呢？”

我们应把用在生气的时间尽可能地用在更有益的方面。我们要经常提醒自己：没有时间再生气了！远离生气的不良情绪，这样你的人生也会大放光彩！

转移法就是把注意力从引起不良情绪的事情转移到其他事情上，使人从消极情绪中解脱出来。转移注意力可以通过改变注意力的焦点来实现，当自己情绪不好时，可以做一些自己平时感兴趣的事，如听音乐、看电影、看电视、读书、打球、下棋等，使自己从消极情绪中解脱出来。另外，还可以多回忆让自己高兴、幸福的事，使消极情绪转移到积极情绪上去。

转移注意力还可以通过改变环境来实现，当自己情绪不理想时，到室外走一走，到风景优美的环境中玩一玩会使人精神振奋，忘却烦恼。把自己困在屋里不仅不利于消除不良情绪，而且可能加重不良情绪对你的危害。即便不走出去，如果能够改变一下自己所处的环境，如收拾一下房间，改变一下格局，点缀一些花草，也是一种好办法。

转移注意力的方法一方面可以转移不良刺激源的作用，防止不良情绪的泛化、蔓延；另一方面，通过参与新的活动，特别是自己感兴趣的活动达到增进积极情绪体验的目的。

（三）自我安慰法

当一个人遭遇不幸或挫折时，为了避免精神上的痛苦或不安，可以找出一种合乎内心需要的理由来说明或辩解。如为失败找一个冠冕堂皇的理由，用以安慰自己，比如有的同学考试不理想，以近来身体状况不佳或社团活动过多为借口，以避免挫折感；当一个人无法达到自己的目的时，会像伊索寓言里那只聪明的狐狸一样，吃不到葡萄就说葡萄是酸的，以冲淡内心的欲望，减少沮丧的情绪。有的同学当不上学生干部时，内心很苦恼，很失望，可以安慰自己“当了学生干部杂事太多，耽误学习，没啥意思”；求爱不成，可以说对方才貌平平，非己所求。同时，还可用“甜柠檬心理”来肯定自己的成绩和价值，认为凡是自己所拥有的东西才是最好的、最重要的，以减轻内心“求而未果”的痛苦。这种方法，对于帮助人们在大的挫折面前接受现实，保护自己，避免精神崩溃是很有益处的。但是，由于自我安慰的“理由”往往是不真实的或次要的，起着自我欺骗和自我麻痹的作用，会影响个体对现实的正确客观认知，长期地、过多地使用这种方法，会使自己放弃对自我的认识和改造，以致降低积极适应环境的能力。因此，当人们遇到情绪问题时，可以采用“胜败乃兵家常事”“塞翁失马，焉知非福”“坏事变好事”等话语来进行自我安慰。当你发怒时，你可以反复地暗示自己“不要发怒，发怒有害无益”；当你陷入忧愁时，你可以暗示自己“忧愁没有用，无济于事，还是振作起来吧”，从而摆脱烦恼，缓解心理矛盾冲突。只有在保持情绪的安宁和稳定的基础上自我激励，总结经验，吸取教训，才能自我完善。

（四）交往调节法

某些不良情绪经常是由人际关系矛盾和人际交往障碍引起的。因此，当我们遇到不顺心、不如意的事，有了烦恼时，学会主动与亲朋好友交往、谈心，比一个人独处、胡思乱想、自怨自艾要好得多。因此，情绪不佳的时候，可以多参加集体活动，多和同学、朋友交往，找人聊一聊，这些都具有缓和、抚慰、稳定情绪的作用。另一方面，人际交往还有助于交流思想、沟通情感，增强自己战胜不良情绪的信心和勇气，能更理智地去对待不良情绪。

（五）情绪升华法

即把消极的情绪与头脑中的积极因素相联系，把消极的情绪转化为积极的行为，使消极的情绪成为自己前进的推动力。升华法是一种高水平的发泄，是将情绪激起的能量引导到对人、对己、对社会都有利的方向。例如，塞万提斯在早年不幸的状况下，写出了《堂·吉诃德》；歌德在失恋后写出了《少年维特之烦恼》；还有一位同学因失恋而痛苦万分，但他没有因此而消沉，而是把注意力转移到学习中，取得了好成绩，这也是一种升华。

（六）理性情绪疗法

理性情绪疗法是由美国临床心理学家阿尔伯特·艾利斯（Albert Ellis）在20世纪50年代

创立了理性情绪疗法，简称RET，其核心是去掉非理性的、不合理的信念，建立正确的信念。艾利斯的RET所依据的理论认为，情绪并不是由某一诱发事件本身直接引起的，而是由经历这一事件的个体对这一事件的解释和评价所引起的。这一理论也称为情绪的ABC理论，A是指诱发性事件，B是指个体遇到诱发性事件之后产生的相应信念，即他对这一事件的想法、解释和评价，C是指在特定的情境下，个体的情绪及行为的结果。

一名大学生因考试成绩平平（A）而焦虑甚至产生抑郁情绪（C），这是因为他有这样的信念（B）：大学生应当在各方面都是优秀的、出类拔萃的，否则就非常糟糕。而合理的解释是，大学生未必各方面都优秀，尽力做最好的自己即可。

情绪ABC理论的应用步骤为：①逐一列出引发不良情绪的事件和认识。②找出引发不良情绪的非理性观念。③通过对非理性观念的认识和纠正，找出合理的观念。④通过建立合理的信念，最后使情绪感受发生改变。例如，一名大学生叙述了一次被朋友伤害的经历："在我的朋友遇到困难时，我主动帮助他，而当我遇到困难时，他却视而不见，为此我感到被欺骗了，很愤怒。"从该事例中，可以找出这名大学生不合理的观念是"我帮助了他，他就应该帮助我"，而理性的信念应该是"我朋友有困难，我帮助了他，我是主动且自愿的。我希望当我遇到困难时，我的朋友同样也会帮我，但每个人的个性和所处环境是不同的，我不能强求他人达到我的期望"。从"应该"到"希望"的认识就是观念从不合理到合理的转变。有了这种想法的话，当他遇到困难时，如果没有得到朋友的帮助，即使他可能会感到遗憾，也不会有愤怒等强烈的情绪波动。

（七）放松训练法

放松训练法又称松弛反应训练法，是一种通过机体的主动放松来增强个体对自我情绪控制能力的有效方法。放松训练法的基本原理是：通过训练放松所产生的躯体反应，如缓解肌肉痉挛、调节呼吸节律和减慢心率等，以达到缓解紧张、焦虑等不良情绪的目的。放松训练法有很多种，以下主要介绍三种常用的简便、易行的放松训练法。

1. 腹式呼吸放松法　操作步骤：①安静，使自己静下心来。②用鼻孔缓慢吸气，想象"气体从口腔沿气管进入腹部"，腹部随着吸入气体的不断增加逐渐地鼓胀起来。③吸足气后，稍微屏住气息，想象"吸入的氧气与血管内的废气进行交换"。④用口和鼻同时将气体缓慢呼出，腹部缓慢平复。⑤睁眼，恢复自然状态。如果要连续做，则可保持安静的姿态，重复上述步骤。这种呼吸方式称为腹式呼吸。腹式呼吸放松法的特点是见效快。当个体处于紧张状态时，只要进行2～3次腹式呼吸就可以起到放松的作用。

2. 肌肉放松法　在一个较为安静的环境中，舒适地坐在或仰卧在沙发或床上。①让自己初步体验肌肉的紧张。操作要领：伸直并绷紧双臂，握紧双拳，用力并保持数秒；放松双臂，松拳，放松休息数分钟。②在上一步骤的基础上进一步绷紧肌肉。操作要领：伸直双臂，握拳；伸直并绷紧双腿，双足尖内勾，呈倒钩式；上述各部位肌肉同时用力，并保持数秒；放松上述各部位肌肉，放松休息数分钟。③在前两个步骤的基础上达到全身肌肉紧张。操作要领：伸直双臂，握拳；伸直并绷紧双腿，双足尖内勾，同时紧皱前额部肌肉，紧皱眉头，紧闭双眼，皱起鼻和面部皮肤，咬紧牙关，收紧下颚，紧闭双唇，紧绷两腮，伸直颈部，绷紧胸部、腹部肌肉，用力挺起躯干；用力绷紧全身各部位肌肉，并保持数秒；放松上述各部位肌肉，放松休息数分钟。④在全身肌肉保持紧张的前提下，配合呼吸加强对紧张的体验。操作要领：深吸一口气（用腹式呼吸），憋住气；伸直双臂，握拳，头向后倾，伸直并绷紧双腿，双足尖内勾，绷紧胸部、腹部肌肉；屏住呼吸，全身各部分用力绷紧并保持，直至身体和呼吸到极限；放松呼吸，并放松上述各部位肌肉。⑤紧接上一步骤，通过指导语自我暗示放松全身的肌肉、呼吸，直至身心放松。肌肉放松指导语：头部肌肉放松，面部肌肉放松，颈部放松，双肩放松，双臂放松，双手放松，手指放松，胸部放松，腹部放松，双腿放松，双足放松，足趾放松。呼吸放松指导语：呼吸在变慢，变得越来越慢、越来越深、越来越沉。身心放松指导语：感到身体变得很沉、很重，感到全身越来越沉、越来越重，感到全身很累、很疲倦，好像有一种昏昏欲睡的感觉，什么都不去想，什么都不愿意想，感到身心很放松。⑥自我体验此时此地的放松感受。

3. 想象放松法　是通过想象一种使人身心得以放松的情景，找到身临其境的感觉，进而使身心得以放松的方法。回想一个自己曾经经历过的、带来最愉悦感受的、有美好回忆的场景，可以是海边、草原、高山等，用自己的多个感觉通道（视觉、听觉、触觉、嗅觉、运动觉）去感受、回忆。操作要领：一是在整个放松过程中要始终保持深慢而均匀的呼吸，二是要真正体验到随着想象有一股暖流在身体内流动。显然，要掌握上述操作要领，必须经过多次练习和反复认真的体会。在轻柔的背景音乐下，用放松的语调朗读："周围的环境很安静，我的四肢伸展而舒适，闭上眼睛，深慢而均匀地呼吸。我仰卧在水清沙白的海滩上，沙子细而柔软。我躺在温暖的沙滩上，感到非常舒服。我能感受到阳光的温暖，耳边能听到海浪拍岸的声音，我感到温暖而舒适。微风吹来，我有说不出来的舒畅感觉。微风带走我所有的思想，只剩下一片金黄的阳光。海浪不停地拍打着海岸，我的思绪也随着它的节奏飘荡，涌上来又退下去。温暖的海风轻轻吹来，又悄然离去，它带走了我心中的思绪。我只感到细沙的柔软、阳光的温暖、海风的轻缓，蓝色的天空和蓝色的大海笼罩着我的心。温暖的阳光照着我的全身，我的全身都感到暖洋洋的。我的呼吸越来越深、越来越轻松……我的整个身体都已经变得非常平静。我的心平静极了，已经感觉不到周围的一切，四周好像没有任何事物。我安然地躺卧在大自然中。我非常放松，十分自在。"

第三节　情商及其培养

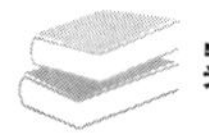
案例导读

蒙巴尔大桥上的自杀者

在美国，曾有一篇新闻报道轰动一时，在蒙巴尔大桥上，一个 30 岁左右的男子快速越过桥上的护栏，纵身跃入距桥面 35 米高的蒙巴尔河。看似一例普通的自杀事件，之所以会快速成为当时人们议论的焦点，是因为自杀的人并不普通。这个名叫伊顿的年轻人是在自杀 3 年前从著名的斯坦福大学获得了博士学位。正是这个名校博士的身份引起了人们的极大关注。按理说这样一个高学历的人才应该拥有完美的人生，自杀这种事情不应该发生在他的身上。可是人们很快就通过一系列的追踪报道发现，伊顿并没有人们所羡慕的人生。他在获得博士学位后一直在一家不知名的企业工作，在 3 年多的时间里，这家企业的老板和他所有的同事竟然都对他没有太深的印象，只知道他孤僻、冷漠。除了工作以外，他从不与人交往。同时，他只是一位普通的管理人员。媒体数次走访了伊顿的母校了解伊顿的情况。令人难以置信的是，伊顿在校时的表现十分优异，而且他与自己的导师共同发表了数项重要的研究成果。然而这样一个能力出众的高才生却把自己的人生过得一塌糊涂，甚至草草收场，这究竟是为什么？如果仅根据伊顿在大学的学习成绩，显然无法给到令人满意的答案。然而如果把原因列入情商的范畴，那么问题就很清楚了——因为他的情商太低了。这个答案看上去非常不近人情，可是这就是事实。优异的学业成绩并不意味着一个人在生活和事业中也能获得成功。成功不仅取决于个人的谋略和才智，在很大程度上还取决于能够正确处理自身情绪以及与他人之间关系的能力，也就是自我管理和调节人际关系的能力。

心理学家们认为：对自己和他人情绪的评估能力是一个人最基本的情商。哈佛大学通过对历届学生一生成就进行的调查研究得出，在促使一个人成功的要素中，智商作用只占20%，而情商作用却占80%，情商才是人生成功的真正主宰。这也正是哈佛大学教授、著名心理学家丹尼尔·戈尔曼的至理名言：成功=20%的智商+80%的情商。高情商者之所以更受欢迎，在于他对自己和他人的情绪能做出准确的判断，并能在此基础上见机行事，调整自己的言行；而低情商者则因无法认知自己和他人的情绪，容易陷入情绪的困境中不能自拔，在现实生活中处处碰壁。而不断碰壁的结果就是情商低者不断产生挫败感，当这种感受达到无以复加的地步的时候，也就是他们情绪崩溃的时候；而情绪崩溃最坏的结果甚至不是他们结束自己的生命，而是他们很可能形成对社会的仇视和报复，进而带来一系列伤害社会和他人生命安全的可怕事件。

所以你现在知道情商对一个人甚至对整个社会是多么重要的一件事了吧！而我们要做的远不只是去了解它的重要性，如果我们不想让自己的人生发生如此可怕的事件，那么我们就必须从这一刻开始认真对待自己的情商，然后试着去通过一系列的方法来提高它。

你会发现，提高情商会让你学会审视和了解自己，学会激励自己，而不会再让你无助地听任消极情绪的摆布，从而能够让你从容地面对痛苦、忧虑、愤怒和恐惧，这对你的人生有重要的影响。

一、情商概述

（一）情商的起源

对于一个人能否在一生中取得成功，人们一直认为这是由一个人的聪明程度，也就是人们的智商决定的。为了证明这一点，科学家们发明了各种关于智商的测试方法。第一次世界大战期间，约有200万人被要求进行智力测验来判断他们的智商，然后根据测验结果安排适当的职位。第二次世界大战后，在美国，智力测验已成为社会文化的一个重要组成部分，一个人在智力测验中的得分会成为指导其一生职业选择的主要依据。比如在军队和一些大型企业里，谁当军官，谁接受管理训练，也与智力测验的分数密切相关。

然而，智商出现的百余年来其能在多大程度上预测一个人的未来，一直是心理学家们广泛争议的问题。为此，美国心理学家进行过一项有趣的研究。1981年，他们挑选了伊利诺伊州某中学81位毕业演说代表作为研究对象进行了研究，这些人的平均智商是全校最高的。研究发现，这些人在进入大学后都取得了很好的成绩，但到30多岁时他们中很多人却表现平平。从中学毕业算起，10年后，他们当中只有1/4的人在其本行业中达到了同年龄段的最高水平，而其他人的表现甚至远远不如同龄人。

20世纪70年代中期，美国某保险公司对雇用的5000名推销员进行职业培训，每名推销员的培训费用高达3万美元。谁知这批人在被雇用后的第一年就有一半人辞职。4年后，这批人只剩下不到原来的1/5。原因是，在推销保险的过程中，推销员要一次又一次地面对被拒之门外的窘境，许多人在遭受多次拒绝后，便失去了继续从事这项工作的耐心和勇气。那些善于将每一次拒绝都看作挑战而不是挫折的人是否更有可能成为成功的推销员呢？该公司向宾夕法尼亚大学心理学教授马丁·塞里格曼讨教，希望他能为该公司的招聘工作提供帮助。在接受该公司的邀请之后，塞里格曼对该公司1.5万名新员工进行了两次测试，一次是该公司常规的以智力测验为主的测试，另一次是塞里格曼自己设计的、用于测试被测者乐观程度的乐观测试。在乐观测试中取得高分的个体不一定在智力测验中取得高分。跟踪研究的结果表明，在乐观测试中取得“超级乐观主义者”成绩的人工作任务完成得最好；第一年，他们的推销业绩比“一般悲观主义者”高出21%；第二年高出57%。塞里格曼的“乐观测试”实际上就是情商测试的一个雏形，其“乐观测试”在一定程度上证明，除智力之外的，与情绪有关的个人素质，即一个人的乐观程度在预测能否成功中起着重要作用。

1990年，美国耶鲁大学的萨洛维（E. J. Sulloway）教授和新罕布什尔大学的梅耶（J. D. Mayer）教授正式提出了“情商”这一术语。2年后，他们将情商定义为社会智力的一种类型，并对其应包含的三种能力内容作出了界定，这三种能力是：①区分自己与他人情绪的能力；②调节自己与他人情绪的能力；③运用情绪信息去引导思考的能力。

“情商”这一概念的提出，立刻在心理学界引起了广泛的重视，并开始受到一些企业界人士的注意。新泽西州聪明工程师智囊团——ATT贝尔实验室的一位负责人曾经用情商的有关理论对他的职员进行分析，结果发现，那些工作绩效好的员工的确不都是具有最高智商的人，而是那些对情绪传递有回应的人。这表明，与社会交往能力差、性格孤僻的高智商者相比，那些能够敏锐了解他人情绪、善于控制自己情绪的人更可能得到为达到自己目标所需要的工作，也更可能取得成功。1995年10月，戈尔曼出版了《情商》（*Emotional Intelligence*）一书，把情商这一研究新成果介绍给了大众，该书一经出版迅速成为世界性的畅销书。一时间，“情商”这一概念在世界各地得到广泛的宣传。

（二）情商的概念

情商（emotional quotient，简称EQ），又称为情绪智力，是一个度量情绪能力的指标。情商不同于智商，它不是天生注定的，而是由下列5种可以学习的能力组成：

1. 认知自己情绪的能力　当自己出现某种情绪时，能觉察并对其进行审视，了解情绪产生的原因，这是情商的核心。这种随时认知自己情绪变化的能力是了解和理解自己的基础，不能认识自身真实感受的人必然沦为情绪的奴隶，只有把握住自己情绪才能成为生活的主人。比如有人在与别人发生激烈的冲突之后接连几个小时心神不定，但他可能对自己的情绪变化毫无察觉，直到别人提醒时才恍然大悟。如果他具备识别自己情绪变化的能力，就能及时发现自己不愉快的感觉并尽早进行调整，那样他被不良情绪伤害的时间和程度就可以减少和减轻。认知自己情绪的能力是可以通过训练得到和不断提高的。当个体在生活中出现感觉不舒服、思维不连贯、走神、苦闷压抑、老出差错或坐立不安等情况的时候，一般都是相应的不良情绪出现或伴随的时候。有了认识自身情绪的能力，就可以随时发现问题并及时加以解决，就能获得更多的快乐并保持健康。

2. 控制自己情绪的能力　有效地调控自己的情绪，使之适时、适地又适度，这种管理能力是建立在自我认知的基础上的。如何自我安慰，如何有效地摆脱焦虑、沮丧、激怒、烦恼等消极情绪。这种能力如果低下，则会使人时常陷于痛苦情绪的旋涡之中；反之，则能使人迅速走出生命的低谷，重新投入生活。由于社会的复杂性，人们在生活中难免会遇到不顺利的情况，情绪就免不了会时好时坏，尽可能提高控制自身情绪的能力，才能让每天的日子多一些快乐。

3. 自我激励的能力　自我激励是指个体能够调整情绪，使自己朝着一定的目标努力的能力。个体要想集中注意力，激励自我、控制自我、发挥创造性，就需要具备这种能力。有研究者对世界级大师、奥林匹克运动员以及其他名人进行的研究发现，这些人都有一个共同的特征，就是他们善于进行自我激励，因为自我激励能够给他们带来坚持下去的力量和战胜困难的勇气。自我激励包含两个方面的内容：一是通过自我鞭策保持对学习和工作的高度热情；二是通过自我约束克制冲动和延迟满足。能够自我激励的人始终会抱有激情，做任何事情都会坚持不懈地完成。

4. 理解他人情绪的能力　能否设身处地地理解他人的情绪，是了解他人需求和关怀他人的先决条件。要使人际关系协调融洽，理解是一个很重要的因素，理解是沟通的基础，可以用同理心来概括这种能力。同理心是一种设身处地、感同身受式的同情、关怀和帮助。具有同理心的人常能从细微处体察他人的需求，仔细倾听他人所说的话，表现出言行一致，能够喜欢周

围的人，在交往交流中开放而坦率，不轻易批评和评论他人，即使批评，也是以对方能够感受到善意并乐于接受为前提，因此总能与人平和地交流。在人际交往中，许多隔阂与误解、人际关系紧张、各种矛盾的发生等，很多时候都是因为互相理解不到位而造成的。理解是双向的，交往中只要有一方不能做到在情绪情感上真诚地理解他人，就会妨碍交往的顺利进行。

5. 维系融洽人际关系的能力　人际关系状态在一定程度上标示着一个人的情商水平，人际关系和情商体现在人际交往的过程之中。人际交往是指个体与周围人之间的一种行为和心理的沟通过程。一个人从出生来到人世间的那一天起，就开始了人际交往的过程。人际交往就是人类生存的方式，没有人际交往便没有人类社会。研究表明，我们越是善于体察他人的交际信号背后的情绪，也就越善于控制自己发出的信号，和谐地处理人际关系。

以上关于情商的五大内涵中，前三个涉及自身，是对自己情绪的认知、管理与激励；后两个则涉及他人，要求设身处地理解他人的情绪，并通过妥善管理自己和他人的情绪来达到人际关系的和谐。总的来说，情商的基本内涵实际上包括两个方面：一方面是要随时随地认识、理解并妥善管理好自己的情绪；另一方面是要随时随地认识、理解并妥善协调好他人的情绪。

（三）情商的功能

现代心理学家认为，情商比智商更重要，如果说智商更多地被用来预测一个人的学业成绩，那么情商则是被用于预测一个人能否取得职业的成功，它更好地反映了个体的社会适应性。

情商的功能主要有以下几点：

1. 情商具有评价与表达功能　情绪智力首先表现为对自己情绪的识别、评价和表达，也就是对自己的情绪能及时地识别，知道自己情绪产生的原因，还能将自己的情绪准确地表达出来。人们不仅能够觉察自己的情绪，还能觉察他人的情绪，理解他人的态度，对他人的情绪做出准确的识别和评价。这种能力能增进人们的相互理解，使人与人和谐相处，有助于建立良好的人际关系。

2. 情商具有调节功能　人们在准确识别自己情绪的基础上，能够通过一些认知活动和行为策略有效地调整自己的情绪，使自己摆脱焦虑、忧郁、烦躁等不良情绪。同时，人们也能在觉察和理解别人情绪的基础上，通过一些认知活动或行为策略，有效地调节和改变其他人的情绪反应。这种能力也是情商的体现。

3. 情商具有解决问题的功能　在人们解决问题的过程中，情商能影响认知的效果，促使人们正视各种情绪，审视和调整内部或外部的要求，并激发动机来解决问题。

量表测试

国际标准情商测试题

这是一组欧洲流行的测试题，可口可乐公司、麦当劳公司、诺基亚公司等世界500强众多企业，曾以此为员工EQ测试的模板。帮助员工了解自己的EQ状况。共33题，测试时间25分钟，最大EQ为174分。如果你已经准备就绪，请开始计时。

第1～9题：请从下面的问题中，选择一个和自己最切合的答案。

1. 我有能力克服各种困难

A. 是的　　B. 不一定　　C. 不是的

2. 如果我能到一个新的环境，我要把生活安排得

A. 和从前相仿　　B. 不一定　　C. 和从前不一样

3. 一生中，我觉得自己能达到我所预想的目标

A. 是的　　B. 不一定　　C. 不是的

4. 不知为什么，有些人总是回避或冷淡我
A. 不是的　　B. 不一定　　C. 是的
5. 在大街上，我常避开我不愿打招呼的人
A. 从未如此　　B. 偶尔如此　　C. 有时如此
6. 当我集中精力工作时，假使有人在旁边高谈阔论
A. 我仍能专心工作　　B. 介于A、C之间　　C. 我不能专心且感到愤怒
7. 我不论到什么地方，都能清楚地辨别方向
A. 是的　　B. 不一定　　C. 不是的
8. 我热爱所学的专业和所从事的工作
A. 是的　　B. 不一定　　C. 不是的
9. 气候的变化不会影响我的情绪
A. 是的　　B. 介于A、C之间　　C. 不是的
第10～16题：请如实选答下列问题，将答案填入右边横线处。
10. 我从不因流言蜚语而生气
A. 是的　　B. 介于A、C之间　　C. 不是的
11. 我善于控制自己的面部表情
A. 是的　　B. 不太确定　　C. 不是的
12. 在就寝时，我常常
A. 极易入睡　　B. 介于A、C之间　　C. 不易入睡
13. 有人侵扰我时，我
A. 不露声色　　B. 介于A、C之间　　C. 大声抗议，以泄己愤
14. 在和人争辩或工作出现失误后，我常感到震颤，精疲力竭，而不能继续安心工作
A. 不是的　　B. 介于A、C之间　　C. 是的
15. 我经常被一些无谓的小事困扰
A. 不是的　　B. 介于A、C之间　　C. 是的
16. 我宁愿住在僻静的郊区，也不愿住在嘈杂的市区
A. 不是的　　B. 不太确定　　C. 是的
第17～25题：在下面问题中，每题选择一个和自己最切合的答案
17. 我被朋友、同事起过绰号、挖苦过
A. 从来没有　　B. 偶尔有过　　C. 这是常有的事
18. 有一种食物使我吃后呕吐
A. 没有　　B. 记不清　　C. 有
19. 除去看见的世界外，我的心中没有另外的世界
A. 没有　　B. 记不清　　C. 有
20. 我会想到若干年后有什么使自己极为不安的事
A. 从来没有想过　　B. 偶尔想到过　　C. 经常想到
21. 我经常觉得自己的家庭对自己不好，但是我又确切地知道他们的确对我好
A. 否　　B. 说不清楚　　C. 是
22. 每天我一回家就立刻把门关上
A. 否　　B. 不清楚　　C. 是
23. 我坐在小房间里把门关上，但我仍觉得心里不安
A. 否　　B. 偶尔是　　C. 是

24. 当一件事需要我作决定时，我常觉得很难

A. 否　　B. 偶尔是　　C. 是

25. 我经常用抛硬币、翻纸、抽签之类的游戏来预测凶吉

A. 否　　B. 偶尔是　　C. 是

第 26～29 题：下面各题，请按实际情况如实回答，仅须回答“是”或“否”即可，在你选择的答案下打“√”

26. 为了工作我早出晚归，早晨起床我经常感到疲惫不堪：

是________　否________

27. 在某种心境下，我会因为困惑陷入空想，将工作搁置下来：

是________　否________

28. 我的神经脆弱，稍有刺激就会使我战栗：

是________　否________

29. 睡梦中，我经常被噩梦惊醒：

是________　否________

第 30～33 题：本组测试共 4 题，每题有 5 种答案，请选择与自己最切合的答案，在你选择的答案下打“√”。

答案标准如下：

1	2	3	4	5
从不	几乎不	一半时间	大多数时间	总是

30. 工作中我愿意挑战艰巨的任务　1 2 3 4 5
31. 我常发现别人好的意愿　1 2 3 4 5
32. 能听取不同的意见，包括对自己的批评　1 2 3 4 5
33. 我时常勉励自己，对未来充满希望　1 2 3 4 5

参考答案及计分评估

计分时请按照记分标准，先算出各部分得分，最后将几部分得分相加，得到的那一分值即为你的最终得分。

第 1～9 题，每回答一个 A 得 6 分，回答一个 B 得 3 分，回答一个 C 得 0 分。计____分。

第 10～16 题，每回答一个 A 得 5 分，回答一个 B 得 2 分，回答一个 C 得 0 分。计____分。

第 17～25 题，每回答一个 A 得 5 分，回答一个 B 得 2 分，回答一个 C 得 0 分。计____分。

第 26～29 题，每回答一个“是”得 0 分，回答一个“否”得 5 分。计____分。

第 30～33 题，从左至右分数分别为 1 分、2 分、3 分、4 分、5 分。计____分。

总计为________分。

得分在 90 分以下：你的 EQ 较低，你经常不能控制自己，你极易被自己的情绪所影响。很多时候，你容易被激怒、动火、发脾气，这是非常危险的信号——你的事业可能会毁于你的急躁，对于此，最好的解决办法是能够给不好的东西一个好的解释，保持头脑冷静，使自己心情开朗，正如富兰克林所说：“任何人生气都是有理的，但很少有令人信服的理由。”

90～129 分：你的 EQ 一般，对于一件事，你不同时候的表现可能不一，这与你的意识有关，你比前者更具有 EQ 意识，但这种意识不是经常都有，因此需要你多加注意、时时提醒自己。

130～149 分：你的 EQ 较高，你是一个快乐的人，不易恐惧担忧，对于工作你热情投入、敢于负责，你为人更是正义正直、同情关怀，这是你的优点，应该努力保持。

150 分以上：你就是个 EQ 高手，你的情绪智慧是你事业有成的一个重要前提条件。

二、情商的培养

案例导读

禅师的兰花

唐代著名的慧宗禅师非常喜爱兰花，在平日弘法讲经之余，花费了许多的时间栽种兰花。有一回，他为了弘法讲经，而外出云游四海，临行前，他特意吩咐弟子们要看护好寺院的几十盆兰花。弟子们深知禅师酷爱兰花，因此，侍弄兰花非常殷勤。但一天深夜，狂风大作，暴雨如注，偏偏当晚弟子们一时疏忽而将兰花遗忘在了户外。第二天清晨，满院都是倾倒的花架，破碎的花盆。兰花憔悴不堪，狼藉遍地。弟子们后悔不迭，打算等师父回来后，向师父赔罪领罚。

几天后，慧宗禅师回来后看到枯死的兰花，泰然自若，神态依然是那样平静安详。他说："我种兰花，一来是希望用来供佛，二来也是为了美化寺里的环境，不是为了生气而种兰花的。"在场的弟子和香客们听了以后，如醍醐灌顶一般大彻大悟。

就这样一句看似简单的话语里蕴涵了多少人生智慧，慧宗禅师的表现不正是高情商者的行为表现吗？它提醒我们：如果你不善于管理情绪，执著于烦恼，那么你的人生将是苦不堪言的。如果你学会管理自身情绪，向往积极，那么你的人生将鲜亮无比。

（一）了解自我

善于了解自己情绪的人，大多善于将自己的情绪调整到一个最佳位置，在人际交往中懂得协调或顺应他人的情绪基调，能尽量做到共情。这样的人，在交往和沟通中是受欢迎的。认识并把握住自己的情绪，便能主宰自己的人生。

（二）调控不良情绪

种种消极情绪都会给人带来负面影响，学会运用各种情绪管理技巧，能灵活地调控自己的情绪，舒解矛盾，保证情绪的稳定和行为的积极。研究表明：乐观的人更容易获得事业成功。乐观的人自信、精力充沛，更多地释放自己的潜能，提高学习生活效率；相反，坏情绪则会阻碍人潜能的发挥，也会导致效率降低。

我们怎样做才能拥有乐观的心态呢？

1. 学会自信　要想保持乐观积极的心态，最重要的就是要学会自信。自信的人可以勇敢面对困难，并且主动思考解决的办法，而不会被动地等待别人来处理。

2. 学会调节　生活中难免会遇到难以预料到的状况和困难，我们不要害怕那些苦难，而应该学会及时调整自己的心态，并且学会积极自我暗示，凡事多往好处想。

3. 学会宽容与感恩　注意培养自己的宽容心和感恩心，胸怀宽广的人更容易拥有积极乐观的心态，遇到困难时通常不会逃避，而是积极想办法解决。

4. 锻炼耐心，培养细心　遇到困难并不可怕，要学会放松心态，用耐心和细心来处理，如此，即使困难再大，你也可以很轻松地应对。

（三）激励自我

一个人若是没有受到激励，仅能发挥自身能力的 10%～30%，若受到正确而充分的激励，就能发挥自身能力的 80%～90%，甚至更高。最方便而有效的激励来自于自我激励。自我激励是行动的催化剂和兴奋剂，掌握了自我激励，就把主动权掌握在了自己的手里。

1. 积极暗示　爱默生（R.W. Emerson）说："一个人就是他整天所想的那些。"你想什么，你就是怎样的一个人。因为每个人的特性，都是由思想而来的，每个人的命运完全决定于他的

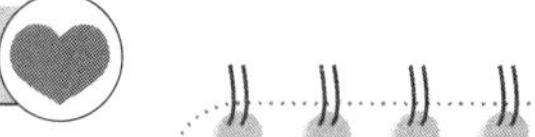

心理状态。思想就是一个雕刻家，它可以把你塑造成你想成为的人，或者你最不想成为的人。

思想之所以能够改变一个人的命运，是因为它会在人的心灵深处形成心理暗示，而心理暗示的好坏决定了一个人情商的高低。也就是说，情商高的人在心理暗示中正面的成分居多，而情商低的人心理暗示中负面的成分占了上风。

道理很简单：如果你心里都是快乐的念头，你就能快乐；如果你心里想的都是难过的事情，你就会难过；如果你想到一些可怕的情况，你就会害怕，如果你脑子里都是失败，你就会失败；如果你有不好的念头，你恐怕就心烦意乱，如果你喜欢顾影自怜，那大家就会给你方便，离你很远……

心理学家曾经给出过一个“小巷思维”的定义，就是说那些一直生活在小巷当中为了生活疲于奔命的人们，即使在一个偶然的条件下离开了小巷，过上了富裕的生活。当他们遇到问题时，又会很快回到生活在小巷时的那种状态。他们用当时形成的思维习惯去思考、去看待问题，而那种思考方式其实是在一种不利的方式下形成的，它的狭隘和消极阻碍了人们开放式的思维，也阻碍了小巷当中的人走向成功的道路。

如果你想摆脱“小巷思维”的摆布，取得更大的成就，那就需要用积极的心理暗示去取代消极的心理暗示，并且长期坚持，无论遇到什么状况都用正面的方式去思考。因为积极的心理暗示只有经常进行，长期坚持，才能进入人的潜意识，影响人的意识。潜意识就像一块肥沃的土地，如果不在上面播下成功意识的良种，就会成为一片荒芜或野草丛生，自我暗示就是播撒种子的控制媒介。只有让自我暗示变得积极起来，你的潜意识才会改变，潜意识改变了，才会成为习惯。

2. 克服自卑　每个人的心中都隐居着一个邪恶的家伙，叫作“自卑”，它时不时会跑出来搞个恶作剧。貌美如花的女子会烦恼自己不够聪明，生活惬意幸福的小资，会抱怨自己没能力赚大钱；创业成功的企业家，会为自己没受过良好教育而纠结……一句话，虽然原因迥异，但自卑人人都会有。

自卑的人总是习惯于拿自己的短处和别人的长处相比，结果越比越觉得不如别人，以致陷入其中不可自拔。著名新闻出版家邹韬奋明确指出：“若自觉有所短而存在自贱的心理，便是自甘居于卑劣的地位，所得的结果只能是颓废。”自卑对一个人的成长与发展极为不利，只有拿出足够的勇气和毅力，才能远离自卑、获得成功。

3. 做自信的人　自信心是指在不断超越自己的过程中，产生的一种源于内心深处的强大力量。自信心是积极心态的核心，当我们受到挫折，感到悲观失望时，自信心会使我们重新燃起斗志；当我们感到孤独、焦躁时，自信心会使我们平静下来；当我们感到成功的喜悦时，自信心会使我们更加振奋。自信心就像是能力的催化剂，它可以将人们的一切潜能都调动起来，将人们的各项“功能”都推进到最佳状态。自信的人在自信心的驱动下，敢于对自己提出更高的要求，能够在失败中看到希望。有位哲人说过：“满怀自信的人，不管在什么地方，都能保持一颗积极向上的心，他们总是能取得别人无法取得的成就。”

如何才能增强自信心？首先，正确认识自己，不要总是拿自己的短处去比较别人的长处，要对自己有个清醒的认识，不要妄自菲薄。其次，要找准自己的位置。要想让自己有价值，就要做到物尽其用，让自己从事适合的工作，我们才能创造出最大价值。最后，不要看低自己。别人并不比我们“高”出一大截，我们没必要将自己看得很低很低，只要有信心，我们同样是独一无二、不可战胜的。

4. 做有勇气的人　想变得更有勇气，那就跟自己制定一个目标，然后为目标而奋斗。苏联作家奥斯特洛夫斯基说过：“勇气是在每天对困难的顽强抵抗中培养成的。”的确，勇气就是在不断地面对困难、克服困难的过程中培养出来的。当你克服自己内心的恐惧，勇敢地迈出第一步之后，你就会发现困难没有那么可怕，人生之路也没有那么难走。

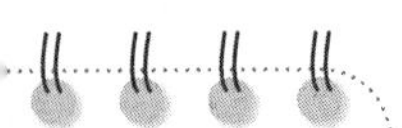

每天早上出门之前，一定要做三件事：①对着镜子整理并欣赏自己的容貌仪表；②对镜子里的那个人说“我今天真漂亮！我是世界上最有魅力的男 / 女人”；③信心十足地大声对自己说“我是最棒的！我是最棒的！我是最棒的！”

事情成功与否与事情本身的难易并没有多大关系，如果你认为自己连最简单的事也无能为力，拿不出应有的勇气，那你就永远不会成功。每件事都由信心开始，你可以经常对自己说：“我行！”

（四）完善自我

1. 学会谦卑　谦卑是一种发自内心的自信，不与人争夺，更无须夸耀。在生活中，成功的人通常很少自吹自夸。一个人越是成功，他的谦卑指数越高。看一个人是否谦卑，还要看他怎样对待他人。谦卑的人对所有的人都很尊重、很有礼貌，他们不会在意他人的地位或等级。海伦·凯勒说：“我渴望完成一项崇高的事业，但谦卑是首要的，因为它本身是崇高和伟大的。”懂得谦卑不仅是一种美德，还有很多益处，谦卑可以改善各种人际关系，减少忧虑，鼓励坦诚，增强自信；谦卑能使人的思想也变得更开明更好奇，让人能虚心学习；谦卑能使学习从被动变为主动，从寻求承认到寻求启迪；谦卑能使人从缺乏安全变得更自信、更独立。

努力让自己谦卑的方法有：①克制骄傲，当发现自己处于稳操胜券的境地时，可以考虑培养一些技巧，以确保自己不会失去应有的风度。可以尝试保持沉默，让其他人成为焦点。这样，谦卑就会得到显现。即使自己正值春风得意之时，也不要被胜利冲昏头脑。②如果自己的谦卑被他人视为一种退却，那么可以用一句话使自己保持内心的平静，即“你做得很对”。③随时反省自己，当发现自己无意识地将个人观点强加于他人时，要立刻控制自己。④如果处于领导地位，则应注意多咨询他人的意见，这样，自己的谦卑就会被他人感受到。⑤在和他人分享成功的时候，应该强调他人的功劳，这样才能被人敬重。

2. 懂得感恩

案例导读

学会感恩的年轻人

法国某公司有一位年轻的职员，被公司派往日本工作。法国人追求自由、浪漫和轻松的工作氛围，而日本的工作节奏是严谨的、快速的，因此这位法国职员很不喜欢在日本的工作。他向同为法国人的主管抱怨说：“这边简直糟糕透顶，我就像一条死海里的鱼，都快窒息了！”年轻职员的主管在日本工作多年，他能理解年轻人的感受，因为他刚来的时候也很不适应。主管就劝解年轻人道：“我教你一招，每天都面带微笑，发自内心地说‘我很感激’或者‘谢谢你’，至少说40遍。”年轻人就照着主管的话去做，一开始总说“我很感激”让他很尴尬，他认为周围哪有那么多事情让他去感谢的。可是看到主管每天都能开心地和日本同事相处，他决定试一试。几天下来，他发现自己内心逐渐被感激的情绪占据，心情好了很多，而周围的同事似乎也变得比以前友善了。渐渐地，他发现日本人并不像他以前听到的和看到的那样拘谨和不解人情，他看到了日本同事可爱的一面，他发现眼下的工作环境并不像自己原来想象的那么糟糕，他开始喜欢在日本工作了。在他回到法国多年之后，他还对在日本工作的愉快经历念念不忘，对在那里学到的东西感激不尽！

“感恩”并不是特指“感谢施以大恩大德的人”，它本质上是一种生活态度，一种善于发现美并欣赏美的道德情操。一个懂得感恩的人会是一个快乐的人，因为在他心里盛得满满的爱。一个懂得感恩的人会感谢父母给了他生命和无私的爱；感谢老师给了他知识和看世界的眼睛；感谢朋友给了他友谊和支持；也会感谢伤害他的人磨炼了他的心志。感恩能创造快乐，也只有

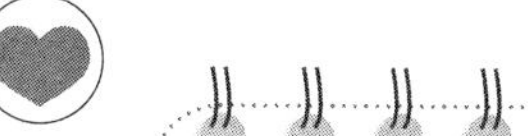

感恩能延续快乐，时常怀着感恩之心的人肯定是快乐的。

成功学大师安东尼·罗宾（Anthony Robbins）说："成功的第一步就是先存有一颗感恩之心，时时对自己的现状心存感激，同时也要对别人为你所做的一切怀有敬意和感恩之情。"感恩能让我们放下心灵的重负，在生活中发现乐趣。对困难和压力带给你的成长要感恩……它能使我们从牢骚、抱怨、消极、抵触、浮躁、痛苦的情绪中解脱出来。感恩会让一个人变得心情愉悦，把生活变成一种快乐的享受，进而每天都充满激情地生活，不再把精力放在如何推卸责任、如何寻找借口这些事上，从而加倍提高生活效率。

我们应该感谢那些给予我们帮助的人，是他们让我们感受到更多的温暖，得到了更快的进步。我们还应感谢那些给自己带来阻力的人，是他们磨炼了我们的意志。有了阻力，才有了去解决它的机会，我们的能力就在解决一个又一个阻力中得到了提升。

即便面临着巨大的压力，我们也要先看到这世界美好的一面。如果你的心里经常阳光明媚，经常晴空万里，经常有鸟语花香，经常涌动着和平和满足，那生活中的压力、烦恼和忧伤自然会烟消云散。

当然，感恩不会不请自来，它需要不断地培养和造就。心理学家克里斯托弗·皮特森设计了一套叫"三件好事"的练习，希望对你有所帮助。找一张纸，写下一天当中三件进展顺利的事，并列出进展顺利的原因。我们总是觉得好事是理所当然的，因而不会特意去关注好事，并认为没必要特意花心思去感谢。所以，我们离好事越来越远。清单上的三件事可大可小，只要让你感觉愉快即可，如"我升职了""邮递员今天对我笑了""我的纸今天掉在地上，有人帮我捡起来了"……其实，大的事情我们往往记得去感谢，反而是小事容易被我们忽略。看着自己写的三件事，问自己一个问题："为什么会有这样的好事呢？"比如邮递员的微笑，是因为你上次对他很有礼貌，或者仅是因为他觉得你是个好人。请你最少坚持做一周的练习，我相信那会让你更愿意去感激生活中的小事，也会对你产生一些积极作用。当然，如果你能把这个练习作为一个日常习惯，那就更好了，我想你的情商会提高得很快。

不要怕麻烦，每天给自己写一封感恩信，感谢生活赐予我们的一切。梅勒迪·比蒂告诉我们："感激揭开了美满的生活，让我们对所拥有的感到满足。感谢把拒绝转化为接受，变嘈杂为有序、迷茫为清醒，让问题成为礼物、失败变为成功，意料不到的事情也可以完美计划，错误也可以成为重要的经验教训。感谢帮助我们理解过去、给当下带来平和，然后创造美好的明天。"

3. 做诚实正直的人　每个人都希望自己诚实正直，希望自己能做到言行一致，那么到底怎样才能算诚实正直呢？奥普拉 - 温弗雷说："真正的诚实是做正确的事，不管别人知不知道。"特瑞莎修女这样告诫年轻的一代："孩子，你听我说：如果守规矩、讲良心、有道德会使你蒙受损失和遭受打击，那不是你错了，而一定是这个社会出了问题，但不管怎样，你要守规矩、讲良心、有道德；如果你做善事，不一定就会有善报，或许还有人说你虚情假意，说你别有用心，但不管怎样，你要做善事；如果你成功，身边不一定会簇拥着鲜花和掌声，或许还会招来假的朋友和伪装的敌人，但不管怎样，你要努力成功；诚实和坦率会让你受到伤害、受到打击，但不管怎样，你要诚实和坦率；破坏比建设容易得多，也许你多年的努力建设不起你的大厦，一朝的破坏却让你声名远扬，但你仍要建设；只要你努力，犯错误是难免的，有些错误会令你刻骨铭心、伤痛难愈，但你仍要努力；将你最好的东西奉献，你可能会被踢掉牙齿，但你仍然要将你最好的东西奉献。"

因为正直而无私，特瑞莎修女获得了 1979 年诺贝尔和平奖。要想做到诚实正直，那就要在大脑中形成一套协调一致的原则，并保持言行思想与其一致。但凡是诚实正直的人，在做事情和个人信念方面都以同一套价值观为基础。他们言行一致，他们的所作所为直接反映自身的价值观。这类人很可靠，他们绝对不会背叛朋友，你可以百分之百地相信他们。

4. 克服完美主义倾向　追求完美，是人类与生俱来的一种天性，或者说在渐渐成长的过程中养成的一种心理特点。事实告诉我们，人生不可能事事都如意，也不可能事事都完美。追求完美的确是一种积极的人生态度，但如果过分追求完美，而又达不到完美，则必然会滋生烦恼。过分追求完美不仅会得不偿失，而且可能变得毫无完美可言。

科学家认为，过分追求完美是一种强迫症，这些人喜欢严格要求自己，同时又有些墨守成规。由于过分重视事物的细节而忽视全局，所以他们总是谨小慎微；由于优柔寡断，他们面临意外总是不知所措。他们的行为表现过度认真、拘谨和执拗，缺少灵活性；他们过度关注自我、自律和刻板，很少有自由悠闲的心境，缺乏随遇而安的潇洒，所以，他们总是长期处于紧张和焦虑之中。

现代生活中要处理的事情越来越多，能否有效地避免追求完美的不利影响也越来越重要。以下给出三点建议：①做事情没有必要过于追求完美，也不要吹毛求疵。要想从 99.9% 跨越到理想中的 100% 并不容易，这最终的 0.1% 可需要付出比正常标准多很多倍的时间、精力。想必大家都很清楚，最后的那 0.1% 最难获得，和前面根本不成比例，而且往往会得不偿失，所以，我们真的没有必要刻意地去强求它。②尽量分散和转移对完美的关注。在坚持正常的学习和工作的前提下，我们可以使生活节律紧凑有序，并培养广泛的兴趣爱好。借助社交及文体活动，我们就可以转移对过分完美的追求。③金无足赤，人无完人。我们必须要知道，这世上不存在十全十美的事物，莫利·琼法斯特说："完美深藏在不完美之下，要学会接受不完美。"只有保持一颗平常心并知足常乐，才能拥有良好的心境。

5. 培养责任感　如果一个人对自己的行为都无法负责，那他不可能有较高的情商。当某人缺乏责任感时，他往往会说类似的话："生活本来就不公平，我们怎么能把握自己的生活呢？""生活实在令人沮丧，我的运气太差了。""要是我出生在一个更有钱的家庭，去更好的学校读书，那就能找一份更好的工作，或许一切就不一样了。"

社会学家戴维斯（K. Davis）说："放弃了自己对社会的责任，就意味着放弃了自身在这个社会中更好的生存机会。"每个人的肩上都有一定的责任，对工作、对家庭、对亲人、对朋友，我们都有不可推卸的责任。正因为存在这样或那样的责任，我们才会对自己的行为有所约束。美国前总统杜鲁门的桌子上摆着一个牌子，上面有一行字："Book of stop here（责任到此，不能再拖）。"一个人是否有责任感不仅决定了他对待工作是尽心尽责还是浑浑噩噩、敷衍了事，还决定了他做事的好坏。假如你在工作中，对待每一件事都持"Book of stop here"的态度，出现问题也绝不推脱，而是设法改善，那你必然会赢得应有的尊敬和荣誉。

（五）了解他人，提高洞察力

懂得换位思考，善于了解他人，知道他人所思、所想、所感，是一个人拥有高情商的表现，高情商者在社交生活中不盲目，不糊涂，他们能够根据对方的行为举止、语言谈吐、心理活动等，识别对方的情绪，并采取相应的对策，因而能获得良好的人际关系。完成生活中的每件事，都离不开协商、沟通、影响等社交能力。高情商者的一个最显著的表现就是通过娴熟的交际和沟通能力，给他人造成很强的影响力，并游刃有余地影响着自己的上级、下级、朋友、同事等人，很好地建立和维护了强大而宝贵的人脉网络，从而最终成就自己。

思考题

1. 当出现不良情绪问题时，你是如何调整的？
2. 情商包括哪 5 种能力？结合自身情况，思考应当如何培养情商？
3. 关于情绪，你有哪些认识？

（张宛筑）

第十一章　大学生压力管理

第一节　你“压力山大”吗

案例导读

压力，我该拿你怎么办？

小A以优异的成绩考上了理想的大学，可进了大学以后发现，自己再也不是当初的天之骄子，身边比她优秀的同学太多了，于是她更加努力地学习。可是渐渐地，她发现自己看不进书，坐在教室里总是东想西想，精神不能集中。她非常地烦躁，也很心急，强迫自己去尝试集中精神，但是效果非常不好。就这样，她心情越来越坏，对任何事情好像都提不起兴趣，吃饭经常没有胃口，睡眠也很糟糕，去医院检查过，医生说没什么问题。

小A的父母均为下岗工人，家庭经济收入来源较少，生活水平较低。为了供给小A昂贵的读书费用，父母平时总是省吃俭用，生活十分拮据。父母把未来的希望全寄托在小A身上，对她期望值很高，她大学毕业后唯一的目标就是考研究生，现在这种状态让她很着急。

于是小A来到了学校心理咨询中心寻求帮助，小A对咨询师说：“我也不知道自己怎么了，想集中精力却没有办法集中，老师讲的内容我一点也听不进去，我很怕考试会不及格，不能毕业，不能考研究生，这样我怎么对得起辛苦供我读书的父母啊，我觉得压力好大。我现在睡不着觉，吃不下饭，我甚至不想活了，太没有意思了。”

“压力”对个体心理健康的影响，是近年来新兴的研究主题。国家教育部对全国12.6万名大学生抽样调查结果表明，大学生因心理压力患心理疾病的概率达20.23%。大学生前来进行心理咨询时通常第一句话就是：“老师，最近我压力很大，您快帮帮我吧”。大学生在日常生活、学习中，承受着来自各方面的压力：背负着父辈的人生理想；稍不用功，成绩就不够好；就业市场竞争加剧；人与人之间的内心隔阂；生活中大大小小的挫折经常得不到疏导……这些有形无形的压力如果得不到缓解或释放，就会严重影响大学生的身心健康。那么，压力会有什么样的表现？大学生的压力从何而来？这些压力将会对大学生产生什么影响？有哪些方法能帮助大学生对抗压力呢？本章将与您一起探讨压力及其管理。

课堂活动

同学们，请用3分钟的时间思考一下以下问题：

一、您如何定义压力？

二、您目前所面对的是什么压力？不同时期的压力有什么不同？

三、您周围的人也在面对与您相同的压力吗？这些压力对您与周围的人造成何种影响？

四、您是如何控制与适应压力的？哪一种控制和适应压力的方法对你最有效？为什么？

五、所有您所经历到压力都是给您带来负面（不好的）后果吗？您是否曾经经历过一种压力能带给你生活中很好的启示或后果呢？

一、压力的概念及特点

（一）压力的概念

压力（stress）一词来源于拉丁文“Stringere”，最早是物理学中的术语，本意是指是加在物体上的力量。在东方文化中，压力被认为是内心平和的缺失；在西方文化中，压力则是一种失去控制的表现。1936年，加拿大心理学家汉斯·塞利（Hans Selyc）第一个使用术语压力（stress）来描述人们受到客观事件刺激时的一种状态。现在，压力一词多用来描述人们在面对学习工作、人际关系、个人责任等的要求时所感受到的心理和精神上的紧张状态。从心理学角度来说，压力是由于事件和责任超出个人应对能力范围时所产生的焦虑状态。从生理学角度来说，压力是身体的疲惫和受折磨程度。不管是从心理学还是从生理学的角度解释压力，只要是压力都可以使人保持警觉、紧张和合适的行为模式。而压力对人的影响，既有正面的，也有负面的。对压力保持适度的心理反应，是大学生健康心理发展的重要方面。通过对压力的定义，我们可以从以下三个方面的内容来理解压力：

一是压力来源，压力源（stressor）是指引起压力反应的各种因素。一般包括生理、心理和社会等内外部因素，对于大学生而言，常见的压力源包括学业，人际交往，生活适应，亲密关系等（详见本章第二节）；

二是对压力的认知，压力认知即个体的主观经验或对压力情境的认识和理解，我们的情绪很多时候会受到我们认知的影响，如果改变认知就会相应地改善情绪、改变思维、调整行为，减轻压力；

三是压力反应，当我们面对压力的时候，个体会根据已有认知和评估，迅速调整身心状态以做好应对压力的准备。

这三者中，压力认知是核心，主体对压力源的认知情况会影响主体压力反应的性质和程度，若以公式来表示，则为：压力来源＋个人认知＝压力反应。我们所经历的压力越大，我们的应激反应通路（stress pathway，即面对压力时大脑中所连接的特定细胞组合）就越容易被触发，我们也就越有可能产生一些毫无帮助的想法，做出一些毫无意义的举动，导致自己更有压力。随着时间的推移，应激反应通路越活跃，压力就会变得越强大。这意味着，它可以由越来越低水平的事件所触发（即所谓的阈限降低），在本不应该生效的时候被触发。我们已经可以在身边看到这样的情形：人们因为错过了一辆公共汽车、弄洒了一杯咖啡或是排了一条很长的队而变得精神紧张，大发雷霆。因此，虽然触发事件本身没什么大不了的，但它变成了我们头脑中必须去解决的问题，而这些事件慢慢累积，最终会让我们感到崩溃。

（二）压力的特点

压力既有情绪性又有动力性的特点。

1. 压力的情绪性

个体有压力时总带有明显紧张的情绪体验的特性。紧张是人在某种压力环境的作用下所产生的一种适应环境的情绪反应。如果个体认为压力事件能满足自己某方面的需要，便可能产生积极的情绪，如探险者就乐于冒险，否则就产生消极的情绪。此外，这种情绪性的紧张度和负

面性还受两个因素的制约：一是受压力的大小制约；二是受个体心理承受力大小制约，心理承受力就是对心理压力应对的理性程度。当心理承受力一定，压力越大，形成的负面情绪越强烈，心理越紧张，越容易出现忧郁、痛苦、惊慌、愤怒等负面情绪；反之，若压力小时，只会出现短暂的、微弱的负面情绪，如不悦、冷淡等，心理紧张度低。当压力一定，若心理承受力越小，则心理越紧张，负面情绪越大；反之，心理承受力大时，负面情绪也小，心里不紧张。当压力和心理承受力相当，或略大于心理承受力时，这种压力也称为适度压力，或轻度压力。适度压力下个体情绪虽有些紧张，在良好的教育和积极的引导下，往往能振奋精神，产生热情，有利于意志的锻炼和能力的提高。

2. 压力的动力性

压力对个体行为的调节作用就是压力的动力性。在日常生活中，人们常说要变压力为动力。之所以能变压力为动力，是由于个体有压力时，不会无动于衷，而会采取一定的行为处理所处的具有威胁性的刺激情境。压力的动力性表现为对适应行为的积极增力作用以及对不适应行为消极减力作用两个方面。当个体心理压力过大时，人的理智一般难以控制，个体常表现出两种极端的行为反应，要么呆若木鸡，完全停止行动；要么攻击。中度心理压力一般会使人的行为能力降低，产生重复和刻板动作。在适度压力或轻度压力状况下，个体能在理智的控制下，充分发挥主观能动作用，对压力事件较妥善处理，从而也使自己心理承受力得到增强，使个体生物性行为和正向的适应性行为增多，动力性随之增长。但在适度压力或轻度压力状况下，个体若不能理智控制或失去理智，不能发挥主观能动作用，而对压力事件漠然置之，不及时妥善处理，只会使自己心理承受力得不到增强，动力性将随之降低。没有一定的心理压力，人难以增长心理承受力，人的正向适应性行为得不到学习提高。一旦面临较大压力，将不知所措，容易造成心理障碍，在无法承受的压力面前，还会导致个体情绪的失控、身心的疾病甚至死亡。

（三）压力的种类

1. 单一性生活压力　在生活的某一段时间，由单一事件所带来的压力。这种压力程度一般较小，后效往往是正面的，大多有利于人们应对未来的压力。

2. 叠加性压力　叠加性压力有两种：①同时性叠加压力。在同一时间内有若干可构成压力的事件发生，此时所体验的压力称同时性叠加压力，俗称“四面楚歌”。②继时性叠加压力。两个以上能构成压力的事件相继发生，前者产生的压力效应尚未消除，后继的压力又已发生，此时所体验的压力称为继时性叠加压力，俗称“祸不单行”。

3. 破坏性压力　破坏性压力又称极端压力，通常和重大生活事件有关，如战争、大地震、海啸、攻击等。破坏性压力的后果可能会导致灾难症候群、创伤后压力综合征等。常见反应有情绪沮丧、易激惹、闪回、做噩梦、注意力难以集中以及人际关系疏远等，同时伴有攻击行为，与亲人变得疏远。破坏性压力，是极为严重和难以应对的压力，它给个体造成的危害很大。

二、对压力的认知和评价

对压力的认知和评价决定了个体如何看待刺激情境，以及对压力大小的评估。认知与评价机制主要取决于下列因素

1. 压力源本身的性质和特点　即是短暂的还是长期的，是自身的还是环境的，是单一的还是复合的，通过认知和评价压力源，进而评估自己的实力，确定自己能否应对以及确定应对方式。

2. 社会支持系统　社会支持是人在压力应对过程中可利用的资源，社会支持系统内容广泛，既包括有形的，如直接的物资支援；也包括无形的，如情感支持。良好的社会支持系统，

可以使刺激情境的强度相对降低，增强个体应对事件的信心，稳定情绪。

3. 当事人自身的心理特点，认知归因风格、人格特点、自我概念等心理因素 内向、外向、坚韧性、乐观性等多种人格特质均对个体感知和应对压力具有显著影响。在压力情境中，人格特质是一种发挥稳定作用的心理资源。

三、压力反应

（一）压力的心理、生理和行为反应

压力并不直接影响我们的情绪和行为，而是我们对压力的认知或主观评价决定了我们的情绪和行为。压力在心理、生理、行为反应上通常表现如下：

1. 心理反应 压力引起的心理反应有警觉、注意力集中、思维敏捷、精神振奋，这是适应的心理反应，有助于个体应付环境。但是，过度的压力会带来负面反应，出现消极的情绪，如更容易掉眼泪，或是情绪更为敏感、焦躁、愤怒、悲观失望等，会使人思维狭窄、自我评价降低、自信心减弱、注意力分散、记忆力下降，表现出消极被动、骄横无礼等。

2. 生理反应 在压力状态下，机体必然伴有不同程度的生理反应，主要表现在中枢神经、内分泌系统和免疫系统等方面。比如，导致心率加快、血压升高、呼吸急促、激素分泌增加、消化道蠕动和出汗等。过度的压力会使人口干、腹泻、呕吐、头痛、口吃等。还会表现为肌肉紧张（比如你的肩颈部位）、头疼、难以入睡或半夜总是醒来，以及（或者）早晨醒得太早。

3. 行为反应 压力状态下的行为反应可分为直接反应与间接反应。直接的行为反应是指面临紧张时为了消除刺激源而做出的反应。间接的行为反应是指为了减少或暂时消除紧张而做出的反应，如借烟、酒等让自己暂时缓解紧张状态。你可能会表现为对他人疾言厉色、不想吃饭或者相比以往吃更多不健康的食物（比如巧克力、薯片、蛋糕、含糖的饮料）、回避你的同学和家人、通过网络游戏来逃避生活、喝更多的酒等。

（二）压力反应的发展阶段

当压力来临时，个体会调动身心资源来协助个体对外界刺激做出随时的应变，以保持身心平衡，但个体可以调动的身心资源有限，当有限的资源无法应对压力时，便会因压力而产生的各种压力反应，一般来说，压力反应分为三个阶段：

1. 警告期（the alarm stage） 又称为唤醒期或准备期。当个体感知到压力的存在时，就会对外界刺激产生反应，开始启动身体储备的能量，做出相应的内部和外部反应，如肾上腺素的分泌增加，从而刺激心血管系统，加速心跳和新陈代谢。

2. 拒绝期（the resistance stage） 又称为战斗期或反抗期。拒绝期指对压力的一种相对反应，它代表身体对压力的有效应变，从而使压力降低，或者至少使个体有能力与压力相抗衡。此时个体内部的生理和心理资源以及能量被大量消耗，个体变得极为敏感和脆弱，即使是很微小的刺激，也会引发个体强烈的情绪反应。

3. 崩溃期（the collapse stage） 又称为枯竭期或倦怠期。个人长期与压力相抗衡到了某个阶段便会感到筋疲力尽，从而使对压力的抵抗力低于正常，这个时候个体要么向压力低头，要么进入崩溃状态，严重者会趋于死亡。

知识链接

压力导致疾病的四种方式

1. 给心理和身体施加长期的负担，降低身体的免疫能力，如在考试期间患感冒，或是长久的工作压力所导致的溃疡。

2. 导致突发性疾病，如心脏病或紧张性头疼。

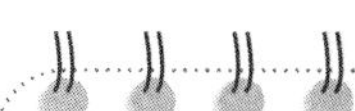

3. 加重已有的疾病，如加重关节疼痛或皮肤病的突然发作。

4. 破坏健康行为或改变生活习惯，如抽烟、酗酒、暴饮暴食或剥夺睡眠。

四、压力与身心健康

人的一生中要面对各种压力，承受压力不可避免的，适度的压力有助于人们提升表现，是有益的，但过度的压力会造成人的心理失衡，影响心理健康，因此压力是把双刃剑。

（一）适度压力有利于人的成长

1. 压力是生活的需要　汉斯·塞利说过："完全脱离压力等于死亡"。适当的压力会给你的生活带来许多意想不到的成果——适当的压力可以避免懒散，提醒自己要向着目标一步一步地靠近；适当的压力可以让自己变得充实，获得满足感；适当的压力可以促进学习的动力，让自己更完善；适当的压力可以调整心态，让自己变得更积极。

2. 压力是进步和创造的原动力　合理的、适度的压力可以提供给个体完成任务的唤醒动机，是一种挑战，可以促进个人的成长和职业的发展。因为压力产生的紧张状态能促使人的警觉性提高、反应加快、注意力集中、思维敏捷。可以说，人类的许多发明乃至创造都是在压力之下达成的，毫无压力的生活不会产生任何的效率和创造力。

3. 压力是能力与"心智"的磨刀石　承受压力的过程也是人的能力与心智经受考验和磨炼的过程。只有从压力事件中饱受磨难并成功地闯过来的人生经历，才会使得经历者不仅磨炼了意志，开阔了眼界，增长了智慧，提高了勇气和信心，同时积累了经验。当他再去面对新的压力时会更从容冷静，更有胜算的把握。

（二）压力过度损害身心健康

压力过大，长期处于压力之下，人会由于无力应对，感到无助和无望，导致情绪困扰、行为混乱；身体上则会出现疲惫不堪、免疫功能降低，头晕、偏头痛及头痛、睡眠障碍、癌症等疾病或症状。若压力不大，但持续时间长，也会潜移默化地影响人们的情绪和行为，累积起来会对个人身心造成不良影响，导致身心疾病的发生。相反，如果个体承受力高而压力不足，人们会感到空虚无聊。由于生活的目标、意义减少，使人们感到自己是无用或无价值之人；也有的因为空虚无聊而寻求刺激，走上了不良生活道路。

知识链接

压力和疾病

压力和疾病有联系吗？下面的公式被用来阐述压力和慢性疾病之间的关系：

疾病 =S×C×F

其中：

S= 压力源；

C= 个人压力、压力应对方式，身心健康的整体状态；

F= 其他因素，如环境、社会支持、药物史等。

这个公式由 H. Lagerlof 在 1967 年提出，说明了压力和生活方式之间，生活方式和环境与个体因素之间的复杂的相互关系。

五、压力认识的误区

在日常生活里，有许多人对压力有着错误的认识，当这些错误观念影响我们应对压力的方式时，往往会产生极具破坏力的效果，因此走出这些常见的误区非常重要。

1. 压力都是有害的　压力既可能是有益的，也可能是有害的。积极压力可以给人提供激情和喜悦，也可以为人们在期限前完成工作、进入新的环境、应对紧急事件、达到最佳表现和在面对新挑战时提供专注力和精力。适度的压力是有用的，即使压力很大，但它也是适当的和重要的。

2. 压力都应该被消除　压力与我们形影不离，它不能也不应该被消除。压力管理的目标应该是控制压力，从而降低他们转为有害的不良压力的概率或缩短压力持续时间。压力是我们生活的一部分，也是我们身体的基本需要，例如吃喝、爱、归属等，没有获得这些你就会有压力，因此压力是永远存在的。重要的是理解压力并学会控制它，尽可能地使它不至于让你负担过重，但又能实现个人的潜力。

3. 压力越少越好　压力并非越少越好。当面临挑战和紧急事件时，压力增大反而越让人能够更加集中注意力，更好地处理遇到的事情。压力也有消极与积极之分，应该说，积极的压力越多越好、不良的压力越少越好。

量表测试

压力自测量表

本量表根据国外常用的贝克量表等进行改编，可以评估自己最近的压力状况、心理承受能力、是否有悲观厌世情绪等。请根据自身情况如实进行选择：非常符合选择 1 分、不太符合选择 2 分、有点符合选择 3 分、非常符合选择 4 分。

1. 最近我总是莫名其妙地失眠
2. 最近我的脾气变得很差
3. 现在我容易感到悲观或伤感
4. 我觉得非常孤独
5. 身边能够理解我的人不多
6. 人们看起来并不喜欢我
7. 缺乏家人或朋友的支持
8. 我需要一个幸福的家庭
9. 最近我刻意回避朋友或家人
10. 最近我经常喝闷酒或抽很多烟
11. 我想把以前最珍爱的东西丢掉或送人
12. 我曾经写过遗书或非常绝望的文字
13. 对于未来我感觉希望渺茫
14. 无论如何也无力改变我的生活现状
15. 我开始怀疑生活的意义
16. 我认为活得没什么意思
17. 我无法做到别人要求我做的事情
18. 有时候我真想解脱这一切
19. 不用极端的办法无法改变我的处境
20. 很多时候我觉得尊严受到了伤害

解释标准：每题选 1 记 0 分，选 2 记 1 分，选 3 记 2 分，选 4 记 4 分，将 20 道题总分加起来判断您的压力状况：0～25 分：您是个乐天派，生活幸福。26～35 分：有一些压力，需保

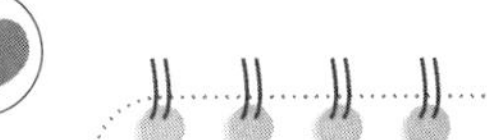

持乐观心态。36～49分：您面对的压力较大，需要得到释放，建议您调整心情，或者休息一段时间。50～65分：您压力很大。建议您走出自我的小圈子寻求他人的帮助，保持轻松愉快的心情。66分以上：您承受着巨大的压力，您的心理状况不容乐观，有必要寻求帮助。

第二节　压力从何而来

一、压力的一般来源

导致压力产生的情绪、刺激和活动，都被称作压力源，它们广泛存在于我们的日常生活之中。压力源是压力产生的原因和条件，而压力是个体形成的综合心理状态，是个体内心的体验。压力源可以是短暂的，引起瞬间的兴奋和欢愉；也可以是长期的，使人经常处于一种戒备状态。压力源可能是自身产生，如痛苦、疾病、罪恶感、不良的自我概念等；也可能是环境之中产生的，如毒素、高温、严寒、噪声。还有些属于信号性的压力源，诸如地位丧失、自尊威胁、工作超负荷或是过度拥挤。当遭遇压力源时，机体会通过改变其生理功能来做出压力反应，压力副产物随之出现——血压升高、肌肉收缩度增加、血清胆固醇以及胃内的盐酸分泌，如果压力反应成为惯常性的、长期的、非消退性的，疾病便会因此出现。坎伯斯（Compas）提出三种情况可能造成压力源，“紧急压力源如生活改变、不规律生活事件；慢性压力源如个体的大环境不利于自己、债务上的纠纷、人身自由、权利被剥夺等；人际关系压力源如当个人与家人、外人之间的沟通不良，这些情况都会出现压力。”波利斯（Price）“在压力原因论中认为压力可能来源于个人价值观、信仰、环境因素、社会因素等，因此，他将压力源定义为三种：首先是心理的压力源，是指无法被个体承受的心理压力程度；其次是生理的压力源，如青春期时因身心变化而产生的心理压力和生理压力；再者是社会的压力源，如个人追求的社会价值、社会认同等压力。”

总的来说，压力源可以分为三种：生活事件、日常烦扰、心理困扰。

1. 生活事件　生活事件是指那些非连续性的、有清晰起止点的、可以观测到的明显的生活改变。生活方面的突然变动是造成压力的主要来源，如家人的突然去世、自尊受到重大打击等。由于变动太突然，人们很难有效地应对。生活事件包括积极事件和消极事件两种。但通常只有消极生活事件与心理问题存在较高相关。消极生活事件也称急性压力源，它与慢性压力源（日常烦忧）主要是以持续时间的长短作为划分标准的。

2. 日常烦扰　日常烦扰主要是指慢性压力源。日常烦扰可以分为生活小困扰和长期社会事件所带来的烦扰。生活小困扰的严重程度虽不足以造成很大的压力，也不足以构成危害，但累积的压力会对个人身心造成不良的影响和烦扰。长期的社会事件，也叫社会环境性压力源，这是一组直接阻碍和破坏个体、社会需要的事件，分为两大类：一是纯社会性的，如重大社会变革，重要人际关系破裂、家庭长期冲突、战争、被监禁、交通拥挤、环境污染、升学竞争等；二是由自身状态（如个人心理障碍、传染病等）造成的人际适应问题（如恐人症、社交不良）等；这些都可能令人产生心理上的压力。日常烦扰有两个特点，一是持续的时间比较长，但一般不会达到压力的高峰点；二是与急性压力不同，慢性压力不是非连续性事件引起。

3. 心理困扰　心理困扰也可称为精神性压力源。它是个人内在心理因素的困扰所形成的压力的重要来源，比如错误的认知结构、个体不良经验、道德冲突、长期生活经历造成的不良个性心理特点（如易受暗示、多疑、嫉妒、自责、悔恨、怨恨）、动机或行为的挫折、个人期望值过高、完美主义、对过去经历的追悔以及对人际关系的不满意等。在心理困扰中，道德痛苦比其他任何痛苦都深刻而剧烈。当一个人陷于自责、自卑的痛苦中时，他就处于极大的压力之下。道德痛苦作为一种压力源，有时能够完全破坏一个人的价值观和人格，使人陷于不能自拔的困境，甚至轻生。比如在现实生活中，一些性道德观念的冲突、诚信方面的冲突，都有可能使人产生严重的恐惧、焦虑和抑郁。心理困扰和上述两类压力源不同，上述两类压力源主要涉及外在因素，而心理困扰是个人的内在心理因素，是自我的压力与紧张，是内在的压力。

知识链接

了解你的压力源

在希望解决压力之前，首先要知道压力源自哪里，需要精确地找到自己的压力源。可以制作一个压力日志，在这个日志中，你可以记下自己的压力大小以及在这一天中的感受，对那些容易带来压力的事应当给予格外关注。每小时 1 次，记录的内容如下：

你有多高兴？（范围是 1～10）；你有多压抑？（范围是 1～10）

你喜欢自己的学习（工作）吗？你现在的学习（工作）效率如何？

任何时候发生了可能带来压力的事情，都可以记下来：

发生了什么？是在哪里发生的？你有多压抑？（范围是 1～10）你是怎样处理的？

课堂活动

压力测量计

自我监控实际上可以帮助你减少压力，因为较强的意识可以使你更好地控制自己的压力水平。为了帮助解决这个问题，我们要向你介绍压力测量计，它就好像是一种测量你压力水平高低的温度计。

每天早上、下午和晚上，分别在你的笔记本上记录三次测量数据。根据你的感觉，填写一个从 0 分到 10 分之间的数字：10 分代表严重的压力，一点鸡毛蒜皮的小事都可以引爆你内心的炸药；而 0 分则代表你很放松，就像睡着了一样。

在接下来的一周里，用这个方法来找到那些压力值很高、快要燃烧起来的时候。很快你就会清楚，你在什么时候会感到一切尽在自己的掌控之中，什么时候感到过度紧张以及快要崩溃。你也会开始发现，生活中的哪些事件会让你的压力值上升，哪些则会让它下降，这样你就可以有意识地进行应对处理了。

我的压力测量计	星期一	星期二	星期三	星期四	星期五	星期六	星期日
早上	5	8	5				
下午	7	6	4				
晚上	2	6					

二、大学生的常见压力源

大学生活是人一生中最重要的时期之一，它为将来人生奠定目标方向和事业基础，也对一个人的个人成长、自我修养起至关重要的作用。大学生所处的这个年龄阶段正是人们要做好准备去承担文化所赋予的成人的角色和责任的时期。他们面临的人生课题是适应大学的学习，完成职前教育的最后一个环节，开始恋爱婚姻，与他人良好合作，再次了解和探索自己，发现自

己的职业兴趣，从而为进入纷繁复杂的社会做好准备。阿马科斯特（Armacost）在青少年日常生活中的压力源研究中发现，学业压力是青少年生活中占比最大的压力；其次是人际关系方面压力；再者是运动与联谊活动中表现方面的压力。他提出，在青少年的家庭和学校生活中，来自父母及师长方面的人际关系压力最重；而后是来自家庭成员间关系的压力，较为年长的青年更多地被自我期望方面的压力和来自社会外部的压力所困扰，较为年轻的少年为家庭和学校方面的压力困扰居多。史塔克（Stark）发现老师的评价是青年统一的压力来源，其次来自家人的评价，女生在人际关系方面的压力高于男生，而男生在学业方面的压力大于女生。在生活中压力的轻重方面，有研究发现，在青少年生活中压力从重到轻排序为：社会方面压力，学校方面压力，朋友间直接压力，同伴间压力问题，家庭内部压力问题等。实际上，大学生在整个大学的每一阶段都会面临不同的压力。在大一阶段，主要面临着适应新的校园生活的压力；大二、大三阶段面临着情感、交往、学习等各种新的问题；大四阶段面临着就业、考研等人生的重要难题。当面对大学阶段不同阶段的各种压力时，一些大学生选择不断调整自己的状态和心态，对自己的人生做出科学的规划，直面压力；另一些大学生则把自己龟缩起来，一面感叹和后悔，一面不停地逃避。其实压力并不可怕，只要我们学会如何辨识、转化和应对压力，化压力为积极的人生动力，就是面对压力的明智之举。

案例导读

小B的情感故事

小B是一位大二学生，是学生会学习部长。他与女朋友小C从大一下学期开始谈恋爱，转眼已两年，感情一直很好。在暑假即将来临的大三结束时B有两个打算：①他想把C带回农村的老家和父母见面，而且他也想到C家去见她的父母；②大四就在眼前，是认真考研还是找工作，他也要和C好好商量商量，他自己是想考研的。可是没想到，C当场否决了去她家和他家的建议，她说她早和父母说了，这个暑假哪里也不去，在学校专心考研。任B好说歹说，C就是不同意，终于两人闹得不欢而散。B十分烦恼，开始怀疑C对他的爱情了，只需要三天时间就可以回一趟老家，C又不是不能抽出这个时间，她分明就是没有诚意！他越想越想不通，时间也越来越接近考试和放假。接下来B又找C谈了几次，虽然C不再像过去那样斩钉截铁，但温柔的语气里表现得还是那么坚决。这件事一直像石头一样压在B的心中，使他根本无法复习，看来也只好勉强对付期末考试了。结果考试成绩很不理想，还有一门挂了红灯，作为学习部长，他的心里又增添了新的压力。

如案例所述，小B因为爱情的不顺利而感受到压力。造成大学生心理压力的因素除了情感之外，还有来自人际关系、生活、学习、就业等多方面的压力。

1. 生活压力　生活压力是大学生重要的压力来源。大学生离开父母融入学校大环境，在角色转化过程中，会形成一定的心理落差，如果不能很好地调整自己的状态，适应大学生活，便会造成压力。除此之外，丰富的校园生活会让一些大学生在“热闹、喧嚣的活动”与“宁静致远的学习”的选择中举棋不定、左右为难，进而难免遭受挫折或者因担心要遭受挫折而产生紧张、恐惧的情绪状态，这也是许多大学生感叹自己压力大的重要原因。

2. 人际压力　大学生人际关系也是一个重要的压力源。大学时期的友谊具有重要而特殊的意义，它伴随着大学生的成长和成熟。在大学阶段，许多大学生离开了以往熟悉的朋友圈，要面对来自不同地区和不同成长环境的同学和室友，大学生要在这种条件下形成新的交友圈和社会支持系统。在与周围的同学从陌生到熟悉的过程中，在不断了解同学们的性格特点的过程中，在不断调整自己以适应新的交际场合的过程中，部分学生会因为种种原因产生人际关系不和谐，从而导致心理压力，产生心理问题。

案例导读

害怕交往的小D

某大学女生小D，学习成绩在班上为第一名。自卑，看不起自己。在大众场合不敢发言，跟别人交流时总不能恰当地表达自己，尤其是跟老师或陌生人谈话，总觉得十分局促，举手投足不知如何是好，并且脸红得很厉害。很羡慕别的同学在公共场合能够从容不迫，侃侃而谈。强烈希望改变自己，虽然作过很大的努力，但一直得不到明显改观，内心非常苦恼。从高中到大学很少与异性同学交往，别人评价她是个冷漠、孤傲的人。小D从小养成了以自我为中心的习惯，因此，在成长和交往的过程中，朋友越来越少，慢慢地脱离了群体，把自己封闭起来。后来开始反省自己，自责，觉得都是自己的错。时间一长，发现自己好像已经没有脾气了。不管跟谁发生矛盾，都以为是自己的错，然后深深自责，或者把怨气都闷在心里。总觉得难以与周围的同学建立一种和谐的关系。非常担心毕业后不能适应社会生活。近来更是觉得自己一无是处，极度自卑，没有勇气参加任何活动。

3. 情感压力　情感作为大学生活主旋律之一，始终是心理压力来源的敏感点和多发点。这一时期的大学生正处在由少年向成年过渡的青春后期，生理的成熟使得大学生渴望与异性接触，但大多数大学生往往不能很好地把握与异性接触的程度，一旦遭遇感情危机，就很容易引起心理压力。

4. 学习压力　学习是大学生的首要任务，大学生活中的绝大多数时间都在与学习打交道。进入大学后，学习方式由“压着学”变成“自己学”，这就使得大学生需要去适应新的学习方式，找到适合自己的学习方法。虽然由学习造成的压力对大学生的强度并不是很大，但持续时间很长，对大学生的影响不可低估。

案例导读

挂科了，怎么办？

一位大一女生谈到：“从小到大第一次面临考试不及格，心里难过了好几天，自己已经努力了，但成绩与预期的相差很远。”很多女生也表示有过类似感受。在这个问题上，男生比女生的承受力也强不了多少，表面看似平静，内心却同样痛苦。一位大一男生说：“高考没考进自己理想的学校，对我来说是有生以来最大的打击。当时家人劝解时，我虽没说什么，但心里十分难过。”

5. 就业压力　就业是大学生最为关注的一个话题。大学生就业难的问题是一个社会问题，它不仅影响着年轻的学子们，也影响着千千万万学子的家庭，影响着社会。一到毕业临近，就会有大学生为自己的前途感到焦虑、担忧甚至产生某些过激行为。

6. 自我成长的压力　大学生正处于“心理断乳期”，其人格尚未完全独立。面临学习、就

业、恋爱、社交等方面的压力，还有来自亲朋好友、父母以及自身的压力，再加上独特的生理因素和生活环境，难免会处于一种优越与自卑、幸福与痛苦、合群与孤独、成功与失落、理想与现实的矛盾冲突之中。

知识链接

驴的哲学

有一天，农夫的一头驴子不小心掉进一口枯井里。农夫绞尽脑汁想办法要救出驴子，但几个小时过去了，驴子还在井里痛苦地哀嚎。最后，这位农夫决定放弃，他想：这头驴子年纪也大了，不值得去大费周章把它救上来。不过无论如何，这口井还是得填起来。于是农夫便请来左邻右舍，帮忙一起将井中的驴子埋了，以免除它的痛苦。农夫的邻居们人手一把铲子，开始将泥土铲进枯井中。当这头驴子了解到自己的处境时，刚开始哭得很凄惨。但出人意料的是，一会儿之后这头驴子就安静下来了。农夫好奇地探头往井底一看，出现在眼前的景象令他大吃一惊：当铲进井里的泥土落在驴子的背部时，驴子的反应令人称奇——它将泥土抖落在一旁，然后站到铲进的泥土堆上面！就这样，驴子将大家铲倒在它身上的泥土全数抖落在井底，然后再站上去。很快地，这只驴子便上升到井口，在众人惊讶的表情中快步跑开了！

就如驴子的情况，在生命的旅程中，有时候我们难免会陷入枯井里，会被各式各样的泥沙倾倒在我们身上，而想要从这些枯井脱困的秘诀就是：将泥沙抖落掉，然后站到上面去！

三、压力与挫折

常言道，生活不如意之事十之八九。人人都希望自己的生活一帆风顺、万事如意，可有的时候生活偏偏就是那么无情和冷酷。当生活和你开玩笑时，作为大学生的我们应该怎么应对，是面对现实接受挫折？还是逃回自己小小的蜗牛壳中？在面对挫折时，不同人的心理机制也截然相反：有的人是应付机制，他会用种种消极的心理防御机制逃避挫折；而有的人是应战机制，挫折会激发他调动自己的种种资源和能量，最终化解并超越挫折。可见，一个遭受挫折却依旧能含笑的人，要比一个遭受挫折就立即崩溃的人获益更多。如果一个人抗挫折的能力很低，那么他的事业就会被扼制。相反，如果能够超越挫折，那么他就拥有更多的机会，事业也会如鱼得水，平步青云，所以挫折是人生的宝贵财富。其实生命中的每一次挫折，都蕴藏着与之等价的利益和机会。人人都有超越挫折的潜能，成功与否的关键只在于面对挫折的不同态度。

（一）挫折的含义

挫折是一种情绪状态，即个体在从事有挑战性的任务过程中，遇到无法克服或自以为无法克服的内外阻碍或干扰，使其需要或动机不能得到满足时所产生的消极的情绪反应。人的行为总是从一定的动机出发到达目标，在实现目标过程中，如果产生了挫折，就会产生三种情况：①改变方法，绕过障碍物、另择一条路径，实现目标；②如果困难不可逾越，就修改目标，改变行为的方向；③在障碍面前，无路可走，不能实现目标。在第三种情况下人们会产生严重挫折感，也就是人们在挫折情境下所产生的烦恼、困惑、焦虑、愤怒等负面情绪交织而成的心理感受，其中挫折认知是核心因素，挫折反应的性质及程度主要取决于挫折认知。一般来说挫折包含三个方面的含义：

一是挫折产生的刺激情境，构成刺激情境的可能是人或物，也可能是各种自然和社会环境；

二是挫折认知，指对挫折情境所产生的认识和评价；

三是挫折反应，指个体在挫折情境下所产生的挫折感，是由焦虑、愤怒、抑郁等负面情绪交织而成的心理感受。

以上三者中，挫折认知是核心，挫折认知和挫折情境关系密切，而挫折反应的性质和程度则取决于挫折认知和挫折情境。一般来说挫折情境越严重，挫折反应就越强烈。但是只有当挫折情境被主体感知到，并且被主体认知为挫折情境，才会在个体心理上产生挫折反应，主体认为挫折情境越严重，产生的挫折反应就会越严重。

（二）挫折的特征

1. 普遍性　挫折广泛地存在于每一个人的生活之中、遍布于生活的方方面面。在成长这条大路上，时而困难重重，时而挫折挡道。然而，正是这些挫折与困难使我们离成功越来越近，亦或越来越远。几乎每个人在他的成长历程中都遭遇过挫折，挫折也是生活的一个重要组成部分。

2. 两面性　一方面，挫折可以使人迎难而上，使人猛醒，吸取教训，改变目标或策略，从逆境中重新奋起；另一方面，挫折也可使人止步不前，出现负向情绪反应，并采取消极的防御方式来对付挫折情境，从而导致不安全的行为反应，如不安、焦虑、愤怒、攻击、幻想、偏执等。因此，和压力一样，我们在看到挫折消极面的同时还要看到其积极面，任何成功都是在逆境和坎坷中磨砺出来的。

3. 暂时性　挫折只是代表我们在实现目标的过程中遇到了一些障碍和挑战，并不意味着我们已经彻底失败。挫折会随着情境的改变、时间的变化而减少，甚至消失。挫折并非不可战胜，遭遇挫折后所产生的不良情绪只是暂时的，只要具有克服挫折的决心和勇气，重新树立起信心，加上不懈努力，挫折迟早都会过去的。

（三）影响挫折感的因素

1. 需要迫切感和动机的强烈度　需要越迫切、动机感越强烈，受到阻碍后的挫折感就会越强。

2. 自我认知偏差　对任何事物的自我认知与现实都可能有一定的差距，如果不从实际出发，只考虑主观愿望，人为拉大二者之间关系，就会产生挫折感。表现有三种情况：①绝对化：只有成功，不允许失败。②过分概括化：以偏概全。只见树木不见森林，即使是喜忧参半的事情，看到的只是消极的一面，例如一次考试失利，就认为自己一无是处，什么事情都干不好。③灾难化：些许的失败，就对自己全盘否定，否定自己的学习能力，然后无限延伸到生活学习的其他方面。

3. 个人抱负水平的高低　自我抱负水平是指个人对未来可能达到的成功标准的心理需求，是指人们在从事某种实际活动之前，对自己所要达到目标规定的标准。如果一个人对自己规定的标准高，那么他的自我抱负水平就高；如果对自己规定的标准低，那么他的自我抱负水平就低。可见，自我抱负水平是自定的标准，仅是个人愿望，与个人的实际成就不一定相符合。在现实生活中，不少大学生在学习等方面的挫折都与自我抱负水平的确立不当有关，抱负水平高的人比抱负水平低的人易产生挫折感。

4. 自我归因不当　在生活中，人们对行为的成功与失败进行归因是一件很平常的事，然而在这一过程中形成的归因倾向则对人的心理承受力有很大的影响。心理学研究表明，在归因中，有些人倾向于外部归因，认为外部复杂且难以预料的力量是主宰行为的原因。如一个学生认为自己成绩不好主要是由于教师教学水平或是考卷难度太大方面的原因。有些人倾向于内部归因，即认为自身的努力、能力是影响事情的发展与行为结果的主要原因。例如一个学生认为自己成绩不好是由于学习不够努力造成的。当遇到挫折时，内部归因的人倾向于把原因归于主观因素，就容易自我埋怨、自我责备。如果这种自责、悔恨过多，就会给人们带来强烈的挫折感。

5. 挫折阈限　心理学上的阈限值说明人的感觉能力。人体接受刺激是有一定限度的，太弱和太强都不会产生感觉，挫折感，也有一个范围。把引起挫折感的最小刺激点叫做绝对挫折阈限。相应地，一个人能承受的挫折感的最高限度叫做挫折适应极限，即挫折感范围的上限，也称上阈。绝对挫折阈限与挫折感成反比关系。绝对挫折阈限越低越容易受到挫折，绝对阈限越高对挫折越不敏感。一般来讲，气质类型为抑郁气质和A型性格的人容易超过挫折适应极限。

（四）压力与挫折的关系

随着社会竞争的日益激烈，学业、能力、个人情感、理想、自身条件等方面都让人感受到了强烈的压力，这些压力对我们的学习和生活已经造成了深刻的影响。如何坦然应对挫折，能否健康、积极地面对生活压力，已经成为每一个人亟待解决的重要问题。为什么有人总能扭转逆境，赢得美好结局，而有人陷入低谷时，只会哀叹和抱怨，始终走不出黑暗的泥沼?

压力与挫折之间既有区别同时又有联系。首先是两者概念的不同，压力是由于事件和责任超出个人应对能力范围时所产生的焦虑状态及对内外失衡状况的体验，压力会带来主观威胁，但不一定会对主体造成客观伤害。挫折是实现目标受阻，难以达到期望时所获得的一种消极的情绪体验，是由于主观愿望与现实之间的差距而产生的一种情绪状态。压力发生在问题解决过程的可能性困难中，挫折则发生在目标达成过程的现实阻碍中；其次，从两者的包含要素来看，均涉及情境、认知和反应这三个因素，因此，在一般情况下，压力与挫折可交替使用；最后，压力和挫折是互相影响的关系，当压力的持续时间过长，强度过大，超出个体的承受能力时就会带来挫折感，而挫折感的大小也会导致个体感知压力强度发生变化。

（五）挫折承受力：逆商

案例导读

成功的可口可乐

可口可乐的总裁古滋·维塔就是一个高逆商的人。这位著名的古巴人40年前随全家人匆匆逃离古巴，来到美国，身上只带了40美金和100张可口可乐的股票。同样是这个古巴人，40年后竟然能够领导可口可乐公司，让这家公司在他退休时股票增长了7倍！整个可口可乐价值增长了30倍！他在总结自己的成功历程时讲了这样一句话："一个人即使走到了绝境，只要你有坚定的信念，抱着必胜的决心，你仍然还有成功的可能。"

古滋·维塔是高逆商的代表，他的一生经历了无数的坎坷，但都一次又一次地被他超越了。也许有人会说：因为他成功，所以就说他逆商高。的确，人们对成功者的评价往往是"马后炮"，在他们成功以后再总结其成功的要素，而不能有"先见之明"。同样的，以往人们常凭借直观感觉来看待一个人对困难的态度，认为这个人持之以恒、坚忍不拔，亦或意志力薄弱、缺乏耐心等，这种观察是模糊不清的，对个人的培养锻炼没有任何实际意义。

挫折承受力是指个体遭遇挫折情境时，能否经得起打击和压力，有无摆脱和排解困境而使自己避免心理与行为失常的一种耐受能力，亦即个体适应挫折、抵抗和应付挫折的一种能力。一般来说，挫折承受力较强的人，往往挫折反应小，受挫折时间短，挫折的消极影响小；而挫折承受力较弱的人，则容易在挫折面前不知所措，挫折的不良影响大而且易受伤害，甚至导致心理和行为异常。挫折承受力的大小反映了一个人的心理素质和健康水平。许多人的心理问题是由于遭受挫折而又不能很好地排解和调适所造成的，增强挫折承受力，是获得对挫折的良好适应和保持心理健康的重要途径。

逆境商数（adversity quotient，AQ）是美国成功学专家保罗·史托兹教授最早于 20 世纪 90 年代中期提出的概念，也称意志力商数。AQ 可以用来衡量人们克服不顺境遇时的应对智力及应对能力，这一概念在西方已得到广泛认同。保罗·史托兹教授在《让逆境商 AQ 克服逆境》中指出了逆境商对于个人的重要性：面对逆境，有的人努力奋争，百折不挠；有的人浅尝辄止，一番争取之后，偃旗息鼓；有的人一旦陷入困境，就心怀恐惧，绕着问题走。不同的态度导致了不同的结局，或是到达理想的彼岸，或是缩手缩脚碌碌无为。

"为什么在智力、资本和机遇相同的条件下，有的人能步步高升，而有的人却一败涂地？归根到底在于他们迎接挑战、克服困难的能力，即逆境商的不同。"心理学近年进行的研究结果表明，智商（IQ）在一个人的成功中绝不是制胜的最重要因素，情商（EQ）和逆境商（AQ）才起决定性的作用，AQ 指数高的人往往比 IQ 指数高的人更能适应环境。

（六）如何培养逆境商

应付逆境的能力更能体现一个人的生命价值，使你以不变的心境应对万变的逆境，从而立于不败之地，但逆境商的高低并非是与生俱来的。有研究表明，在人的心理活动中的任何一个领域，都没有像意志活动方面那样，如此鲜明地表现出个人的自我调节、自我培养的特征。逆境商的培养始于意志的磨炼，培养和磨炼意志是我们发挥主观能动性的一个最好的心理领域，当一个人开始对自己的意志品质进行积极培养时，则标志着一个人成功的开始。

1. 塑造积极的自我概念　自信乐观者总是相信自己的能力，并深知"车到山前必有路""柳暗花明又一村"，在困难和挫折面前镇定自若。积极的自我概念具体包括：能自我认识，有积极的价值观、有正确的自我意识。

2. 培养良好的意志品质　强者之所以能称之为强者，关键是他们在困难和挫折面前能保持顽强不屈的意志品质，义无反顾地同困难较量，在哪里跌倒就会在哪里爬起来，不达到目的誓不罢休。我们要磨炼我们在面对挫折时候的意志，正确面对挫折，学会在遇到挫折时平衡自己的心理，开导自己，从而更坚定更豁达地面对挫折。

3. 积极总结经验教训　每一次失败都是一次积极的教训，可以从中吸取经验，完善自己。首先，可以关注一下每次行动时的目标设置是否恰当，是否过高或过低。过高且超过了自身的能力范围，容易导致失败从而引起挫折感，过低则会导致行为动机不足，无法完成预定目标。因此适当地调整目标，甚至应学会放弃，否则，明知自己不能达到目标而固执，只会受到更大的挫折。其次，如果目标稳妥可行，也符合自己的能力水平，那就需要检查到达目标的途径、方法是否稳妥。如果发现此路不通，应该早日改弦易辙，另辟蹊径。最后，有时目标可行，方法妥当，但还是失败，就需要分析造成挫折的原因来自自身还是外界。要想方设法排除阻力，化阻力为动力。

困难、失败、阻碍、挫折，没有人喜欢，但它是客观存在的，对于大学生来说，它是一笔难得的财富，它是天才的垫脚石、磨刀石，是成才的沃土。古今中外，凡成就大事业、大学问者，都与受过磨难有内在的联系。屈原被逐而赋《离骚》，司马迁遭"宫刑"而作《史记》，曹雪芹家道中落而著《红楼梦》；颠沛流离把铁木真造就成为"一代天骄"，韩信忍胯下之辱而终成一代名将。正所谓，自古英雄多磨难。苦难不能造就天才，但苦难中学到的坚强勇敢却是成功不可或缺的因素。假使有一天我们被挫折压弯了腰，请一定记住：火柴如果回避摩擦，它的一生就只能黯淡无光。

知识链接

应对挫折的三句话、三颗心

第一句话："太好啦！"当你遇到困难、烦恼、不如意时，首先对自己说声"太好啦！"

这可以培养我们遇到挫折时有一种良好的心态，遇到问题从好的角度去想。

第二句话："我能行！"在挫折面前充分相信自己，乐观面对，积极想办法。

第三句话："你有困难吗，我来帮助你！"当你能够帮助别人时，你也就有能力应对自己在学习和生活中遇到的问题。

第一颗心：平常心。用一颗平常心对待身边的事物，可能挫折感就会大大降低。

第二颗心：自信心。无论遇到多大困难与烦恼，都要相信自己，要告诫自己：我们没有失败，我们只是暂时停止了成功。

第三颗心：求助心。当自我调节不能摆脱失意带来的痛苦时，不妨向他人倾诉你遭受挫折后的不快与今后打算，改变内心的压抑状态，以求身心的轻松，从而让目光投向未来。

第三节　有效管理压力

在生活中我们总会遇到压力，可能是工作期限的压力、可能是搬家的、也可能是关系破裂的压力，不论哪种压力都会让你有失去控制的感觉。一旦我们接受压力是生活中不可避免的一部分，承认我们不能像关掉水龙头一样随心所欲地关掉它，我们就必须学会去管理压力。虽然我们不能，也不应该完全消除生活中存在的所有压力，但压力水平如果一直居高不下，不仅会损害你的身心健康，而且还会严重影响你正常的学习、生活。所以，我们需要压力管理，让压力朝着对你有利，而不是有害的方向发展。那什么是有效的压力管理，压力管理的关键是什么？

一、压力应对与应对方式

应对是压力研究中的核心问题，它最初只是一个日常概念，在 20 世纪 60 年代被引入学术领域后便成为多学科关注的焦点。心理学对应对的研究最早可追溯至弗洛伊德对心理适应的研究。弗洛伊德认为，应对就是一种无意识的心理防御机制。当个体在面临应激性事件时会无意识地运用否认、压抑、投射、升华等防御机制来应对问题。随着认知革命在心理学界的兴起，认知心理学家们开始关注认知评估在压力应对过程中的作用，并把应对定义为持续的认知和行为努力以处理被个体认为是超出了其个人资源的内部或外部任务。该定义强调应对是一种过程，会随着情境的变化而变化。实际上，对应对定义的探讨主要集中在应对是一种稳定的特质还是一种动态变化的过程，是自主的、有意志努力的行为，还是包括非自主的、自动的行为，与认知是适应性的还是非适应性的，是有意识的还是无意识的，或是在有意识中包含潜意识。尽管对应对的定义一直存有争议未能有一个标准化的界定，但总的看来，已经体现出一种观念整合的趋势。综合言之，应对是一种动态变化的过程，但同时也是个体稳定特质的体现，是个体在面对压力情境或事件时，运用其内外部资源所做出的各种认知或行为努力。这种努力可以是有意识的也可以是潜意识的，既有动态的也有静态的，既有健康的也有不健康的（黄希庭，2006）。

应对方式（ways of coping）是指个体在面对压力情境或事件时采取的认知和行为方式。是个体摆脱精神紧张的自我心理适应和心理支持机制。可简单理解为人们为对付内外环境要求及其有关的情绪困扰而采用的方法、手段或策略。有研究者认为，应对方式属于人格特质，具有跨时间和跨情境的一致性，可以通过测量人格特质的个体差异来预测个体的应对方式和行为。也有研究者认为，个体面对压力时所采取的应对方式，更多是对特定情境的反应，比如某一个应激情境下，个体所采取的行为反应。

二、压力识别与评估

在希望解决压力之前，首先要知道压力是怎么来的。一般对于压力的评估分为两个阶段：第一个阶段先评估压力来源的重要性，考虑“发生了什么事？”“是否对我有好处？”“是否让我很有压力？”如果以上问题你都回答的“是”，那就进入第二个阶段：评估一下压力带来的伤害已经产生没有，如果没有产生，是否要有所行动。

压力排序法可以帮助我们查找压力来自于哪里，具体实施过程如下：

1. 罗列　一个即将毕业的大四学生将他的压力罗列如下：考试，毕业后就业，情感出现危机，经济拮据，宿舍同学不良的生活习惯，同学关系出现矛盾，情绪烦躁，工作的失误等。

2. 排序　按照他自己感觉压力的大小将压力进行排序，压力最大的放在最前面：考试—毕业后就业—情感出现危机—经济拮据—同学关系出现矛盾—宿舍同学不良的生活习惯—情绪烦躁—工作的失误

3. 问题分析　我们需要知道哪些问题是可以改变的，哪些问题是不可以改变的，哪些问题是不可以改变但可以改善的。然后努力改变我们可以改变的事，接受我们不可以改变的事，并努力改善我们对这些事情的态度和认识。下面我们针对以上的具体问题来进行分析：

（1）考试：考试的事实我们无法改变，但我们可以通过改变对考试的态度（认真对待），以及可以为获得良好的考试结果而努力。因此，不要拖延，立即着手去做。

（2）毕业后就业：虽然同样迫在眉睫，但只是担心则是无法改变现状的徒劳之举，需要我们进行认真规划，暂时不需要马上解决。假日集团的创始人凯蒙斯·威尔逊先生，在 30 多年的时间里，他使一个仅有几家路边汽车旅馆的假日公司发展成为世界上最大的饭店集团，他有一个经营思想：不要盲目担心。你不可能改变过去，但你确实可能由于过分担心将来而毁灭现在。记住，我们担心的事有一半不会发生，而另一半反正无论如何也会发生。

（3）情感出现危机：这是可以通过沟通、自我调节等来改善的，但需要情感双方的共同努力。因此，不能着急。

（4）经济拮据：对大学生而言，这是一个短时间内不易改变的事实，我们需要接受这个事实。但我们可以努力去改善它，如通过节约、勤工俭学、助学贷款、奖学金、助学金等方式来逐步改善。

（5）同学关系出现矛盾：这是一个需要矛盾双方共同解决的问题，一个人的力量不能够解决所有问题，可以推迟解决。

（6）宿舍同学不良的生活习惯：这种情况一时难以改观，要学会接纳同学的生活方式，并做好自己应该做的事，在相互的磨合中，宿舍同学关系会逐渐有所改善，可以暂时放下。

（7）情绪烦躁：这是一种自我困扰，通过自我的努力是可以改变的，我们需要做的事情是调节自己的情绪。最简单的方法是学会微笑地生活，需要及时调整。

（8）工作的失误：这已无法改变，莎士比亚说过：“聪明的人永远不会坐在那里为他们的损失而哀叹，而情愿去寻找办法来弥补他们的损失。”因此，要吸取经验教训，忘记它。

通过以上分析，根据事情的紧急程度再次重新排序。我们发现原来非常多的烦恼缠绕在我们心中从而形成心理压力，通过重新排列之后要清晰很多，我们可以从容面对压力。

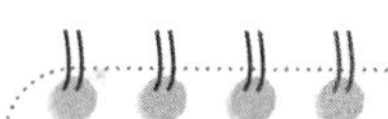

三、有效管理压力

（一）运用四步法，终止压力循环

第一步：停止。一旦开始感觉到压力向你袭来，马上对自己喊“停！”比如，正当你马上要完成一份报告时，你的计算机突然死机了。这时，你一定会觉得很郁闷，你的头脑中可能马上会闪现出故障信息可能造成的不良后果：“我的报告肯定不见了；我的工夫全都白费了；我可能会被责骂。”遇到这种情况时，在你还没有对自己说出这些话之前，马上对自己说“停”。

第二步：深呼吸。深深吸一口气，屏住呼吸 8 秒钟，然后再慢慢将气体呼出。当面对压力时，我们都倾向于屏住呼吸，而就像“停”这个词能够帮助你消除一些负面的想法一样，深呼吸也可以帮助你及时中止这种倾向。在面对压力时，把注意力集中在呼吸上可以帮助你用一种完全不同的方式去缓解压力。

第三步：反思。既然你的压力反应已被中断，既然深呼吸后你已重新获得能量，接下来你就可以把注意力全部集中在真正的问题。即压力的成因上。只有通过对压力反应进行反思，你才能区分出哪些是理性的压力反应，哪些是非理性的压力反应。只有这样才能使你更淡定、更现实，避开一些扭曲的看法。

第四步：选择。最后，当你的注意力全都放在客观事实上时，在重新启动计算机后，也许你会发现你只丢失了一点点信息，或者即使信息丢失，你仍然可以通过口述的方法，让听众明白你的意思。原本看似一个灾难性的问题现在却突然变成了一个可以管理的问题、一个只要你选对了方法就有能力解决的问题。

除此之外，我们还可以使用认知行为治疗师唐纳德·梅肯鲍姆所提出的应激思想灌输法，这个方法通过三个阶段来管理压力。第一个阶段，人们对自己的实际行动获得更多的认识，如认识到是什么引发了压力，其结果如何。该阶段的有效方法是记日记。第二个阶段，人们开始认同那些可以抵消非适应性的新做法，如安排固定的学习时间。第三个阶段，当适应性行为已经建立后，个体要对新行为的结果进行评价，对新行为的形成进行进一步的强化和巩固。

（二）在学习、工作和生活中寻找平衡

对于大学生来说，学习、工作和生活是大学生涯中不可缺少的一部分。虽然大多数压力都源于这三者，但对于这三者的要求却总是矛盾的，所以无论是在工作中、学习中，还是在生活中，这种矛盾常是造成压力、担心和焦虑的主要原因。要想办法在这三者之间保持一种健康的平衡，才能减少有害压力的影响，才能提高生活各个方面的积极能量。以下几点可以进行参考：学习、工作和生活应该是互补的，而不应该是矛盾的；应该先确定任务优先级，然后再在它与私人问题之间寻求一种平衡；所谓“全才的人”就是指那些既具备工作所需的技能和知识，又具备处理好工作、学习之外的个人生活所需的技能和知识的人，而在现实世界上没有人是“全才的人”；掌握一些灵活的有创造性的方法来保持三方的平衡，还能提高你在各方面的表现和精力。

（三）主动求助，善用资源

很多人在痛苦万分时，总是羞于让他人知道，认为是自己心胸不够宽广的结果。事实上，在人生奋斗的路上，压力问题是绝大多数人一生中不可避免的问题。人们当然可以自己去面对，但是当自己花费了时日却仍不见效果时，就可以考虑寻求他人的帮助了。人作为社会成员，一刻也离不开生活于其中的社会群体，他人是人们应对压力的重要资源和滋养。

1. 向导师、长辈寻求人生智慧　很多大学生问询这样的问题：“我是坚持自己更好，还是要妥协于他人？我是进入国企好，还是进入外企好？”“我留在国内读书好还是出国留学较好？”如果已经走过人生，当然知道适合自己的答案。可是大学生们正值当年，人生经验有限，依靠自己的揣测做出这样重大的人生决定也许欠妥。“当局者迷，旁观者清。不识庐山真面目，只缘身在此山中”。如何能做出正确决定，如何可以借力而行？向有相关经验的人讨教，是获取解决问题的有效办法。导师、长辈有丰富的人生经验，他们可以跨越时空，指点迷津。当然，他们的观点仍然是仅供参考，最后的决定权仍在自己手中。

2. 向朋友、同学寻求感情支持　一份幸福，两个人分享，就是两份幸福。一份压力，两个人承担，便可减少一半。朋友是生命不可或缺的存在，朋友的安慰、鼓励和保证等也可使人感到有依靠，产生安全感和希望。向朋友倾诉苦恼，可以达到宣泄情绪的作用。人在快乐时，急于让朋友知道他们的幸福，人在痛苦时，也希望让朋友与自己共同分担。

3. 向家人寻求精神归属　父母给予了我们生命，我们在父母面前展现第一次呼吸，在父母面前表现出最初的依赖。我们的外表继承父母的基因，长得像他们的模样。他们的情感特点和行为模式也会通过耳濡目染的方式传递给我们。因此，当我们有需要和困难时，家是每个人最安全的避风港，也是最能无私地接纳我们的地方。

4. 寻求专业心理咨询帮助　能够主动寻求心理帮助是心理成熟的表现，更是强者的表现。经再三努力仍然不能解决问题，当个人的压力问题已经开始影响正常的学习和生活时，寻求合格的专业性心理帮助是必要的。

（四）自我肯定训练

自我肯定是指一种行为或技巧，它能帮助你清楚且有自信地与别人沟通，并将你的感受、需要、欲望和思维表达出来。能自我肯定的人对生活更有控制力，因为其知道如何与别人建立良好的人际关系，更好地生活。自我肯定的第一步是要进行自我认同，也就是知道“我是谁”。心理学家埃里克森（Erikson）的心理社会发展（psychosocial development）理论提到，人的12～22岁是“对自我角色认同”的重要阶段。在这一阶段，个体将会形成各种各样的信念和价值观，了解自己在同伴中的位置，获得独一无二的个体感，最终把自己整合为有意义的完整独立个体。

第二步是要有“人人皆平等”的信念，你与别人一样有权说出或改变自己的想法，这是每个人都有的基本权力。有的时候我们害怕说出自己的想法是因为害怕会伤害到别人，或者改变想法会让自己失去对生活的控制，这些都会阻碍我们去表达和改变自己，以下一些小技巧可以帮助到大家：

技巧1：说话前先放松

在平静的情况下能够思考得更清晰，并且能更清楚地表达自己。想着自己要说的话，慢慢地深呼吸。可以使用腹式呼吸。说出观点之前，身体先放松。

技巧2：排练

把意见说出口之前，先在大脑里简短地演练一遍打算说的话，试着清楚地说出自己的观点。虽然理想情况下你希望大部分时间内能够不用演练直接回应，但若要采取一个不同的方式来替代自己原有的风格，则需要进行一些练习。最终，这些话会更容易、更自然地说出口。

技巧3：不拘谨地表达对其他观点开放的态度

有时可以表现出虽然有自己的想法，但也愿意接受其他想法。“我没有特别偏好，但我想尝试去一下做这个事情。”

技巧4：不必为有想法而道歉

人们都有权发表意见，所以不必为此道歉。避免说这类话：“原谅我这样说……”或“我很抱歉，但我觉得……”，此人真的后悔自己有想法吗?

第三步是学会积极自我对话，每天从清晨醒来的那一刻起，可以开始不断地进行自我对话。“今天天气真好，奖赏自己一天假期吧”“昨天的考试太糟糕了，从现在起我必须得发奋用功”“万一我要是没通过下午的面试，我这辈子就别想出人头地了”……尽管内容不尽相同，但每个人自我对话的方式却是具有自身特定的规律。有些人倾向于积极的自我对话，肯定自己、鼓励自己，关注问题的解决；有些人却习惯消极的自我对话，怀疑自己、贬低自己，纠结

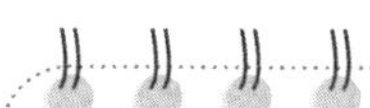

于此无法自拔。自己属于哪种人呢？看看下面的这些自我对话，哪些偶尔在自己头脑中闪现，又有哪些长期控制着自己的思维呢？

A1：“我再也没有其他办法。”
A2：“我应该尽量尝试从新的角度去看问题。”
B1：“我真是没面子。”
B2：“我要想些办法挽回面子，或者我可以在其他方面挽回面子。”
C1：“又考砸了，我根本不是读书的料。”
C2：“我的学习方法是不是有些不对，我应该请教一下老师或同学。”
D1：“丢了工作，我的前途完了。”
D2：“我可以重新规划自己的未来，也许会有更适合自己的工作。”
E1：“这件事情对我来说太难了。”
E2：“我可以将这个复杂的事情分成几个步骤。”，“我有什么资源可以利用呢？”
F1：“成功的希望不大，还是放弃吧。”
F2：“再做最后的努力，这是一次机会，我不想失去它。”
G1：“我又失败了，我也许会一事无成。”
G2：“除了努力，还有没有更有价值的事情可以尝试呢？”

正如人们所想的，序号中带“1”的句子充满了无助和绝望，仿佛可以看见一个深陷泥沼的可怜生命，只能任由黑暗牢牢抓住，肆意蔓延的消极情绪最终淹没了自我。然而，序号中带“2”的这些积极的自我对话，却像一片午后阳光温暖照耀心灵，使人看到无限的希望，赋予行动和前进的力量。与自己沟通应该是挑战并战胜压力最有效的压力管理策略之一。自我对话是消极还是积极，会直接影响到个人的压力水平。

如果经常跟自己说些消极、刻薄的话（比如“我怎么能够做出这么愚蠢的事情！”）或者是骂人的话（“我真是个白痴！”），这会使得微小的不足和暂时的失败蒙蔽眼睛，泯灭了勇气。所以积极的态度至关重要，要肯定自己，要给自己以鼓励和支持。积极的自我对话能将人从失控、无力的自我体验中拉出来，指引人把内心的焦点转向问题的解决。在积极的自我对话中，思维不再停留于悔恨与无奈上，不再充斥着无用的抱怨与静止的反省。积极的自我对话能够将困境置于时间中，将能力置于空间中。生命的魅力在于不断的运动与变化。不论成功还是失败，都处于时间的流逝和空间的转换之中，不能以固定不变的眼光来解释一时一地的结果。积极的自我对话，能使人的心情豁然开朗、生活富有效率，使人从困境中跳脱出来，摒弃那些痛苦、消极的情绪，将全部的精力和能量集中于问题的解决和潜能的发挥。现在开始，就请尝试积极的自我对话吧！

知识链接

激励自己的锦囊妙计

✓ 你可以身体力行，学着去激励自己——定期回顾自己的成就，记住，肯定有！
✓ 定期回顾自己的个人目的和目标，追求自己能得到的一切；
✓ 想象你自己从事并实现自己的梦想会是什么样子；
✓ 保存一份你自己的成功记录，记录你所有的成就；
✓ 吃好、休息好，并做适度的锻炼，照顾好自己，使自己强壮、机警、健康；
✓ 谈论自己时多从积极的角度出发；

✓ 保存一份信心档案，将自己喜欢自己的、崇拜自己的地方列成表；
✓ 经常对自己说些肯定与鼓励的话；
✓ 不要与别人比高下。

（五）运用放松技术

我们是否需要放松，何时放松为好，除了可以通过压力测量得知以外，也可以从身体、精神状态方面了解。从身体方面了解可以观察饮食是否正常、营养是否充分、睡眠是否充足、有无适当运动等；从精神方面了解可以观察处事是否镇定、是否容易分心，是否心平气和等。如果回答都是“是”，说明你的生活比较放松。但如果遇到不如意的事，精神会受到干扰，情绪会变得紧张不安，则需要借助放松的技巧和方法，去排除干扰。

肌肉放松法、深呼吸法、宣泄疗法与冥想法等放松技术可以缓解压力所带来的紧张状态。肌肉放松法、深呼吸法和宣泄疗法详见前述章节。冥想法是目前全球最流行的压力放松技术之一，冥想是用某个注意对象来净化心灵的一种从精神到肌肉的放松技术。冥想的目的是实现对自己注意力的控制，使自己能选择注意的对象，而不是受制于不可预测的外部环境变化。练习冥想，不只为了压力管理，更多是在压力管理的同时获得更多的精神生活。冥想对身体和精神都有很好的治疗作用，能够让我们更加专注地思考，还能改变我们的期望和态度，提高对情绪的控制，同时，冥想还拥有非常不错的放松功效。冥想有许多不同的形式和规模，目前最流行的冥想方法有：打坐、瑜伽冥想、呼吸冥想等。

知识链接

呼吸意识冥想法

1. 选择一个舒适的姿势让自己放松下来，放松全身，双手自然地放在膝盖上，放松脸部肌肉、眼睛、鼻子、嘴唇、舌头、闭上眼睛，把注意力放在呼吸上，用鼻子呼吸。先不用刻意调整呼吸，只需观察自己呼吸的状态——呼吸的节奏、快慢、深浅或者静静地体会呼吸时的紧张与放松。观察自己呼吸的声音。

2. 让呼吸的状态自然、平静。如果你喜欢这种冥想的方法，尽可能地放松自己，几分钟之后，你的呼吸状态就会慢慢地变得平稳下来，你会越来越平静。继续观察自己的呼吸，继续体会呼吸的节奏和状态。吸气和吐气会比之前更安静、平稳，体会吸气和吐气之间的平和。你可以用心地告诉自己：我正在慢慢吸气，我正在慢慢吐气。吸气时，想象自己正在感受大自然给予身体的能量；吐气时，感觉所有的紧张，浊气排出体外。

3. 当注意力从呼吸上跑开时，不要着急，只是静静地观察着这种“游离”，然后慢慢地把意识引回到自己的呼吸上。随着练习时间的加长和次数的增多，随着对这种冥想方法的熟悉和适应，你一定会变得越来越舒适、越来越平静。

4. 你可以根据自己的状态来调节冥想时间的长短。开始时，时间可以稍短，5 分钟左右，然后慢慢增加到 10 分钟、15 分钟，以至更长。

其他放松技术还有生物反馈技术、腹式呼吸、身体扫描、按摩、音乐放松、太极、瑜伽等，这些放松技术的共同点是转移注意力。这里介绍其中比较简单、易操作的放松技术——腹式呼吸和身体扫描。

最放松和最健康的呼吸方式是扩张腹部，这种呼吸方式被称为腹式呼吸。当你有压力时，你的呼吸会变得短促。腹式呼吸时可以躺着，也可以坐着。躺着时脸朝上平躺，在腹部放一本书，呼气时使书上升。坐着时将右手放在腹部，左手放在胸部，吸气时感

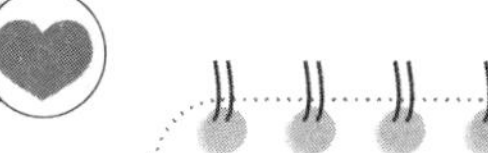

受到小腹微微凸起，呼气时小腹凹下。保持吸气5秒，呼气5秒。在呼吸的同时也借助心理暗示，比如“吸气使我安静，呼气使我微笑”。

身体扫描就是寻找身体中放松的那一部分，识别它，并将那种放松的感觉扩展到身体的紧张部位。比如你的腿部比较放松，而你的肩部比较紧张，那么就把注意力放到腿部，去感受腿部那种放松的感觉，然后把这种放松的感觉转移到紧张的肩部，使肩部放松。

（六）进行情绪管理

生活在竞争激烈的现代社会，每个人都要面对来自工作、生活、学习和情感等多方面的压力。沉重的压力会导致人们情绪不良，从而导致学习工作效率下降，生活质量降低，甚至引发疾病等不良后果。所以我们要学会管理情绪，提高自己的情商水平，能对生活中矛盾和事件引起的反应进行适可而止的排解，能以乐观的态度、幽默的情趣及时地缓解紧张的心理状态。情绪管理的具体做法，请参照第八章内容。

下面也给大家提供了一个应对消极情绪的策略。

第一步：放缓呼吸。你需要非常缓慢平稳地呼气（就像是在轻轻吹大一个气球）。一旦呼气的频率减缓，吸气的频率也将自己慢下来。经过4～6个深呼吸，你的心率和各项身体功能也将回到一个更加镇静的状态。

第二步：制定情绪标签。学会在自己感到焦虑、生气等情绪的时候，将它们精准地区分开来，你可以从网络上搜索一些情绪词随身携带，然后当有情绪出现时，从里面挑选最符合现在自身状况的词语来标记你的情绪。

第三步：接受生活中的悲与喜。人们既有资格体验积极情绪，也有资格体验消极情绪。正如前文所说，压力有的时候反而对人的身心健康有益。

第四步：不要急于打击自己。当自己的心情与快乐和满足无关时，不要急于批评和打击自己。相反，可以通过承认自己的感受，来让自己舒服一些。无论对你的行为方式作何感受，都可以对自己友善一些，要相信自己是值得这些友善的。

（七）进行时间管理

在资讯科技迅速发展的今天，忙、茫、盲的工作状态让我们的压力陡然增加，良好的时间管理同样是压力管理的策略之一。有效地规划时间，依照轻重缓急优先的顺序妥善分配安排管理时间，可以提升工作效率与生活品质，可以有效地运用时间资源，达成个人的既定目标，达到自我要求和自我管理的最大实现。时间管理的具体做法，请参照第六章第三节内容。

（八）让身体帮你解压

无论是什么给人带来了巨大的压力，对压力进行管理的一个非常重要的方法就是锻炼身体，可以通过改变身体状况来减少压力给身体带来的不良影响。可以加强体育锻炼、保持健康的饮食、保证安稳的睡眠、尽量放松并深呼吸。

1. 良好的睡眠　压力过大会导致失眠，而睡眠不足会加重你的压力水平，这些都会使你变得更加紧张、易怒和焦虑。以下一些小技巧可以帮助改善睡眠质量：①睡前减少含咖啡因的饮料和酒精的摄入量。这些物质可能会扰乱睡眠。②定期参加体育锻炼。能解除一天的疲劳．不带有任何杂念地上床睡觉。③头天晚上早点把第二天要做的事情安排好。头一天晚上安排好第二天的事情，上床睡觉之前就会有足够的时间来理清思绪。④睡眠环境尽可能安静、黑暗。安静和黑暗尤其有助于良好的睡眠质量。⑤养成良好的睡前习惯。比如，如果睡前习惯是喝一杯热牛奶，或者看半小时书，然后再迷迷糊糊地睡去，那么这些行为最终会成为一个强烈的信号：该睡觉了。⑥用一些放松技巧来帮助入睡。比如，有些人觉得从25、50或100开始倒数会比较容易入睡，而有些人则觉得想象每一组肌肉都像奶油一样慢慢融化会比较容易入睡。⑦如果根本无法入睡，则索性下床，做点能够使人镇静下来的事情。直到你再有困意为止。继续躺在床上，强迫自己入睡只会使人更加沮丧。

2. 合理的饮食　保持健康的饮食，是解压的另一种方式。良好的饮食和营养可以塑造健康的身体，使人能够更好地面对每天正常或者更高的压力。以下列出的几方面内容可以帮助养成健康的饮食习惯

①保持健康的体重。有害的压力会对体重造成影响，它会使体重要么过轻，要么过重。无论哪种情况都不可能使身体处于最佳状态，因此，工作效率也不可能达到最高。首先，要确定最健康的体重，这会因身高、性别、年龄的不同而有所差异，所以在确定最健康的体重时，要充分考虑这些方面因素的影响。然后，如果确实需要调整体重，最好选择一个循序渐进的、稳定的增肥或减肥的饮食习惯。②丰富多样的食物。变换饮食不但会使人觉得生活更加有趣，而且它还应该覆盖身体所需的全部营养范围。吃大量的蔬菜、水果和谷物会使人体更为健康。③减少脂肪和胆固醇的吸收。要尽量多吃水煮的或者蒸的食物，少吃油炸和烧烤的食物。限制动物食品，比如蛋黄和奶油的摄入量。④控制酒精和咖啡因的摄入。酒精是一种镇静剂，而且它能扰乱正常睡眠，进而加重压力水平。咖啡因则是一种兴奋剂，它会增加焦虑情绪。

知识链接

放松心理压力的食物

1. 香蕉　香蕉是色胺酸（一种人体必需的氨基酸，是天然安眠药）和维生素 B_6 的良好来源，帮助大脑制造血清素。香蕉含的生物碱也可以调节情绪和提高信心。

2. 葡萄柚　葡萄柚含有丰富的维生素 C，在制造多巴胺时，维生素 C 是重要成分之一。多巴胺是一种神经传导物质，用来帮助细胞传送信息，影响大脑的运作，传达开心的情绪，恋爱中男女的幸福感，与脑里产生大量多巴胺的作用有关。

3. 全麦面包　糖类有助于增加血清素，睡前 2 小时吃点糖类食物。蜂蜜、全麦吐司，有安眠药的助眠效果，但没有像药物产生依赖性的副作用，不会上瘾。

4. 深海鱼类　根据哈佛大学的研究报告，鱼油中的 Omega-3 脂肪酸，与抗忧郁成分有类似作用，可以调节神经传导，增加血清素的分泌量。血清素是一种大脑神经传递物质，与情绪调节有关，如果血清素含量不足、分泌量不够或作用不良时，会有忧郁的现象发生。

5. 蔬果　叶酸存在于多种蔬果中，含量较丰富的有芦笋、菠菜、柑橘类、番茄、豆类等，当叶酸的摄取量不足时，会导致脑中的血清素减少，易引起情绪问题，包括失眠、忧郁、焦虑、紧张等。叶酸还能促进骨髓中的幼红细胞发育成熟，形成正常形态的红细胞，避免贫血；妇女怀孕期间缺乏叶酸，会影响胎儿神经系统的发育。

---

3. 定期的锻炼　减压最简单、最直接和最环保的方式就是加强体育锻炼。体育锻炼主要有两种：有氧运动和无氧运动。有氧运动包括慢跑、骑自行车、长距离游泳、散步、跳绳等，它的特点是强度低、有节奏、持续时间较长；无氧运动包括短距离游泳、跳高、跳远等，它的特点是时间短、强度大。有氧运动和无氧运动都有助于管理压力和消除压力。体育锻炼可以增加肺活量，提高免疫能力，还能够使注意力更加集中，增强自信心，减少焦虑。Kattankulathur（2016）运用有氧舞蹈和拉伸力量相结合起来的有氧舞蹈疗法对研究组 88 名高中生进行了连续四周，每周三次，每次约为 20 ~ 30 min 的实验研究，研究结果发现 88 名高中生的学习压力下

降了10%，并建议这88名学生继续进行有氧舞蹈运动疗法3个月或6个月至1年。尝试养成定期锻炼的习惯（每周三至四次），选择自己喜欢的运动方式，如果实在困难，那就散散步，爬爬楼梯，哪怕是一些简单的动作，也可以缓解你精神上的负担，让你重新恢复清醒的头脑。

（九）接纳真实的自己

在这个世界上，每个人都是独一无二的存在，每一个生命都是不可复制和不可或缺的。但是当一个人完全受限制于理想自我并始终遵循它的指引时，就总会以“应该是什么”来支配自己的思想。这样的人生活在无数的“应该”之下，渐渐地与真实的自我疏远。所以，同学们可以问问自己，你以为的自己，是真实的自己吗？人类的心灵，犹如一片幽暗的森林，不只旁人觉得神秘怪异、捉摸不透，就连人们自己，也未必时刻都能够探清真相。有时，人们以为内心对自己的理解，就是自己真实的样子，可当经历了某种现实挫折或打击之后，真相忽然被揭开，才恍然发现，原来自己并非想象中的那个样子。没关系，每个人都是不完美的。接纳，意味着接受事实，承认事实。以形象为例，人们可能嫌弃自己胖，嫌弃自己腿粗，嫌弃自己的身材比例，那么现在，要做的就是——关注着镜子里的自我形象，试着对自己说：“不管我有什么样的缺陷，我都无条件地完全接受，并尽可能喜欢我自己的模样。”

知识链接

做个“无压”人士

尽管身边有许多人背负沉重的压力，但也有人总能轻松释压，以最佳心态投入工作和生活。专家调查发现，这些“无压”人士几乎无一例外地具备以下特征：

1. 善于整体规划　“一切尽在掌握”，这种感觉本身就能很好地缓解压力。有选择地而不是被动地接受所面临的各种事情，或许使人感到轻松很多。最好的办法就是根据事情的轻重缓急列出清单，既能有一个整体规划，又能帮助将看似纷杂的一堆问题分解成若干具体的小事，一件件应付起来就容易多了。完成一件，就在清单上划去一件，这样做带来的成就感足以鼓舞你将这一做法继续下去。

2. 困惑时及早倾诉　“无压”人士在感到困惑、棘手或难过的时候，总会毫不掩饰地寻求朋友的帮助。当事情变得非常困难或身陷焦虑的时候，向朋友吐露诉说，仅仅是倾诉本身，也能使人获得释放，或许还会得到好的建议。

3. 尽量保持乐观　“无压”人士深信，事情总能朝着所期望的方向发展。所以，总是以最乐观的心情想象最好的结果。需要做的所有事都已经在进展当中，即使遇到麻烦，也一定会以最快的速度重新调整状态。

4. 从不耽搁迟延　能在今天办完的事不会拖到明天，能在当时办完的事不要拖到数个小时之后。因为很多事情搁着未做，本身就能造成巨大的心理压力。

5. 善于分配任务　“无压”人士从来不会认为任何事都非得亲力亲为不可。分配任务，很多人都会认为是上司对下属的事。其实，除了对下级分配任务以外，还可以分配给自己的同事或合伙人。

6. 每天都做深呼吸　日常的深呼吸能将感觉到的压力水平减半：挺直后背，两肩放松，由鼻将空气深深地吸入肺部，集中精力感受空气渗透到每个细胞，然后全力将空气呼出，想象体内的压力也随着气流一起排到体外。

7. 经常幻想美好前景　用渡过这次难关以后的美好前景来鼓励自己。“一个月以后，我还会为这事而懊悔吗？”“一周以后，我还会为错过了这次会议而自责吗？”“5分钟以后，我还会为同事刚才给我难堪而恼火吗？”这种将情景推向将来的假设，一定能让眼前的压力逐渐释放。

8. 知道适时说“不”“无压”人士感到力所不能及时，会坚定地说“不”。“我很想帮你，但我手头还有另外的事要办。”在分身无术或无能为力时，“无压”人士不会一味逞能。在拒绝别人的时候，不一定要把原因解释得一清二楚。

9. 拥有自己的娱乐方式 “无压”人士总能安排出一定的时间尽情去做和工作无关而又一直想做的事。娱乐方式各种各样，但效果却非常相似：让自己释放压力，领略到生活中美好的、值得享受的内容，从而恢复对生活和工作的激情和热爱。

思考题

1. 大学生中常见的压力来源是什么？

2. 最近半年你的生活发生了哪些变化，对你影响较大的是什么？你是如何管理压力的？

3. 你认为自己在应对挫折的方式方面有哪些需要改进的？

（陈凡莹）

第十二章　大学生的网络心理健康

技术每提高一步，力量就增大一分。这种力量可以用于善恶两个方面。

——阿诺德·汤因比

现代信息技术突飞猛进，互联网作为科技产品已经覆盖了整个大学校园。这种新鲜事物正深刻地影响着当代大学生的爱情、学业、沟通和交流方式，以及价值观、世界观和人生观。但是，大学生必须清楚地认识到，网络是一把“双刃剑”。一方面，它为大学生的生活和学习提供了诸多便利，借助网络这一中介工具，可以实现大学生与外界的沟通。花样繁多的聊天工具、论坛、虚拟社区、情感驿站、博客、微博、微信朋友圈等途径使得大学生可以自由发表自己的看法和见解，充分表达和展现自我，结交各种朋友，相互借鉴经验，获取学习资料，取长补短，共同进步。另一方面，网络信息的泛滥也夹杂着不利的因素，如手机依赖、网络成瘾、网络媒体中的暴力和不健康信息等，这些负面因素会使大学生沉迷于虚拟的网络空间，甚至无节制地上网、旷课、迟到，作息不规律，饮食紊乱，造成身体素质下降、社会适应能力倒退等问题，严重危害大学生的身心健康。由此可见，网络既为人们带来了机遇，也带来了挑战。大学生应该趋利避害、转劣为优，构建与网络的和谐关系，维护网络心理健康。

第一节　大学生的网络使用

网络为大学校园生活注入了新鲜的元素，通过网络可以联通世界。现在已经能真正实现“秀才不出门，全知天下事”了。网络如同一缕春风吹进大学校园，又如一股洪流冲击和侵蚀着大学生的思想。在日常生活中，经常可以看到类似的报道，例如，某人因为网络创业而大获成功，某大学生因沉迷于网络游戏而精神失常，某人因网恋失败而自杀，某人在网络上被骗大量钱财……这些事例不胜枚举。面对这块广袤、肥沃而又杂草丛生的“土地”，大学生将如何开拓这片新天地？他们会在这里有所收获，还是会陷入困境呢？这些都是当代大学教育亟待解决的问题。

一、现代网络的特征

随着科技的进步与不断革新，以计算机作为载体的互联网成为 20 世纪最伟大的发明之一。时至今日，信息化浪潮正席卷全球，互联网已成为人们重要的信息交流平台工具。我国正式接入互联网是在 1994 年。经历了 30 年的发展，我国的互联网已经步入快速发展阶段，尤其是 4G、5G 等高新网络科技的出现与发展，衍生出很多与之相关的新事物，如抖音、快手、哔哩哔哩、小红书、微博、微信、淘宝等。这一系列新事物已经深入人们生活的方方面面，成为生活中不可分割的一部分。网络在人们的日常生活中占据了重要的地位，其本身具有以下几方面特征：

（一）即时通信

在传统媒介中，传播者和受众双方的角色分工明确。随着网络的出现，传播者和受众之间

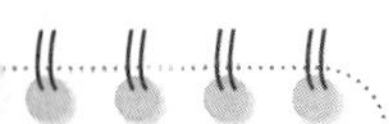

的界限被打破，由此产生了革命性的影响。网络作为一种新型的信息传递工具，借助于一定的硬件设备，可以在一定程度上突破时间和空间的限制，实现实时的在线交流。网络信息的流动是一种点到点的方式，不需要再经过其他介质的干扰，使双方都拥有传播过程中的主动权，更加凸显了传播过程的双向性、积极性和主动性。

（二）虚拟性

在网络空间里，人物的形象、身份和行为都被数字化了，个体的活动都以符号的形式呈现。从聊天室到论坛，从 QQ 到 MSN，从微博到微信，每个人都可以使用昵称、化名，每个人的面孔都被遮掩在一个头像背后，甚至连身份、职业、年龄、性别等都可以虚拟。交往的主体以某种虚拟的形象和身份进行沟通和交流，与一般的社会行为明显不同。

（三）匿名性

在网络空间里，每一个参与者不再是单纯的主体或客体，而是处在一种交互主体的主、客体界面环境中。行为主体可以转化为多种角色，没有过多的限制。每一个行为者从注册账户的那一刻起，其身份就开始以电子文本化的形式呈现，可以利用文字和图形符号来描述个人身份。人们很难知道网络另一端那个人的真实情况。

（四）自由性

网络拉近了人与人之间的距离，只要拥有一台能够连接网络的计算机或移动电子通讯设备，就可以与他人取得联系，交往对象具有可选择性和随意性。在网络空间里，在不危害到国家机密、不违反相关法规的前提下，人们可以自由地畅所欲言。网络上的交流和沟通方式不同于现实生活中的面对面沟通，人们可以很容易地交往到不同类型的朋友。当然，任何过度的自由性必然具有其潜在的危害。因此，在一定程度上亟待国家出台相关的法律、法规，以规范大众的上网行为，净化网络环境，营造良好的社会风气。

（五）互动性

无论是电视，还是报纸，主要都是一种“我说你看（听）”的传播形式，这种传统媒体缺乏互动性，滞后性也很明显。但是互联网从一开始就是以互动的形式呈现的，网络平台更是非常典型的互动场所。在网络空间里，人们可以进行相互评论、转发、点赞，以及提问与答疑、跟帖回复等。这一系列行为都是在互动的背景和形式下进行的。

（六）个性化

网络交际突破了现实社会行为所具有的以自我为中心的互动特征。网络既能实现信息互通、资源共享，又能相互独立，各自分散管理，每个网民都有可能成为中心，人与人之间的交往越来越平等，主体的个性意识也得以增强。在网络空间里，每个人的性格、气质、需求等各不相同，而人们又借助于网络的随意性、自主性、隐蔽性等淋漓尽致地挥洒着自我的个性。网络的这些典型特征与主体的个性特征相互作用，会对大学生的心理和行为举止产生一定的影响。

二、网络心理健康

使用电脑或手机等移动设备上网已经成为大学生学习和生活中不可或缺的一部分。当网络与现实交汇时，网络空间里的一些事物也在悄然地影响着大学生的心理健康。那么如何定义网络心理健康？“网络心理健康”这一概念是伴随网络心理障碍提出的，目前尚没有完全统一的说法。通常主要是从网络使用的虚拟与现实之间的关系来探讨网络心理健康的概念。网络心理健康是指人们在使用网络时能够保持积极的认知和心态，离线时能够保持心理平衡，能够较好地在虚拟与现实空间之间转换，以现实为主导，无论是在线上还是线下，都能保持人格的完整和统一。对于网络心理健康的标准，可以从以下几个方面来理解：

1. 具有正确的网络心理健康的认知　在网络环境下，个体需要对网络心理健康具有正确

的意识和观念。这一认知要求大学生了解网络是一把“双刃剑”。一方面，利用网络可以拓展知识、增长见识、互动交流、查找信息、辅导学习等；另一方面，网络也可以给人们带来不利影响。例如，网络可导致个体产生认知混乱、心理失衡、情绪淡漠，人际交往能力下降，呈现人格分裂，自我同一性混乱，过度依赖网络，甚至出现网络成瘾等。这就要求大学生能够正确地认识和对待网络，拥有正确的上网意识，注意上网安全，培养良好的网络使用习惯。

2. 能够保持线上和线下的人格完整和统一　人格完整和统一是心理健康的重要标志之一。个体在网络环境中的虚拟性、开放性、匿名性等特点可影响个体个性的完整性、整体性和稳定性，导致多重人格的困扰，影响其心理健康。因此，维持网络心理健康必须要保持线上和线下人格的完整和统一，同时，能够自如地在虚拟和现实之间转换，并以现实为主导。

3. 线上和线下均能保持良好的情绪　拥有良好的情绪也是衡量心理健康的重要标志。一个网络心理健康的人，一方面能够恰当地运用网络调节情绪、宣泄情绪，缓解压力和焦虑。另一方面表现为不论是在线上（虚拟社会）还是在线下（现实社会），其积极情绪总是多于消极情绪，主导心境是愉悦、乐观、平静，能够自我觉察出情绪状态的变化，并且能正确且恰如其分地表达情绪。

4. 不因网络使用而影响正常的学习和生活　意志健全、行为协调也是心理健康的重要标志之一。心理健康的个体，其意志的自觉性、果断性、坚持性和自制性都有协调的发展。他们能够明确上网的目标，能根据现实的需要来调整自己的上网行为，在上网的过程中能够自觉地约束自己，防止形成网络依赖。他们能有效地进行自我教育和自我管理，控制网络使用的时间，能在不影响正常生活、学习、工作的情况下使用网络。尤其是在现实生活中受挫后，他们能主动寻求现实社会中的社会支持，勇敢地面对现实生活，积极寻找缓解压力或焦虑的途径和方法，而不是依赖网络暂时缓解压力。

5. 能保持正常的人际交往　社会适应良好、言行符合社会规范，并能保持良好的人际关系是心理健康的重要标志之一。在网络环境中，人们所面对的是计算机背后的虚拟世界，容易脱离现实社会中人与人之间的直接交流和沟通，弱化现实社会中的人际交往能力。同时，由于网络具有匿名性，使得人们在虚拟空间中很难区分人物的真实角色，这种来自虚拟空间的人际互动不等同于现实社会，因此，网络心理健康要求人们处理好网络社交与现实社会人际交往之间的关系，在现实社会中能保持人际关系协调发展，尊重和理解他人，学习他人的长处，友善、宽容地与他人相处。

6. 离线时身心没有明显的不适感　不健康的网络行为方式往往会导致网络成瘾等身心障碍，使个体离线时产生心理异常状态以及生理性不适症状，如饮食不规律、睡眠障碍、无精打采或烦躁不安等，因此，网络心理健康还要求个体在离线时无明显身心不适感。

三、网络的积极作用

案例导读

爱上互联网

小王就读于大学城的一所高校。学校地处郊区，周边的生活和娱乐设施还没有配套完善，这给小王带来了诸多不便。他说，每次买衣物或书籍都要挤公交车，没有座位的时候就要站大约 1 小时才能到市中心。这样，周末的很多时间都花费在路上了，自己也觉得很累。后来，他学会了网络购物，这样就便捷多了。通过网络，可以购买衣物、书籍等很多生活和学习用品。现在足不出户，他就可以买到牙刷、纸巾之类的日用品，既方便又实惠，而且网上的商品琳琅满目，可选择范围非常广。他每次回家时都通过网络购票，免去了四处奔波和排队。通过网络，他现在不用笔写书信了，可以直接通过

E-mail与北京的同学进行通信互动，既省钱，又提高了交流的速度。通过网络，他可以直接与家乡的亲人视频聊天，缓解了思乡之苦。另外，很多在之前想都不敢想的事情，如今通过网络都可以实现。通过网络他可以选择自己喜欢的电影和音乐来欣赏，以缓解平时学习的紧张与压力。他还可以通过微博或者微信朋友圈发表对生活的感悟，并把自己的个性图片传到网上，与同学、朋友分享。不得不说，他现在已经爱上了网络。

1. 网络给大学生提供了新的生活方式，方便了大学生生活。随着网络技术的飞速发展，人们会发现，自己其实已经生活在一个与网络密切相关的世界。人们能够拒绝网络，但是不能改变网络对生活的影响，因为它在人们的日常工作和生活中扮演着重要的角色。人们可以浏览全球的资讯新闻，快捷地收发邮件信息，向远在千里之外的人请教学习，待在家里买卖商品，通过网络查找资料、查看招聘信息和发布求职信息，利用网上银行实现在线转账和交易等。网络突破了时空的限制，拓展了人类社会生活的活动范围，将人与人紧密地联系在一起。它给人们带来了便利，创造了价值，提高了工作效率。马克思曾经说过："时间实际上是人的积极存在，它不仅是人的生命的尺度，而且是人发展的空间。"网络为大学生节省了大量的自由时间。很多在现实生活中处理起来比较繁琐的事情通过网络都能得以方便、快捷地解决。人们体验到网络给生活带来便捷的同时，也能从中获得轻松、愉悦感。另外，网络还能为大学生提供一个充分展示自我、发展个性的自由空间。网络社会是一个崇尚个性的社会，人的主体性、创造性可以得到充分的展现。人们可以不用真实姓名，扮演自己喜欢的角色，张扬在现实生活中隐蔽的个性。大学生可以在网上注册社交账户，定制个性化的主页，发表自我感想，促进自我实现。

案例导读

在网络知识的海洋中畅游

小汪是一名大一学生，来自一个偏远的小山村。到省会城市上学之前，他从未走出过大山，一直生活在农村，那里没有公路，祖祖辈辈都是沿着山路走过来的。在当地，小汪几乎把周围邻居家的书都借阅过。由于地处偏远，很难找到其他的学习资料，因此，他甚至把之前读过的书拿来反复一遍遍地阅读。去年，当地政府修建了供电线路和网络线路。到大学后，他说："我刚开始接触计算机和互联网时，就被其中的海量信息所吸引，从科学知识到影视、音乐，从时事要闻到经济动态，从体育赛事到娱乐八卦，网络的包罗万象满足了我对知识的渴求。当我遨游在网络的海洋中时，我可以查找很多图书资料来巩固课堂学习的效果，遇到不懂的问题也可以与网友进行交流，寻找答案。之前，我家池塘养了很多鱼，因为一次暴雨，它们全部死光了。要是那时有网络就好了，我们可以上网查找原因，对症下药。"小汪通过网络结交了很多知心朋友，遇到不懂的问题还经常向他们请教。网络就是一个超大的图书馆，通过网络可以快速查找到大量学习资料；可以了解最新的国外科学研究动态，促进学术研究；还可以了解世界各地的风土人情，了解异国文化、学习外语等。

2. 恰当利用网络可以提高大学生的学习兴趣和乐趣，拓宽其知识面。网络上众多正面的、积极向上的信息，对求知欲极高的大学生具有深远的影响。大学生能够利用网络查找信息和资料，以解决实际生活中遇到的问题，还可以利用网络进行外语学习和学术研究等。通过网络可

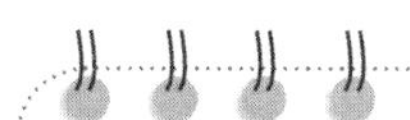

以阅读各种有益的书籍，提高自身的文化素养，有助于不断提高自身技能，拓宽思路和视野；上网使大学生的政治视野更加广阔，并能掌握更多的知识，从而提高大学生的综合素质；网络改变了传统的知识传播方式，让人们足不出户就可以游遍世界一流的图书馆、展览馆等，大学生可以根据个人兴趣和爱好自由选择自己感兴趣的讲座、电子书和学习资料等。随着在线多媒体技术的发展，在线教学软件和中国大学慕课等教学平台给大学生提供了更多学习的渠道，实现了足不出户便能接受高等教育。

3. 网络方便了大学生的信息沟通。网络作为信息沟通的载体，可以实现人与人之间更好地交流，花样繁多的论坛、聊天室、虚拟社区、情感驿站、微博等网络社交平台可供大学生发表自己的见解和看法，并充分表达和展现自我，结交各种朋友，相互交流经验，共同进步。

案例导读

从网络中找到创业之路

风靡全国的桌游《三国杀》的创始人黄恺正是一个典型的大学生创业者。黄恺于2004年考入中国传媒大学动画学院游戏设计专业。他在大学时期就开始模仿国外桌游设计出了具有中国特色、符合国人娱乐风格的桌游《三国杀》。2006年10月，黄恺开始通过网络平台销售《三国杀》，结果大受欢迎。毕业后，黄恺借了5万元注册了一家公司，开始了创业之路。2009年6月底，《三国杀》成为中国被移植至网络游戏平台的一款桌上游戏。2010年，《三国杀》正版桌游售出了200多万套。据估计，《三国杀》迄今至少为黄恺带来了几千万元的收益，并且随着《三国杀》品牌的发展，收益还将会继续增加。

4. 网络为大学生的创新创业提供了有力支撑。大学期间利用网络成功创业的案例并不少。国家鼓励大学生发挥自身主观能动性，自主创业。随着互联网的迅速发展和电子商务的快速兴起，网络创业也成为大学生就业的一种新方式和新选择。在这种网络化的商业浪潮的带动下，很多大学生开展了多种多样的网络创业形式：①开网店、做微商、直播卖货，很多大学生借助网络购物平台或微信朋友圈销售自制的特色产品或代理销售商品。这种销售方式成本低，经营方式灵活，突破了时间和地域的限制，成为现代大学生比较青睐的网络创业形式之一。②开发软件和程序，对于具有计算机专业优势的大学生来说，开发软件和程序无疑是一个非常不错的选择，可以将自己的计算机理论知识运用于实践。③建立网站，很多大学生通过建立一些主题比较鲜明的学习网站或社交论坛，通过宣传推广和运营维护提升整个网站或论坛的点击率，以吸引广告商投资加盟。④成为SOHO一族，SOHO是指小型家庭办公室（small office home office），其主要特点是工作时间自由，足不出户就能完成工作。随着网络信息技术的发展及人们观念的不断更新，SOHO这种新型办公形式越来越多地受到人们的青睐。很多大学生选择网络创业，在网络上利用自己的知识、智慧、经验、技能等，开发许多具有“创新、创业、创意”性质的项目。

第二节 网络的消极作用

一、网络拖延

网络在为人们提供学习、工作的便捷和娱乐休闲的同时，也在悄然地影响人们的生活方式和思维方式。在现实生活中，可以发现一个很有趣的现象：自己满怀热情打开电脑开始工作，可是一整天下来却发现很多工作还没有做完，那么，时间都去哪儿了？人们明明知道有很多事情要做，却又控制不住自己，坐在电脑前浏览网页或聊天。电脑原本是提高工作效率的有效工具，但也在不知不觉中成为了拖延时间的杀手。网络拖延症是指日常工作、学习大多离不开电脑，每天几乎都要启动电脑、登录网络，却经常被网络信息“诱惑”，从而把该做的工作、学习推后、拖延。可能有人会问：在现实生活中人们做事情也会拖延，但为什么有了网络后，这种拖延现象更加一发不可收拾？拖延是将需要做的事情或任务推迟到稍后时间的一种个体行为。从心理学角度来定义，网络拖延是个体在上网的过程中，其上网的破坏性任务阻碍了原来预期任务目标的实现，由此给自己带来负性的心理体验。

这种明知不可为而为之的行为又可导致进一步拖延的恶性循环。网络拖延包括三个方面的内容：①上网的目的偏离或阻碍了预期目标的实现。②网络拖延使个体产生压力、恐慌、负罪感，并且导致工作效率降低。③网络拖延可形成恶性循环，导致进一步网络拖延行为的发生，如果形成长期的恶性循环，则容易导致工作效率低下和生活不顺利。

案例导读

时间都去哪儿了？

珠珠是一名大二学生，已经有 3 年的网龄了。今天是周末，她早上 8 点起床，洗漱完毕后，9 点 10 分打开电脑，准备完成老师布置的作业。坐在电脑桌前，她首先打开微信，查看有没有朋友或同学的留言，然后忍不住随手打开了自己的朋友圈，查看同学们分享的动态和评论留言。刷新完之后又不自觉地点开微博和小红书闲逛，查看自己所关注的博主的最新消息。一上午过去了，她给自己布置的任务毫无进展，为此很是懊悔。

（一）网络拖延产生的原因

1. 网络信息的“诱惑”　正常人每天都需要保证一定信息量的输入。大学生几乎每天都会接触到网络，加之网络的交互性特点，经常会自动弹出一些信息，其中无关的信息会造成大学生接收信息刺激过量，而这些信息往往又容易吸引大学生，分散他们的注意力，夺走他们的时间和精力。

2. 习惯化的上网方式　大学生几乎每天都会上网，习惯在登录网络后首先打开 QQ 或者微信，查看留言，查看朋友圈的动态，然后浏览短视频平台，甚至玩游戏，最后才会想到自己需要做的事情。多次重复这种行为，则会使其得到强化，长此以往，这种上网模式会固化。这样，时间自然就一天天被浪费了，需要完成的任务也会因为拖延而不能及时完成。

3. 过度自信，错误地估计时间进度　大学期间，老师布置的很多作业、实验、论文等都需要借助网络来完成。有的大学生以为自己在限定期限前一定能完成任务，往往不慌不忙、慢条斯理地做事，认为反正还有很多时间，就先看看网络电影、玩玩游戏，从而导致大量的时间被浪费。

4. 缺乏动力和干劲　此类大学生属于躺平的人，凡事得过且过，往往干劲不足，不愿意花费大量精力去做事，接到不喜欢或者艰巨的任务时，心里会不由自主地反感甚至感到厌恶，习惯通过上网来放松和休闲。网络触手可得，一天 24 小时、一周 7 天永不停息，任何时候都可以在网上浏览、聊天、看电影、玩游戏，这比专注做事或者完成任务容易得多，从而易导致对任务拖延。

5. 逃避学习带来的压力　如果学习任务比较重，必然会给大学生带来巨大的压力，从而

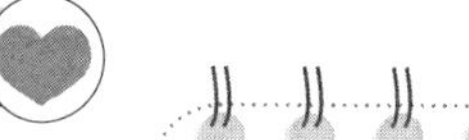

产生焦虑情绪。例如，在对老师安排的研究课题没有任何头绪时，会产生焦虑情绪，思考能力和工作效率都会下降，使人产生无法胜任的感觉，甚至会出现紧张、抑郁、自我厌恶及负罪感等负性情绪，从而影响学习效果。受到老师或同学的催促、指责后，心里会感到更焦虑，更害怕出现工作失误，于是更想逃避现实，通过上网来及时满足当下需求，缓解压力，从而导致网络拖延越来越严重。

6. 个性因素　网络拖延的个体大多意志力差，自我控制能力弱，容易受到一些无关因素的诱惑而忽视自己的本职工作，表现为缺乏果断、顾虑太多、执行力弱等。

（二）网络拖延的应对方法

网络拖延的危害不可轻视，越是网络拖延的人，其内心就越紧张，心理压力越大，就越容易产生焦虑、抑郁等负性情绪，甚至会影响机体生理状况，导致饮食不佳、睡眠质量下降等，影响身心健康。那么如何克服网络拖延呢？

1. 明确上网目的，限时上网　在利用电脑完成一些学业任务时，尽量关闭浏览器、视频播放等，以避免受到无关刺激的干扰。简单的办法是：在一张纸上列出需要做的事情，然后完成一项就划掉一项。也可以在电脑显示器前贴一些便签条，上面写下自己做事的步骤。可以事先进行时间设置，提醒自己无论是否完成工作，都要关闭电脑。晚上需要上网学习时，尽量在规定的时间内完成，然后准时休息，以免打乱生物钟，影响身体健康。

2. 对事情的轻重缓急进行分类　制订分类工作计划，把任务分成重要且紧急、不重要但紧急、重要但不紧急、不重要且不紧急 4 个等级。然后，从排在第一位的既重要又紧急的事情开始处理。不要随意改变制订好的计划。一旦给自己制订了计划，就要严格执行。

3. 制订上网时间安排表　通过时间安排表事先计划好上网的内容和时间，并严格执行，把目标任务分解为小目标，以时间为界限来完成（表 12-1）。在成功完成某项任务而未造成拖延的情况下，进行自我奖励强化，以帮助巩固自己的行为。

表 12-1　上网时间安排表

时间段	完成内容	要避免的分心行为	完成情况与否	备注

4. 发挥集体的力量　加入团队，通过团队成员发挥监督和促进的作用，这也是社会心理学中的社会促进效应。如果有其他同伴在场，个体在需要使用网络完成某项工作任务时，会感觉到来自集体的压力，从而提高工作效率。

5. 逆向规划　在逆向规划中，可以想象在 1 年之后回顾今天，想象自己经历了一段非常有成效的时间。以完成学位论文为例来探讨如何进行逆向规划：第五，我取得了毕业证，现在找到了一份自己很满意的工作。第四，我已经完成毕业论文，现在终于可以开始找工作了。第三，我的毕业论文已经完成一半，只是还没有完成数据的统计分析，继续努力，再坚持一下。第二，我一边收集资料，一边构思学位论文的总体结构框架。第一，在此之前，我接受了这个事实，即改变的过程必然会伴随不适的感觉。我坚决拒绝以逃避来取代有意义的成就。逆向规划的最后一步就是实际执行过程即将要开始的第一步。当自己能够想象出具体目标时，逆向规划就是有价值的。如果能够具体到某一任务的步骤，就能从容易分心的习惯模式转化为高效的工作模式。将计划细分是关键的一步，能够帮助自己跨越从“想”到“做”的边界。只有有始有终地执行计划，才会有实际的回报。一旦自己的努力从观念迈向现实，那么采取具体行动向目标迈进就会更加简单、容易。

二、网络成瘾

网络成瘾（internet addiction disorder，IAD）的概念是由金伯利·杨（Kimberly Young）于1996年首次提出的，是指一种“无成瘾物质作用下的上网行为冲动失控”，又称互联网成瘾综合征。目前，对于网络成瘾尚没有统一的心理学定义。但大多学者认同这一概念，即网络成瘾是指网络成瘾者无节制地花费大量时间和精力在互联网上持续浏览、聊天或进行网络游戏，并且这种对网络的过度使用可影响其生活质量，使学习和工作效率降低，损害身体健康，导致各种行为异常、心境障碍、人格障碍和神经系统功能紊乱等消极后果。网络成瘾是一种人机交互的非生化行为成瘾，是一种与药物成瘾、病理性赌博类似的心理障碍。网络成瘾者长时间操作计算机或电子移动设备，并且具有难以抗拒的再度使用网络的欲望，同时还会产生想要增加网络使用时间的愿望以及克制、戒瘾等现象，对于上网所带来的快感始终有心理与生理上的依赖。

研究发现，网络成瘾者在过度依赖互联网之前，通常已经出现其他心理障碍，特别是抑郁症和焦虑症。沉溺于网络对个体造成的危害是多方面的，不仅可导致个体出现躯体依赖症状，而且会对个体的学业、人际关系、经济状况、职业等产生显著的不良影响，因此，网络成瘾越来越受到心理学界的关注，是近年来网络心理学研究的热点。网络成瘾是一个宽泛的概念，包括各种行为和冲动控制性问题，如网络游戏成瘾、网络关系成瘾、网络色情成瘾、强迫信息收集成瘾、网络技术成瘾等。

网络游戏是指由软件程序和信息数据构成，通过互联网、移动通信网等信息网络提供的游戏产品和服务，其表现形式主要包括以客户端、网页浏览器及其他终端形式运行的各种网络游戏。在日常生活中，每个人都存在一定的压力，心理健康的个体会通过多种调节机制来缓解压力，然而一些调节能力较差的个体则会选择逃避压力，他们躲到虚拟的网络游戏世界中，通过把大量的时间、精力和钱财投入网络游戏中而获得成就感，以致影响工作、学习、生活等。网络游戏成瘾是网络成瘾的一种表现形式，是指人们由于沉迷于网络游戏而引发的各种生理、心理异常状态的总称，表现为过度沉迷于网络游戏而导致个体出现明显的社会、心理功能损害。这是最早引起人们注意的网络成瘾，成为研究大学生网络成瘾问题中的重点内容。患者主要表现为主动进行电子游戏活动的行为，这与主动寻求并渴望重复应用某种药品的行为类似。沉迷于网络游戏的大学生，有的花掉了自己的学费和生活费，欺骗父母索取钱财以达到玩网络游戏的目的，造成个人品行方面的问题，并丧失了人格和自尊。大学生一旦沉迷于网络游戏，就会对网络游戏有一种难以割舍的依赖心理。为了从游戏中获得快感与满足，他们经常逃课、早退、夜不归宿等，沉浸在自我的虚拟世界里，以致荒废学业。

相关研究表明，长时间沉迷于网络游戏可使脑内多巴胺水平升高，使个体在短时间内处于兴奋状态，反应敏捷，在线上和线下都会烦躁不安，甚至下线后会更加沮丧和不安。另外，长时间坐在电脑或手机前，身体活动的部位极其有限，加之受到电磁辐射，可导致机体免疫功能降低，容易诱发各种疾病，如紧张性头痛、消化系统疾病、心血管系统疾病等，严重者甚至可导致脑萎缩或猝死。

案例导读

网络游戏中的“常胜将军”

小杨从小家教很严，学习认真、刻苦，以优异的成绩考上了大学。刚进入大学时，他非常勤奋，担任班长，学习、班级事务和社团工作比较繁忙，但他一直表现得很好。然而到了大二，课程增多，加上整天忙于各类事务，小杨在期末考试时有好几门课程没

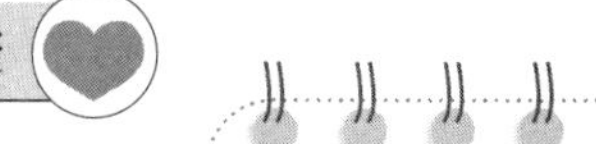

有及格，这对他的打击很大。从此，他开始频繁出入网吧，产生了厌学心理，后来逐渐发展到整天泡在网吧里，不去上课，不愿意当班长，也不愿意参加学校社团的活动。只要玩网络游戏，他就精神抖擞。在网络游戏中，他是“常胜将军”，并且达到了很高的游戏级别。一旦把钱花完，走出网吧，他就浑身无力，既不想上课，也不愿意参加活动，做任何事情都提不起精神。父亲不忍看到儿子这样，把他送到网络游戏成瘾治疗中心。他对父亲的做法很不满，认为活着没有自由和意义，于是选择割腕自杀，幸好被及时发现救了回来。

网络游戏成瘾是一种周期长、易反复、难戒断的网络心理问题。此外，大学生是一个防护意识和控制能力都较弱的群体，正处于发育和成熟的阶段，情绪波动明显，人生观、价值观还未正确树立，心理承受力及自我控制力相对较差，但求知欲强，对于上网的真正目的与意义还不能正确认识和把握。加之网络恰好能够满足他们的某些需求，因此，大学生很容易沉迷于网络以满足需要，进而无法自拔。

（一）网络成瘾的原因

一般认为，大学生网络游戏成瘾的原因有以下几个方面：

1. 网络自身特点　沉迷于网络游戏中的个体会产生虚幻的无时空感和无压抑感，由此带来的亲近感和隐私性是其他事物无法给予的，能够满足个体在现实生活中无法满足的需要，使其产生自信心增强和自我肯定的认知与体验。因此，网络游戏对于大学生充满诱惑力。网络的自由性和便利性可以使大学生不受时间和空间的限制，能使尽情宣泄内心的情绪，从而满足其心理需要。与现实生活相比，在这个虚拟空间中能够宣泄的程度更大。另外，网络游戏给大学生提供了逃避现实的去处。很多大学生喜欢以游戏会友，迷恋网络游戏中交流、团结协作和竞争的感觉，这让他们感到友好、轻松和快乐。有的大学生最开始上网是因为考试失利或情感受挫，感到心理压抑，于是通过网络游戏排解情绪、缓解压力，结果体验到了现实中无法获到的成就感，从此沉迷于网络游戏不能自拔。

2. 个体自身因素

（1）特有的心理需求得不到适当满足：这是导致大学生网络游戏成瘾的重要原因。大学生思维活跃，对新鲜事物充满好奇，有强烈的与人交往的需要。人际交往也是大学生社会化和心理健康发展的必要部分。但由于他们心理发展尚未成熟，以及缺乏交往经验和技巧等原因，一部分具有自闭、防御心理和交往恐惧的个体会在现实生活中出现人际交往不顺利的情况。而网络能为大学生提供富有虚拟性、隐蔽性的平台，使他们乐于与他人在网上交往互动，通过网络游戏等形式满足在现实生活中难以实现的愿望和要求，还能逃避现实交流中必须面对的人际交往压力，从而既可避免出现紧张、不适应心理，又能使人际交往的需要得到满足。

（2）自控力较差：大学生处于心理发展尚未完全成熟的阶段，其情感、意志具有不稳定的特点，自我约束和自我控制能力相对较差，对于网络游戏中极具诱惑力的场景、道具、情节、人物等不能做出正确的判断和选择，尤其是对充满暴力、富有刺激性的网络游戏无法抗拒，容易对网络游戏过度依赖而无法自拔，甚至出现各种心理障碍。

（3）特殊的人格特质：人格特质是导致大学生网络游戏成瘾的基础。研究表明，有些大学生有缺陷的人格，如自卑、冷漠、孤僻、虚荣等，使得他们对网络游戏的认识不正确、不合理，在自身和网络之间建立起不正常的心理联系。一部分焦虑、抑郁的大学生在现实生活中受到外界强烈的挫折与打击后，借助网络游戏，扮演着各种各样的角色与他人进行交流和游戏互动。在网络游戏中，通过“拼杀”“夺宝”等获取现实生活中无法获得的成就感与认同感。研究显示，网络游戏成瘾者往往具有孤僻、抑郁、敏感、警觉、缺乏社交能力、不遵守社会规范等人格特征。

（4）爱幻想：处在青年期的大学生爱幻想，但容易脱离现实，看不清现实和幻想之间的差距，容易沉迷于网络游戏的幻想中而无法自拔。在网络游戏中，大学生可以进行自由设计和选择幻想的任务角色，可以把自己想象成为游戏中的超级英雄，扮演在现实生活中无法实现的角色，这些角色也是大学生内心的自我投射。这些大学生通过网络游戏可以轻易地实现“新我”的目标，获得“成功”，使受挫的心灵得到抚慰，在网络中找回自信。

（5）满足心理需要：马斯洛将人的需要划分为五个层次，其中，归属感的需要和自我实现的需要能否得到满足是个体心理健康的标志之一。当代大学生处在巨大的社会变革中，学习、就业、恋爱等方面都存在激烈的竞争，使得人与人之间的隔阂加剧。由于在现实生活中社交范围较窄、社交羞怯或缺乏社交技巧等，有的大学生渴望在网络游戏中寻找情感支持与交流。在网络游戏中可以“邂逅缘分”，通过一些网络游戏还可以找到“爱人”，甚至在网上可以与未曾谋面的人结成伴侣，在游戏中相约相伴，这些网络游戏能刺激大学生产生强烈的欲望并且无法自拔。

（6）从众心理：从众心理是社会心理学中的一个普遍社会现象，它能够给群体中的个体施加巨大的压力。在大学宿舍里，如果多数人都玩网络游戏，那么其他个体在群体的影响下，就容易放弃自己的原则而采取与大多数人一致的行为，自制能力差的个体更容易沉浸其中，形成热衷于网络游戏的“非正式小群体”，甚至导致整个宿舍最终“全面开花”。从众心理和行为在一定程度上可削弱个体的判断能力及自我意识。个体会为了融入群体获得认同感，避免孤独感，盲目地顺从群体的行为。

3. 社会文化因素　人们都是生活在一定的文化背景下，不可避免地被文化所影响。在同学之间的沟通和交流中，如果其他人谈到网络游戏相关的一些新鲜词汇而自己不懂，有的人就会感到落后于时代潮流。

4. 环境因素　踏入大学校门，一方面，大学生有相对足够的空闲时间上网，很多高校对上网时间也没有限制。另一方面，同学与同学、老师与同学之间的联系过于松散，难以形成现实生活中的紧密联系。在无聊、闲暇时，大学生常以网络游戏来打发时间，久而久之，就形成了对网络游戏的依赖。另外，目前高校计算机课程的教学重点在于教授学生如何使用网络，但对于众多网络产品（如博客、网络游戏、聊天软件等）的价值评判、信息甄别等涉及较少，往往是在出现网络游戏成瘾问题后才会考虑解决办法，这种做法显然比较滞后。这种网络价值评判一直是计算机课程教学中的薄弱环节，也与大学的教育培养模式有关。

（二）网络游戏成瘾的预防与应对

1. 时间管理法　通过事先规划和运用一定的技巧、方法与工具实现对时间的灵活及有效运用，从而实现个人或组织的既定目标。时间管理法的核心在于通过提高大学生的自我效能感并给予适当的支持，帮助大学生发展一种积极的应对策略，以取代消极的网络游戏成瘾行为。网络游戏成瘾的戒除是一个循序渐进的过程，要制订一个计划，如表 12-2 所示。

表 12-2　网络时间管理

每日时间安排	游戏时间	学习时间	交往时间	其他休闲
第 1 个月	10 h	30 min	30 min	1 h
第 2 个月	8 h	1 h	1 h	2 h
第 3 个月	6 h	1 h 30 min	1 h 30 min	3 h
第 4 个月	4 h	2 h	2 h	4 h
第 5 个月	2 h	2 h 30 min	2 h 30 min	5 h
第 6 个月	0 h	3 h	3 h	6 h

2. 厌恶疗法　采用厌恶疗法，使网络游戏成瘾者一想到网络游戏就有头痛、头晕、疲劳的感觉。其原理是重复使用厌恶暗示，建立网络游戏和不良体验之间的条件反射，从而使其厌恶上网，这也是目前高校心理咨询中对大学生网络游戏成瘾较常使用的方法。简单的做法是在网络游戏成瘾者的手腕部套上橡皮筋，当其有上网打游戏的冲动或念头时，就用力弹拉橡皮筋，使其产生疼痛感，并在弹拉时还要提醒网络游戏成瘾者沉迷于网络游戏的危害，这样，通过厌恶刺激转移并抑制网络游戏的冲动。在日常生活中，要培养网络游戏成瘾者的意志力，还要借助于同学的监督和帮助。

3. 系统脱敏疗法　系统脱敏疗法是一种行为治疗方法，通过诱导来访者缓慢地暴露出导致焦虑的情境，并结合放松训练来对抗恐惧或焦虑情境。系统脱敏疗法的基本原则是交互抑制，机体放松状态与恐惧或焦虑状态是相反的心理反应，一种状态的出现会对另一种状态产生抑制作用，因此，可以通过放松状态来对抗焦虑或恐惧情绪，分为实景脱敏和想象脱敏。第一个阶段是放松训练；第二个阶段，请受检者按引起焦虑反应的严重程度，从引起最弱的焦虑反应的情境开始，逐一让受检者身处（或想象身处）其中，并做放松练习，直至最强程度的情境也不引起焦虑为止。网络游戏成瘾是长时间、无节制的上网行为所导致的，采取系统脱敏疗法来治疗网络游戏成瘾需要一定的时间，因此，要制订出总体计划，引导网络游戏成瘾者按层次逐级消除对网络成瘾情绪反应引起焦虑的情境。制订个性化方案，并实施阶段性计划（表 12-3）。

表 12-3　网络游戏成瘾系统脱敏治疗表

时间	内容	备注
第一个月	每周累积网络游戏不超过 28 h	每超过 1 h 扣 10 min，每少 1 h 加 10 min
第二个月	每周累积网络游戏不超过 21 h	每超过 1 h 扣 20 min，每少 1 h 加 20 min
第三个月	每周累积网络游戏不超过 14 h	每超过 1 h 扣 30 min，每少 1 h 加 30 min
第四个月	每周累积网络游戏不超过 7 h	每超过 1 h 扣 40 min，每少 1 h 加 40 min
第五个月	巩固成果，需要有人严格监督、控制，一旦想上网，就要严厉制止	

4. 森田疗法　又称禅疗法、根治的自然疗法，由森田正马创立。森田疗法不提倡追溯过去，而是要重视当前的现实生活，通过现实生活去获得体验性认识。要像健康人一样生活，在生活中获得体验性的认识和启发，并顺应情绪的自然变化，努力按照目标去行动。

应用森田疗法治疗网络游戏成瘾的实施步骤主要包括：

（1）第一阶段：绝对卧床期。禁止会面、交谈、看书等所有活动，除了进食、洗漱、如厕外，就整日卧床休息，可以随意想任何事情。一日三餐都由专人安排。持续时间约 1 周，目的是为了阻断、反省、自悟。

（2）第二阶段：轻作业期。要求网络游戏成瘾者按时规律作息，参加每天的晨读会，认识几个年龄相仿的朋友，到户外呼吸新鲜空气，观看朋友打乒乓球或打篮球等课外活动。持续时间约 1 周，目的是使网络游戏成瘾者有参加活动的欲望，帮助其认识到自己的不足，积极配合治疗。

（3）第三阶段：重作业期。安排有体育特长的朋友带网络游戏成瘾者外出参加体育活动。持续时间约 3 周，目的是使其体验到除了上网以外，还有很多其他可以参加的娱乐活动，可以通过娱乐活动排解自己的不良情绪，找回快乐。通过不断地表扬和肯定，增强其自信心。

（4）第四阶段：社会实践期。通过不断加强训练，使网络游戏成瘾者自觉控制学习和上网时间。一般上网1小时就自觉回到体育活动中来，使其不断地体验到成功的快乐。持续时间约1周，目的是进行适应外界变化的训练，回到实际的日常生活状态。

5. 认知行为疗法　认知行为疗法是心理治疗中常用的一种方法，也是治疗网络游戏成瘾的主要方法。将治疗过程分为七个阶段，如表12-4所示。

表12-4　认知行为疗法的七个阶段

阶段	完成的内容
第一阶段：定向	让网络游戏成瘾者了解网络游戏成瘾的原因、性质等，制订戒断网络游戏成瘾要达到的具体目标
第二阶段：规则	与成瘾者协商在治疗期间必须遵守的基本规则，包括一些与网络游戏行为有关的具体要求
第三阶段：等级	制订计划，以及消除与上网行为有关的具体要求
第四阶段：认知重组	重构对使用网络产生愉快感受的认知和评价
第五阶段：离线社会化	使成瘾者学会离开网络游戏，在生活中有效地与他人交往
第六阶段：整合	与成瘾者讨论在网络游戏中的自我与离开网络游戏时的自我的区别，引导其将理想自我和现实自我结合起来，形成完整的自我
第七阶段：通告	与成瘾者共同回顾整个治疗过程，与其讨论在这段时间所学到的内容，在治疗过程中已经达到的具体目标及其症状缓解情况

知识链接

网络游戏成瘾的临床诊断标准（DSM-5，2013年）

网络游戏成瘾共有9条诊断标准，包括8条症状标准和1条严重程度标准。

1. 渴求症状（对网络游戏使用有强烈的渴求或冲动感）。
2. 戒断症状（易怒、焦虑和悲伤等）。
3. 耐受性（为了获得满足感而不断增加使用网络游戏的时间和投入程度）。
4. 难以停止使用网络游戏。
5. 因游戏减少了其他兴趣类活动。
6. 尽管知道后果，仍然过度沉迷于游戏。
7. 向他人撒谎玩网络游戏的时间和费用。
8. 通过网络游戏回避现实或缓解负性情绪。
9. 因玩网络游戏而影响或失去了友谊、工作、教育或就业机会。

第三节　维护网络心理健康

网络已经成为大学生精神生活的一个重要方面。网络可以帮助大学生更快捷、高效地获取和交换信息。然而，网络的出现也引发了大量心理和社会问题，如网络成瘾、网络拖延等。网络对大学生的影响取决于他们是否能够正确地运用网络。

一、加强思想政治教育，提高网络道德素质

大学生正处于树立正确的道德观、培养良好道德品质的关键时期。教育工作者应该改变传统的教育理念、手段和模式，争取网络思想教育的主动权。例如，强化利用校园局域网为大学生的学习和生活提供保障服务的意识，建设融思想性、知识性、趣味性和服务性于一体的主题教育网站或网页，防止低级精神垃圾乘虚而入。积极开展生动、活泼的网络思想政治教育活动，实现寓教于乐，形成线上、线下思想政治教育的合力。思想政治教育工作要尽量贴近大学生实际、贴近大学生思想、贴近校园生活。教育工作者要及时了解大学生的思想状况，积极回答和解决他们提出的各类问题，提高思想政治教育的有效性和针对性。同时，教育工作者要树立开放性的教育理念，注重培养大学生的道德辨析能力。鼓励大学生走出课堂、走出校园，引导大学生通过网络了解纷繁复杂的现实社会，改变单一的知识传授模式，注重给大学生提供正、反两方面的信息，使大学生在比较过程中培养正确的思维方法，提高去伪存真的辨析能力，防止在网络中迷失自我。

二、强化网络心理健康教育，培养健康的网络心理素质

人们不能因为一些负面因素而对网络带来的积极影响视而不见，也不能只顾享受网络世界的新奇、刺激而对网络的负面效应充耳不闻。正确的态度应该是趋利避害、积极应对。大学生在网络世界里必须清楚地认识到“我是谁”“我是一个怎样的人”“我和周围世界及他人的关系如何”等问题，要学会协调网络世界中的虚拟自我与现实自我，以及理想自我与现实自我之间的矛盾关系，在网络环境中保持清醒的头脑和理性的思维，不迷失自我。同时，应该不定期地对大学生进行网络心理健康状况调查，通过发放问卷、开展座谈、进行访谈、网上调查等方式，了解大学生的上网行为和心理特点，以便有针对性地提供网络心理健康教育服务。

三、加强自我引导，培养良好的网络行为习惯

大学生在上网过程中要自觉遵守网络道德规范，保持健康的网络使用心态，养成日常网络行为习惯，上网时要遵纪、守法，遵守道德规范。例如，保证安静、有序的上网环境，服从网络管理员的管理，不通过黑客技术获取他人的网络信息隐私，不破坏网络安全，诚实守信，尊重知识产权。大学生要规范自己在网络使用过程中的一言一行，使言行符合道德规范、伦理，以及法律、法规的要求。要充分发挥大学生自身的主观能动性和同龄人之间的相互影响、相互教育的优势，强化大学生的自我控制意识。例如，成立大学生宿舍网络管理委员会，以监督学生的上网行为，发挥社团的积极性，优化大学生的网络行为，维护网络秩序。

四、丰富校园文化，营造积极、健康的网络文化环境

校园文化是以学生为主体，以课堂文化和课外文化为重要形式，通过广大师生长期的心理、行为积淀而形成的群体文化。校园文化对大学生行为的作用是潜移默化的，具有唤醒作用、定向作用、维持和激发作用，因此，良好的文化氛围有利于大学生充实自己、热爱生活。可以利用业余时间开展高水平的文艺讲座，提高大学生的审美能力，抵御网络中的不良审美观；可以组织校内的文艺活动、体育竞赛活动、英语角活动等，使大学生在实践中耳濡目染、开阔视野，提高自身的文化底蕴，热爱自己的大学生活，并使生活充实、精神愉悦，从而减少对网络的依赖；通过创建大学生喜闻乐见的网站，提高学生的点击率，有意识地营造良好的网络文化范围。借助于这种文化活动形成精神纽带，以吸引和团结大学生，将其紧密地结合在一起，建立绿色、和谐的网络文化群体。

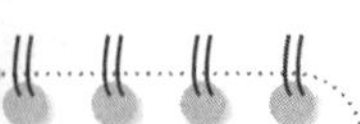

思考题

1. 网络对大学生心理健康的消极影响有哪些？
2. 造成大学生网络心理问题的原因有哪些？
3. 思考如何制订一个有效利用网络的行动计划，用于指导自己的网络生活。

（孟肖路）

第五篇 大学生生命基石与心理健康

第十三章　大学生生命教育

第一节　生命教育概述

案例导读

生命是弥足珍贵的机缘巧合

有位叫勇气的王子和一位叫幸运的公主，他们的相遇只有几亿分之一的概率。恬静的幸运公主，同 50 万个姐妹沉睡在母亲的卵巢里，有一天她忽然被选中，成为待嫁的新娘等待白马王子的到来，但是她只有 24 h 的生命，如果 24 h 内王子没有到来她就会死亡。此时，想要竞争这个机会的勇士有 4 亿个之多，但是一路上的关卡考验层出不穷，只有最迅速、最强大的才能拼搏到最后。第一轮的淘汰后只剩下了千分之一的幸存者，他们顽强地继续前进，为了在 24 h 内赶到，竭尽全力，但是有的体力不支，有的选择放弃，有的献出了生命，有的迷失了方向。每一段的路程都伤亡惨重，到达幸运公主的住所时，只剩下了 100 人，这些最优秀的勇士的最后一场考验是必须穿墙破壁才能赢得幸运。最终，名为勇气的王子获得了胜利，与幸运合为一体，开始了全新的生命。

勇气是父亲的精子，幸运是母亲的卵子，他们相结合，在母亲的子宫中经过约 280 天的孕育分娩而出，成为一个独立的生命个体，那就是你。可以说，我们每个人的诞生，都是一个极小概率的事件，我们曾在人生第一场战役中全面胜出——这是生命的奇迹。

生命的诞生是伟大的奇迹，每个生命都具有独特的价值，每个生命都值得被挽留。古往今来，人们关于生命的论述从未停止。本章我们将共同探讨生命及其价值。

生命由爱而生，因爱延续。生命教育可以简单地从认识生命、尊重生命开始，其奇妙之处在于，繁衍生息让我们感受到一个个开始与延续的意义。生命的乐章一旦奏响，就永远留有印迹。

一、生命的概念

关于“生命”的含义，古今中外，不同学科和学派有不同的界定。

我国古代哲学家认为的“生”，其原意是草木从地下长出，引申为事物的产生、发生，再引申到生命的孕育、发展、生生不息。“离离原上草，一岁一枯荣”，就是指生命中蕴含着无穷的潜力。生命的实质是有限现实世界中的生命个体的不断发展、更新。

现代生物学认为，生命是“由高分子核酸、蛋白质和其他物质组成的生物体所具有的特有现象。能利用外界物质形成自身机体和繁殖后代，按照遗传的特点生长、发育、运动，在环境变化时能表现出适应环境的能力”。恩格斯指出，“生命以蛋白质的形式存在，这个存在方式的基本因素在于不断进行的新陈代谢，而且这种新陈代谢一停止，生命就随之停止，结果便是蛋

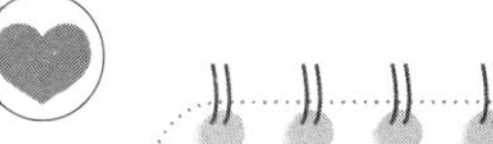

白质的分解”。生命是一种自然存在体，生命的自然需要是其存在的前提和条件。

马克思也曾指出：“全部人类历史的第一个前提无疑是有生命的个体的存在”。人的生命以蛋白质的形式存在，从这一意义上说，人的生命与其他动、植物的生命没有本质的区别，都要遵循新陈代谢的原则和规律。法律意义上的生命则是作为法律主体，始于出生、终于死亡的全过程。生命是人体维持生存的基本物质的活动能力。生命是不可替代和不可逆转的，是人类得以存在的体现，是公民享有权利和承担义务的前提和基础，是自然人的最高人格利益。

我国《民法典》规定：“公民享有生命健康权”。这里的生命健康权，实际上是生命权、健康权与身体权的总称。生命权是人权最基本的权利。医学上一般将生命界定为以下三个方面：①活着的状态，由新陈代谢、生长、繁衍以及对环境的适应所表现出来的特征；器官能完成其所有或部分功能的状态。②有机体从出生到死亡之间的时期，从生理学的角度来看，完整的生命始于胚胎形成，终结于死亡。③将生命体（动、植物）与非生命体、非有机化合物或已经死亡的有机物区别开的特征的总和。心理学则认为，生命即意识到的自我，从婴儿期开始缓慢发展。

由此可见，从不同学科角度，对于生命都有诸多解释。可以将生命定义为广义与狭义两种。广义的生命表现为无数种植物和动物的形态。狭义的生命专指人的生命。本书所谈及的生命指的就是个体的一生要经历出生、成长、衰老直至死亡的漫长过程。生命的主体是人，从普遍意义而言，人的生命历程要经历胎儿期、婴儿期、幼儿期、童年期、青春期、青年期、中年期和成年晚期、老年期等，每个阶段均会表现出不同的身心特征。

二、生命的存在形态

人的生命是一个复杂的系统，它不是一维的线性存在，也不是二维的平面性存在，而是由相互联系的要素所组成的一种生物体的特殊存在形式。“动物和它的生命是直接统一的，它没有自己和自己的生命活动之间的区别，它就是这种生命活动。人则把自己的生活活动本身变成自己的意志和意识的对象”。也就是说，人不同于其他动物，人的生命具有三重属性，它是集自然生命之长、社会生命之宽、精神生命之高为一体的立体构筑，是自然、社会和精神的统一。因此，人的生命存在形式有生物性、社会性和精神性三种形态。

1. 生物性　生物性是基于人的自然生命即肉体生命表现，是人的生命最基本的特性，也是人的生命的社会性和精神性存在的基础和前提。人的生命和其他生命体一样，有生物属性和自然需求，需要与外界进行物质和能量的交换，进行新陈代谢，具有自我复制和繁殖、变异的功能，对于外界环境有一定的应激反应能力等，这些都是生命的自然特征。“不同于实验室中的物理、化学实验，也不同于计算机，可以无数次重复，可以推倒重来，人的生命过程只有一次，不能重新开始”。据估算，人的寿命可以达到百余岁，但无论是活到 100 岁还是 120 岁，人终究要死去。而在人活着的过程中，因为突发疾病、人为灾难、自然灾害以及各种各样偶然事件的发生，都能使生命突然终结。生老病死是任何人都无法逃避的，人的生命作为一个自然属性的躯体存在，其生长和发展就必然要服从生物界的规律与法则。

2. 社会性　人的生命的社会性是基于人的人际生命，指每个人客观具有的生活角色、权利义务、社会关系。马克思指出，“关于人的科学本身是人在实践中的自我实现的产物”，也就是说，实践是使自然生命社会化，走向超越的过程。每个人都需要通过实践去表达、丰富、体验并提升生命的存在，在实践中创造人生的辉煌。人是社会的动物、是社会性的生命个体，不是孤立存在的，而是与其他个体生命相互联系、相互交往，形成一定的社会关系。因此，人的生命必然带有社会性。生命的社会性赋予了生命更多色彩，使生命变得独一无二，也使得整个世界因生命而精彩。生命的社会性还体现在人的自主性与能动性方面。对于人类社会来说，自由是永恒的理想。对于生命个体来说，自由是人的生命的本质形态，人的生命本质是自由的。

自由是个体生命最基本的要求之一。另外，人的生命还具有其他生命体不具有的主观能动性，能够有意识地改造自然和社会，从而实现生命的超越，激发生命的潜能，提升生命的质量，实现生命的价值。

3. 精神性　人之所以区别于动物，就在于人的存在不仅是为了满足自己的生命而活着，还在于追求超越生物属性的精神性存在。人的生命的精神性源于人能够意识到自然生命有限，能在有限的生命中拓展自由的意识、主观的行动和无限的精神。所以说，人不仅是自然的物质存在，更是作为精神的载体。赫舍尔强调，“探索有意义的存在是生存的核心”。人的生命意义来自对生命实践的意识，人的生命意识是实现生命意义的实践。要珍爱生命并超越自然性，追求生命存在的精神价值。这既能体现人的生命的精神性，又是对超越性的一种诠释。生命的超越即人根据自身的独特性，在有限的生命中实现无限的生命意义和价值的提升。

三、生命的特征

只有建立在对人的生命有充分了解和认识的基础上，生命教育的开展才具有针对性和实效性。综合近代以来生命科学和生命哲学的研究成果，可将生命的特征概括为以下几点：

1. 生命的独特性　世界上没有完全相同的两片叶子。同样，世界上也绝不存在完全相同的两个生命个体。每个人的生命都是作为具体的、独立的个体而存在。个体生命的独特性不仅表现为遗传素质引起的生理性差异，还表现为后天个人成长、生活经验中形成的个性差异，以及人的思维、兴趣、爱好等的独特性。法国思想家帕斯卡尔认为：“生命作为一种特有的生活方式的肯定而成为标准，其有责任保护和实现自己的形式。”的确，每个人的生命都是独一无二、不可替代的，都应该是平等且值得尊重的。

2. 生命的有限性　对于生命体而言，有限性是其生命的本质，也是其生命意义所在。人是一个自然的物质存在，人的躯体作为自然存在物，存在于宇宙时空中，受到时间与空间的限制，必然是一个有限的存在物。死亡是人生有限性的“大限”，这是每个人不可避免的绝对性，如何在有限的时间里最大限度地实现自我价值，这也是生命教育中必然会提及的话题。

3. 生命的不可逆性　当人慢慢老去时，器官等都会衰退，很多功能都会丧失，细胞也会死亡，这是生命的生物属性特征。尽管现代医学和生命科学取得了一系列突破性进展，研发出许多延缓衰老的技术，但始终无法改变人类由生到死的生命历程。人的生命犹如一次单程旅行，在一维的时间之流中，不断生成、发展、远逝。生命无法重复、不可逆转。过去永远会成为过去，人们能把握的只有当下。

4. 生命的整体性　人是由自然生命、社会生命、精神生命共同构成的具体而完整的生命存在，三种生命形态彼此间互为前提、互为因果、互相依存，过分强调或是贬抑其中任何一种形态都是有失偏颇的。人的生命是一个复杂而矛盾的有机体，也是其认知、情感、动机、意志的统一体。德国哲学家雅斯贝尔斯在《什么是教育》中指出：“毋庸置疑，生命是完整的，它具有年龄、自我实现、成熟和生命可能性等形式，作为生命的自我存在也向往着成为完整的，只有通过对生命来说是合适的内在联系，生命才是完整的。”因此，人的一生是不断追求整合、完整的一生，开展生命教育也要从个体的整体性着手。

5. 生命的超越性　人类作为自觉的生命存在，已不再仅限于自然赋予的生命本性去适应自然，而是在有意识、有目的的社会劳动实践中去认识世界和改造世界。人具有能动性，在本质上区别于其他动物，把自然世界转化为人为世界，通过人为世界来改造和发展自身，实现人与自然的相适应。正如帕斯卡尔所说，“人因为思想而囊括了宇宙”。当人类意识到自身的存在时，理性必然不会安于有限性的生命存在，必然会探寻突破生命有限性的有效途径，努力实现生命的超越。因此，在精神的支配与引导下，人在具体的社会实践活动中，可以不断地发展与完善生命，促使生命从有限趋向无限，彰显出生命的超越性特质。

6. 生命的不确定性　物理学家海森堡于 1927 年基于量子力学提出不确定性原理。用他的话说："在因果律的陈述中，即'若确切地知道现在，就能预见未来'，所得出的并不是结论，而是前提。我们不能知道现在的所有细节，是一种原则性的事情。"不确定性也代表着多样性，代表希望、可能性及生命的自由。因此，生命的精彩在于其不确定性。

四、生命教育的内涵

（一）什么是生命教育

生命教育，顾名思义，就是关于生命的教育。自 20 世纪 20 年代开始，西方社会出现青少年群体出现危害生命健康，甚至伤害生命的现象。美国教育学家华特士（J.D. Walters）于 1968 年提出生命教育理论，探讨必须关注人的生长发育和生命健康的教育真谛，其出版的《生命教育：与孩子一同迎向人生挑战》一书中明确提出："生命教育的意义不仅在于引导学生了解固有的生命知识，更重要的是引导学生体悟生命的意义与价值"，在世界范围内引起了广泛的关注。由此，各国开始逐渐开展形式多样的生命教育理论与实践研究。尽管不同国家或地区的生命教育各具特色，但总体来看，其本质属性是相通的，它是关于人的生命的教育活动，是要促进人的生命与内部机体和外界关系相互协调，从而实现人的健康发展的教育形式。概括地说，生命教育专指通过有目的、有计划、有组织地经过一系列有关生命意识熏陶、生存能力培养、生命意志锻炼、生命价值提升等生命教育活动，使受教育者珍爱生命、欣赏生命，探索生命的意义，实现生命的价值的教育。

（二）生命教育的理论基础

中国传统文化源远流长，派系众多。研究中国传统的生命教育思想，最早可追溯到先秦的诸子百家，先秦时期产生的诸子百家思想对当时中国社会的变革和文化的发展都产生了重要的影响。所谓的"百家"，是对诸子风起、学派林立的文化现象的概括。战国诸子概括而言可分为儒、墨、道、名、法、阴阳、农、纵横、杂、小说十家，其中以儒、墨、道、法影响最大，其思想学说奠定了中华民族传统的思维方式和文化特征。

从各家的思想主张及其后世继承对中国文化发展的影响来看，儒家和道家思想最具有代表性。

以儒、道、释为主干的中国传统哲学本质上是一种关于生命的哲学，其思想观点主要是围绕人的生命展开的。儒家思想强调贵生重死，前提在于畏天知命，贵生是指以生命为贵，这是本体意义上的生命，也是指生命的现实存在。儒家思想认为，生命源于天地宇宙，天地宇宙存在的动力源泉就是生命创造精神。孔子在《论语・阳货》中说："天何言哉？四时行焉，百物生焉，天何言哉？"意思是：天不用说话，四季照常运行，宇宙万物依然生生不息。人们看到春夏秋冬在运行，看到自然界生物在成长，会感到自身的力量非常微薄。《荀子・礼论》中指出："天地合而万物生"。天道自然，天地衍生自然万物，万物自然而生。人与万物同体，人的生命也是源于天地自然。所以，人与天是相通的，天道是人道的起点，人道是对天道的效法，二者同样充满生机。人的生命理应与天地同样具有"生生之德"和自强不息的精神。在现实生活的层面，儒家思想还强调"乐生安死，修身穷道"。一方面要安乐地享受生活，愉快地接受天命赋予人生的责任；另一方面，当死亡来临时也不惧怕，能做到安然地对待，接受"死"的过程更强调个体的自身修养，穷尽仁道。儒家思想注重血缘、亲情、伦理，强调不仅要愉快地接受自己的生命，而且对每个人的生命都要珍惜、爱惜。孟子提出："恻隐之心，仁之端也；羞恶之心，义之端也；辞让之心，礼之端也；是非之心，智之端也"。首先便是"人皆有恻隐之心"，对他人生命的丧失也会感到悲痛，这种痛是对他人生命消失的自然情感流露。儒家思想还强调，人活一世，要不断地修炼自己的精神境界，修身为本。《孟子・离娄章句上》中提到："人有恒言，皆曰'天下国家'。天下之本在国，国之本在家，家之本在身。"《孟子・尽心上》中又提到："尽其心者，知其性也。知其性，则知天矣。存其心，养其性，所以事天也。"一个人只要努力按照心中的道义去做，就可以知性，知性就可以知天，进而知道自己的天命。《大学》中提到："明明德""亲民""止于至善"。《中庸》也提到："知所以修身，则知所以治人，知所以治人，则知所以治天下国家矣"。修身是本，只有修好身，才可治天下国家。总之，儒家思想认为人的生命是可贵的，对待生命要有安生乐死的态度，活着要享受生命，死也不必畏惧，强调生命存活期间要注重自省、内修和建功立业，这样在生的时候才会是活生生的生命，不只是行走的肉体。王阳明是儒家心学思想的重要代表人物，他的心学体系与生命教育体系之间有着密切的联系，重要的理论观点包括"心即理""良知""知行合一""致良知"。王阳明认为，人生来就是有善端的，通过自省的方式修正自我，养浩然之气，将自我的良知沿着道德规范的方向延展，不仅要保证自己道德高尚，还应帮助他人道德高尚。王阳明还认为，人的生命一部分是属于个体的生命，另一部分是属于社会的社会使命。人生的自我目标是个人发展过程中逐步实现自我的价值，同时还要完成社会赋予个体的社会使命。当二者发生冲突而无法兼顾时，王阳明的心学思想和儒家思想一样，都提倡舍己求仁，也就是牺牲自我目标，以达成社会目标为先。

道家思想的创始人老子承袭了古代神话中对生命观念、原始宗教中的崇拜意识，在对《周易》等古籍中的生命关怀内容加以吸收的基础上，形成了其独特的生命观。老子认为，"道"生万物，而且"道"在展现自身的过程中就表现为宇宙万物。这里的宇宙万物就包括生命形态，因此老子所说的生命本源就源于自然之"道"，生命的本质就是"道"的本质的外化，人的本性就是道性的体现，只有最接近"道"的状态才是生命的本然状态，而只有生命的本然状态才是生命与生俱来的本质和本性。在老子之后，庄子有关生命无极限与有限性的辩证思考，彰显了其生命观敬畏"道"的价值取向。庄子认为，"道"及其所创造的宇宙世界是无限的，而人的生命是有限的，人在面对无限的"道"时，要"知天之所为，知人之所为"，要时刻怀有敬畏之心，从而做到有所为，且有所不为。庄子对"道"的敬畏代表的是一种生命智慧，即看到"道"的无限性，也肯定人的有限性，认识有限与无限之间的差距可以激发人类探索"道"及其所产生宇宙世界的冲动和动力，臣服于"道"的无限，以遏制自我的盲目自大和妄为妄作。"敬道"彰显的是一种生命追求的态度，告诫人们要自强不息，要让有限的人生有所作为；"畏道"体现了人类的渺小和有限，对待生命要时常自省和自我警示，做人要"厚德载物"，要有所不为。总之，道家思想认为，人的生命源于"道"，生命的最高价值便是实现人道合一，要学会尊重、敬畏和保护自己的生命，不能随意伤害他人的生命，明白每个人都会走向死亡，但在死亡之前要实现生命的社会价值。

除此之外，对中国文化产生重要影响的还有东汉时期传入中国的外来文化——佛教文化。佛教文化传入中国后，与本土文化相融合，形成了中国禅宗一派，称为释家，与儒家和道家一起，对中国文化产生了深刻的影响。总体来看，释家思想的生命观是以否定的眼光看待整个世界，将这个世界包括生命的构成看成是虚幻的、痛苦的，否定人的价值而肯定神的价值。从本质上看，释家思想的生命观带有强烈的消极感，但其中也具有对人的积极的启示。释家思想教育主要从出世的角度帮助众生追求解脱生命之苦的方法，强调对自然生命的超越，强调爱护生命、珍惜生命，不能伤害其他生命，对一切生命都应善加爱护。释家思想认为：杀生之恶，尤过于好客之善。"戒杀生"是释家最基本的戒律，位于五戒之首。每一个生命都需要被慈悲、平等地对待。同时，释家思想还认为，人只有通过理解、体悟的方式来满足个体生命发展的需要，不断寻找生命潜意识的真我，才可能回到人类灵魂原本的纯、真、善、美。总之，人的生命是贯穿一切的根源，生命的运转是建立在"天人合一"的基础上的。中国传统文化不仅关注人的自然生命，更加关注人的精神生命，注重生命的超越，强调个人在道德与精神层面的升华。

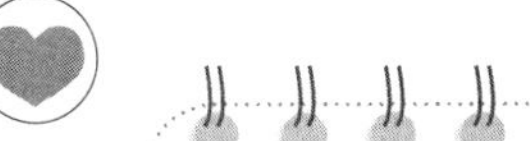

19 世纪末 20 世纪初，作为现代哲学重要流派的生命哲学思想开始形成，并经历了唯意志主义、生命哲学、存在主义三个基本发展阶段。其中，德国的狄尔泰、齐美尔和法国的柏格森是生命哲学阶段的代表人物，他们继承了叔本华和尼采关于意志的生命哲学思想。生命哲学反对理性主义对人的生命的扭曲和践踏，强调突出生命冲动与生命意志的本体地位。狄尔泰认为，生命的本质在于对生命意义的追寻和理解，生命具有历史性，历史生命是每个个体都能意识到的在场的所有，人类只有通过自我体验才能真正认识自己，只有在真切体验基础上，才会对生命有深刻的理解。他提出："生命以及生命的体验是对社会——历史世界的理解的生生不息、永远流动的源泉；从生命出发，理解渗透着不断更新的深度；只有在对生命和社会的反应中，各种精神科学才能获得他们的最高意义，而且是不断增长着的意义。"人的生命绝对不是单纯的理性存在，还应该是理性、情感与意志的统一体。齐美尔继承了狄尔泰的生命哲学思想，他认为世界的本源即生命，生命是一种不可压制的永恒冲动，是一种"活力"。人类只有拥有体验内在生命的直觉和本能性预见的生命哲学，才能把握生命的整体性，领悟世界的真谛。柏格森用"生命冲动"来理解生命，他认为正是生命冲动创造了宇宙万物，并促进了物种的进化；而这种生命冲动只能靠直觉的体验来获得，"直觉就是心灵本身，在一定意义上就是生命本身"。《物种起源》所提出的"进化论"，其核心是物种竞争，包括"自然选择"和"优胜劣汰"。生命哲学的发展对生命有关的自然规律进行了提炼和升华。

（三）马克思主义的生命价值观

马克思认为，"人使自己的生命活动本身变成自己意志和意识的对象。人的生命活动是有意识的"。马克思提出"现实的人"的概念，强调自然生命是人存在的真正基础和出发点，但他也指出："人的本质不是单个人所固有的抽象物，在其现实性上，它是一切社会关系的总和。"人的本质在马克思看来不再是以往唯心主义哲学那种单纯的精神载体，而是基于人所处的社会环境，基于人的行为所具有的自然性和社会性的双重属性。人本身是来源于自然界的高级生物，人之所以区别于一般其他生物，是因为人在社会中所具有的社会性和阶级性。人的活动是有目的的活动，而不单纯是本能力量的冲动，所以人的自然性受到社会性的制约。简言之，马克思主义认为，人的生命是自然属性与社会属性的统一，人的生命价值包括自我价值与社会价值，自我价值与社会价值互为前提。马克思主义的生命价值观，其核心即生命的社会价值，是生命主体实践对社会产生的价值。"生命价值是指作为客体的人满足他人和社会需要的一种效益关系，是人的生活实践对于社会和个人所具有的意义和作用"。生命价值主要包括两方面的内容：一是社会要尊重和满足个人的利益，保证个人价值的实现；二是个人要承担相应的社会责任和义务，要以实现社会价值为最高目标。马克思还认为，生命的价值在于奉献，人生的意义在于为自己的幸福、他人的幸福，甚至一切人的幸福而奋斗。

习近平新时代中国特色社会主义思想明确了要以人民为中心，生命价值得到指引，促进自由、全面发展。作为新时代的大学生，要系统了解中国特色社会主义理论，树立中国特色社会主义共同理想；要牢牢把握社会发展趋势，符合社会发展的要求；要树立正确、积极的世界观、人生观、价值观，担负起实现中华民族伟大复兴中国梦的历史使命。

五、生命教育的原则与内容

生命教育开展的基础首先源于人们对生命的认识。生命的本质是什么，怎样的生命才是有价值的，人生应达到何种境界？只有这些问题得到明确解决，生命教育才能有的放矢地展开。大学生是一个具有自身特殊性的群体，他们经历过成长之初的懵懂，对事物有一定的认识与理解。他们处在步入社会之前的阶段，但对于校园外的社会生活又缺乏经验。他们充满活力与创造性，却又涉世未深，遇到问题时容易迷失方向。对大学生进行生命教育，主要是指："从大学生进入大学到离开校园的整个过程中，通过有目的、有计划、有组织的教育活动，引导大学生认识生命的起源、发展和终结，从而认识生命、理解生命、欣赏生命、尊重生命、珍惜生命，建立乐观、积极的人生态度，培养生存能力，提升生命价值，最终使生命的意义充分展现的活动过程”。生命教育应该是以人为本，顺应人的天性，开发人的潜能的教育。

（一）生命教育的主要原则

1. 存在性原则　生命是人存活于世界的唯一证明。当生命消失了，人也就不存在了。存在即神圣，这一原则要求作为生命体的每一个人都要尊重自我的生命，全力以赴地保存和发展生命。人类作为自然界的“万物之灵”，没有权利去伤害或毁灭他人或非人类的生命，并且对世间万物应当有一种博大的胸襟，去呵护生命。

2. 体验性原则　体验是指通过亲身经历获得的经验，通过体验能丰富个体的情绪、情感，提升人生思考的境界。因此，在高校开展生命教育须遵循体验性原则，积极引导大学生通过对自身成长经历的反思，全身心地融入情感体验中，激发对生命的感激、欣赏和赞美的感悟。同时，结合大学生自我和他人的人生经历和现实生活情况，扩展人生阅历的视角，挖掘成长中对家庭、社会的积极体验，丰富大学生的情感体验。

3. 实践性原则　高校在开展大学生的生命教育时，必须要将教育落实到实际行动中，不可流于形式，这样才能取得理想的教育效果。生命教育要与学校各专业学科的内容相结合，将生命教育融入学校的各项校园活动中。通过开展形式多样的实践活动，让大学生在日常生活、学习互动中体验生命的意义。此外，教育工作者要引导大学生将所学到的生命教育知识运用到实践中，有效地解决在成长过程中出现的各种困扰和问题。

4. 预防性原则　在开展大学生生命教育时，要做到预防为主，防患于未然，早预防、早发现、早干预。可通过加强对大学生的预防引导和宣传教育，建立健全各种关于大学生生命安全预警机制等方式尽可能避免危机事件的发生。

5. 干预性原则　如果发现大学生出现自杀或伤害他人的倾向，要及时对其进行干预教育，引导其发现生命的可贵价值。高校在实践大学生生命教育的干预性原则时，要确保所采取的方法与维护大学生的身心健康的目标相一致，始终把保障大学生的生命安全放在第一位。

（二）生命教育的主要内容

1. 生命意识教育　子曰：“身体发肤，受之父母，不敢毁伤，孝之始也。立身行道，扬名于后世，以显父母，孝之终也。”开展生命教育，首先要帮助大学生对生命形成正确的认知态度，包括生命的可贵性和无价性，生命的不可重复性和脆弱性等。“皮之不存，毛将焉附”。生命的存在是生命得以升华的前提和基础，而且活着本身就是生命的价值体现。“人的生命是自身繁殖、生长发育、新陈代谢，与周围环境进行物质和能量交换，遗传变异以及对刺激做出反应等的复合现象”。生命意识的教育实质上就是引导大学生了解生命的起源和归处，进而真正意义上地珍爱生命。大学生只有对生命具有科学、正确、清晰的认识，才能去思考生命的真正蕴义，深入理解其广博的精神和社会涵义，才有可能正确地对待自己和他人的生命，进而积极地去创造生命价值，提升生命质量。如果大学生一开始对生命的认知就是片面、消极、模糊不清的，则将对其未来成长和发展产生强烈的阻碍作用。

2. 生命安全教育　生命安全是关乎生命存在或生命健康的问题。大学生是一个特殊的群体，一方面需要学习如何保护自身的安全，另一方面也要学习如何帮助他人。大学生是社会成员的重要组成部分，一直以来，我国思想政治教育的各项活动纷纷倡导珍惜、热爱生命，把生命的地位放在相当重要的位置，要引导大学生既要热爱自己的生命，也要珍惜他人的生命。这不仅有利于保障大学生的健康成长和全面发展，维护正常的教学管理秩序，防止任何危害性事件的发生，构建安全稳定的校园环境，也有利于社会和谐发展。

3. 生命价值教育　价值观是人们对事物价值问题的根本看法，包括对客观事物的意义、重要性的看法和态度。生命价值的教育重点关注人为什么而活、生命的真正意义和价值是什

么？大学生是否能树立正确的生命价值观，拥有科学、合理的生命价值取向，包括明辨是非、善恶与荣辱，决定着他们在社会中能否最大限度地创造人生的价值，成就绚烂的人生。在共产主义道德观和集体主义价值观的指导下，我国传统的思想政治教育强调人生的真正价值在于对社会贡献的多少，要求大学生树立崇高的价值观。人存在着精神生命、社会生命和生存生命的三种形态，生命的价值不仅是生存的价值，通过培养大学生强烈而远大的成才意识和志向，充分实现自我价值，帮助大学生确立合理的生活目标，脚踏实地，勇往直前。

4. 生命质量教育　生命的质量既包括外在的物质方面，也包括内在的精神方面。前者属于初级追求，后者则属于高层次的追求。然而，要真正理解生命的质量，这两者都是必不可少的。追求物质的富足，能为心灵的腾飞提供保障；内心的强大与宽容，有助于更好地发挥自身的优势，进而明确自己应该努力的方向，共同实现物质和精神追求，使生命的质量得以提高。

5. 生命责任教育　要使大学生深刻领会到每个人都肩负着各自的责任和使命。在人类社会中，每个生命都在不同的环境中扮演着各自不同的角色，无论是对自己、对家庭，还是对社会，都应该承担相应的责任。作为大学生，还肩负着时代赋予的使命，因此必须珍爱生命。自我生命责任感的形成和发展可使大学生逐步提升对他人、社会和国家的责任感，激发大学生为社会、为祖国做贡献的热情，最终实现生命价值的升华。通过对大学生进行感恩教育，使其自觉认识到生命的珍贵，生活的美好，学会感激家人、感激学校、感激社会、感激国家、感激地球，并逐渐发挥自我潜能，丰富生命的内涵及价值。

案例导读

生命可以很精彩

1882 年，一名女婴因高热生命垂危。她虽然幸免于难，但留下了后遗症，她再也看不见、听不见。因为听不见，她想说话却变得很困难。高热将她与外界隔开，使她失去了视力和声音。她仿佛被牢笼困于黑暗中，无法摆脱。万幸的是，她并不是一个轻易认输的人。不久后，她开始利用其他的感官来探查这个世界。她跟着母亲，拉着母亲的衣角，两人形影不离。她去触摸、去嗅各种自己碰到的物品。她模仿其他人的动作，并且很快就能自己做一些事情，如挤牛奶或揉面。她甚至学会靠摸其他人的脸或衣服来识别对方。她还能靠闻不同的植物和触摸地面来辨别自己在花园里的位置。7 岁时，她发明了 60 多种不同的手势，由此得以和家人交流。如果她想要面包，就会做出切面包和涂黄油的动作。如果她想要冰淇淋，就会用手裹住自己并做出发抖的动作。她在这方面的能力非同一般，既聪明，又很敏感。通过努力学习，她对这个陌生且迷惑的世界有了一些认识。她发现家里其他人不用像自己那样做手势，而是用口语表达交谈。有时，她会站在两人中间触摸他们的嘴唇。她不知道他们在说什么，而自己也不能发出带有含义的声音。她想说话，可是无论花费多大的力气也无法使其他人明白自己。这使她异常懊恼，以至于常在屋子里乱跑乱撞，灰心地又踢又喊。随着年龄的增长，她的怒气越来越大，变得狂野不驯。倘若她得不到想要的，就会大发脾气直到家人顺从。她惯用的手段包括抓其他人盘子里的食物以及将易碎物品猛然扔到地上。有一次，她甚至将母亲锁在厨房里。后来，家里雇了一名家庭教师，悉心地指导她，尤其是她感兴趣的事物。慢慢地，她变得温和了，而且很快学会了用盲文朗读和写作。她又学会了触唇意识，也学会了讲话，这对听力丧失的人来说是一个巨大的成就。

1904 年，她以优异的成绩从大学毕业。她有惊人的注意力和记忆力，同时她还具有不达目的誓不罢休的毅力。她成为了一位学识渊博，掌握英语、法语、德语、拉丁语、希腊语五种语言的著名作家和教育家。她走遍世界各地，为盲人募集资金，把自己的一生献给了盲人福利和教育事业。她获得了世界各国人民的赞扬，并得到许多国家政府的嘉奖。

这个将残缺的生命活得非常精彩的人，就是海伦·凯勒。

第二节　生命价值感

知识链接

世界预防自杀日

2003 年 9 月 10 日被世界卫生组织定为首个“世界预防自杀日”。为了引起公众对自杀的关注，世界卫生组织和国际自杀预防协会呼吁各国政府、预防自杀协会和机构、当地社区、医务工作者以及志愿者们，加入到当天的各项地方性行动中，共同提高公众对自杀问题重要性以及降低自杀率的认识。首个“世界预防自杀日”的口号为“自杀一个都太多”。世界卫生组织和国际自杀预防协会致力于帮助公众了解诱发自杀行为的危险因素，增强人们对不良生活事件的应对能力，预防自杀行为。

一、生命的价值与意义

因为生命有限与不可逆，生命才变得有意义。毛泽东曾在《纪念白求恩》中明确指出如何才能实现人的生命价值，“我们大家要学习他毫无自私自利之心的精神。从这点出发，就可以变为有利于人民的人。一个人的能力有大小，但只要有这点精神，就是一个高尚的人，一个纯粹的人，一个有道德的人，一个脱离了低级趣味的人，一个有益于人民的人。”这就是说，人的生命价值是在一定的社会活动中，在一定的社会实践条件下，为他人付出，才能得以实现。

万花筒之所以缤纷多彩，是因为有各式各样、形态各异的图像存在其中。图像并不都是鲜亮的色彩，但晦暗的部分却能成为极佳的衬托，人生也如此。“不经一番寒彻骨，怎得梅花扑鼻香”。人们能以健康的态度面对人生中不可知的痛苦与压力，历经苦难后将会收获丰硕的果实！生命是一切智慧、力量和美好情感的唯一载体，如果失去生命，一切都将不再存在。人的生命价值是一种有为的价值，是生命主体的人在实现社会价值的同时体现的自我价值。从总体来看，马克思主义的生命价值观是指人对社会的贡献既可以是物质层面的贡献，也可以是精神层面的付出，个人在追求幸福的同时，将自我价值的实现融入到对集体和社会的奉献中，这才是生命价值的有意义和实现过程。在实践当代大学生生命教育的进程中，要始终坚持以马克思主义的生命价值观为指导，教育和培养当代大学生树立正确的生命价值观，在社会实践过程中正确处理好自我价值与社会价值的关系，在不断为社会创造价值的过程中提升和实现个人的生命价值。

二、认识死亡，直面死亡

生老病死是生命的自然过程，生命与死亡是辩证统一的，没有死就无所谓生。如果剥去生命的价值，则死亡也将无关紧要。每出现一个生命现象，就必然伴随着一个死亡现象。人们大都将死亡视为不吉利或阴暗的象征，潜意识里排斥思考有关死亡的问题，在现实生活中也多为谈生，极少谈死，多由生谈及死。事实上，死亡是生命规律的使然，是生命过程的重要组成部分，人们不应对其回避，也无法回避。只有承认死亡、正视死亡，才能更好地珍惜生命、关爱

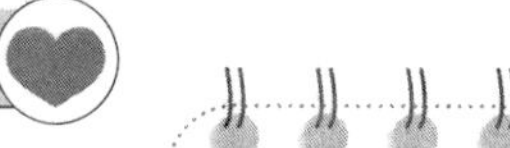

生命和感悟生命。

（一）自然生命的消逝

生物学认为，死亡是机体生命活动和新陈代谢的终止。《辞海》中把人和高等动物的死亡分为三类，一是因生理功能衰竭而发的生理性死亡或自然死亡；二是因各种疾病造成的病理性死亡；三是因机体受机械、化学或其他因素作用所造成的意外死亡。很显然，这里的死亡界定仅就物质生命而言，完全撇开了人的精神生命。人的自然生命的死亡是从物质层面对人的生命的绝对否定，它从源头上消除了人的生活与生命的可能性，使人固有的价值禀赋化为乌有。正如海德格尔所言，“人是此在的存在，而死亡则是此在的存在方式，是此在的最本己的规定性，死亡贯穿于每个生命的全部过程，人们只有在自己的死亡中才能检视自身的此在，人们生着即在死着，人是向死而生的存在，即向死而在”。因此，对于大学生而言，开展自然生命的死亡教育，不是否定死亡的必然性，而是要减少死亡的偶然性，放慢死亡的脚步，加深大学生对死亡的认识，从而用有限的生命创造无限的价值。

（二）社会生命的终结

大学生正处于从自然状态向社会状态转变的关键阶段，不仅是社会化的对象，而且是推动社会发展的主力军。只有主动融入社会、关心社会、服务社会，在与社会的不断交互中，才能保持旺盛的社会生命，从而获得真正的成长。大学生群体中出现了离自己（小我）越来越近，却离社会（大我）越来越远的现象，主要体现在三个方面：①社会责任缺失。表现为部分责任意识欠缺，缺乏担当精神。在个人信仰方面，受个人中心主义和效用至上主义的影响，他们大都缺乏纯粹的理想、信念和坚定的政治信仰；在人生价值取向方面，奉行享乐主义和物质主义，追求及时行乐，强调个人利益，重视索取，忽视奉献；在道德行为方面，往往言行不一，貌合神离，缺乏诚信意识，不乏弄虚作假，如考试作弊、学术腐败、骗取助学金等。②社会交往贫乏。表现为社会交往能力较低，在交往中缺乏情感，基于应付，流于形式，虚无化倾向严重，社会交往存在重物质交往轻精神交往、多校内交往少校外交往、强虚拟交往弱现实交往等问题。③社会情感淡漠。表现为部分大学生对大多事物都缺乏兴趣，好奇心缺失、求知欲低、价值观迷茫等。网络技术和信息技术的飞速发展在拉近大学生物理空间距离的同时，却疏远了彼此之间的心理距离，更加重了其人际关系的冷漠和情感的疏离。

（三）精神生命的萎靡

人作为高级生物，精神性是人的根本属性，是人得以与其他生物区分开的本质所在。黑格尔说，“人的自我意识是普遍的精神，而精神则是绝对的、永恒的和不死的，精神生活也从不担忧死亡，并且能够在担负死亡中得以自存”。这一观点虽然看似荒谬，但至少告诉人们，精神生命在人的生命中的重要性。对个体而言，精神死亡才是根本性的死亡和真正的死亡，也是最可怕的死亡和最让人担忧的死亡。孔子亦有言，“哀莫大于心死，而人死亦次之”。此处的“心”即为精神，与物质死亡相比，心死或精神死亡则更为可悲。即便躯体长生不死，但心如死灰，得过且过，犹如行尸走肉，生命也将毫无意义。精神死亡现象主要表现在以下三个方面：①精神生活的趋同化，在大众化、世俗化和功利化的渲染下，个人的主体性逐渐丧失，逐步沦为他人精致的模仿者和盲从者，异化为乏善可陈的“他者”，他们大都缺乏独立思考能力、社会批判能力和文化创新能力，思想观念看似前卫，实则僵化、保守和自我封闭。②精神追求的平庸化，信息革命的到来与网络技术的快速发展，大学生群体价值观念、行为习惯和生活态度容易转向大众化和通俗化。③精神价值的扭曲，对于一部分人而言，“为国为民”的精神气节已不复存在，“文以载道”的精神品质亦不复存在，其精神价值逐渐发生扭曲，精神活动功利化、物质化、虚无化明显。蒙田曾说：“谁教会人死亡，谁就教会人生活。”人的生与死阐明了人生命的开始与终结。生命教育的出发点在于引导大学生在珍惜生命、尊重生命、正确认识死亡的基础上，学会更好地面对当下与未来的生活。

案例导读

张定宇医生：用生命守护生命

“步履蹒跚与时间赛跑，只想为患者多赢一秒；身患绝症与新冠周旋，顾不上亲人已经沦陷。这一战，你矗立在死神和患者之间。”

那一晚，歌声飘荡在城市上空，这是《感动中国2020年度人物颁奖盛典》中给张定宇医生的颁奖词。

张定宇医生被授予“人民英雄”勋章，当选“感动中国”2020年度任务，荣登“中国好人榜”……一个个荣誉见证着张定宇医生的坚守。他始终保持着对生命的尊重和敬畏，对生活和事业的无限热爱！

张定宇18岁考入同济医科大学，“麻醉医生、综合医院副院长、血液中心主任、传染病医院院长、湖北省卫健委副主任”等串联成他的职业履历。30余年的执医生涯里，无论身份如何变化，他一直坚守在医疗一线，曾随中国医疗队出征援助阿尔及利亚，带领湖北省第三医疗队出现在汶川地震重灾区什邡市。他被更广泛地认识和了解，缘于2020年那场突如其来的新冠疫情。

“又来了一个新病人！需要气管插管！快！”湖北省武汉市金银潭医院的走廊上，两名穿着防护服的医生护送着一辆负压担架快速赶往ICU。这样的场景，从新冠肺炎暴发以来并不少见。话音刚落，张定宇大力地推开门迅速赶往ICU。他用力地摆动着自己僵直的右腿，尽可能快地向前小跑着。也许从背影看，他有些狼狈，但此时此刻他已经顾不上自己的仪态，甚至不去考虑自己是否会摔倒，满脑子都只有一句话：“我必须跑得更快，才能跑赢时间，把重要的事情做完；我必须跑得更快，才能从病魔手里抢回更多病人！”

ICU气管插管主要用于治疗呼吸困难或呼吸衰竭。操作时，医生和患者的口鼻距离最近只有十厘米，医生感染新冠病毒的风险很大！但从业30余年，每一次在患者与自己之间做选择，张定宇都选择了患者。他熟练地配合护士进行插管操作，尽力地缓解患者痛苦。待患者的情况趋于平稳后，他缓慢地走回自己的办公室，坐在椅子上用力地按揉自己的右腿。没人知道这个素有“硬汉”之称的武汉金银潭医院院长张定宇已经患上了渐冻症。

此时的他，不仅承受着来自肉体的折磨，心中还饱含对妻子的愧疚。

张定宇与妻子程琳年少相识，结婚28年，一直相濡以沫。妻子就在数十公里外因感染新冠病毒而住院隔离，自己却连最简单的时刻陪伴都做不到！独自休息时，他也会因为内心对妻子的愧疚与担忧而偷偷地抹眼泪，甚至会忍不住失声痛哭！

可他是一名医生，更是一名党员！病毒肆虐之际，他选择平复所有的情绪，继续奔赴每一次的生死时速。张定宇牵头组建隔离区，收治武汉首批新冠肺炎患者，率先采样开展病毒检测。他与生命赛跑，与病毒赛跑，精心救治了2800多名重症患者。

凛冬终去，暖春已来。

2020年4月8日，湖北省武汉市正式解封。9月8日，全国抗击新冠肺炎疫情表彰大会在北京人民大会堂隆重召开。望着脚下的红毯，听着耳旁掌声，张定宇的眼前闪过了那曾经惊心动魄的76个日日夜夜。望着眼前和蔼可亲的总书记，万般情绪涌上心头，此刻的张定宇，只哽咽出一句话：“总书记，我们胜利了。”

在抗疫一线，他临危受命；在生死关头，他冲锋在前，他是人民的儿子张定宇！人们看到的，不仅是他胸前金光闪闪的勋章，还有他永远滚烫的对生命的热爱之心！

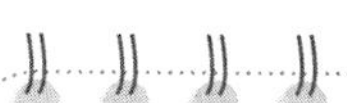

三、大学生如何提升生命价值

（一）接纳和敬畏生命

大学生正值青春期，在此发展阶段相对容易出现冲动、易怒、烦躁等情绪，对待事物“三分钟热度”、不计后果等情况。因此，既要了解自我生命的价值和存在的意义，又要接纳和尊重他人生命的存在，理解并领悟他人生命存在的价值和意义和自己一样高尚和珍贵。接纳一切生命存在的权利。同时，注重自我情绪调节，增强自控情绪能力。不断提高接受外界和内心的压力值，有效减少负性情绪的产生。

（二）实现生命的价值

生命的长度是无法被决定的，但是，应当尽己所能最大限度地实现生命的价值。对于大学生群体而言，有价值的生命就是真正的“活着”，无价值的人生仅是自然生命体持续存在着，如同行尸走肉、没有灵魂的躯壳。在人的一生中，自然性的生命必然要实现向有价值的生命飞跃。因此，在追求和实现生命价值的过程中，应是内在价值与外在价值的统一，个人价值与社会价值的统一，物质价值与精神价值的统一。只要不断地升华生命的内涵，修身立人，每个人都可以超越平凡，走向卓越，绽放生命的光彩。

1. 树立崇高的理想信念　大学生作为社会的建设者与接班人，是国家培养的专门人才。当代大学生身上有着思想多元化、复杂化的时代烙印，增强大学生理想信念和社会责任感的生命教育的针对性和有效性尤为重要。大学生只有树立崇高的理想信念，才能够解答人生的意义、奋斗的价值以及应当做怎样的人等重要的人生课题。

2. 增强全面的责任意识　责任既是人的意志自由，也是人的一种规定、任务和使命。当个体有强烈的责任感时，就会对生活充满热情，能够积极、主动地关心他人、集体与社会，能够对自己及他人的生命负责，对自己的家庭负责，对自己所生存的社会负责，从而认识到生命的价值。相反，一个没有责任感的人，会觉得人生没有乐趣，自己是一个不被需要的人，从而丧失对生活的热情、信心和进取心，成为精神空虚的人。马克思指出：“每一个人都无可争辩地有权发展自己的才能。”“任何人的职责、使命、任务就是全面发展自己的一切能力。”因此，要学会肯定自我，培养自我责任感，培养善良、关爱、宽容的优秀品质。

3. 培养自主的创新能力　创新是促进民族进步的灵魂，是推动国家进步的动力。创新是伟大而艰巨的事业，健康的身心是大学生创造性想象力开展的前提条件，具有创新人格的个体才具有超越性的意识观念和精神品质。人类是有意识的存在，超越意识是生命存在和活动的根本属性。要充分发挥生命教育的作用，激发大学生的热情，增强他们对抗挫折与战胜困难的信心。这样，大学生才能在各种困难和打击中发挥出强大的抗击力和创造力。创新能力越强、创新成果越丰硕，品尝成果的感受越深，创新的动力就越大，大学生对生命的意义与价值的理解就会越深。

作为新时代的大学生，应深刻理解生命价值对国家、社会、个人都具有积极的作用。对国家可以齐天下，实现大同世界的理想；对社会可以实行道德自治，实现和谐盛景；对家庭可以履行应尽的义务，实现家庭和睦；对自己可以修己达人，实现德行双修。总之，大学生要想实现个人价值和社会价值，就应该不断地加强学习和实践，提升自身的道德文化修养和科学知识，在实践活动中服务于社会。人的价值不在于索取，而在于奉献。大学生只有在奉献社会和他人的过程中，才能真正实现生命的价值。

量表测试

生命意义感量表

请根据自己的情况如实作答，对每一道题目在 5 个选项中选择一个。注：A. 非常不符合；B. 基本符合；C. 不清楚；D. 基本符合；E. 非常符合

1. 如果我调整好心态，那么危机就可能会变成转机。
2. 我认为挫折是一种磨炼自我的机会，让我更坚强，使我成长。
3. 即使身处困境，我依然用乐观的态度对待生活。
4. 我会对我自己的选择负责。
5. 我会不断寻找让生命变得更有意义的事情。
6. 我很关注如何让生活变得更有意义。
7. 我很努力地挖掘并发挥我的潜能。
8. 我很积极地探索自我。
9. 我正在为我未来的生活目标而努力。
10. 从他人及自身的经验中，我学到了很多有价值的事情。
11. 从兼职或学生工作等日常生活中，我更了解自己和肯定自我。
12. 努力实现自我的理想，使我的生活有了意义与方向。
13. 我在付出中获得了对于自我的肯定与喜悦。

解析：该量表包括“意志自由”“追求意义的意志”“生命的意义”三个维度，共 13 道题目。意志自由是指个人自由选择面对生活中的困难、问题、罪恶、死亡的态度，对应量表中的第 1、2、3、4 题。追求意义的意志是指主动追求生命意义的动机和努力程度，对应量表中的第 5、6、7、8 题。生命的意义是指如何发现生命的意义和目的，实际上是考察生命意义感的来源和途径，对应量表中的第 9、10、11、12、13 题。

A. 非常不符合；B. 基本符合；C. 不清楚；D. 基本符合；E. 非常符合。以上 5 个选项分别计为 1 分、2 分、3 分、4 分、5 分。各维度采用正向计分，各维度得分相加为总得分。根据该量表的理论设计，总得分为 13~65 分，各维度得分相加的总分越高，表明个体的生命意义感水平越高。

思考题

1. 如何认识生命以及生命的意义？
2. 作为当代大学生，如何实现自我的生命价值？
3. 对于生命，你有哪些认识？

（李雪萍）

第十四章　大学生的心理危机应对

案例导读

老鼠的故事

在一个青黄不接的初夏，一只在农家仓库大梁上的老鼠意外地掉进一个盛得半满的米缸里。处身于白花花的大米之中，老鼠喜出望外，它先是警惕地环顾了一下四周，确定没有危险之后，接下来便是一通猛吃，吃完倒头便睡。老鼠就这样在米缸里吃了睡、睡了吃。日子在衣食无忧的休闲中过去了。有时，老鼠也曾为是否要跳出米缸进行过思想斗争与痛苦抉择，但终究未能摆脱白花花大米的诱惑。直到有一天它发现米缸见了底，才觉得以米缸现在的高度，自己就是想跳出去，也无能为力了。老鼠未能抗拒大米一时的诱惑，未能意识到潜在的危机，最终想逃生时为时已晚。

这个故事给我们带来什么启示呢？我们是不是也和老鼠一样身处危机中却浑然不觉？大学生作为一个特殊的群体，由于其特定的年龄、社会角色、成长学习环境等因素，不可避免地成为心理危机的高危人群。因此，很有必要正确认识心理危机。

第一节　心理危机与大学生

一、认识心理危机

（一）心理危机的概念

心理危机简称危机（crisis），心理危机理论起源于社会精神病理学、自我心理学和行为学习理论。心理危机的概念最先由林德曼（Lindemann，1944）提出，20 世纪 60 年代以后美国心理学家卡普兰（G. Caplan，1954）对心理危机进行系统的理论研究，并于 1964 年首次发表心理危机干预理论，卡普兰因此也被视为现代危机干预的鼻祖。

作为心理危机理论的创始人，卡普兰将心理危机定义为："个体面临突然或重大生活事件（如亲人死亡、婚姻破裂或天灾人祸等）时，既不能回避，又无法用通常解决问题的方法来解决时所出现的心理失衡状态"。在个体层面上，危机是一种对事件和情境的认知和体验，即认为所面临的困难事件或情境超过了现有资源和应对机制。而大学生的心理危机是指大学生在面对升学、就业、家庭变故等突发或重大事件，无所适从、难以应对时所产生的心理失衡状态。总地来说，确定大学生是否陷入"危机"有三项标准：①存在具有重大心理影响的生活事件；②引起急性情绪扰乱或认知、躯体和行为等方面的改变，但又均不符合任何精神病的诊断标准；③当事人用平常解决问题的手段应对无效。

（二）心理危机的反应

大学生心理危机的出现，不仅对学生本人的学习、生活和人生发展有巨大的影响，也对学校的正常生活和教学秩序、管理秩序造成相当大的影响。除了依据大学生个人生活史与性格特征、是否存在急性应激事件来识别外，大学生处在心理危机状态下会表现出一系列的生理、情绪、认知及行为反应，这是识别大学生心理危机的重要指标。常见的反应：

1. 生理反应　身体免疫力下降、胸闷、头晕、失眠、食欲缺乏、胃部不适、敏感、紧张等。这是因为，在心理危机状态下，自主神经系统、下丘脑 - 腺垂体 - 靶腺轴和免疫系统对身体生理反应的调节功能会发生改变。

2. 情绪反应　情绪是机体对客观事物是否符合其主观需要而产生的态度和体验。陷入心理危机的个体，其情绪反应一般表现为紧张、焦虑、恐惧、怕见人、情绪低落或不稳、或表面平静、眼神游离、自责、绝望、过分敏感、害怕即将死去等。不良情绪过强或持续存在，个体的社会功能将受到损害，导致心理素质下降，易产生各种心理问题，严重时可能出现神经症乃至精神疾病。

3. 认知反应　认知是个体认识客观世界的信息加工活动。在心理危机状态下，大学生的感知觉功能可能受损，易出现记忆力减退、思维反应迟钝、认知不合理等现象，觉得活着没有价值或意义，丧失了活动的能力和兴趣，甚至自恨、自责和自杀。

此外，认知和情绪之间存在着相互影响的关系。合理的认知会引起适度的、适当的反应，而不合理的认知会导致不适当的情绪和行为反应。愤怒、恐惧和抑郁情绪反应又会反过来破坏人的心理平衡，而心理平衡是准确感知、记忆和逻辑思维的前提。消极情绪会与当事人消极的自我评价互为因果，或形成恶性循环。

4. 行为反应　躲避人、对关心他的人采取回避的态度、呆坐沉思、麻木。做事注意力不集中，工作、学习效率下降，沉默少语、或言语本身带来的特定意义令人费解，如打听什么方式自杀没有痛苦、直接询问哪种药物吃多少会死，严重者发生对自己或他人的破坏性行为，如自杀等，产生物质依赖、吸烟酗酒等。

（三）心理危机的特征

大学生作为一个特殊群体，其心理危机与其他人群既有共性，也有其特性，主要表现在：

1. 易发性与突发性　大学生正处于由生理成熟走向心理成熟的关键阶段，面临复杂的社会环境和人际交往，任何一个细小的问题都容易引发心理危机。此外，许多大学生对于心理危机没有清楚的认识，往往采取压抑、逃避、“不做任何选择”的方式处理困扰，而不是与人沟通、积极寻求帮助。长此以往，如果心理压力超过临界点就会突然爆发，令人猝不及防，这时才会意识到问题已失控。

2. 危险性与机遇性　危机之中隐含着危险。这种危险使大学生处于异常状态，可能影响到大学生的日常学习与人际交往等，严重的还可能危及到学生生命。同时，危机之中也包含着机遇。因为由之产生的痛苦会迫使学生去寻求帮助，如果抓住这个机遇，就能够帮助其埋下自我成长和自我实现的种子，因此，正确处理和解决危机，可以帮助当事人学到新的应对技巧，使当事人恢复心理平衡，从而更健康地成长，这是人生路上的一次机会、一次重要转折。此时，危机转变为成长的机遇。

3. 破坏性与传染性　大学生常见的心理危机有很多。不仅给自身带来了危害，也对在校学生产生较大的负面影响。学校是一个大环境，如果在学校发生了一些危机事件，学生就会产生不同程度的恐慌和紧张，也会有不同程度的压力，甚至会效仿制造危机。

4. 无助性　突发危机事件的状况错综复杂，常使人觉得无所适从，使人的未来计划受到威胁和破坏。由于先前的应对方式无法应对危机，社会支持系统不完善，常会使大学生感到无助和绝望。

5. 时代性　当代大学生的心理危机反映了时代、社会对大学生的要求和期望，反映了个人对理想的追求，表现为成长成才、实现理想与现实的矛盾和冲突。

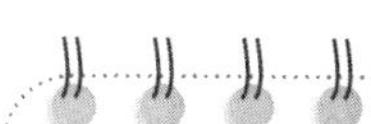

二、心理危机的产生与发展

（一）心理危机的产生原因

引发大学生心理危机的原因众多，主要包括个体因素和环境因素，主要体现在以下方面：

1. 个体因素

（1）生理因素。大学生正处于埃里克森心理发展理论的青春晚期（18～22 岁），其生理发育已完全成熟，因此产生了强烈的性生理和性心理的需要。我国法律规定大学生有在校结婚的权利，但道德、学业、就业、生存等各方面问题又要求大学生以学业和自身发展为重，从而产生因生理带来的心理矛盾。

（2）心理因素。心理因素影响包括大学生的自我认知偏差、人格缺陷、自我同一性混乱、价值观、人生观的不稳定性、心理素质过低等因素。大学阶段是个体步入社会前的准备和过渡阶段，大学生正从青少年向成年转变，有相当一部分大学生的自我认知能力不足，表现为过度自卑或自负、自我评价不客观等。此外，现阶段大学生多为独生子女，家庭教养方式使其性格中带有自我、冲动或孤僻、骄纵等特点，因此受挫折能力低，心理脆弱性高，危机承受能力不强。而且我国在应试教育的背景下，大多数中小学校对学生的心理发展不重视，造成相当多的青少年人格不健全，心理素质较低，从而进入大学后其心理问题凸显。

2. 环境因素

（1）社会因素：大学生正处于由不成熟向成熟转变的心理过渡阶段，因此，相比其他年龄阶段的人群，他们的心理压力更大，心理问题出现的可能性也更大。随着我国改革开放和现代化建设的进一步发展，现代生活节奏明显加快，各种新生事物不断涌现，特别是网络、电子设备的普遍应用，这些无疑给当代大学生的生活带来了巨大冲击。那些心理承受能力较差的人，经不起社会方方面面的刺激，可能会产生心灵扭曲、行为怪异，导致情感、理智和行为上的“错位”，甚至自杀。

（2）学校因素：大学生的生存环境以学校为主，因此学校对大学生的心理危机有直接影响。国内调查资料显示，71.3% 的大学生承受着较大的心理压力。在校生活期间，个人前途和就业、学业压力、人际关系问题、经济压力、网络成瘾等是困扰大学生的主要问题。

（3）家庭因素：家庭在个体的健康成长中扮演着重要角色。大学生的家庭环境不仅影响其现在的心理环境，还影响将来的心理发展。有关研究表明，大学生的不少心理问题是与家庭生活的不良亲子关系、早期不良家庭生活经历联系呈现相关。家庭的显性或隐性的文化环境，如家庭的自然结构、家庭的人际关系、家庭的教育方式、家庭的抚养方式以及家长的素质等，都会对大学生的心理发展及心理健康水平产生直接或间接的影响。

（二）心理危机的发展过程

大学生心理危机的表现形式多种多样，但心理危机的发生有一个动态发展的过程，在危机的不同阶段，个体会有不同的心理和行为表现。一般来说，大学生心理危机的发生会经历以下几个阶段：

第一阶段，冲击期。危机事件的发生犹如“晴天霹雳”，在危机事件发生后不久或当时，如果刺激过大，当事人会感到震惊、恐慌、不知所措，在这个时期，个体将情境视为一种威胁，一种丧失或挑战。如听到新冠疫情爆发、死亡人数持续增加等消息后，大多数人会表现出焦虑和恐惧，只有少数人能保持镇静。

第二阶段，防御期。表现为想恢复心理上的平衡，控制焦虑和情绪紊乱，恢复受到损害前的认知功能，但不知如何做。此时会出现退缩、否认问题的存在、将其合理化或形成不适当的投射等心理防御反应。

第三阶段，解决期。将自己的注意力转向危机本身，并选择做点什么去处理它，积极采取各种方法接受现实，寻求各种资源，想方设法解决问题从而减轻焦虑，增加自信，恢复社会功能。比如新冠肺炎疫情期间，面对突发的公共卫生事件，采取减少外出、勤洗手等各种积极的预防措施来维持正常的生活与学习。

第四阶段，成长期。经历了危机后，有些人成功应对危机，变得更成熟，获得了处理危机的技巧，但也有些人存在消极应对而出现人格改变、心理疾病或表现出敌意、物质滥用等，甚至出现自杀。

三、心理危机的分类及大学生常见的心理危机

（一）心理危机的分类

关于心理危机的分类有许多种，其中被广泛认可的是心理学家布拉姆（S. Brammer）的心理危机分类：

1. 发展性危机　发展性危机指个体在正常和发展的过程中，由急剧的变化或转变所导致的异常反应。当一个人从某一发展阶段转入下一发展阶段时，原有的能力不足以应对，而新的能力又尚未发展起来，这时容易产生发展性危机。大学生面临就业、升学等必须要经历的问题，事件的出现使部分学生产生紧张、担心、焦虑、难过、抑郁等消极心理问题，行为上出现厌学、逃课、逃避人际交往，或冲动偏激的表现，轻度的心理问题不会影响大学生的生活，但是个别学生在长期没有强大应对能力的情况下，容易使心理问题积累到一定程度，最终引发发展性危机。

2. 境遇性危机　境遇性危机指突然出现个人无法预见和控制的事件或变故，个体无法承受而导致心理危机，具有随机性、突发性、震撼性、强烈性、灾难性和不可预见性。如大学生遇到如父母离婚、交通事故、亲人离世、患上重大疾病等突发事件，强烈的心理打击和心灵创伤引发了心理危机的爆发。

3. 存在性危机　存在性危机伴随着重要的人生问题，指大学生思考人生问题、存在问题和三观（人生观、价值观、世界观）的问题而产生的心理危机。人们往往对于人生是什么、人从哪里来到哪里去、人为什么活着、活着为了什么、怎么才能活得有意义等问题而苦恼。大学生处在心理成熟或半成熟时期，或多或少地都会思考这些人生本源问题。实际上大学生因为年龄和身心发展的特点，他们会思考死亡、自由和孤独，会思考在哪些方面能获得自我认同。

（二）大学生常见的心理危机

大学生心理危机是个体因素和环境因素共同作用的结果，当遇到特定的生活事件时，这些因素就会引发个体心理危机。调查发现，虽然大学生心理危机状况总体上较为乐观，但可能有8.4% 的大学生处于心理危机状态（吴平，2018），大学生常见的心理危机有：

1. 适应性危机　在大学的生活环境里，新生面临新的生活环境，同学来自不同地域、不同文化背景的省、市，各地的生活习惯不一样，需要互相适应。另外，高中阶段的教育主要是基础教育，以知识储备为主，但大学的学习环境不同，更多的是强调个体学习的主体性，引导学生用学术研究的方式去思考、研究问题，这是大学生在中学时代不曾接触的，对他们来说很有挑战性。能否顺利度过这一适应期对大一新生来说至关重要，若有一些问题处理不当或认知错误，就会出现心理问题，导致心理危机。

2. 学习心理危机　学习是大学生的基本任务。大学阶段的学习方式、学习内容等与高中时期大相径庭，高中时期的学习有明确的学习目标和任务，但大学的学习内容并不仅限于专业，学习方式也不仅限于书本。大学生如果不能有效掌握大学的学习方法，就会感到困惑、迷茫、无所适从。另外，大学生的学习困惑与压力还有一部分来自于所学专业并非是自己喜欢的，这使他们长期处于冲突与痛苦之中。如果不能顺利解决这些问题就会导致大学生的学习心理危机。

3. 人际心理危机　人际关系、社会的复杂性和大学生心理的单纯性，常使部分学生在交

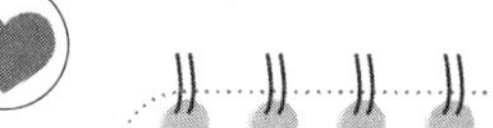

往中遭受挫折，因自我否定而陷于苦恼，或企图对抗而陷于困境，导致人际关系不协调。受中学应试教育环境的影响，一些大学生的学习能力强，但人际交往能力很弱。进入大学后，建立和谐的人际关系及与各种性格的同学交往是大学生需要面临的发展性问题。由于每个人的个性特征不同，处理问题的角度不同，再加上封闭、羞怯、敏感与冲动，使大学生在人际交往过程中不可避免地遇到各种困难和问题，如果得不到及时解决，就会产生人际心理危机。

4. 情感心理危机　大学阶段，大学生生理和心理逐渐走向成熟，他们渴望得到异性的友谊和爱情。但是，有部分大学生对爱情的理解不够成熟和全面，在这种本能与道德、成熟与不成熟的冲突中，恋爱等方面的问题极易引起心理危机。个别大学生一旦失恋就自暴自弃，对另一方耿耿于怀，或自己走向极端，或伤害对方。

5. 生活心理危机　目前，我国高校在校生中有20%是贫困生，其中5%~7%是特困生。相对于经济环境优越的学生来说，家庭贫困的大学生背负着更大的心理压力。经济生活的无助容易形成较强的自尊，以及敏感、自卑。有的大学生的家人对其期望过高，要求拿奖学金、进国企、考上公务员等，无形中使他们压力剧增。有的大学生面对利益和诱惑选择会产生心态不平衡。

6. 就业心理危机　随着大学的扩招，大学生面临的就业竞争越来越激烈，很多大学生过于担心就业问题，表现出严重的危机感。就业形势严峻使大学生面临着前所未有的就业压力，大学生在求职过程中不断经受着竞争和考验，困惑、焦虑、自卑、无助和紧张等负面情绪不断积累，在超过一定心理承受限度时，一些学生会产生心理危机，严重者最终精神崩溃或者走向自杀的绝路。

7. 网络心理危机　当今时代，网络电子产品更新换代，网络游戏层出不穷，智能客户端已经成为生活中不可缺少的一部分。科技的发展一方面丰富了大学生的生活，另一方面也对他们的心理造成一定的消极影响。网络虚拟世界中的暴力、色情、颓废、消极色彩等内容，给大学生心理健康造成了极大的不良影响。由于网络虚拟世界与现实社会之间的差距感，大学生往往因为沉迷于网络而导致心理障碍，不仅使学习成绩下降，还极易形成孤独、抑郁的心理特征，而更不想去面对现实。长此以往，会给大学生心理和生理带来不同程度的影响。

知识链接

有效应对危机

当我们遭遇棘手问题而陷入危机时怎么办？SODAS为大学生有效解决问题、应对危机提供了一个方法。SODAS是五个英文单词的缩写，这五个词分别是：停止（stop）、选择（operation）、决定（decision）、行动（action）、自我表扬（self-praise）。它告诉我们，当我们陷入心理危机时，要先停下，列出问题，然后找出所有可能的选择，之后确定一个最适当的选择，做出执行计划后再行动，并且在行动中要学会用自我表扬来激励自己。

第二节　大学生心理危机的预防与干预

案例导读

心理危机面面观

2014年4月16日，广东中山大学一名风华正茂的硕士研究生在宿舍内自尽。该研究生自杀前留有遗书，说明了她选择自杀的原因是在父母期望、学习和工作上的压力下压得喘不过气，于是走上了不归路。

2015 年 3 月 9 日，位于杭州下沙的中国计量学院校园内发生一起坠楼事件。一名男生坠楼被送往医院抢救，被挽回了生命。据媒体报道，该男生因表白失败从教学楼跳下。另有知情人介绍，坠楼男生因学习比较吃力，曾两次到学校进行心理治疗，期间出现情绪悲观、自我否定等情况。

2020 年 12 月 30 日，河北师范大学通报一名女生平安夜在校内跳楼身亡，调查发现该女生因心理问题出现心理危机，引发自杀行为。

以上案例都是因为大学生陷入心理危机导致了悲剧，面对时有发生的大学自杀事件，加强对大学生心理危机的预防与干预已刻不容缓。

一、心理危机的预防

传统的心理危机预防强调建立预警机制，关注大学生各种心理问题的处理，致力于矫正大学生在人际交往、情感、压力、焦虑、抑郁等方面的负面情绪问题，而忽视积极的心理教育。针对传统心理危机预防的不足，积极心理学提供了预防心理危机的新视角。积极心理学是关心人的优秀品质和美好心灵的心理学，它由美国心理学家塞利格曼（M.E.P. Seligman）提出并倡导。从积极心理学角度来看，心理危机的预防可以从以下角度入手：

1. 培养积极心理品质，增强心理资本。积极心理学在不忽视人心理消极面的同时，关注和强调人心理的积极面。大学生应发挥自身优势，培养力量，挖掘潜能。积极心理成分增多了，焦虑、抑郁、绝望等消极心理成分在内心的空间就相对减少了，心理危机发生的概率就降低了。因此，增加大学生内在的积极心理成分，培养积极心理品质，就成为大学生心理危机预防的重点。为此，大学生要有意识地培养自信、自尊、自爱等自己需要的核心心理资本；爱、感恩、诚信等对他人需要的核心心理资本；责任、勇气、韧性等对事需要的核心心理资本。

2. 建设积极的校园环境，提供积极的心理氛围。积极心理学还强调积极环境建设的重要性。良好的校园物质环境，积极的大众传媒、社团组织、文化活动可以有效地营造积极心理氛围，预防心理危机。构建和谐温馨的校园环境可以改善大学生的心理状况。操场、图书馆、公园、食堂、教室、宿舍等整洁美好的环境能使人心情愉悦，也是保证大学生身心健康成长的重要条件。充分利用学校广播、计算机网络、校园橱窗等宣传媒体，进行多渠道、多形式的正面宣传，弘扬学生的正面情绪和积极心态，从而在不经意间将积极心理逐渐渗透给每个学生，使学生在日常生活和学习中养成以积极的心态对事、对人、对己。社团组织可以通过开展各式各样的校园文化活动为学生提供校园支持与交往平台，也为学生的压力释放提供空间。

3. 构建积极社会支持系统，形成预防心理危机的合力。对大学生来说，积极的社会支持系统是指良好的家庭、学校和社会环境。在家庭中父母要给孩子起到积极的示范作用，多给予孩子积极肯定和支持，让孩子知道自己的价值，从而有足够勇气去面对遇到的困难。学校要与学生家长建立沟通渠道，多组织学生参加社会活动，通过社会实践培养学生积极、健康、向上的生活态度。

4. 加强心理健康教育。心理健康教育课程不但要传送心理健康与心理疾病知识，更要强调教给大学生怎样解决问题、让生活充实和快乐、增进心理健康、实现个人潜能。另外，还要有意识地将积极心理学纳入不同学科、不同的教学活动之中。教师在上课以及开展各项活动时，应真正做到教书育人、为人师表，用开放与欣赏的眼光和态度去鼓励学生，使学生在安全的环境下最大程度地发挥自己的优势。教师还应用自身的积极人格影响和感染学生，做学生的榜样和良师益友。

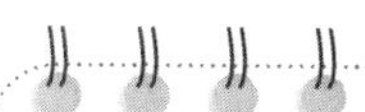

二、心理危机的干预

大学生心理危机干预是指对处在心理危机状态下的大学生采取明确、有效的措施，使之最终战胜危机，重新适应生活。大学生的心理干预是减少心理危机事件对大学生影响最有效的方法。其目的之一是避免处于危机的大学生自伤或伤害他人；二是及时帮助处于困境，经历危机和即将发生危险的大学生恢复心理平衡，帮助建立支持，摆脱危机；三是让大学生学会采用积极有效的方法应对危机。大学生心理危机干预是一项复杂的系统工程，需要多方面的努力才能做好。

（一）心理危机干预的模式

1. 平衡模式　危机中的个体通常处于一种心理或情绪的失衡状态，在这种状态下，自身原有的应对机制和解决问题的方法已经无法满足他们的需要。平衡模式的目的就在于帮助处于危机中的人重新获得危机前的平衡状态。

2. 认知模式　危机来源于对生活困难和创伤的错误思维与信念，而不是事件本身或与事件和境遇有关的事实。因此，该模式的基本原则就是通过改变思维方式，尤其是通过认识其认知中的非理性和自我否定部分，获得理性或强化思维中的理性与自强的成分，从而使人们获得危机的控制能力。

3. 心理社会转变模式　人是遗传和社会环境学习交互作用的产物。人总是不断地变化，因此，危机的产生可能与内部和外部（心理的、社会的或环境的）困难有关。危机干预的目的在于与求助者合作，确定引发危机的内部和外部困难，帮助他们选择替代他们现有行为、态度和使用资源环境的方法，结合适当的内部应付方式、社会支持和环境资源以帮助他们获得对自己生活的自主控制。

（二）心理危机干预的步骤

Gillinland 和 James 在平衡模式、认知模式和心理社会转变模式等干预模式的基础上提出了心理危机干预六步法，该方法是目前被证实比较有实效的危机干预技术。它包括确定问题、保证求助者安全、给予支持、提出并验证可变通的应对方式、制订计划和得到承诺。

1. 确定问题　危机干预的第一步是确定问题。从求助者的立场出发，使用积极倾听、开放式提问、共情、理解、接纳以及尊重的态度，和求助者建立良好的关系，积极探索和确定问题，这是心理危机干预的前提和基础。如果干预者所认识的危机境遇和求助者所认识的不一致，并非为求助者所认同，那么干预者所采取的全部干预策略可能对求助者收效甚微，甚至对求助者没有任何价值。因此，在整个危机干预过程中，干预者在使用倾听、询问等有关技术时，应紧紧围绕所确定的问题，力求达成与求助者对问题的一致认识。

2. 保证求助者安全　在危机干预过程中，保证求助者的安全是首要目标，这是至关重要的。保证求助者的安全，是指把求助者对自己和对他人的生理和心理危险性降低到最小的可能性。我们在进行危机干预的整个过程中，安全问题必须是首要考虑的。无论是在危机评估过程中，还是在倾听、询问阶段，或者在制订行动策略阶段，都必须对安全问题予以足够的关注，每时每刻都不能放松。从事危机干预工作，就必须将求助者的安全问题自然地融入自己的思维和行动中，这是我们必须强调的重点。

3. 给予支持　第三步是要求干预者给予求助者足够的支持，与求助者沟通与交流，让求助者知道干预者是能够给予其关心帮助的人。干预者不要对求助者的观点和行为进行评价，而应该无条件地以积极的方式接纳求助者的所有，和求助者建立起信任和谐的关系，让求助者感觉到“这里有一个人确实很关心我”，使求助者信任干预者。支持主要是指精神支持，而不是支持求助者的错误观点或行为。支持的目的在于尽可能地解决求助者当前面临的情绪危机，使求助者的情绪得以稳定。

4. 提出并验证可变通的应对方式　由于在危机中的求助者多数情况下处于思维不灵活，甚至混乱的状态，因此往往会忽略一个重要的点“遇到危机时，其实有许多适当的办法或途径可供求助者选择”。在这一步的工作中，干预者要帮助求助者认识到有许多可变通的应对方式可供选择，可以从中找出最恰当的选择，寻求最好的应对方式。干预者应该和求助者一起讨论，从三个方面进行验证：①环境支持。这是提供帮助的最佳资源，与求助者一起找出有哪些人现在或过去关心自己。②应付机制。即求助者可以用来战胜目前危机的行动。③积极的、建设性的思维方式。可用来改变自己对问题的看法，并减轻应激与焦虑水平。

5. 制订计划　这一步要求干预者与求助者共同制订具体的行动计划来矫正其情绪的失衡状态。与求助者合作做出现实的短期计划，包括帮助其获得新的信息或知识，发现另外的资源和提供应对方式，敦促当事者接受帮助和治疗，确定求助者理解的、自由的行动步骤。调动求助者的主观能动性来制订行动的计划，要让求助者明白这是他自己的计划，并帮助求助者将计划付诸实践。

6. 得到承诺　如果制订计划这一步完成得较好，得到承诺就比较容易。一般情况，这一步操作起来比较简单，干预者让求助者复述一遍计划，例如：“我们已经商讨了你计划要做什么，下一步将看你如何去做了。现在，请给我讲一下你将采取哪些行动。”在求助者复述的过程中，要进一步明确，求助者自愿按照计划去实施，也就是获得承诺。

（三）心理危机干预预警机制

1. 做好心理普查，建立学生心理档案　通过对学生进行心理健康测评，建立大学生心理档案，掌握容易产生心理问题的学生的心理健康状况，特别关注有严重生理和心理疾病以及有自杀倾向的学生，以及在学习和生活中遇到突然打击和受到意外刺激的学生。对发现有问题的学生采取重点辅导、专人管理、及时矫治的措施。

2. 完善心理危机监测体系　监测网络采取宿舍—班级—院（系）—学校四级心理危机监测工作体系，每一级网络都指定专人负责，定期向上级网络报告。

3. 成立心理危机干预领导小组　在学校成立专门的心理危机干预领导小组，目的是全面统筹学校心理危机干预工作，对大学生的突发危机状况快速反应、快速行动。主管校领导任组长，分管校领导任副组长，心理中心、相关部分及学院负责人为成员，形成一个通力合作、共抓齐管的心理危机干预网络体系。

4. 建立心理危机干预预案　心理危机干预预案是实施危机干预的预定处理方法、路径和程序。制定干预预案要注意根据不同心理危机制定不同的预案。对于有心理障碍和疾病的学生，要请相关专家做好评估、形成书面报告，与家长共同探讨其是留校学习还是回家治疗。对于有伤害自己或他人想法的学生，要立即通知其监护人，在监护人到来之前要全天候监视，确保其自身以及周围人的生命安全。对自杀未遂或是既遂的同学，应在第一时间将其送往最近的医疗机构挽救生命，封锁保护现场，通知校保卫处及公安部门，配合协助调查工作，并做好自杀当事人及其相关人员的支持性心理辅导工作，避免造成校园恐慌，危及校园安全。

5. 建立危机干预后工作制度　四级工作网络要对危机后期或度过危机的大学生及时随访追踪、定期咨询，确保当事人危机解除、心理状态稳定，并将大学生危机事件的处理情况详细记录成书面材料，建立危机干预档案，以备必要时调用。

（四）大学生心理危机干预队伍建设

1. 建立一支专职为主、兼职为辅的心理危机干预队伍　专职队伍由心理工作专职教师组成，兼职队伍主要包括辅导员、班级心理委员以及宿舍心理员。

2. 提高心理危机干预队伍专业水平　大学生心理危机干预是一项专业化程度要求很高、需要专业基础知识和熟练咨询技巧的工作。高校应建立定期培训制度。一方面要通过各种渠道不断提高专职工作人员的知识和技能，另一方面，要提高兼职队伍的心理危机干预知识水平。

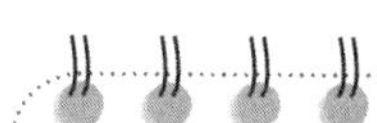

可由学校分批组织对各院系分管学生工作的领导、辅导员、班主任、学生等开展心理危机干预知识的培训。

3. 提高任课教师的危机识别能力　任课教师如果能及时了解学生的心理状况，就可以在第一时间进行危机教育。

4. 加强对大学生朋辈群体的心理危机知识培训　针对班级心理委员、宿舍心理员应以教育培训为主，通过开设心理学相关课程，将其设为必修课或选修课，系统地学习心理学知识，为他们准确辨认心理危机提供专业依据。

三、心理危机的自我干预

在危机真正发生时，处在危机状态中的大学生，可能会忽略一些自身可利用的资源。自我干预的目的在于从自身的角度出发来解决危机、调整情绪，使自身的心理功能恢复到危机前的水平。

（一）不要等待，主动寻求帮助

大学生处在危机状态下可能陷入莫名其妙的恐惧和不知所措的境地，不知道发生了什么事，也不知道将可能发生什么事，这时要相信有人愿意帮助你且可以帮助你，你可以向有经验的人或处理危机的专业人员请教，或者向学校的心理咨询机构寻求帮助。

（二）积极调整情绪

危机的出现会使人们极度地紧张和焦虑。调整情绪的中心环节，就是要培养承受这些压力的感受能力。通过调整情绪，将使诸如焦虑导致恐慌、沮丧导致失望等情绪的恶性循环得到控制，当危机超出我们的控制以及我们无力改变外部事物时，把握自己的情绪尤为重要。此时，将注意力集中在努力调整自己的情绪上，将会取得很好的效果。

（三）建立良好的人际关系，构建社会支持系统

在危机期间和危机过后，大学生都需要与周围的人建立良好的人际关系，良好的人际交往可以缓解大学生的不良情绪，促进学习效率的提高。因此大学生不仅要学好专业知识，而且要学会妥善地处理人际关系，构建起自己的社会支持系统。在遇到心理危机时，如果拥有他人的关心、有用的社会信息等强有力的社会支持，有助于分散注意力、免受情绪所困、重新适应社会。

（四）面对现实，正视危机

在危机的前期，大学生习惯于采取积极的态度来应对危机，利用一切可以利用的资源来避免危机带来的损害；但到了危机的中后期，当积极应对危机的策略失败，感到绝望的时候，他们就会消极地逃避现实，采取退缩的策略来应对危机，不愿意承认现实情境，以此来避免危机带来的损失。面对现实，正视危机，有利于大学生激发自身潜能，动用一切资源来应对危机。

（五）增强生物免疫系统的抗压能力

健康的心灵寓于健康的身体，较好的身体素质是抵御心理危机的基本条件。首先，大学生应积极参加体育文化运动，运动能显著松弛人们紧张的神经，改善人们的自我感觉，消除失望或沮丧情绪。其次，大学生还应学会一些积极有效的放松技术，增强应对压力的能力。研究指出，放松训练时身体内部会产生一系列如氧气消耗量降低、肌肉放松等生理变化，从而缓和心理矛盾。

知识链接

心理危机干预的方法：紧急事件应激报告（CISD）

紧急事件应激报告（critical incident stress debriefing，CISD），是由米歇尔（J.

Mitchell）提出的，目的是防止或降低创伤性事件症状的激烈度和持久度，迅速使个体恢复常态。CISD 现已成为心理危机干预的基本方法之一。CISD 可以分为正式援助和非正式援助两种类型。非正式援助由受过训练的专业人员在现场进行急性应激干预。而正式援助型的干预则分 7 个阶段进行，通常在危机发生的 24～48 h 内进行，一般需要 2～3 h。具体包括：

1. 介绍期（introduction） 指导者和小组成员进行自我介绍，指导者说明 CISD 的基本方法，强调保密原则。

2. 事实期（fact phase） 要求接受干预者从自己观察到的角度出发，提供危机发生时的基本信息，例如：何时、何地、何人、何事。

3. 感受期（thought phase） 鼓励干预者表露不良情绪，暴露自己对事件最初和最痛苦的想法，从事实转到思想。

4. 反应期（reaction phase） 这是接受干预者情绪反应最强烈的阶段。当他们谈到自己对事情的情感反应时，指导者要表现出更多的关心和理解。

5. 症状期（symptom phase） 确定个人的痛苦症状，可以从心理、生理、认知和行为等方面来描述。

6. 教育期（teaching phase） 首先，让接受干预者认识到其躯体和心理行为反应在危机之下是正常的，是可以理解的。其次，讨论积极的适应和应对方式。最后，提醒可能的并存问题。

7. 再登入（re-entry） 对前面的讨论进行概括，回答问题并考虑需要补充的事项。提供进一步服务的信息。

第三节　自杀心理与自杀干预

一、自杀心理概述

自杀是个体有意识地采取各种手段自愿结束自己生命的异常行为。它是一种复杂的心理和社会现象。从心理学角度分析，自杀者多数是由于生活中遭遇困境而产生激烈的内心冲突，陷入危机状态不能自拔，难以承受或心理异常而产生自毁行为。相关研究报告显示，自杀是全球青少年死亡的第三大死因。

大学生活中可能会遇到一些困难，如原生家庭带来的压力、适应不良、求职不顺利、严重心理疾病，或丧失重要他人（亲人去世、亲密关系破裂）等。如果不能很好地面对这些困难，容易陷入心理危机之中，严重时可能会采取自杀这样的极端行为。自杀对家庭和社会带来的心理、社会和财物上的影响是无法估量的。自杀已成为一个严重的公共卫生问题，那么作为大学生我们如何正确认识自杀？在同学、朋友甚至陌生人有自杀倾向甚至有自杀行为的时候，我们应该怎么做呢？

（一）自杀的原因分析

导致自杀的原因复杂多样，与环境和个人等诸多因素有关。据南京危机干预中心的调查数据显示，恋爱和学习压力分别占大学生自杀原因的 44.2% 和 29.8%，国内对青少年的企图自杀所作的研究显示，自杀诱因以人际间的冲突为首，特别是亲子间或男女情感的冲突。近年来，我国大学生自杀的原因主要有以下几种：

1. 心理矛盾冲突增多　大学生自我意识迅速增强，伴随而来的自我意识的分化及其所产

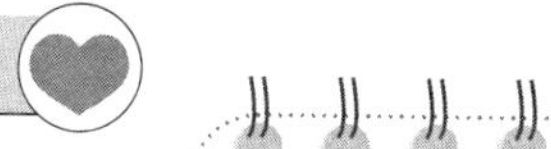

生的矛盾往往使他们内心充满不安和危机，这些心理冲突和矛盾如果强度过大或持续过久，就会导致心理、生理和社会功能的紊乱，进而有可能发展为神经症或精神病等心理疾病，甚至导致自杀。

2. 敏感而脆弱的心理特征　一方面大学生的心理具有易感性，其内心及行为容易受外界环境的影响；另一方面，由于当代大学生大多数是独生子女，生活经历较为简单，相当一部分大学生的心理存在着脆弱的一面，容易产生受挫感，对危机和冲突缺乏心理承受能力和自我调适能力，因而很多矛盾与冲突都可能成为导致大学生自杀的导火线。

3. 不稳定的情绪特征　青年时期是一生中情感最丰富、最强烈、最微妙、最动荡的时期，同时也是最危险的时期，被认为是人生的“多事之秋”。大学生面临学习、交往、成长、恋爱、就业等一系列人生问题，开始应对人生的多种挑战。心理学家霍尔用“疾风怒涛”来形容年轻人的情绪，也就是说，大学生的情绪往往处于动荡不稳的状态，具有冲动性、突发性、两极性、心境化等鲜明特征，也容易产生某些负面情绪，如紧张、焦虑、抑郁、愤怒等，严重的负性情绪容易转化为内向攻击，导致自杀意念和行为。

4. 高成就动机受挫形成的心理落差　由于社会、家庭对大学生的期望值较高，大学生自身也有强烈的上进心，因而他们往往具有较高的成就动机和自我期望。进入大学后，面对人才济济的新集体，许多人产生了严重的心理落差，原来良好的自我感觉迅速降低，这种心理落差往往是心理障碍和非理智行为发生的前兆。例如，有一个大学毕业的女同学各方面条件都很好，对自己的期望值很高，毕业后她找了多个工作都不满意，主要是因为这些单位能够施展才华的空间、区间很小，与想象中的情况相差太远，她觉得生活不应该是这个样子，社会应该适应她，因此情绪逐渐低落，最后走上了自杀的不归之路。

（二）自杀的心理过程

自杀不是突然发生的，它有一个发展的过程。大学生的自杀行为虽受制于一般的自杀心理规律，但也有其特殊性，这种特殊性是由大学生的心理特点所决定的。因而，了解大学生自杀心理发展过程，对我们进行自杀预防是非常有帮助的。

第一阶段，自杀动机的形成阶段。个体在遇到挫折或打击时，想逃避现实，将自杀作为寻求解脱的手段。

第二阶段，心理矛盾冲突阶段。自杀动机产生后，求生的本能可能使自杀者陷入一种生与死的矛盾冲突之中，难以最终做出自杀决定。此时，自杀者经常谈论与自杀有关的话题，预言、暗示自杀，或以自杀来威胁别人，从而表现出直接或间接的自杀意图。实际上，我们可以看作是自杀者发出的寻求帮助或引起别人注意的信号。此时，如能及时得到他人的关注，或在他人的帮助下找到解决问题的办法，自杀者很可能会减轻或打消自杀的企图。这也是自杀行为可以预防和救助的心理基础。但周围的人往往认为常喊着要自杀的人其实不会自杀，因而不太关注欲自杀者发出的信号，以致痛失救助良机。

第三阶段，平静阶段。自杀者似乎已从困扰中解脱出来，不再谈论或暗示自杀，情绪好转，抑郁减轻，显得很平静。周围的人可能以为他的心理状态好转了，从而放松了警惕。但这往往是自杀态度已经坚定不移的一种表现，当然也不完全排除是自杀者心理状态好转的表现。因为发展到这个阶段，自杀者认为自己已找到了解决问题的办法，不再为生与死的选择而感到苦恼。因此，他们不再谈论或暗示自杀，甚至表现出各方面的平静。但其目的也可能是为了摆脱旁人对其自杀行为的阻碍和干预。

第四阶段，实施阶段。这是自杀行为的完成时期，自杀者会选择各种不同的自杀方式来结束自己的生命。但也有一些人自杀未遂，会被因救助而中止自杀，乃至最终放弃自杀。

（三）自杀者心理分析

1. 自杀者的性格特征　对自杀者及自杀未遂者进行详细的性格倾向分析，可以为自杀预防提供参考。日本学者松原达哉教授认为，自杀者的性格特征往往表现为过于内向、孤独、容易陷入焦虑与绝望中、偏执、过分认真、责任感过强、缺乏兴趣爱好，情绪不稳定、心情多变，而这些性格特征常与偏颇的父母教养态度、复杂的家庭关系有关。

2. 自杀者的心理状态　想自杀的人共同的心理特征是孤独，认为谁也理解不了自己，谁也帮不了自己，在这个世界上唯有自己最不幸、最痛苦，因此绝望，想以死来摆脱困境。但实际上，想自杀的人心情很矛盾，想死的同时又渴望获得帮助。具体地讲，自杀者的心理状态表现出如下特征：

（1）矛盾心态：死亡对自杀者来说是既可怕又有吸引力的事。现实生活中许多有形无形的困难可以在死亡的幻想中得以解决和满足。但死亡毕竟是可怕的，自杀者一方面想解脱，一方面又想向他人求助。

（2）偏差认知：企图自杀者的知觉常因情绪影响而变得歪曲。表现为“绝对化”或“概括化”或两者交替。绝对化是指对任何事物怀有认为其必定如此的信念，比如“我做任何事都注定失败”。“他们肯定不喜欢我”。“概括化”指以偏概全、以一概十的不合理思维方式，常使人过分关注某项困难而忽略除死之外的其他解决方法，比如“我考试作弊，我爸爸一定不会饶恕我，永远不会再爱我”“我有缺陷，别人都瞧不起我”，从而自暴自弃，自责自怨，自伤自毁。

（3）冲动行为：大学生的自杀意念常在很短的时间内形成，因情绪激动而导致冲动行为，一想到死马上就采取行动。他们对自己面临的危机状态缺乏冷静的分析和理智的思考，往往认定没办法了，只有死路一条，思考变得极其狭隘。

（4）关系失调：自杀者大多性格内向、孤僻、以自我为中心，难以与他人建立良好的人际关系。当缺乏家庭的温暖和爱护，缺乏朋友、师长的支持与鼓励时，常感到无助、绝望，最后变得越来越孤独，进入自我封闭的小圈子，失去自我价值感，从而走上不归路。

（5）死亡概念模糊：企图自杀者对死亡的概念比较模糊，部分甚至认为死是可逆的，暂时的。

二、自杀的预防

（一）大学生自杀预警对象

研究表明，危机情况都是可以预防的。如果自己遇到困难或挫折，要及时求助；如果你发现周围的同学或朋友有以下情况，一定要及时报告老师，以更好地帮助他（她）：

1. 实施过自杀、自伤、伤人等过激行为，或有实施这些行为想法或倾向的学生。

2. 最近遭遇突然打击或受到意外刺激后出现心理或行为异常的学生，如家庭发生重大变故、身体发现严重疾病、感情受挫等。

3. 已被专业医疗机构确诊为心理障碍的人（如抑郁症、双向障碍、精神分裂症等）。

4. 对身边的人表达想死的念头，或在日记、信函中流露，或委婉地暗示周围的人，或收集与自杀有关的资料并与人探讨。

5. 情绪突然明显异常者，如特别烦躁、高度焦虑、恐惧，或情绪异常低落，或饮食睡眠受到严重影响等。

6. 学习成绩突然明显恶化，突然像变了一个人，出现反常的攻击性或闷闷不乐。

7. 陷入抑郁状态，食欲缺乏、沉默少语、失眠或嗜睡。

8. 回避与他人接触，不愿见人。

9. 无缘无故收拾东西，向人道谢、告别，归还或赠送物品。

10. 其他不同于以往的异常表现。

值得注意的是，要判断一个人是否真的处于自杀危机之中，需要结合以上多方面的信息来综合分析，并及时求助于专业人士。一般而言，自杀者在自杀前处于既想死又渴望被救助的矛

盾心态时，从其行为和态度的改变中可以看出蛛丝马迹。

（二）自杀的预防

1. 提高大学生心理素质　心理素质差是导致自杀的最直接的内在动因。为此，大学生心理素质的培养要特别注意挫折容忍力和情绪调控能力的培养。一方面，从知识上掌握挫折的各种应对方式和情绪的各种调控技术；另一方面，在实际生活中有意识地加以运用，甚至可以主动地给自己创造一些挫折的环境，培养自己的容忍力和调控能力。

2. 开通心理危机求助渠道　学校可面向全校学生开通多种心理危机求助渠道。如建立心理危机干预中心、24 小时求助热线，并使处于危机之中的学生知晓这些求助渠道。意图自杀者往往处于矛盾、纠结状态中，在犹豫不决时一个有效的求助渠道，可能避免自杀行为的发生。

3. 在心理健康教育中增加自杀预防知识宣传　①在课堂教学中渗透预防自杀知识，正确引导大学生认识社会、适应社会，热爱生活、钟爱生命，提高对挫折的应对能力与康复能力，增强遇挫折不气馁以及重新开始的勇气和自信，学会以积极乐观的生活态度面对困境。②对辅导员、班级学生干部进行预防自杀知识培训，使他们了解什么是心理危机，大学生哪些方面的问题容易出现心理危机，哪类个性特点的学生容易出现心理危机，哪些言语和行为表现可能是自杀的前兆，对出现自杀预兆的学生如何干预及处理，怎样救助他们并教会他们自救。从而提高他们的意识和敏锐度，在周围人出现自杀征兆时，可以第一时间发现，进而及时干预和挽救。③辅导员是最直接接触和深入学生的，辅导员可通过主题班会、谈心谈话等方式了解学生的心理动态，发现学生心理危机，从而预防自杀行为发生。

三、自杀的干预

（一）自杀干预的原则

见到意欲自杀的人，我们能做什么？重要的是要保持冷静。倾听当事人的诉说，承认他的无助和无望感，可以开诚布公地谈论自杀。大多数人面对死亡时都是矛盾的，并乐于接受帮助，不妨问当事人打算怎么做，并对其正面引导。鼓励他 / 她解决问题，做出积极的选择。在危机解决之前，一定要守候在当事人旁边。另外，还要争取外援和有效的帮助，不要独自面对严重的情况。具体来说自杀干预有以下几条原则：

1. 时间原则　时间可以改变一切，一切改变也需要时间，大部分自杀者的问题不是须臾之间形成的，对其进行干预也是需要时间的。尤其是对自杀者的安抚，使其情绪平稳，并获得其信任要有时间作保证，不可操之过急，要周密安排、稳扎稳打。

2. 信息原则　信息的获取是成功的保证。其一是了解事情的起因和行为人的基本情况；其二是了解与行为人有关系的人群，以及与行为人的利害关系和紧密程度；其三是与行为人交谈的过程中要不断地获取信息，根据所掌握的新情况不断调整谈判思路和方法。

3. 聆听原则　一个成功的谈判者首先是一个好的聆听者。这就要求要有足够的耐心，设法让当事人开口讲话表达自己的情感、发泄情绪并提出自己的看法，这样可安抚对方的情绪。

4. 动情原则　所谓动情，即通过现场与对方情感交流，引起共鸣，取得心灵沟通的效果，这是自杀干预的基础和最高境界，它贯穿于自杀干预的全过程，是促使当事人放弃自杀行为的法宝。

5. 顺序原则　实施自杀干预先做什么、后做什么是有一定规律的。如聆听—取信—动情—说理的顺序是不能随意改变的，尤其是最后一步“说理”不能提前，否则会使干预工作处于被动，甚至导致失败。

6. 控制原则　我们在实施自杀干预中，重点不在于能否帮其解决问题，而在于控制情绪，即不能就自杀存在的问题来探讨和解决，而应就次要问题对其情绪进行干预，否则就会进入误区，使干预行动流产。

（二）对有自杀意念学生的干预

发现或知晓某大学生有自杀意念，即该生近期有实施自杀的想法和念头要予以特别关注，视其严重程度采取以下措施：

1. 立即将该生转移到安全环境，并成立由心理健康教育与咨询中心、院系、保卫处、学生处、校医院等人员构成的监护小组，对该生实行 24 小时全程监护，确保该生人身安全。同时，通知其监护人到学校。

2. 由专业心理咨询人员对该生的心理状况进行评估，并提供书面意见。如评估该生可能存在严重心理疾病，住院治疗有利于其心理康复，应立即通知监护人将其送至专业精神卫生机构治疗。

（三）对实施自杀行为学生的干预

对正在实施自杀行为的学生，一旦发现便立即启动“学生心理危机干预及自杀预防快速反应机制”，各有关部门立即派人赶赴现场协调、配合处理危机事件。

对刚实施自杀行为的学生，要立即送至最近的医疗机构实施紧急救治。及时保护、勘查、处理现场，防止事态扩散和对其他学生造成不良影响，并配合、协调有关部门对事件调查取证。

对自杀未遂的学生，经相关部门或专家评估其心理状况，如需住院治疗，立即通知家长将其送至专业精神卫生机构治疗；如需回家休养，在其病情稳定后由家长将其带回家休养治疗。对于有自杀未遂史的复学学生（有自杀未遂史的人属于自杀高危人群），应组织专业心理咨询人员定期回访追踪、密切监护，及时了解其学习、生活和心理状况，确保其心理健康发展，防止自杀意念复发。

（四）对自杀知情人员的干预

危机过后，注重对危机事件知情人员提供支持性心理辅导，最大限度地减少危机事件的负面影响。可以用支持性团体心理辅导策略，通过团体心理辅导等方法，协助经历危机的大学生及其相关人员，如同学、家长、班主任以及危机干预人员正确处理危机遗留的心理问题，尽快恢复心理平衡，尽量减少由于危机造成的负面影响。同时正确应对新闻媒体，防止不恰当报道引发负面影响。

知识链接

自杀的线索

1. 情绪线索　很长一段时间处于悲伤、抑郁中，认为内心的痛苦是无法逃避的、无法忍受的和永无止境的，绝望、无助、愤怒、烦躁和易激惹。

2. 言语线索　“我希望我已死去”“我再也不想活了”“我所有的问题马上就结束了”“现在没人能帮得了我”“没有我，别人会生活得更好”“我再也受不了了”“我的生活一点意义也没有”。

3. 行为线索　经常流泪，将自己珍贵的东西或私人物品送人，收集与自杀方式有关的资料，有条理地安排后事，抓伤或划伤身体，或其他自伤行为。

4. 前后变化　性格突然改变，如变得孤僻或有攻击性；行为变得紊乱或很古怪，对以前觉得有意义的事表现得无兴趣；开始使用或增量使用成瘾物质；对人的态度变得很糟糕，不理不睬；出现明显的躯体症状，如失眠或嗜睡、慢性头痛或胃痛、个人卫生状况下降等。

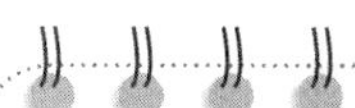

知识链接

学校自杀干预中的"要"与"不要"

要	不要
要认识自杀的前兆：沮丧、无助、威胁或者警告命令、退行、孤立，过多压力、放弃自制。	不要担心破坏信誉，如果一个人暴露自杀的计划给你，你就应该说出这个秘密来挽救这个人的生命。
和一个"麻烦"学生的家长谈话时，要注意保留互相交流的记录。	不要设法赢得关于自杀的辩论，他们可能不会被战胜。
听从并了解交谈后的感觉，要掌握学生明确表达的每种情绪。	不要试图让自杀威胁者离开或者向一个要自杀的学生挑战。
要相信自己的判断，确认某同学有自杀征兆。	不要让自杀的学生独处，如果你认为可能有直接的危险。
要告诉其他人，立即向负责人、顾问或危机团体成员报告你觉得会自杀的学生。	不要试图靠自己一个人的力量来援救要自杀的学生。
要提醒学生自杀是对问题暂时的不可逆的解答方式，还有其他更好的解决问题的办法。	不要忽视征兆，忽视使学生认为他没有被爱或他被误解。
要请求学生推迟一会儿做决定，作为奖励，可以提议陪伴他们去寻找支柱或者帮助。	不要给出虚假的甚至错误的保证，如"一切将会变得很好"。
要接受那些有时候你没能阻止一个学生自杀的事实	不要被学生的解释误导，认为情绪危机已经结束。
	不要假定好斗的孩子自杀的可能性大于慈善的、安静的或者服从的孩子

案例分析

小磊，2001年8月出生，贵州遵义人，某大学大一学生，家庭经济困难、性格胆小内向。在校学习期间，他学习努力刻苦，工作也表现得非常认真负责，周围的同学对他的评价也比较好。但入学不久后，他本人就向辅导员老师反映自己晚上睡眠极差，神经轻微衰弱，有精神抑郁症。老师了解后对其进行了细致深入的观察，发现他的确时常无缘无故闷闷不乐，表现出较为严重的抑郁、悲观、焦虑的症状。在一次期末考试中，由于考试舞弊，被老师发现了，据监考老师反映，他当时情绪非常激动，把试卷强行带走，放弃了考试，直接回了寝室。后来，老师找其谈话，深入了解到他由于精神衰弱（抑郁症）、晚上失眠，导致白天没有精神学习，上课也无法集中注意力听课，而他自己又想把学习搞好。所以一直背负着很大的心理压力，曾有过多次自残行为，一度有过自杀的念头。

分析：小磊的自杀意念，是由于他的个性特征、成长经历、生存环境和家庭遗传几方面因素综合造成的。进一步了解，小磊由于在高考前过于紧张发挥不够理想，后被现在的大学录取，大学生活开始后发现周围的很多同学在各种社团活动、学习、文娱等方面表现都比自己出色，他对所学专业不感兴趣，对大学的课程设置和内容不太适应。临近期末考试，开始担忧考试不过关，这是他不能接受的，这种担心又加重了他的压力，造成恶性循环。巨大心理压力使他已经无法进行正常的学习，现实中的落差使他极端痛苦。小磊时常流露出自我否定、自卑倾向并喜欢独处，但同学反映大家对他都比较有好感，可见他的问题不仅来自人际关系，同时也应该是自身经历造成的。他家庭经济状况不好，父母都在农村，含辛茹苦地劳作供他读书，他在父母心目中被认为是优秀的孩子，是父母的骄傲，但进入大学后他自我感觉不够优秀，感觉自己再怎么努力也达不到理想的成绩，觉得辜负了父母的期望，愧对父母对自己付出的辛劳，在强烈的自罪自责的心理驱使下，对父母的内疚让他倍感痛苦。加之，小磊的母亲长期神经质，有轻微的抑郁症，小磊有类似的遗传，表现出自卑、悲观和消极等情绪，内向的他时常产生焦虑和绝望感。

思考题

1. 什么是心理危机？心理危机有什么表现？
2. 自己或周围人出现心理危机怎么办？
3. 结合身边的实际情况，对预防大学生自杀提出自己的建议。

（王　凡）

参考文献

1. 严由伟 . 心理咨询与治疗流派体系 . 北京：人民卫生出版社，2011
2. 樊富珉 . 团体咨询与危机心理干预 . 北京：机械工业出版社，2021
3. 胡佩诚 . 医护心理学 . 2 版 . 北京：北京大学医学出版社，2008.
4. 王明旭 . 行为医学 . 2 版 . 北京：北京大学医学出版社，2009.
5. 钱明 . 健康心理学 . 2 版 . 北京：人民卫生出版社，2013.
6. 林昆辉 . 自我伤害防治心理学 . 北京：电子工业出版社，2015.
7. 黄晓琳，燕铁斌 . 康复医学 . 5 版 . 北京：人民卫生出版社，2013.
8. 汪向东，王希林，马弘 . 心理卫生评定量表手册 . 中国心理卫生杂志，1999，6（3）：62-67.
9. 曾文星，徐静 . 心理治疗：原则与方法 . 北京：北京大学医学出版社，2000.
10. 徐斌，吴爱勤 . 心理生理障碍——心身疾病 . 北京：中国医药科技出版社，2005.
11. 张培信 . 心身疾病与心身治疗 . 济南：山东科学技术出版社，2002.
12. David HB. 心理障碍临床手册：第 3 版 . 刘兴华，译 . 北京：中国轻工业出版社，2014.
13. 黄希庭，郑涌 . 心理学导论 . 3 版 . 北京：人民教育出版社，2015.
14. Judith SB. 认知疗法：基础与应用：第 2 版 . 张怡，译 . 北京：中国轻工业出版社，2015.

附录　实践课程参考

实践课程 1——大学生新生适应

现代社会的变化日新月异，对个体的适应能力提出了很高的要求。对于大学新生来说，他们正处在个体成长，身心发生重大变化的过程中，能够适应新的生活尤为重要。大学生能否适应新的生活，对其大学生涯能否顺利进行、取得成就，步入社会能否持续完善，也有着重要的影响。新生只有学会积极地适应，应对挫折，突破困难，才能够得到健康的成长。而入学初期如果能够得到好的引导和帮助，那么大学生适应生活、学习、人际将会变得更加容易。

一、课程基本情况

课程形式：团体辅导。

团体目标：（1）增强学生对自我的认知与了解；（2）增进学生间的互相了解与共情，提升班级凝聚力与归属感；（3）增强人际交往能力，获得人际支持。

团体规模：40～60 人。

团体对象：大一新生。

活动时间：2 学时。

场地要求：宽敞的教室、团体辅导室或安静的室外场所。

材料准备：白纸、笔。

二、课程活动内容

见附录表 1-1。

附录表 1-1　课程活动内容

活动名称	设计目的	活动内容	时间
相似圈	感知集体中总有与自己相似的人、“我不是一个人”	9～11 人形成一个小组，围成圈站；每一位小组成员分享自己的一个兴趣爱好，然后向前一步；与他有相同爱好的人同样向前一步，大家停留两秒之后退回大圈	15 min
信任圈	觉察自身能否信任他人或给他人信任感；体验信任与被信任的感觉	9～11 人形成一个小组，一位成员站中间，其他人在这个成员的外围围成一圈；中间的人向各个方向倒，外围一圈的成员稳定地接住他	15 min
我的新生活	分享入学的感受，对适应中面临的困扰进行探索	9～11 人形成一个小组，分享自己入学以来最愉快的三件事情和最困扰、不适应的三件事情；小组中的其他成员提供应对策略	30 min

续表

活动名称	设计目的	活动内容	时间
人际支持之旅	感知和拓展自己的人际支持系统；能够向他人求助，也体验向他人提供帮助的感觉	所有团体成员围成一圈，每一位成员在团体中选择一名像自己或像自己好朋友的成员，将手搭在对方的肩膀上，直到每个人都选择完毕；选人的同学询问他 / 她选择的同学："我遇到了困难，你能帮助我吗？"被选的同学要说"好的，我愿意帮助你。"	20 min
礼物清单	向同学表达关心和善意，同时感知集体的关心、被看见的过程，增强团体归属感	9 ~ 11 人形成一个小组，每位成员为小组中的三位成员送一份礼物，并说明自己为什么送他 / 她这样一份礼物	20 min

三、课程活动具体流程

1. 团队领导者（教师）讲解团体活动的重要原则，如保密原则、体验与分享的原则、不批评不批判的原则等。首先确立团体的规范，一方面增加同学们在团体活动当中的安全感，打消疑虑；同时帮助成员（学生）了解我们在团体当中会发生什么样的事情，我们需要做一些什么。还可以邀请同学们补充一些他们认为重要的团体规范。

2. 相似圈　9 ~ 11 人形成一个小组，围成圈站；每一位小组成员分享自己的一个兴趣爱好，然后向前一步；与他有相同爱好的人同样向前一步，大家停留两秒之后退回大圈。为了避免成员分享后没有其他成员站出来，反而使得该成员感到自己在群体当中不被接纳，或产生一些负面的感受；在时间允许的情况下，可以将相似圈拆分为三轮；第一轮，小组成员找到成员当中共有的特点讲出来，有这一特点的人向前站一步，如"穿白色衣服的人"；第二轮分享自己的兴趣爱好，第三轮还可以分享自己最近想完成的一件事情，循序渐进使每一位个体体验到被群体关注、被群体接纳的感受。

3. 信任圈　9 ~ 11 人形成一个小组，一位成员站中间，其他人在这个成员的外围围成一圈，外圈每位大概间隔 30 公分；中间的人向各个方向倒，外围一圈的成员稳定地接住他。注意在开始前提醒外围的成员，只需要稳定地接住中间的成员，轻轻将他 / 她扶正即可，不要用力推回，否则可能演变为外围的成员将中间的成员推来推去，降低活动希望中间的成员感受到被支持的本意。之后，外围每一位成员依次进到中间尝试，体验这种信任感和被支持的感受。

4. 我的新生活　9 ~ 11 人形成一个小组，围成圈坐；依次分享自己入学以来最愉快的三件事情和最困扰、最不适应的三件事情；小组中的其他成员提供应对策略。可将纸笔发给同学们，有需要的同学可用纸笔记下自己想分享的内容和应对策略。团体领导者需要关注小组分享的情况，有必要时，对团体的交流和分享进行一些简单的引导，尽可能鼓励团体成员之间积极地、自发地形成朋辈自助的氛围。

5. 人际支持之旅　请全体成员围成一圈，团体领导者可按顺时针方向让每一位成员在全体成员中选出一名与自己或自己的好朋友相似的成员，将自己的手搭在对方的肩膀上，直到每一个人都选择完毕。然后选择的同学先说为什么你选择了这位成员，同时询问被选择的同学："如果我遇到了困难，你愿意帮助我吗？"被选择的同学要说，"好的，我愿意帮助你"。所有成员进行完毕后，请同学们分享：在身边找到与自己熟悉的人或很像的那个人难不难？开口向别人求助难不难？求助时自己的想法和感受是怎样的？

6. 礼物清单　9 ~ 11 人形成一个小组，每位成员需要为小组中的另外两位成员送出一份礼物，陪伴他们继续生活。这个礼物可以是任何形式的，可以是具体的东西，也可以是抽象的概念，但必须与这个成员在今天的团体中做过的事情有关。选择礼物送出后，需要说明自己为什么送他/她这样一份礼物。礼物的赠送可以按成员自发的顺序进行，但团体领导者要注意，赠送礼物的顺序和情况，是否有成员未收到礼物等，调节好团体的氛围，尽可能营造出一个欢乐的结束。团体规模、活动场地、活动流程等可根据实际情况及需要进行调整。

实践课程 2——人际交流技术

人际交流是一门艺术，同时也是一门技术。大学是多元化的，文化交融、思想激荡、价值取向呈现多样性，大学生之间的人际交流也较为频繁。学习和掌握基本的人际交流技巧，加强人际交流方面的实践训练，对于大学生来说非常有必要，可以促使人际交往更加轻松、顺畅。

一、课程基本情况

课程形式：模拟演练。

团体目标：（1）掌握基本的人际交流技巧；（2）加强人际交流方面的实践训练。

团体规模：120 人。

团体对象：大一新生。

活动时间：2 学时。

场地要求：宽敞的教室、团体辅导室或安静的室外场所。

材料准备：白纸、笔。

二、课程活动内容

（一）倾听技巧

交谈时，假如对方提出以下四种问题，那么交谈就自然会走向不信任和不愉快。这四个问题是："你到底有没有在听我说话""你有没有听懂我到底在说什么""你到底赞不赞成我说的话""你是不是不喜欢听我讲话"。要避免窘境，就要学习倾听技巧。

1. 让对方知道——我专心地听你说话。人际关系往往从倾听开始。沟通的重点，不只在于"听"，更在于让对方知道"我在听"，要"听"到对方的话有感受。注意：专心聆听；双眼注视对方；头部与目光随着对方的手势或位置而移动。

2. 让对方知道——我能听懂你说的。除了让对方知道自己在专心地听他说话，还需要让对方了解，自己能听懂他在说什么。注意：专心聆听；双眼注视对方；目光随着对方的手势或位置而移动；适时点头予以肯定；要有面部表情，有笑容；要有声音，发出语气助词，如"嗯""哦"等。

3. 让对方知道——我赞成你说的。除了让对方知道，我听得懂你的话，还要让对方知道，我赞成你的说法。许多资深的心理咨询师都明白，不管来访者向你说什么，你一定要先说"好"，绝对不能简单粗暴地说"不行""不好""不对""不可以""不可能""错了"。先接受对方，才有机会协助对方改变。赞成对方的说法，对方才知道你已经接受了他。注意：专心聆听；双眼注视对方；目光随着对方的手势或位置而移动；适时点头予以肯定；要有面部表情，有笑容；要有声音，发出语气助词，如"嗯""哦"等；交谈时，要说"对""没错""就是这样""我赞成""当然是这样""太棒了""太好了""说得太好了""佩服、佩服""我就是这么想的""我也是这样认为"等。

4. 让对方知道——我很喜欢听你讲话。人们总说"道不同不相为谋"。但在 21 世纪的今天，不同价值观的人，不但可以寻求"双赢"或"双不输"的模式共事，还可以变成好朋友。那么，要怎样才能让对方知道，你接纳他，喜欢听他说话呢？注意：专心聆听；双眼注视对方；目光柔和，并且随着对方的手势或位置而移动；适时点头予以肯定；要有面部表情，有笑

容；要有声音，发出语气助词，如“嗯”“哦”等；身体向对方倾斜、靠近，或者将椅子紧靠着坐在一起；不管是否赞成对方的说法，都不生气，没有愤怒的表情，没有责备或不悦的语气，保持温和地和对方交谈，认真倾听对方讲话；让对方知道无论其意见好不好，都很乐意听他说话。

（二）语言反馈技巧

语言可以分成两种，一是表出性语言，表达自己的观念或想法；另一种是反馈性语言，表达自己对他人行为、语言或想法的反应。一般的人际沟通，常流于“各自表述”，即双方都只单纯地叙述表出性语言。双方虽然交换了信息，但是没有深入的交流。反馈性语言的运用，是促进沟通效能的技巧。

1. 对事件内容予以正向反馈　无论对方说什么，都必须从对方语句中，找出相关的线索给予正向反馈。要努力说出三句不同的正向反馈，才能达到效果。

2. 对情绪予以正向反馈　对情绪予以反馈，就是超越“事件”来对“人”进行反馈。不是说“我觉得你说得很有道理”，而是说“看你说得这么高兴，我也……”或者“听你说得这么伤心，我心里……”或者“难怪你这么生气，确实是，你……”或者“你怎么做到的，这么大的事，你却能轻描淡写，平静而理性……”听到这些话，就能让对方很快平静下来。

3. 对动机予以正向反馈　当你针对对方的动机，给予正向反馈时，对方对自己的评价就会更有价值感。尝试说“听你这么说，就知道你为了……很感动，很佩服你！”或者说“看你说话的样子，才了解你真的是用心良苦！你真棒，你……”或者说“我终于亲眼看到，一个尽心帮助他人的人，起心动念是如此的善良与慈悲……”或者说“原来如此，辛苦你了，这么费心地成全这件事（或这个人）”或者说“愿意这么用心、细心的人，就只有你了……”或者说“无论事情怎么发展，我都了解你的心意，我支持你……”这种真诚的沟通，无论是否可以增进彼此间的关系，都会使对方感到被理解、被肯定。

4. 对能力予以正向反馈　对对方的能力给予正向的反馈，对方才有机会肯定自己的能力，肯定自我价值，并增强自信心。尝试说“听了你说的话，我觉得你是一个有能力的人……”或者说“你说的话，证明你有能力处理这些事情，更证明你有能力帮助自己……”或者说“看你说话的样子，我绝对信任你，因为你是一个有能力规划与执行任务的人……”或者说“说得真好，我相信你一定有能力帮她……”或者说“因为你做得到，你才会这么说，加油！”这些话能让人自信满满，令人觉得什么事都可以做得很好。

5. 对德行予以正向反馈　对德行与人格，给予正向的反馈与认证。这种经由“他证”到“自证”——我是一个怎样的人，我是一个拥有怎样德行的人——让一个人知所行止，自己明白每一件事的分寸与行为标准。尝试说“从你说的话当中，我可以肯定你的人格，你是一个拥有德行的人，因为你说……”或者说“听完你的话，我才知道，你的人格是如此的高贵，谢谢你的用心，因为你……”或者说“你的话和你的行为，证明了你的德行，也得到了大家的肯定……”或者说“没有德行的人，说不出这样的话。没有人格的人，没办法用这种态度说出这样的话，我相信……”或者说“谢谢你，因为你，我才知道什么叫做人品。因为你的话，我才了解一个人的人格有多么重要”听到这些肯定的评价，对方会意识到自己的高贵之处。因为德行的内化，人格的光彩也就焕发于生活之中。

6. 对团体予以正向反馈　如果团队领导者将上述语言反馈给团队成员，团队成员的人格就越健全，人品就越高贵，能力就越强。团队成员就能从领导者的语言中，获得团体荣耀感、认同感与成就感。团队成员除了从“自我”获得能力与激励外，还能拥有“我们”和“团体”的认同与介入，从而获得另一种新的能力与激励。上述五种语言反馈，都在建构与激励个体优质的“自我”能力与动力。第六种语言反馈则能够赋予个体超越自我的能力与动力——团体的激励能力与新动力。尝试说“你们的业绩虽然不是很理想，可是我相信每一个人都尽了最大的努力……”或者说“如果不是全体成员的努力，我们不可能……”或者说“这一切的成就，都要归功于每一个人……”或者说“我看到了非常棒的团队精神，我感受到所有人共同营造的氛围和必胜的决心，我相信我们一定可以……”。这些话是为了“我们”的荣辱、成败与需求而表达的。人的一生中只有一个“我”，即可发展与拥有无数个“我们”。第一个“我们”是“我与我的家人”，第二个“我们”是“我与同学”或“我与我的班级”，之后还有无数个我与我们。从我与某人成为“我们”，到我与一群人成为“我们”，依照远近亲疏与因缘流转，个体必须有能力去建构、发展与享受每一个“我们”。

三、案例模拟操作

结合以下案例，请运用倾听技巧和语言反馈技巧进行操作。

小E，女，19岁，某高职院校二年级学生，自述近一个月以来内心非常痛苦，不知该怎么办，上课注意力不集中，不知道老师都讲了什么内容。同学和她说话时，她也心不在焉。她一个人独处的时候总是伤心、难受，很想哭。原来是因为在寒假期间，男友向她提出了分手。她一直无法接受这个事实，感到很伤心、很无助、很不甘心，同时又很压抑。心里总是想着以前他们两人在一起时开心、快乐的时光，现在面对他冷漠无情而又决绝的态度，她总是不能相信那是真的，总是幻想着两个人还能和好。她觉得心里很苦、很累，这几天更是感觉自己快要崩溃，实在受不了了。

组织学生进行分组模拟演示，推荐表现优秀的小组成员进行现场分享。

实践课程3——价值大拍卖

面临同样的选择时人们做出的选择并不是完全相同的，这是因为我们每个人所持的价值观并非完全一样。价值观是个体自我认识的重要组成部分，是我们行动的指南，决定了我们面对抉择时如何选择。

一、课程基本情况

课程形式：团体辅导。

团体目标：（1）帮助学生在活动中建立正确的自我认识；（2）激发学生思考自己的价值观念，学会抓住机会，不轻易放弃。

团体规模：40～60人。

团体对象：大一新生。

活动时间：40 min。

场地要求：足够的道具钱、不同颜色的硬纸板、拍卖槌。

二、课程活动内容

本活动就是用类似拍卖会的方法，帮助学生了解有关爱情、友谊、健康、美貌、爱心、金钱、快乐等多方面的价值观念。因为在拍卖会上，个人的价值观会直接影响拍卖时的选择，学生可以从自己的取舍中获得更清晰的自我认识，了解、思考和澄清自己的价值观和人生态度。

三、课程活动具体流程

1. 宣布规则　每个学生手中有5000精力值（道具钱），它代表了一个人一生的时间和精力。每个人都可以根据自己对人生的理解随意竞买附录表3-1所列的东西。每样东西都有底价，每次出价都以500精力值为单位，价高者得到东西，有出价5000精力值的，立即成交（附录表3-1）。

附录表 3-1　价目表

项目	道具钱	项目	道具钱
1. 爱情	500	12. 金钱	500
2. 友情	500	13. 快乐	500
3. 健康	500	14. 长命百岁	500
4. 美貌	500	15. 豪宅名车	500
5. 礼貌	500	16. 美食	500
6. 名望	500	17. 良心	500
7. 自由	500	18. 孝心	500
8. 爱心	500	19. 诚信	500
9. 权力	500	20. 事业	500
10. 智慧	500	21. 家庭美满	500
11. 学业有成	500	22. 冒险精神	500

2. 举行拍卖会　①由主持人或学生主持拍卖。②按照游戏的方式进行，直到所有的东西都拍卖完为止，然后请学生认真考虑买回来的东西。

3. 分享　在拍卖的过程中，你的心情如何？买了东西后你是否感到后悔？你是否后悔自己刚才争取的东西太少？有没有同学什么都没有买？为什么？

实践课程 4——人格完善

［活动名称］悦纳自我，理解他人。

［团体性质］封闭式、结构式、志愿式、发展性团体。

［团体目标］提升成员的整体心理和谐程度，更深刻地认识自己，完善人格。善于理解他人，改善沟通。增强对社会环境的适应能力，排除生活中内心的困扰。

［团体领导者］设团体领导者 1 名。

［团体对象及条件］愿意参与活动的各班级学生。

［参加条件］在了解团体工作目标的基础上自愿参加，有积极参与的动力；能够遵守团体基本规章，与其他成员积极互动；成员能完成正常的人际互动，无明显人格障碍，无其他严重破坏团体的特质（如精神病性症状、神经症、情绪不稳定以及处于危机状态中等）。

［团体人数］10 ~ 12 人为宜。为了便于分组活动，团体人数最好为偶数。

［活动场所］宽敞清洁、空气流通、气温适当、隔音条件好、没有固定桌椅的大房间。

［团体活动环节］开始—过渡—工作—结束。

［时间频率及次数］每周 1 次，每次约 1.5 h，共 3 次。

［基本规章］①成员坚持参加团体的所有活动，在活动过程中应积极参与。②成员必须保持对其他成员的信任，愿意与他人分享自己的内心世界。成员之间真诚相待，对他人表露的认识或情感提供反馈信息。③进行团体活动时，把注意力集中在此时此刻，对事不对人，严禁对他人进行人身攻击，同时，也应避免自我攻击。④团体成员在活动中的所有言行对外都要绝对保密，在活动以外不做有损团体成员利益的事。⑤成员应认真地完成家庭作业。⑥活动过程中严禁吸烟、吃零食及从事其他与团体活动无关的事。⑦禁止迟到、早退。

一、课程活动内容

1. 群体动力学理论　一个运行良好的团体具有吸引各个成员的凝聚力。这种力量来自每个成员对团体内部建立起来的一定的规范和价值的遵从，它使个体的动机和需要与团体目标紧密相连，使得团体行为特征深刻地影响个体的行为。群体动力学的研究者——社会心理学家勒温（K. Lewin）认为，整体比部分重要。群体作为一种内在关系组成的系统，其影响力或作用远大于孤立的个体。个体在群体中生活，不仅受到个人生活空间的影响，而且会受到群体心理活动的制约，因此，团体心理辅导比个别心理辅导有更大的影响力和更好的效果。本团体通过团体目标的引导、团体规则的约束，领导者的带动，为团体成员创造一个安全、可暴露、积极参与的氛围，为团体成员在团体推动下产生积极改变提供一个“群体心理场”，最终成功地使团体成员的整体心理达到和谐状态。

2. 人际沟通理论　人际沟通是指人与人之间运用语言或非语言符号交换意见、传达思想，表达感情和需要的交流过程，是人类交往的一种重要形式和前提条件。罗杰斯认为，在团体中营造良好的人际关系需要三种基本态度，即真诚、共情和无条件积极关注。本团体通过营造真诚而温暖的团体氛围，帮助成员建立良好的团体内部人际关系，在互相关心和帮助中建立安全感，完善自我认识，提升自我状态。同时，在这样的团体中可以使团队成员更多地开放自己，得到更多的人际交往机会。团体通过相关活动不仅可以提升团体成员间的人际交往状态，也关注团体成员在生活中其他方面的人际交往状态，使得团体成员的人际交往状态有所改善。

3. 社会学习理论　班杜拉在社会学习理论中指出，学习是直接经验学习和间接经验学习的综合。实践表明，观察他人的行为及其结果有替代强化的作用。个体从出生开始就处于不断成长及改变自身的过程中。个体的潜能随着对社会的适应与再学习而不断增长。团体成员主要选取人格形成阶段的青少年，这一群体正处在学习社会文化规范的关键时期。团体成员在团体心理辅导中获得有指导性的社会学习情境，能够在人际互动中通过观察等方法间接地提高自身的人际交往技能，完善社会认知等，从而能够更加积极、全面地看待各种社会现状。人格是个体各种精神状态和特征的总和，是个体具有一定倾向的、稳定的心理品质的总和。人格对个体的心理健康、做事效率及人际交往等都会产生重要的影响。本章在分别对人格的内涵、人格的形成、发展及其与心理健康的关系进行论述之后，提供了完善人格的具体方法，并针对常见的人格缺陷提出了相应的应对策略。

二、课程活动具体流程

1. 开始阶段　小组内“自我介绍”。

要求小组内各成员按预先安排的作业，大声进行自我介绍，包括生理自我、心理自我、社会自我，自我体验、自我评价、自我控制等内容。着重介绍自我的优势及不足等内容。

2. 过渡阶段　小组成员“人格五因素”自我评价。

小组成员每人发 1 张“人格五因素评价表”，在每小组成员自我评价完成后，将小组成员的评价表收集到一起并打乱，然后小组成员中一员随机抽取一张评价表，猜测这张评价表是小组成员中的哪位成员的。

3. 工作阶段　“自我悦纳”。

成员两人一组，互相注视对方，肯定地做 1 分钟的自我介绍。肯定地表达自己的感受，“我对某方面最有把握”“我能接受在某某方面的不足”“我能认识到自己在某方面不足的可能好处”，大声地说三遍。之后与组员交换角色，体验其感受。同时针对优势或不足，进行小组讨论，重点讨论优势与不足的辩证认识。

4. 结束阶段　分享与总结

在活动的最后，同学们积极地分享自己对自我认识的内容、自我认识的方法、自我悦纳的方式方法及对本次团体辅导活动的看法进行分享讨论。团体领导者对本次活动进行归纳与总结。

实践课程 5——学会学习

大学是知识的殿堂，象牙塔里最美的风景是学习。培养正确、积极的学习动机可以在学习中取得好成绩，也能助力大学生的成长与未来发展。

一、课程基本情况

本课程包括三个活动：畅想未来、二十四点、兴趣大观园。通过系列活动，让学生了解培养正确的、积极的学习动机的重要性，了解培养和提高学习动机的方法，明确自己的梦想，激发学生的学习动机。

二、课程活动内容

见附录表 5-1。

附录表 5-1　课程活动内容

活动名称	设计目的	活动内容	时间
畅想未来	通过意象，想象自己的未来并规划	通过低沉、平稳、缓慢的指导语，并加以适当的停顿，引导学生进行联想	30 min
二十四点	体验影响学习的因素，调整学习的动机	学生的学习动机并不是一成不变的，要意识到自己当前的学习兴趣状况及其变化；其次，影响学习动机的原因有很多，要知道自己学习动机变化的原因；再次，从学习动机的变化，让学生知道学习动机是可以培养的，它可以由一粒小小的种子开始，慢慢发芽，长大、开花和结果	30 min
兴趣大观园	感受兴趣与学习的关系，并培养积极的学习兴趣	9～11 人形成一个小组，分享自己入学以来最愉快的三件事情和最困扰、不适应的三件事情；小组中的其他成员提供应对策略	30 min

三、课程活动具体流程

（一）畅想未来

1. 活动过程　在活动前，活动教师准备好舒缓的音乐，将教室的灯光调暗，通过低沉、平稳、缓慢的指导语，并加以适当的停顿，引导学生进行联想。

2. 指导语

领导教师：请大家找一个舒适的坐姿，闭上眼睛，身体放松，情绪放松，静下心来，平稳呼吸（呼气……吸气……）。我会带领大家进入一个心灵的历程，当你遇见那个未来的你的时候，请好好地享受那种感受，同时在心里默默地描绘出来。每一个人都从过去走到现在，又从现在走向未来。大家在自己的生活道路上前进、前进。看到了一些你曾向往的事情变成了现实。时间在慢慢地流逝，4 年了，你看到 4 年之后的自己：你在做什么呢？时间在慢慢地流逝，7 年了，你看到 7 年之后的自己：你在做什么呢？我们继续前进，时间慢慢地流逝，12 年了，这时，你又在哪里？从事什么职业？再往前走，时间不断流逝。18 年了，我们又看到了

18 年后的自己，身体是否还健康？工作是否取得不错的成绩？少年时的梦想已经实现了吗？大家慢慢地睁开眼睛，回到现实。

3. 小组讨论与分享

（1）请各位同学分享一下自己的体会。

（2）这样的未来你是否满意？满意的方面是什么，不满意的方面又是什么？

（3）如果满意，你准备如何实现这样的未来？如果不满意，你如何改变可能的未来？你在学习方面能做的努力有哪些？

（二）二十四点

1. 活动过程

（1）领导教师将学生按照是否喜欢数学这门学科进行分组。

（2）分组成功后，向同学们讲解游戏规则：各组同学从老师手中标着 1 ~ 13 的数字卡牌中随机抽取 4 张卡牌，运用加减乘除和括号这五种运算法使抽中的卡牌所代表的数凑成 24，速度快者取胜。若长时间无人凑出，可以询问学生是否需要换一张卡牌继续比赛。确定同学们都理解游戏规则后，开始游戏。游戏顺利进行 5 次后，停止游戏。

（3）领导教师总结各组取胜情况，请各位同学对结果和参加活动后的感受进行交流（如：是否觉得做完游戏后对数学的兴趣有所提升或更加浓厚？是否有想要学好数学的想法？学习动机是否可以培养？）。

2. 小组讨论和分享

请各组成员分别发表游戏中的体会和感悟。

3. 领导者总结，引导组员理解

首先，学生的学习动机并不是一成不变的，要意识到自己当前的学习兴趣状况及其变化；其次，影响学习动机的原因有很多，要知道自己学习动机变化的原因；再次，从学习动机的变化，让学生知道学习动机是可以培养的，它可以由一粒小小的种子开始，慢慢发芽，长大、开花和结果。

（三）兴趣大观园

活动过程

（1）领导教师对组员进行提问，组员依次回答，回答时先由第一位同学回答，如有遗漏请后面同学补充。问题：

- 从上学以来，大家学习了多少科目？
- 在这些科目中，大家最乐于学习的科目是什么？这个科目也是你感兴趣的吗？
- 在这些科目中，大家最不乐于学习的科目是什么？这个科目也是你不感兴趣的吗？
- 对你喜欢和不喜欢的科目，你最大的不同感受是什么？

（2）领导教师将大家的回答进行总结，组员补充发表对学习兴趣的看法，交流个人在学习中的快乐与烦恼。

（3）领导教师引导学生思考：我们为什么喜欢某些学科？我们为什么厌倦某些学科，任何学科都会给我们带来快乐和烦恼，我们应如何对待这些快乐和烦恼？改变我们对待某些学科的方式，是否能将烦恼转化成乐趣，进而转化成快乐？可以采取哪些方式呢？

（4）领导者根据组员的回答进行总结。

兴趣与我们的学习动机密切相关，培养兴趣是我们在学习中培养好的学习动机的最有益的方法，积极的学习动机可以促进我们的学习。

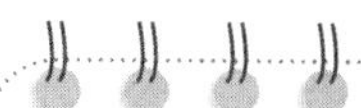

实践课程 6——大学生恋爱心理

一、课程基本情况

课程形式：团体辅导。
团体目标：澄清个人价值观，探讨性道德。
团体规模：120 人。
团体对象：大一新生。
活动时间：2 学时。
场地要求：宽敞的教室、团体辅导室或安静的室外场所。
材料准备：白纸、笔、事先印好的顺序选择表（附录表 6-1）及小组统计表（附录表 6-2）。

二、课程活动内容

见附录表 6-1。
活动题目：水手与姑娘

附录表 6-1　顺序选择表

好感的顺序	出场人物	理由
________	水手	________
________	姑娘	________
________	老人	________
________	未婚夫	________
________	亲戚	________

附录表 6-2　小组统计表

出场人物	1	2	3	4	5	6	7	8	小组决定
水手									
姑娘									
老人									
未婚夫									
亲友									

三、课程活动具体流程

指导者给全体成员讲一个故事。一艘船遇上了暴风雨，不幸沉没了。船上的人中有 5 个人幸运地乘上了两艘救生艇。一艘救生艇上坐着水手、姑娘和一位老人；另一艘上坐着姑娘的未婚夫和她的亲戚，气候恶劣，波浪滔天，两只救生艇被打散了。

姑娘乘的救生艇漂到一个小岛上。与未婚夫分开的姑娘惦记着未婚夫，千方百计寻找，但找了一天，一点线索也没有。第二天，天气转好，姑娘仍不死心，继续寻找，还是没找见。有一天，姑娘远远地发现了大海中的一个小岛，她就请求水手：“请修理一下救生艇，带我去那个岛上好吗？”水手答应了姑娘，但提出了一个条件，必须和他睡一夜。陷入失望和困扰的姑娘找到老人，与他商量：“我很为难，怎样做才好呢？请你告诉我一个好方法。”老人说：“对你来说，怎么做正确，怎么做错误我实在不能说什么。你扪心自问，按你的心愿去做吧。”姑娘万般无奈，寻未婚夫心切，结果满足了水手的要求。

第二天早上，水手修好了救生艇，带着姑娘去了那个小岛。远远地，她看到了岛上未婚夫的身影，不顾船未靠岸，从船上跳进水里，拼命往岸上跑，一把抱住了未婚夫的胳膊。在未婚夫温暖的怀抱里，姑娘想：要不要告诉他昨晚的事呢？思前想后，下决心说明情况。未婚夫一听，顿时大怒，一把推开她，并吼着：“我再不想见到你了”，转身跑走了。姑娘伤心地边哭边往海边走。见此情景，未婚夫的亲戚走到她的身边，用手拍着她的肩膀，“你们两人吵架我都看到了，有机会我再找他说说，在这之前，让我来照顾你吧。”

故事讲完后，指导者给每个成员发一张表，要求大家从刚才故事中出现的5个人物中，按照自己的好感程度做出选择并排序，然后简单地写下原因。

选择完后在组内交流，每个人说明自己的想法，并统计全组的倾向性意见。

通过听取他人意见，小组成员受到启发，可以修正自己的意见。每个小组派代表交流。在共同讨论中表现出每个人的价值观，也可以了解他人的价值观，促进深入思考，逐渐确立正确的价值观。练习必须留有充分的时间。

实践课程7——情绪与信念

一、课程基本情况

课程形式：团体辅导。

团体目标：了解信念与情绪的关系，学习使用合理信念来管理情绪。

团体规模：120人。

团体对象：大一新生。

活动时间：20 min。

场地要求：宽敞的教室、团体辅导室或安静的室外场所。

材料准备：白纸、笔。

二、课程活动内容

不合理认知的觉察。

三、课程活动具体流程

1. 每8个人分为一组。各组成员均在纸条上写下让自己高兴的事、让自己不高兴的事、关于这些事的想法，以及控制自己情绪的方法。

2. 各组成员各自把纸条折叠起来，然后收集放在一起（注意：在纸条上不要写自己的名字，但需要自己做好鉴别标志，以避免抽到自己那张纸条）。相互抽出纸条，仔细阅读并分辨引起相应情绪的合理想法或不合理想法。如果是合理想法，不用举手；如果是不合理想法，请举手，组内进行讨论，说明不合理的原因。

3. 各组派代表发言。最后，由教师进行总结。

采用匿名形式有助于学生勇敢吐露自己的心声，从而交流一些平时不好意思表达或者感到困惑的想法和情绪。通过相互分析，有助于了解同龄人的心声，换个角度认识和分析问题，认识到自己认知中不合理的信念，进而达到合理调节情绪的目的。

实践课程 8——网络与我

电脑、智能手机、互联网、短视频等，是大学生难以摆脱的话题。学习合理使用网络，而不是被网络所困扰，是一个非常关键的心理和行为成长过程。

一、课程基本情况

课程形式：团体辅导。

团体目标：鼓励学生在团体交流中感受网络、端正网络使用态度，增进团体成员自我了解，梳理网络使用的历程和感受。

团体规模：120 人。

团体对象：大一新生。

活动时间：2 学时。

场地要求：宽敞的教室、团体辅导室或安静的室外场所。

材料准备：白纸、笔。

二、课程活动内容

见附录表 8-1。

附录表 8-1　课程活动内容

活动名称	设计目的	活动内容	时间
突出“网围”	通过意象，想象自己的未来并规划	10 ~ 15 人形成一个小组，围成圈站；假设一个网络成瘾的学生被网络“包围”，情况十分危急。要求这个被包围的学生尽快想办法冲出去	45 min
E 网情深	增进团体成员的自我了解；梳理成员网络使用的历程和感受	协助成员梳理网络使用的历程，关注网络使用状态变化的转折时刻，反省自己的内在需求	45 min

三、课程活动具体流程

（一）突出“网围”

1. 热身活动——网络画像　请学生拿出事先准备好的纸和笔，画一画自己上网时的样子。目的是让学生对“我”与网络之间的关系有一个更清晰的认识，为接下来的心理活动内容做铺垫。

2. 合理分组——构建“网围”　以 15 ~ 20 个人为一组，尽量男女交叉，每组成员手拉手围成一个圆圈，这个圈称为“网络包围圈”。活动规则：假设一个网络成瘾的学生被网络“包围”，情况十分危急。要求这个被包围的学生尽快想办法冲出去，可采取钻、跳、推、拉等方法（但不能伤害他人），力求突围挣脱，冲出“网络包围圈”。其他同学则站立，手拉手围成一个包围圈，外围的同学必须要尽全力，采取适当的方法，决不让网络成瘾者“逃出”。若圈内的同学从某两个同学的缝隙中逃出，则这两个相邻的同学要双双进入圈内作为被包围者。

注意事项：可以通过适当增加包围圈的牢固度来提高难度，视活动的具体情况而定。

3. 引导讨论　请被包围者谈一谈困在圈里的感受。请被包围者分享怎样才能冲出包围圈。

4. 活动反思　通过本次活动，将虚拟网络以现实活动中“网络包围圈”的形式呈现出来。使学生在活动中逼真地感受网络带来的困扰，也体验在活动中冲出网络困扰需要的力量。大学生要让自己成为网络的主人，让它成为自己学习、生活的好助手，以一种健康的方式上网，以一种健康的心态去享受网络带来的乐趣。

（二）“E 网情深”

1. 分享自我记录，详细分享在学习、工作、网络使用状态方面的情况；

2. “我是一个独特的人”操作：指导者先说明每个人都很独特，都有自己的优点和不足，了解自己非常重要，可以帮助自己充分发挥所长，选择适合自己的发展方向。然后成员各自填写，写完后在小组内分享

3. 我的“E 网情深”操作　填写练习纸，然后在组内讨论。如横坐标代表网络使用状态产生影响的时间或重要生活事件，纵坐标代表网络使用程度，将一系列转折点连成曲线；在团体内交流完成自己的曲线后的感受及发现。

实践课程 9——生命的意义

人最宝贵的就是生命，生命对于每个人都只有一次。有幸收获，唯有珍惜。

一、课程基本情况

课程形式：团体辅导。

团体目标：让学生在认知上改变对生命的态度、探索生命的价值与意义、体验生命的可贵、探寻属于自己的生命价值，用积极的心态面对人生。

团体规模：120 人。

团体对象：大一新生。

活动时间：2 学时。

场地要求：宽敞的教室、团体辅导室或安静的室外场所。

材料准备：白纸、笔。

二、课程活动内容

见附录表 9-1。

附录表 9-1　课程活动内容

活动名称	设计目的	活动内容	时间
体验生命	体验生命，感知生命的可贵	观看电影短片《跳》的故事梗概，并讨论	15 min
绘制生命线	感知每个生命走过的路线	画出你自己人生的路线图	40 min
书写墓志铭	觉察人生，树立目标	书写墓志铭	15 min
生命财富大拍卖	盘点自己的生命财富	每个人写下自己的生命财富，如身体器官、性格及优秀品质、特长与爱好、自己养的小动物、学业知识，亲人、朋友等。相互交流自己的生命财富，为自己的人生财富估价。买方从同学手中购买人生财富。售卖了某件财富的同学在自己的现金栏里写上金额，没有售卖的同学在自己的存折栏里写上金额。任何出价都不卖的财富定为无价之宝	20 min

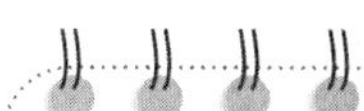

三、课程活动具体流程

（一）体验生命

1. 学生自主安排时间到学校生命科学馆参观，记录自我感受。

2. 电影短片《跳》的故事梗概 “主人公”从11层跳下去，看到了每一层楼里的人们都有他们各自的困境。看完他们之后，“主人公”深深觉得自己其实过得还不错。跳下去之前，“主人公”以为自己是世上最倒霉的人，现在才知道每个人都有不为人知的困境。

3. 教师指导语 跳下去，一旦冲动做出了自体伤害的行为，将会承受冲动的代价，也将面对无力挽回的情形。“主人公”在跳下去以后的醒悟是，其实自己做得还不错，每个人都会有自己不为人知的困境。只是“主人公”没有给自己一次重新选择的机会。在我们惋惜“主人公”生命的同时，也需要对自己的生命有更多的理性思考。

4. 小组讨论你觉得“主人公”发生了什么，“主人公”解决了自己的困境吗？谈谈观看短片后的感受。

（二）绘制生命线

1. 教师指导语 生命线是每个人都有的。世界上有多少条生命，就有多少条生命线。生命线就是每个生命走过的路线。这个游戏就是画出你自己人生的路线图。

材料准备。请准备好一张白纸、一支颜色鲜艳的笔和一支颜色黯淡的笔（如一支红笔和一支蓝笔），用颜色区分心情。

操作步骤。（1）把白纸摆好，最好横放。在纸的中部，从左至右画一条长长的横线。可按照自己的喜好决定线的长度，长短皆可。（2）在这条线的右端加上一个箭头，让它成为一条有方向的线。在线条的左侧，写上“0”这个数字。在线条右方的箭头旁，写上为自己预计的寿命。在这条标线的最上方，写上自己的名字，再写上“生命线”三个字。（3）请按照自己规定的生命长度，找到自己目前所在的那个点。（4）用不同颜色的笔将自己人生的事件标记出来，并标出不同的情绪体验。对于自己觉得是快乐的事，就用颜色鲜艳的笔来写，并写在生命线的上方。例如，你6岁上小学时交到一个好朋友，就找到6岁对应的位置，记录这件事。如果这件事让你觉得悲伤痛苦，就要用颜色黯淡的笔写在生命线的下方。（5）用不同颜色的笔记录自己在今天之前的生命历程。（6）想象自己来到未来，把一生想做的事都标出来，并尽量注明时间。视它们带给自己的快乐和期待的程度，用不同的高度标注。同时，也把一些可能遇到的困难一一用黑笔勾勒并描绘出来。这样我们的生命线才算比较完整。

2. 小组讨论与分享

（1）找到自己目前所在的点，对比过去已经走过的人生之路和未来要走的人生之路，有何感想？

（2）当把生命线画完后，对于过去已经发生的事、走过的路，有什么感受？这些事情对于现在的你以及你今后的人生之路有怎样的影响？

（3）无论是过去还是未来，看看自己的生命线，是线上面的事件多，还是线下面的事件多？这说明了什么？如果大部分事件都是在线以下的，是否可以考虑调整一下自己看待世界的眼光？

（4）现在，如何理解生命的“长度”与“宽度”？

（5）对于自己的生命线或者在你画生命线的过程中，还有哪些特别想要和大家分享或交流的内容？

（三）书写墓志铭

1. 教师指导语 假设我们穿越到了几十年后，即将离世，现在要替自己写墓志铭，反映自己的一生。墓志铭将会刻在墓碑上，供人凭吊。

2. 注意事项 可先给学生介绍一下墓志铭的写法，并举例说明。让学生仔细思考之后为自己写一个墓志铭。

3. 小组交流分享。

四、课程活动方案 4——盘点自己的人生财富

1. 活动内容 每个人写下自己的生命财富，如身体器官、性格及优秀品质、特长与爱好、自己养的小动物、学业知识，亲人、朋友等。相互交流自己的生命财富，为自己的人生财富估价。买方从同学手中购买人生财富。售卖了某件财富的同学在自己的现金栏里写上金额，没有售卖的同学在自己的存折栏里写上金额。任何出价都不卖的财富定为无价之宝。

2. 小组交流分享

（1）现在你觉得自己是穷人还是富人？你有几项是任何出价都不卖的无价之宝？什么都没卖的同学为什么没有卖？你卖了几件？有几件没卖？为什么要留着它们？

（2）看看自己的人生财富还有多少？分别是什么？你打算在生活中怎样对待它们？怎样经营它们？是否所有财富都建立在生命存活的基础上？

3. 活动总结 在这个过程中，你的感受如何？这些感受对你今后的生活有什么影响？倾听小组成员的分享后，他人的分享对你有什么启发？

实践课程 10——烦恼的交流

一、课程基本情况

课程形式：团体辅导。

团体目标：表露自己的烦恼，互相关爱与帮助；呵护自己的生命，使我们更坚强。

团体规模：120 人。

团体对象：大一新生。

活动时间：2 学时。

场地要求：宽敞的教室、团体辅导室或安静的室外场所。

材料准备：白纸、笔。

二、课程活动内容

见附录表 10-1。

附录表 10-1 课程活动内容

活动名称	设计目的	活动内容	时间
生命玻璃杯	了解生命的脆弱	每个同学在一张白纸上画一个玻璃杯，在玻璃杯里面画上一滴一滴的“泪水”，“泪水”写上自己的烦恼，不署名	45 min
生命之河	了解生命的脆弱	玻璃杯“大洗牌”，然后发下去，每个人得到一张别人的玻璃杯，认真作答。以邻座为单位，分享并解答每个玻璃杯的烦恼	45 min

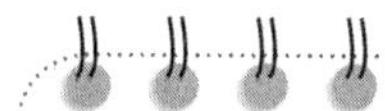

三、课程活动具体流程

（一）生命玻璃杯

教师指导语："生命犹如玻璃杯，精心呵护不易碎；生命犹如玻璃杯，能盛蜜水和泪水；生命犹如玻璃杯，透明如水永远相随。那静悄悄的玻璃杯可盛满我们的心扉，启迪我们勇敢地把生活面对。"每个同学在一张白纸上画一个玻璃杯，在玻璃杯里面画上一滴一滴的"泪水"，"泪水"写上自己的烦恼，不署名。（背景音乐：《秋日私语》）

（二）生命之河

把所有的玻璃杯收上来。玻璃杯"大洗牌"，然后发下去，每个人得到一张别人的玻璃杯，认真作答。以邻座为单位，分享并解答每个玻璃杯的烦恼。

（三）小帮手，大挑战

每个小组选派一名同学上台，介绍本组得到的玻璃杯中的烦恼及解决方法。

针对普遍烦恼，其他组同学再说出他们的解决方法，体现小挑战、大帮手的用意。